知识产权维权诉讼实务丛书

PROTECTION OF
INTELLECTUAL
PROPERTY
LEGAL PRACTICE AND
GUIDELINES OF
INTELLECTUAL PROPERTY LAWYERS

王现辉 编著

守护 IP
知识产权律师实务与案例指引

知识产权出版社
全国百佳图书出版单位

图书在版编目（CIP）数据

守护IP：知识产权律师实务与案例指引/王现辉编著.—北京：知识产权出版社，2018.4
ISBN 978-7-5130-3083-0

Ⅰ.①守… Ⅱ.①王… Ⅲ.①知识产权法－案例－中国 Ⅳ.①D923.405

中国版本图书馆CIP数据核字(2018)第014462号

内容提要

本书以作者深厚的知识产权学功底和技术、管理、咨询等多行业工作背景为基础，在为客户提供知识产权取得、管理、维权诉讼多位一体服务中心的实战经验基础上总结提升而成。本书内容包括知识产权入门基础知识、司法实践中尚有争议的观点分析及作者经办部分案件的案例评析，在司法观点一编囊括了2008—2017年最高人民法院知识产权案例审判指导，最高人民法院指导性案例，最高人民法院公报案例中的专利、商标相关的裁判规则。本书可作为知识产权行业律师的指导用书，也可供企业知识产权管理运营人员参考。

责任编辑：彭喜英　　　　　　责任出版：刘译文

守护IP：知识产权律师实务与案例指引
SHOUHU IP: ZHISHICHANQUAN LÜSHI SHIWU YU ANLI ZHIYIN

王现辉　编著

出版发行	知识产权出版社有限责任公司	网　　址	http://www.ipph.cn
电　　话	010-82004826		http://www.laichushu.com
社　　址	北京市海淀区气象路50号院	邮　　编	100081
责编电话	010-82000860转8539	责编邮箱	pengxy@cnipr.com
发行电话	010-82000860转8101	发行传真	010-82000893
印　　刷	北京嘉恒彩色印刷有限责任公司	经　　销	各大网上书店、新华书店及相关专业书店
开　　本	720mm×1000mm　1/16	印　　张	23.5
版　　次	2018年4月第1版	印　　次	2018年4月第1次印刷
字　　数	384千字	定　　价	78.00元

ISBN 978-7-5130-3083-0

出版权专有　　侵权必究
如有印装质量问题，本社负责调换。

主要缩略语

简称	全称
《刑法》	《中华人民共和国刑法》
《民法通则》	《中华人民共和国民法通则》
《民事诉讼法》	《中华人民共和国民事诉讼法》
《行政诉讼法》	《中华人民共和国行政诉讼法》
《专利法》	《中华人民共和国专利法》
《著作权法》	《中华人民共和国著作权法》
《著作权法实施条例》	《中华人民共和国著作权法实施条例》
《商标法》	《中华人民共和国商标法》
《商标法实施条例》	《中华人民共和国商标法实施条例》
《劳动法》	《中华人民共和国劳动法》
《合同法》	《中华人民共和国合同法》
《反不正当竞争法》	《中华人民共和国反不正当竞争法》
《侵权责任法》	《中华人民共和国侵权责任法》
《专利法实施细则》	《中华人民共和国专利法实施细则》
《商标民事纠纷案件解释》	《最高人民法院关于审理商标民事纠纷案件适用法律若干问题的解释》
《侵犯专利权纠纷解释》	《最高人民法院关于审理侵犯专利权纠纷案件应用法律若干问题的解释》
《侵犯专利权纠纷解释（二）》	《最高人民法院关于审理侵犯专利权纠纷案件应用法律若干问题的解释（二）》

简称	全称
《专利纠纷规定》	《最高人民法院关于审理专利纠纷案件适用法律问题的若干规定》
《不正当竞争民事案件解释》	《最高人民法院关于审理不正当竞争民事案件应用法律若干问题的解释》
《侵犯知识产权刑事案件解释》	《最高人民法院、最高人民检察院关于办理侵犯知识产权刑事案件具体应用法律若干问题的解释》

前　　言

　　写作是一件辛苦的事，但又是一件非常有意义的事。多年来，笔者一直坚持把工作中的所见、所闻、所想写出来，形成有温度的文字，成为自身知识系统的一部分。虽然做得不尽完美，但笔者一直未敢懈怠，始终坚持，才形成了本书的基本框架。

　　律师的经验源于案件的积累，行业贡献源于知识的传承，成长进步源于专业的交流。多年的专业化坚持，让笔者有机会承办诸多知识产权诉讼及非诉讼业务，工作之余抒发了对一些案件及专业知识的感悟，其中也不乏经典案例及本人对于司法观点的一些总结。这些专业文章和经典案例一方面见证了笔者作为一个知识产权专业律师的成长历程，另一方面也可以作为知识产权从业者在办理类似案件时的参考。

　　近年来，笔者经办了大量的知识产权案件，涉及知识产权的多个领域，包括专利、商标民事及授权确权，著作权，计算机软件，不正当竞争及垄断，商业秘密，特许经营，知识产权犯罪刑事辩护等，个别领域已经向纵深发展。其中，笔者经办的"某压缩机（北京）有限公司与窦某某、石家庄某机电设备有限公司侵害商业秘密纠纷案"，被评为河北省高级人民法院2014年度十大知识产权典型案例，"吴某某与于某某、赵某某侵害实用新型专利权纠纷案"被评为2016年度黑龙江省知识产权司法保护十大典型案例。另外，笔者还设立了石家庄泽之知识产权代理有限公司，形成专利申请、商标代理、贯标、高新认证等基础业务与诉讼对接的一体化服务模式，并应邀为多家企业做知识产权风险防范等知识讲座。

　　笔者在多地知识产权法庭、北京知识产权法院、上海知识产权法院、广州知识产权法院、多地高级人民法院知识产权庭及最高人民法院代理案件过程中，因法律适用中的地域差异，特别是对于争议问题，不同经济发展水平、不同的层级高度，所掌握的不同裁量标准，使笔者对于法律规定及司法实践中的争议问题有了更深刻的理解。笔者及团队律师一定倍加努力，以"工匠精神"在知识产权业务领域继续深耕。

本书分别介绍了知识产权入门基础知识、司法实践中尚有争议的观点分析及笔者经办部分案件的案例评析。在"司法观点"一编囊括了2008年至今最高人民法院知识产权案例审判指导，最高人民法院指导性案例，最高人民法院公报案例中专利、商标相关的裁判规则，希望可以给广大知识产权从业者些许参考。

执业及写作期间，有幸得到北京、上海、广州、深圳及江苏、浙江等知识产权大律师的指导帮助，在此一并致谢。尽管编著此书时付出了极大努力，但因才学所限，又仓促付梓，书中疏漏之处在所难免，至祈广大读者予以指正是幸。

王现辉

2018年1月1日

目　　录

第一编　实务文章 ··1

对侵害外观设计专利权案件的实践思考 ······················3
专利律师教你如何给侵权人发律师函 ·······················11
发明专利临时保护期不完全手册 ····························13
专利有效性的审查及诉讼中止 ·······························16
专利侵权损害赔偿四种计算方式的适用问题 ···············18
抵触申请的实体认定并非抵触申请抗辩成立的前提 ········21
专利侵权判定方法之等同侵权司法实践 ·····················25
专利维权不用提供专利权证书和评价报告？是的！ ········33
专利律师不能犯的几种常识性错误——
　从收到一份律师函追究刑事责任说起！ ·················37
负面评价报告一定会成为专利侵权诉讼的障碍吗？ ········41
知识产权侵权诉讼中权利人及许可使用人之诉权分析 ·····48
企业如何防范商业秘密泄露风险 ····························56
知识产权律师带你掌握侵犯商业秘密罪辩护要点 ··········58
侵害商业秘密案件难点解析（原告篇） ·····················62
商业秘密权利人损失认定的标准与方法 ·····················68
如何认定侵犯商业秘密罪中的"违法所得数额" ············73
如何正确使用知识产权警告函 ·······························75
"突出使用"是否是构成不正当竞争的必要条件——
　"欧派"诉"欧派嘉"侵害商标权及不正当竞争纠纷案 ·····80
权利人具备鉴别假冒产品的资格 ····························83

第二编　典型案例 ·· 85
授权公告日后销售行为未必侵害专利权 ······················· 87
玉田县某公司与唐山某公司侵害商业秘密纠纷案 ··········· 117
薛某销售假冒注册商标的商品罪 ································ 165
上海某服饰有限公司与河北某制衣有限公司侵害商标权纠纷案 ······ 186

第三编　司法观点 ·· 193
最高人民法院指导性案例、年报、公报案例审判观点（专利篇2008—2017） 195
使用说明 ·· 195
专利案例目录 ·· 195
临时保护期 ·· 195
权利要求（外观设计）保护范围 ································ 195
共同侵权 ·· 196
方法专利 ·· 197
外观设计专利 ·· 197
植物新品种 ··· 197
公知技术 ·· 197
标准必要专利 ·· 198
管辖 ·· 198
侵权判断原则 ·· 198
权利要求的解释及比对方法 ···································· 198
专利有效原则 ·· 199
无效宣告审查追溯力 ·· 199
权利要求得不到说明书的支持 ································· 200
外观设计相同或相近似 ··· 200
先用权抗辩 ··· 201
创造性 ··· 201
专利授权考虑因素 ··· 202
修改超范围 ··· 202
现有技术抗辩 ·· 202
许可 ·· 202

目录

    必要技术特征 …………………………………… 202
    优先权 …………………………………………… 203
    说明书公开充分 ………………………………… 203
    侵权行为认定 …………………………………… 203
    抵触申请 ………………………………………… 203
    实用性 …………………………………………… 203
    赔偿 ……………………………………………… 203
    专利权权属纠纷 ………………………………… 204

专利案例裁判规则 ……………………………………… 204
    临时保护期 ……………………………………… 204
    权利要求保护范围 ……………………………… 205
    共同侵权 ………………………………………… 208
    方法专利 ………………………………………… 209
    外观设计专利 …………………………………… 209
    植物新品种 ……………………………………… 210
    公知技术 ………………………………………… 211
    标准必要专利 …………………………………… 212
    管辖 ……………………………………………… 213
    侵权判断原则 …………………………………… 213
    权利要求的解释及比对方法 …………………… 216
    专利有效原则 …………………………………… 219
    无效宣告审查及追溯力 ………………………… 220
    权利要求得不到说明书的支持 ………………… 221
    外观设计相同或者相近似 ……………………… 223
    先用权抗辩 ……………………………………… 226
    创造性 …………………………………………… 226
    专利授权考虑因素 ……………………………… 229
    修改超范围 ……………………………………… 229
    现有技术抗辩 …………………………………… 231
    许可 ……………………………………………… 232

v

必要技术特征 ·················· 232
优先权 ·················· 233
说明书公开充分 ·················· 233
侵权行为认定 ·················· 234
抵触申请 ·················· 234
实用性 ·················· 235
赔偿 ·················· 235
专利权权属纠纷 ·················· 236

最高人民法院指导性案例、年报、公报案例审判观点（商标篇2008—2017）···236
使用说明 ·················· 236
商标案例目录 ·················· 237
《商标法》及《反不正当竞争法》可保护的标的 ·················· 237
真实使用意图 ·················· 237
诚实信用原则 ·················· 238
中国国名等 ·················· 238
外国国名等 ·················· 238
不良影响 ·················· 238
通用性 ·················· 239
叙述性 ·················· 239
其他缺乏显著特征的 ·················· 239
使用取得显著性 ·················· 239
驰名商标 ·················· 240
在先被代理人商标 ·················· 240
企业名称权 ·················· 240
知名商品特有名称、包装、装潢 ·················· 240
在先使用并有一定影响商标及在先权利 ·················· 241
使用定义 ·················· 241
商品类似判断 ·················· 242
商标近似判断 ·················· 242
容易混淆及误认 ·················· 242

目 录

误导公众损害驰名商标利益 …………………………243
反向假冒 …………………………………………243
协助侵权 …………………………………………243
企业名称突出使用商标侵权 ………………………243
企业名称不正当竞争 ………………………………244
域名 ………………………………………………244
权利用尽 …………………………………………244
正当使用抗辩 ……………………………………244
虚假宣传 …………………………………………245
商业秘密 …………………………………………245
商业诋毁 …………………………………………245
赔偿 ………………………………………………246
消除影响 …………………………………………246
刑事责任 …………………………………………246
三年不使用 ………………………………………247
主体 ………………………………………………247
管辖,主管 ………………………………………247
时限 ………………………………………………247
一事不再理 ………………………………………247
证据 ………………………………………………248
情势变更 …………………………………………248

商标案例裁判规则 ……………………………………248

《商标法》及《反不正当竞争法》可保护的标的 …………248
真实使用意图 ……………………………………250
诚实信用原则 ……………………………………250
中国国名等 ………………………………………260
外国国名等 ………………………………………261
不良影响 …………………………………………262
通用性 ……………………………………………264
叙述性 ……………………………………………266
其他缺乏显著特征的 ………………………………268

vii

使用取得显著性	268
驰名商标	269
在先被代理人商标	274
企业名称权	276
知名商品特有名称、包装、装潢	278
在先使用并有一定影响商标及在先权利	285
使用定义	292
商品类似判断	296
商标近似判断	298
容易混淆及误认	302
误导公众损害驰名商标利益	311
反向假冒	312
协助侵权	312
企业名称突出使用商标侵权	314
企业名称不正当竞争	317
域名	322
权利用尽	324
正当使用抗辩	325
虚假宣传	329
商业秘密	330
商业诋毁	336
赔偿	337
消除影响	343
刑事责任	344
三年不使用	346
主体	348
管辖,主管	350
时限	354
一事不再理	354
证据	357
情势变更	361

第一编　实务文章

对侵害外观设计专利权案件的实践思考

笔者自述：该文从外观设计的基本概念、外观设计专利权的侵权判定、保护范围、代理侵权诉讼准备工作等方向入手，结合石家庄市中级人民法院及河北省高级人民法院的判决，讲解了律师代理外观设计专利侵权诉讼应掌握的基本方法和法律依据，以期对律师代理有所帮助。

一、什么是外观设计专利权

外观设计，是指工业品的外观设计，也就是工业品的式样。它与发明或实用新型完全不同，即外观设计不是技术方案。《专利法》第二条中规定："外观设计，是指对产品的形状、图案或者其结合以及色彩与形状、图案的结合所做出的富有美感并适于工业应用的新设计。"

二、侵害外观设计专利权判定

外观设计是我国司法保护的对象之一，在专利侵权纠纷中，外观设计的侵权在专利侵权纠纷中所占的比例很高，随着人们知识产权保护意识的不断提高，外观设计申请量逐年增加，外观设计专利侵权纠纷也呈上升趋势，在外观设计侵权实务中，无法回避的是对外观设计侵权的判定。对外观设计侵权的判定通常有以下三个步骤。

（一）确定外观设计专利权的保护范围

《专利法》第五十九条规定："外观设计专利权的保护范围以表示在图片或者照片中的该产品的外观设计为准，简要说明可以用于解释图片或者照片所表示的该产品的外观设计。"在解释专利公告中的图片或照片时，应注意把握以下要点。

1.结合产品名称、分类号、简要说明，确定外观设计专利权保护范围

《专利法》第二十七条规定："申请外观设计专利的，应当提交请求书、该外观设计的图片或者照片以及对该外观设计的简要说明等文件。"《专利法实施细则》第二十九条规定:"国务院专利行政部门认为必要时,可以要求外观设计专利申请人提交使用外观设计的产品样品或者模型。"第四十七条规定:"申请人写明使用外观设计的产品及其所属类别的,应当使用国务院专利行政部门公布的外观设计产品分类表。未写明使用外观设计的产品所属类别或者所写的类别不确切的,国务院专利行政部门可以予以补充或者修改。"可见,外观设计专利申请时提交的材料包括简要说明、产品的模型或样品、类别等。

在案件审理时,专利外观设计的图片或照片可能不够清晰,仅凭该图片或照片有时不足以准确界定外观设计专利权的保护范围。由于外观设计的简要说明及其设计要点、应国务院专利行政部门的要求在专利授权程序中提交的样品或模型,都是外观设计专利申请过程中依法提交的材料,其本身对外观设计专利权的取得也具有一定积极作用,因此,在仅凭该图片或照片不足以使审判人员准确把握外观设计专利的保护范围时,这些材料可以成为确定外观设计专利权保护范围的辅助参考。具体来说,在坚持以授权公告中的图片或者照片中的该外观设计专利产品为准的同时,可以用外观设计的产品名称、分类号、简要说明来对专利外观设计进行解释、说明和限定,准确界定外观设计专利权的保护范围。

2.成套、组件产品外观设计专利权保护范围的确定

成套产品,是指由两件及两件以上各自独立的产品组成,其中每一件产品有独立的使用价值,而各件产品组合在一起又能体现出其组合使用价值的产品,如茶杯与茶壶。组件产品,是指由数件产品组合为一体的产品,其中每一件单独的构成部分没有独立的使用价值,组合成一体时才能使用的产品,如麻将牌。成套产品的最大特点就是每一件产品可以单独使用,并可单独申请外观设计专利,同时,人们通常的习惯又是将几件产品组合起来使用。组件产品的最大特点就是其组件通常不能单独使用,只能组合起来使用。对于成套产品,不仅保护该成套产品的外观设计,还保护构成该成套产品的每一件产品的外观设计;对于组件产品来说,如果是组装关系唯一的组件产品,以该组件产品的整体外观设计来确定保护范围,而不保护具体组件的外观设计;对于无组装关系(如扑克牌)或者组装关系不唯一(如插接玩具)的组件产品,则以所有单个构件的外观设计确定其保护范围。

3.制图不当的外观设计专利保护范围的确定

案件审理时，如果专利权人的外观设计专利权的保护范围是以照片的形式表现的，一般不会出现视图矛盾或者错误的情形。但如果权利人的专利产品是体积不大且外形复杂多变的工业品，其专利视图又不是采用CAD等新技术制图的情况下，有时会出现各专利视图矛盾或者表达不一致的情形。被诉侵权人也可能会将专利视图存在错误导致产品的外观形状不具有唯一性作为抗辩理由提出。在遇到此类问题时，应当结合各视图来综合判断外观设计专利产品的形状能否得以确定，即是否具有唯一性。如果某一视图中的错误能够在其他视图中得到纠正，综合各视图仍可以确定该部分设计，不影响本领域普通公众清楚、完整并唯一地理解和确定该外观设计产品的，专利视图仍然可以作为是否构成侵权的比对文件。

(二)侵权判定比对对象的确定

在进行外观设计专利侵权比对时，应当将被诉侵权产品设计与专利授权公告中的外观设计专利的图片或者照片中的产品的形状、图案或者其结合以及色彩与形状、图案的结合进行比较，而不宜将被诉侵权物与专利产品进行直接比对。在司法实践中，如果专利产品与表示在图片或照片中的外观设计完全一致，为了比较的直观性与准确性，也可将被诉侵权物与专利产品进行直接比对。

应该注意的是，外观设计专利权利人提供的外观设计专利产品实物与表示在图片或者照片中的该外观设计专利产品是否完全一致，不仅需要取得各方诉讼当事人的认可，还需要审判人员进一步判定。

如果外观设计专利权人在获得授权后，在生产过程中根据市场需求又逐步对其专利产品进行了改进，因被诉侵权人对其改进后的产品进行仿制而引发侵权的，在进行比对时，仍应按照外观设计专利权人最初向国家专利局申请授权时所提交并依此获得授权的专利产品视图中所表现的产品设计和被诉侵权人生产的被诉侵权产品进行，而不受外观设计专利权人实际改进产品的影响。

(三)判断被控侵权产品与外观设计产品是否相同或相近似

《侵犯专利权纠纷解释》第八条规定："在与外观设计专利产品相同或者相近种类产品上，采用与授权外观设计相同或者近似的外观设计的，人民法院应当认定被诉侵权设计落入《专利法》第五十九条第二款规定的外观设计专利权的保护范围。"在司法实践中，应注意以下几点。

1.相同或近似外观设计的认定的主体

《侵犯专利权纠纷解释》第十条规定："人民法院应当以外观设计专利产品的一般消费者的知识水平和认知能力，判断外观设计是否相同或者近似。"判断被诉侵权产品的外观设计与专利外观设计是否相同或者相近似，应当以此类产品的消费者或者用户作为评判的主体，以他们的平均审美水平进行观察比较。

（1）以普通消费者作为侵权判定的主体，人民法院在审理外观设计专利侵权纠纷时并不会真正去征求真正的消费者的意见，而是要求审判人员在判定时，将所处的视角放在普通消费者的水平线上，去感知比对对象的异同。

（2）一般消费者并不特指某一具体的个人或者个人的集合，而是作为认知或者判断标准的法律上拟制的"人"，这种"人"必须具备涉案产品所属领域的一般知识，不能是与该产品毫不相关的人。

（3）根据《专利审查指南（2010）》的规定，作为某种类外观设计产品的一般消费者应当具备两个特点：一是对相同种类或者相近种类产品的外观设计及其常用设计手法具有常识性的了解，常用设计手法包括设计的转用、拼合、替换等类型；二是对外观设计产品之间在形状、图案以及色彩上的区别具有一定的分辨力，但不会注意到产品的形状、图案以及色彩的细小变化。

（4）虽然普通消费者是抽象的，但是在判断被诉侵权产品设计与专利外观设计是否相同或相近似时，应当考虑注意力问题。对于价格高、危险系数大、技术含量高的产品，消费者在购买时一般会投入较大的注意力，造成误认误购的可能性也会降低；反之，则容易造成误认误购。

（5）不同的产品所对应的消费者也有所区别。

① 对于普通产品，一般消费者都有可能直接购买和使用，也不需要有关该产品的专业知识，普通社会公众就是这些产品的一般消费者，社会公众的一般审美眼光应该作为判断此类产品外观是否相同或者相近似的视角。

② 对于能够满足某些特殊需求的产品，这类产品往往有固定的消费群体，产品本身也是为了满足某一特定人群的需要而生产的，除此之外的其他人一般不会购买或者使用，当围绕这类产品发生侵权纠纷时，这一特定人群就是这类产品的一般消费者，他们的视角就是判断是否相同或者相近

似的依据。

③对于选择、购买行为本身需要专业知识的产品，不具备一定的专业知识的人是不会成为该产品的购买者或者使用者的，这些产品不仅有特殊的消费群体，而且基于此类产品的技术性等方面的情况，只有具备专门知识的人员才熟悉该类产品的外观。虽然选择、购买这些产品的专业人员的眼光比普通消费者要严格许多，但却是选择、购买这类产品所必然要求的。此时的专业人员正是符合要求的"一般消费者"，只不过这里用的消费者的概念具有知识产权法中的特定含义。

2.相同外观设计的认定

外观设计相同，是指在同一类产品上具有相同的形状、图案、色彩或其结合的设计。在司法实践中，相同的外观设计不难确定，只要将被诉侵权产品的外观设计与专利产品的外观设计进行比较，如果两者的载体，即产品相同，并且形状、图案、色彩及其组合等全部要素相同的话，则为相同的外观设计。产品不同的，即使其外观设计的三要素相同，也不应认为外观设计相同。

在判断产品的外观设计是否相同时，应当注意以下几点：

（1）以整体视觉效果为标准，对一般消费者而言，两种外观设计的整体视觉效果无差异的，即可认定外观设计相同；

（2）如果被诉侵权设计与专利设计的区别点仅在于常用材料的替换，或者产品功能、内部结构、技术性能或者尺寸的不同，而未导致产品外观设计的变化，二者仍属于相同的外观设计；

（3）对于外表使用透明或半透明材料的产品而言，通过人的视觉能观察到的其透明部分内的形状、图案和色彩，应视为该产品的外观设计部分。在进行侵权判定时，即使两种产品的外观形状完全相同，但如果其中一种采用的是透明材料设计，两者也不应属于相同的外观设计。

3.近似外观设计的认定

近似外观设计，是指被诉侵权产品在与外观设计专利产品相同或者类似产品上使用的与外观设计专利产品的外观设计相同或者近似的外观设计。它包括相同产品的外观设计近似、类似产品的外观设计相同和类似产品的外观设计近似这三种情况。

《侵犯专利权纠纷解释》第十一条规定："人民法院认定外观设计是否相同或者近似时，应当根据授权外观设计、被诉侵权设计的设计特征，以外观设计的整体视觉效果进行综合判断；对于主要由技术功能决定的设计特征以及对整体视觉效果不产生影响的产品的材料、内部结构等特征，应当不予考虑。下列情形，通常对外观设计的整体视觉效果更具有影响：（一）产品正常使用时易被直接观察到的部位相对于其他部位；（二）授权外观设计区别于现有设计的设计特征相对于授权外观设计的其他设计特征。被诉侵权设计与授权外观设计在整体视觉效果上无差异的，人民法院应当认定两者相同；在整体视觉效果上无实质性差异的，应当认定两者近似。"

4.色彩在外观设计专利相同或近似判定中所起的作用

外观设计包括形状外观设计、图案外观设计、形图结合外观设计、形色结合外观设计、图色结合外观设计和形图色结合外观设计等。构成外观设计的形状、图案和色彩三要素中，形状、图案是基础，色彩是附着在形状、图案之上的，脱离形状和图案的色彩不能单独成为我国现行专利法中外观设计专利保护的设计方案。从这个意义上讲，色彩保护具有从属性。

（1）如果外观设计专利权人要求保护色彩，色彩属于该外观设计保护范围的，在进行侵权比对时，应比较被诉侵权设计与专利外观设计二者之间的形状、图案是否相近似。如果有较大差异的，即受保护的色彩不是该外观设计的主要因素，则不应当被判定为近似。

（2）外观设计专利权人不要求保护色彩的，在一般情况下只比较其与被诉侵权设计二者之间的形状、图案是否相同或者相近似，根据比较的结果直接判定二者外观设计是否相同或近似，而不论二者的色彩有无差别。

除了上述原则外，进行外观设计的侵权判定还应该注意：第一，对形状造型的外观设计，其所保护的产品的形状应当以专利权人在申请专利时提交的照片、图纸上显示的形状为准。在专利权人未特别声明保护色彩的情况下，只要形状相同或者相似，即可认定侵权。第二，对图案、色彩的比较应当一同考虑。在一般情况下，可以把外观设计的图案和色彩作为形状的从属因素。第三，当突出保护色彩时，比较色彩应当与事先声明相一致。

三、代理原告侵害外观设计专利权立案前的准备工作

（一）专利有效性分析

专利侵权诉讼必须以专利权有效为前提，因此，应审查专利有无下

列情形。

(1) 专利权期满终止。外观设计专利权保护期限为10年，自专利申请日起计算。例如，一件外观设计专利的申请日是1999年9月6日，该专利权的期限为1999年9月6日至2009年9月5日，专利权期满终止日为2009年9月6日（遇节假日不顺延）。专利权期满时应当及时在专利登记簿和专利公报上分别予以登记和公告，并进行失效处理，专利权期满终止。

(2) 专利权人没有按照规定缴纳年费的终止。专利年费滞纳期满仍未缴纳或者缴足专利年费或者滞纳金的，自滞纳期满之日起两个月后审查员应当发出专利权终止通知书。专利权人未启动恢复程序或者恢复权利请求未被批准的，专利局应当在终止通知书发出4个月后进行失效处理，并在专利公报上公告。专利权自应当缴纳年费期满之日起终止。

(3) 专利权人放弃专利权的终止。被授予专利权后，专利权人随时可以主动要求放弃专利权，专利权人放弃专利权的，应当提交放弃专利权声明，并附具全体专利权人签字或者盖章同意放弃专利权的证明材料，或者仅提交由全体专利权人签字或者盖章的放弃专利权声明。

(二) 专利权评价报告

专利权评价报告是由外观设计专利权人请求国家知识产权局对其专利进行检索、分析和评价后出具的报告。

由于外观设计专利是不经实质审查，仅仅通过初步审查就获得授权的，其法律稳定性比较低，被宣告无效的可能性比较大，如果专利权人随意对他人提起专利侵权指控，则有可能因为专利被宣告无效而适得其反，既没有打击竞争对手，也因此耗费大量金钱和时间。所以，专利权人可以在指控他人侵犯自己的专利权之前，请求国家知识产权局对其专利做出专利权评价报告，以做出正确判断，做到知己知彼。

《专利法》第六十一条第二款规定，专利侵权纠纷涉及实用新型或者外观设计专利的，人民法院或者管理专利工作的部门可以要求专利权人或者利害关系人出具由国家知识产权局做出的专利工作的部门审理、处理专利侵权纠纷的证据，主要用于人民法院或者管理专利工作的部门确定是否需要中止相关程序。专利权评价报告不是行政决定，因此专利权人或者利害关系人不能就此提起行政复议和行政诉讼。国家知识产权局应当自收到合格的专利权评价报告请求书和请求费后两个月内做出专利权评价报告。

(三)举证

专利权人发现自己的专利权被他人侵犯，并在确认自己的专利权有效、专利侵权成立之后，可以开始着手收集证据工作。

专利权人要收集的证据大致有如下几个方面。

1.有关侵权者情况的证据

侵权者确切的名称、地址、企业性质、注册资金量、人员数量、经营范围等情况，都是专利权人首先应了解的。了解这些情况对专利权人对付专利侵权应采取什么样的策略是很重要的。

2.有关侵权事实的证据

构成专利侵权的前提是必须有侵权行为。因此，证明侵权者确实实施了侵犯专利权的行为的证据在处理侵权过程中是至关重要的。这些方面的证据有侵权物品的实物、照片、产品目录、销售发票、购销合同、网络许诺销售产品的行为等。

3.有关损害赔偿的证据

专利权人可以向侵权者要求损害赔偿。要求损害赔偿的金额可以是专利权人所受的损失。但专利权人要提供证据，证明因对方的侵权行为，自己专利产品的销售量减少或销售价格降低，以及其他多付出的费用或少收入的费用等损失。

(四)诉前禁令

在对专利侵权纠纷案件的审判过程中，经常发生由于没有及时采取措施，侵权行为没有得到及时制止，致使损害后果扩大的情况。

诉前禁令的规定在一定程度上于诉前为原告提供了更为有效的法律保护。诉前禁令，在我国知识产权法律中称为"诉前停止侵权行为"。

诉前禁令需要满足以下几个条件：

（1）有证据证明行为人正在实施或者即将实施侵犯其权利的行为；

（2）因情况紧急，如不立即采取措施，将会使申请人的专利权或者与专利权有关的权益受到难以弥补的损害；

（3）必须有专利权人或者与专利权有关的利害关系人（如专利实施许可合同的被许可人、专利财产权利的合法继承人等）的申请；

（4）申请人必须提供担保。

四、侵害外观设计专利权判决项目

《专利法》第六十五条规定："侵犯专利权的赔偿数额按照权利人因被侵权所受到的实际损失确定；实际损失难以确定的，可以按照侵权人因侵权所获得的利益确定。权利人的损失或者侵权人获得的利益难以确定的，参照该专利许可使用费的倍数合理确定。赔偿数额还应当包括权利人为制止侵权行为所支付的合理开支。

"权利人的损失、侵权人获得的利益和专利许可使用费均难以确定的，人民法院可以根据专利权的类型、侵权行为的性质和情节等因素，确定给予1万元以上100万元以下的赔偿。"

根据司法实践，需要说明两点：首先，法律规定的"赔偿数额还应当包括权利人为制止侵权行为所支付的合理开支"。仅是法定赔偿，即只有在权利人的损失、侵权人获得的利益和专利许可使用费作为赔偿依据时，对于因制止侵权行为所支付的合理开支，法院一般予以支持。其次，如果进行酌定赔偿时，法院不会再单独将权利人为制止侵权行为所支付的合理开支进行说明，而是在酌定数额时一并予以考虑。最后，酌定的数额并不是严格按法律规定的数额"1万元以上100元以下的赔偿"进行判决，在司法实践中，法院认为赔偿数额明显低于上述标准的，会在该标准下进行判决。

专利律师教你如何给侵权人发律师函

专利侵权律师函是权利人发现侵权行为后，委托专业律师向侵权人发出的要求其停止侵权行为的函件。在诉讼成本较高的情况下，律师函不仅日益成为权利人制止侵权行为、维护自己权益的快速便捷的非诉武器，而且也可以在之后的诉讼中起到证明销售商知道其销售的产品侵犯专利权的主观故意的作用。如果运用得当将会起到"不战而屈人之兵"的作用，但如果运用不当就会"打草惊蛇"，甚至构成不正当竞争，那么起草专利侵权律师函究竟应该注意哪些问题呢？下面笔者就为大家进行解读。

一、明确律师函的目的，是维权不是侵权

为保护专利权而发送侵权律师函，可视为当事人协商解决纠纷的重要途径和环节，符合法律有关鼓励当事人协商解决纠纷的精神，也是专利权人行使专利权的应有之义。由于专利权人熟知其专利权状况，应当且一般有能力知道相关涉嫌侵权事实，在委托律师发送侵权律师函时，应当善尽谨慎注意义务，充分披露据以判断涉嫌构成专利侵权的必要信息。"信息披露是否充分"是判断"是否善尽谨慎注意义务"的一个重要因素，因此，行为人在主观上的"谨慎注意"是判断案件正当性的关键。假如专利权人明知或者应知竞争对手不可能构成侵权，却以不正当方式滥用侵权律师函或者虚晃一枪提起专利侵权诉讼，事后又撤诉，以此来达到损害竞争对手商誉的目的，其行为就有可能构成商业诋毁或不正当竞争。

二、牢记律师函写作步骤，是分析创造不是拼凑堆砌

第一，要做好侵权分析，能够基本锁定对方的侵权事实，在认定侵权基本成立的前提下再发律师函。

第二，要做好专利的稳定性分析，对自己的专利进行评估，对专利的稳定性要有认识。因为，从常规意识上讲，如果专利权人提起专利权侵权之诉，对方就会从程序的角度向专利复审委员会提起专利无效宣告申请。专利无效宣告的审理时间一般需要半年多，有的甚至1年，如果对专利复审委员会的无效决定不服，再打一审、二审，诉讼可能需要两三年时间，甚至更长。对方提起无效宣告申请有时会导致专利权侵权诉讼的案件处于中止状态，专利权人不能禁止对方生产和使用，这个时间可能会持续更长。因此，专利权人一定要做好专利稳定性分析。最为糟糕的是，专利权人提起侵权之诉，没有对专利权的稳定性进行评估，对方提起无效申请，专利被专利复审委员会宣告无效。这样，专利权人就非常被动，唯一能做的，也只是撤诉了。

第三，要做好证据收集，因为一旦发出律师函，对方就会警惕，如果真的侵权了，对方可能就会销毁证据，所以一定要把证据收集好，达到准备诉讼的程度才可以发出律师函，不能太随意，律师要把这个利害关系说清楚，如果发律师函，需要将哪些后续的工作做好，时间、周期、成本都要先说好，让委托人事先评估。如果发出律师函前没有做准备工作，就是我们律师

的过失，因为你没有提醒当事人进行周密的考虑。

第四，要明确发送对象，一般都是发给侵权人。

第五，对自己的诉讼做好准备，这些工作都做好了，才可以发律师函。

第六，要注意委托发律师函的主体是否适格。

委托发送律师函的必须是专利权权利人、独占许可人、排他许可人、普通许可人等有资格以自己的名义制止侵权行为的主体。

第七，注意留存发过专利权律师函的相关证据。

在实践中，留存律师函的复印件或扫描件、发出律师函后取得邮局或快递公司的签收回执单是常见的证据保存方式，权利人也可以登录邮局或快递公司的网站，将律师函的发送及签收流程截屏作为辅助证据。

三、掌握律师函的精髓，是论证不是恐吓

律师函不是恐吓而是一篇内容严谨、条理清晰、论证充分的告知文件，从法理上讲，判断产品是否侵权是法院的职责，在情况不明的情形下将这一义务施加给销售商，对销售商是不公平的；而且在未经通知的情况下，销售者声称自己不知道其所售的是侵犯他人专利权的产品也是有理可循的，尤其是在侵权事实不是很明显的案件中。因此，权利人在采取寄律师函的方式让销售商知晓自己销售的是侵权产品时，应同时提供专利的详细信息，包括专利号、专利权证书复印件、专利权利要求书和对比说明文件等，为销售商判断自己是否侵权提供基本的依据。

综上所述，在专利权是否受到侵害尚未取得法院的确认之前，发律师函要慎重，要对拥有何种权利、遭受何种侵害、要求侵权人履行何种行为等阐释得合法、合理，遣词用句也要注意一定的技巧。依据我国现行的法律制度，被指控专利权侵权的当事人在一定条件下可以对专利权权利人发起"确认不侵权"之诉或不正当竞争之诉，这也是专利权权利人在实施发律师函这一策略中应当加以考虑的因素。

发明专利临时保护期不完全手册

根据专利法的规定，发明专利自申请公布之日起至公告授予专利权之日

前有一个期间，该期间被称为"临时保护期"。发明专利临时保护期是与发明专利的"早期公开、延迟审查"制度配合设立的机制。在这个期间，专利法给已经公布的发明专利技术以临时性保护，这种保护与对专利权的保护不同，从公布到授权公告这段时间内，发明专利申请尚未被授予专利权，不能获得《专利法》第十一条所规定的保护。因此，发生的纠纷与专利侵权诉讼也不同，民事案件案由为发明专利临时保护期使用费纠纷，即发明专利申请公布后，申请人可以要求实施其发明创造的单位或个人支付适当费用。

一、发明专利获得专利权之后才能提出诉讼请求

《专利法》第十三条规定："发明专利申请公布后，申请人可以要求实施其发明的单位或个人支付适当的费用。"但专利申请人并不能立即请求管理专利工作的部门进行调解，也不能立即向人民法院起诉。发明专利申请公布后，经过实质审查后最终存在两种可能的结果：一是被授予专利权，二是未被授予专利权。在后者的情况下，对申请人来说，因为其专利申请不能被授权以及获得保护，也就不存在"早期公开"带来对其不利的权利失衡问题，因此也就不应当向其提供临时保护。对于前者，向申请人提供"临时保护"是必要的。然而，在专利申请被授予专利权之前，无法判断"临时保护"对于申请人来说是否必要。为此，当申请人与实施其发明的单位或个人就发明专利临时保护期使用费产生纠纷的情况下，在专利申请获得授权后解决显得更为合理。《专利法实施细则》第八十五条规定，发明专利临时保护期使用费纠纷，当事人请求管理专利工作的部门调解的，应当在专利权被授予之后提出。也就是说，这类专利纠纷如果要通过行政或诉讼方式解决，必须在获得专利权后才能提出请求。

二、临时保护的范围

从申请人的角度来看，只要能够获得与专利授权公告文本中权利要求所确定的保护范围一致的"临时保护"，就可以实现"临时保护"机制的目的。现实中仍可能出现授权公告文本比公布文本中的权利要求所确定的保护范围扩大的情况，因为在临时保护期内，授权公告的权利要求尚不可得，打算实施该发明的公众只能参照公布文本中的权利要求来判断实施行为是否会落入"临时保护"的范围。如果最终的授权公告文本相对于公布文本的权利

要求扩大了保护范围，并且依据授权公告文本的权利要求确定的"临时保护"范围，将会损害公众对于公布文本的信赖利益。为此，2016年4月1日实施《侵权专利权纠纷解释（二）》对此予以明确。该解释第十八条第二款规定："发明专利申请公布时申请人请求保护的范围与发明专利公告授权时的专利权保护范围不一致，被诉技术方案均落入上述两种范围的，人民法院应当认定被告在前款所称期间内实施了该发明；被诉技术方案仅落入其中一种范围的，人民法院应当认定被告在前款所称期间内未实施该发明。"

三、临时保护只能请求适当的使用费

临时保护的使用费不同于侵犯专利权的损害赔偿，发明专利的申请人基于临时保护只能主张"合理的费用"。临时保护期的"合理使用费"类似于许可使用费。《侵犯专利权纠纷解释（二）》第十八条第一款规定："权利人依据专利法第十三条诉请在发明专利申请公布日至授权公告日期间实施该发明的单位或者个人支付适当费用的，人民法院可以参照有关专利许可使用费合理确定。"

四、临时保护后续行为的正当性

临时保护期内已经制造、销售、进口的产品能否在专利授权公告日后销售、许诺销售或者使用，在司法实践中争议较大，一种意见认为，临时保护期内制造、销售、进口的产品不是侵权产品，专利权人无权在授权公告日之后禁止非侵权产品的后续销售、使用行为。例如，最高人民法院指导性案例20号：深圳市斯瑞曼精细化工有限公司诉深圳市坑梓自来水有限公司、深圳市康泰蓝水处理设备有限公司侵害发明专利权纠纷案（最高人民法院审判委员会讨论通过，2013年11月8日发布），在该案中，最高人民法院认为，在发明专利申请公布后至专利权授予前的临时保护期内制造、销售、进口的被诉专利侵权产品不为专利法禁止的情况下，其后续的使用、许诺销售、销售，即使未经专利权人许可，也不视为侵害专利权，但专利权人可以依法要求临时保护期内实施其发明的单位或者个人支付适当费用。

第二种意见认为，依照《专利法》第十一条的规定，专利权被授予后，专利权人可以禁止他人未经许可的任何实施行为。使用、销售、许诺销售临时保护期内已制造、销售、进口的产品，不属于《专利法》第六十九条规定

的不视为侵权的情形，故应依法予以禁止。2016年4月1日实施的《侵犯专利权纠纷解释（二）》第十八条第三款规定："发明专利公告授权后，未经专利权人许可，为生产经营目的使用、许诺销售、销售在本条第一款所称期间已由他人制造、销售、进口的产品，且该他人已支付或者书面承诺支付专利法第十三条规定的适当费用的，对于权利人关于上述使用、许诺销售、销售行为侵犯专利权的主张，人民法院不予支持。"可见《侵权专利权纠纷解释（二）》采取了折中的策略，既避免行为人在临时保护期内囤积产品，待授权公告日后再销售的情况，也避免对"临时保护期内制造的产品不是侵权产品"的定性产生错误认识。《侵权专利权纠纷解释（二）》最终以是否支付《专利法》第十三条规定的适当费用作为侵权与否的分界点。

最后，在司法实践中需要注意的还有，临时保护期费用纠纷仅指发明专利，而不包括实用新型和外观设计专利。在法律或者司法解释对发明专利保护期使用费纠纷的管辖做出特别规定之前，可以参照专利权纠纷的管辖规定确定发明专利保护期使用费纠纷的管辖。

专利有效性的审查及诉讼中止

在专利侵权诉讼中，被控侵权人通常会在诉讼过程中提起专利无效宣告程序。因为专利权的有效性的决定权在于专利复审委员会，所以一旦被控侵权人启动了专利无效宣告程序，则涉案专利的有效性将处于不确定的状态，因为专利法规定，在专利无效宣告启动后，专利复审委员会宣告决定做出前，法院一般应中止实用新型和外观设计侵权纠纷诉讼的审理。

诉讼中止，是指在案件审理过程中，因出现特殊情况，将已进行的诉讼程序暂时中止，待中止的原因消失后，再恢复诉讼的一种制度。《专利法》第四十五条规定："自国务院专利行政部门公告授予专利权之日起，任何单位或者个人认为该专利权的授予不符合专利法有关规定的，可以请求专利复审委员会宣告该专利权无效。"我国的专利制度实行的是职权分离主义，即由国家知识产权局负责专利权有效性的审查，法院负责专利侵权的司法审查，只有在专利行政诉讼中，法院对于专利权的有效性才有最终的决定权。

因为实用新型和外观设计专利申请不进行实质审查，而发明专利虽然在授权时进行了实质审查，但是因一些主、客观的原因，也可能将不符合授予条件的发明创造授予了专利，因此专利法司法解释规定了因专利有效性存在争议时的诉讼中止，在一般情况下，只要被告在答辩期内向法院提出已向专利复审委员会提出专利无效宣告审查的申请，法院应该中止诉讼，但是如果原告出具的专利权评价报告未发现导致实用新型专利丧失新颖性、创造性的技术文献，法院可以不中止。

虽然对专利的有效性进行判断并不属于审理侵犯专利权民事纠纷案件的人民法院的审理范围，但人民法院在审查当事人提出的中止审理申请时，可以依据当事人所提交的有关已经公开的技术文件，与涉案专利技术进行比对，并由此判断涉案专利被国家知识产权局专利复审委员会宣告无效的可能性，从而最终做出是否准许当事人中止审理的申请的决定。当然，这只是一种可能性判断，是作为人民法院决定是否中止审理的一种考量因素，对专利权的有效性并不发生根本影响。所以，人民法院针对当事人在答辩期间提出的中止审理的申请，既不能一概不予支持，同样也不能一概予以准许。人民法院做出是否中止审理的决定，应当建立在对当事人所提出的比对文件是否会影响专利效力的可能性判断的基础上。

在专利侵权诉讼中，被控侵权人通常会在诉讼过程中提起专利无效宣告程序。因为专利权有效性的决定权在于专利复审委员会，所以一旦被控侵权人启动了专利无效宣告程序，则涉案专利的有效性将处于不确定的状态。因为专利法规定，在专利无效宣告程序启动后，专利复审委员会宣告决定做出前，法院一般应中止实用新型和外观设计侵权纠纷诉讼的审理。

我国专利制度的设置是对发明专利采取实质审查，而对实用新型和外观设计则只进行形式审查，因此，发明专利的稳定性相对于实用新型和外观设计的稳定性要强，在专利侵权诉讼中，当被告对原告据以起诉的实用新型和外观设计在答辩期内提出专利无效宣告请求申请时，法院会根据《专利纠纷规定》第八条、第九条、第十条、第十一条及《民事诉讼法》第一百五十条第五项的规定中止诉讼。而对于发明专利或者经专利复审委员会审查维持专利权的实用新型和外观设计，人民法院可以根据专利法司法解释的相关规定，决定是否中止诉讼。

专利侵权损害赔偿四种计算方式的适用问题

专利侵权损害赔偿额的确定一直是专利司法实务中的一个难题，因为专利权的价值无法计算，或者确切地说是很难评估。《专利法》从颁布实施到2008年第三次修改，20多年间专利侵权损害赔偿从无到有、从不完善到相对完善，在第三次修改之前，《专利法》规定专利权人可以以实际损失或侵权人的获利确定专利侵权损害赔偿额，由于在实践中出现了既无法举证实际损失，又很难对侵权人的获利情况进行举证的情形，所以2001年实施的专利法相关司法解释规定了专利许可费的合理倍数和人民法院的酌定赔偿。经第三次修改并于2009年10月1日起实施的《专利法》，将司法解释规定的两种侵权损害赔偿额的计算方法纳入《专利法》中，并且将酌定赔偿的数额由原来的"5000元以上30万元以下，最多不超过50万元"，提高到了"1万元以上100万元以下"，并且明确了四种赔偿额顺序，第一顺序为权利人的实际损失，第二顺序为侵权人的获利，第三顺序为专利许可使用费的合理倍数，第四顺序为人民法院的酌定赔偿。

一、权利人因侵权行为受到的实际损失的认定

根据法律规定，权利人的损失可以根据专利权人的专利产品因侵权所造成销售量减少的总数乘以每件专利产品的合理利润所得之积计算。权利人销售量减少的总数难以确定的，侵权产品在市场上销售的总数乘以每件专利产品的合理利润所得之积可以视为权利人因被侵权所受到的损失。事实上，权利人往往难以举证证明因侵权造成销售量减少的总数，该事实的证据主要来源于权利人的财务报告，其具有单方性，较易被否定。同时即便专利产品销售量减少的总数能够确定，其原因也并不一定完全是侵权行为造成的，也可能是替代产品出现、市场饱和度、专利产品本身的瑕疵、权利人专利产品的市场竞争力有限等其他原因造成的。因此要考量因侵权造成销量减少的总数是一个十分复杂的调查、分析、计算过程，在审判实践中较难查实认定。根据第三次修改的《专利法》，权利人主张侵权损害赔

偿时必须首先以受到的实际损失确定，这无疑加大了专利侵权诉讼中原告一方举证的难度。

现行《专利法》取消了实际损失与侵权人获利确定损害赔偿额时选择适用关系，明确规定了首先必须以权利人的实际损失来确定赔偿额。只有在实际损失难以确定时，才按照侵权人的获利确定；只有在权利人的实际损失和侵权人的获利难以确定时，才可以参照专利许可费的合理倍数确定，只有在上述三种计算方法都无法适用的情况下，人民法院才适用酌定赔偿。将权利人的实际损失确定损害赔偿额作为专利侵权损害赔偿适用的第一顺序，贯彻了损害赔偿的填平原则。《专利纠纷规定》第二十条第一款规定："专利法第六十五条规定的权利人因被侵权所受到的损失可以根据专利权人的专利产品因侵权所造成销售量减少的总数乘以每件专利产品的合理利润所得之积计算。权利人销售量减少的总数难以确定的，侵权产品在市场上销售的总数乘以每件专利产品的合理利润所得之积可以视为权利人因被侵权所受到的损失。"根据上述规定，权利人的实际损失的计算可以有以下两种方法。方法一：权利人的实际损失=专利权人的专利产品因侵权所造成的销售量的减少的总数×每件专利产品的合理利润；方法二：权利人的实际损失=侵权产品在市场上销售的总数×每件专利产品的合理利润。

二、侵权人获利作为赔偿依据

一方面，由于法院对以权利人实际损失确定侵权损害赔偿额中因果关系证明标准要求非常高；另一方面，由于专利权人尚未实施也未许可他人实施其专利技术或者专利产品尚未大量投入市场，专利人很难举证证明其因侵权行为受到的实际损失，因此，当权利人无法举证证明自己的实际损失时，则通过依据侵权的获利间接计算出权利人的实际损失。在适用侵权人获利的计算方法时，被告通常只有在其获利微薄或出现亏本的情况下，才会自愿将其财务账册提交法院，在其获利丰厚的情况下，则通常拒绝提供财务账册，即使通过财产保全措施亦无法查清其完整的财务账册。在这种情况下，法院有必要向被告释明，若其坚持不提供财务账册，则依据《最高人民法院关于民事诉讼证据的若干规定》第七十五条规定对被告作不利推定，即推定被告的获利大于原告要求的赔偿额，故将权利人请求赔偿的数额推定为被告的获利数额。

三、专利许可使用费作为赔偿依据

一般情况下，在专利侵权诉讼中，专利权人在起诉时并不掌握侵权人的获利情况，法院审理案件时也不容易查清，且侵权人为了逃避承担侵权损害赔偿责任，往往拒绝提供其财务会计资料、虚报甚至隐瞒不报其获利情况，因此在无法举证证明侵权人的获利时，权利人可以专利许可费确定损害赔偿，在运用此种赔偿方式时，司法实践中往往以专利许可合同真实存在，并已经履行且许可费合理等为前提。

四、酌定赔偿

《专利纠纷规定》第二十一条规定："被侵权人的损失或者侵权人获得的利益难以确定，……没有专利许可使用费可以参照或者专利许可使用费明显不合理的，人民法院可以根据专利权的类别、侵权人侵权的性质和情节等因素，一般在人民币5000元以上30万元以下确定赔偿数额，最多不得超过人民币50万元。"第三次修改的《专利法》将原第六十条改为第六十五条，修改后的内容为："侵犯专利权的赔偿数额按照权利人因被侵权所受到的实际损失确定；实际损失难以确定的，可以按照侵权人参照该专利许可使用费的倍数合理确定。赔偿数额还应当包括权利人为制止侵权行为所支付的合理开支。权利人的损失、侵权人获得的利益和专利许可使用费均难以确定的，人民法院可以根据专利权的类型、侵权行为的性质和情节等因素，确定给予1万元以上100万元以下的赔偿。"法定赔偿数额的下限从5000元提高到1万元，上限从50万元提高到100万元，保护力度明显提高。

2008年修订的《专利法》确定了侵权人的损害赔偿额首先以权利人的实际损失确定，并且在以权利人的实际损失、侵权人的获利、专利实施许可费确定赔偿额时，权利人还可以主张为制止侵权行为所支付的合理开支。至于酌定赔偿，法院已经在酌定的数额中考虑了权利人为制止侵权行为的合理支出，因此没有必要单独主张。当然，四种赔偿额的计算方式都需要权利人举证证明为制止侵权行为的合理开支。以权利人的实际损失确定损害赔偿额体现了专利侵权损害赔偿的全面赔偿原则。

有损害就应该有救济，虽然原告未能举证实际损失、侵权的获利，不存在或是专利许可合同或是许可使用费不合理时，法官将运用自由裁量权确定损害赔偿额，法官在酌定赔偿案件中自由裁量的基础是原告提供其损失的间接证据。

法院依法取得赔偿额时，需要依据案件的相关事实。法院在具体案件通常会考虑以下几个因素：①被侵犯专利权的类型，发明和实用新型因比外观设计含有更高的技术含量，法院对于侵犯发明和实用新型判定的损害赔偿额要高于侵犯外观设计的；②涉案专利的创造性，专利权人开发专利的投入；③被控侵权产品的市场价值；④侵权人侵权行为持续的时间、涉及的范围、侵权情节、侵权手段、侵权行为造成的后果、侵权人的获利情况；⑤被侵权人在进行侵权诉讼时支出是否合理，包括律师费、调查取证费、鉴定费、咨询费、公证费、证据保全费等为制止侵权行为所支出的费用。因此，原告在提出诉讼主张请求法院酌定赔偿时，需要尽可能提供索赔证据。

抵触申请的实体认定并非抵触申请抗辩成立的前提

2016年5月10日，原告A公司向国家知识产权局提交了一件名称为"空气检测仪"的实用新型专利申请。2016年12月14日，该专利申请获得授权（专利号：ZL201620419338.5）。原告指控被告B公司以制造、销售的方式侵害其实用新型专利权，要求被告停止侵权并赔偿经济损失50万元。被告B公司以实施自己的实用新型专利权为由作不侵权抗辩，该专利的申请日在涉案专利申请日之前，公开日在该申请日之后。

笔者代理被告B公司，经比对后发现被控侵权产品的技术特征与申请在先、公开在后的实用新型专利权技术特征相同，笔者认为应认定被控侵权产品使用了申请在先、公开在后实用新型专利技术特征，未侵犯原告的专利权，被告的不侵权抗辩成立。本案最终结果以原告撤诉告终[1]，但抵触申请的抗辩的争议及笔者思考的问题并未结束，抵触申请抗辩时是否必须以抵触申请成立为前提，即需和涉案专利技术构成同样的发明或者实用新型为前提，或是直接参照现有技术的比对方法，将被诉侵权产品与抵触申请进行比对，如果相同或者实质相同，则抵触申请抗辩成立。笔者希望通过本文理清相关争议问题，为以后的代理实践起到一定引导作用。

---

[1] 四川省成都市中级人民法院〔2017〕川民初字第2112号民事裁定。

一、抵触申请的定义及规定要件

我国专利法没有对抵触申请的定义进行规定,与之有关的法律规定体现在两处:一是《专利法》第二十二条第二款有关发明、实用新型专利新颖性的规定,二是《专利法》第二十三条第一款有关外观设计专利新颖性的规定。在上述法律规定的基础上,2010年修订的《专利审查指南》第二部分第三章2.2以及第四部分第五章5中,分别对发明、实用新型专利的"抵触申请"和外观设计专利的抵触申请做出了定义,即"根据专利法第二十二条第二款的规定,在发明或者实用新型的判断中,由任何单位或者个人就同样的发明或者实用新型已在申请日以前向专利局提出并且在申请日以后(含申请日)公布的专利申请文件或者公告的专利文件损害该申请日提出的专利申请的新颖性。为描述简便,在判断新颖性时,将这种损害新颖性的专利申请,称为抵触申请"。

从上述定义可以看出,在认定一项专利(或专利申请)是否构成抵触申请时,需要考虑三个条件:第一,在先申请的申请日(优先权日)早于在后申请的申请日(优先权日),但不包括两件申请申请日相同的情况;第二,在先申请的公开日期晚于在后申请的申请日(优先权日),包括在先申请的公开日期与在后申请的申请日相同的情况;第三,在后申请的权利要求所保护的发明或者实用新型已经被在先申请的整个申请文件所披露,即必须是就同样的发明或者实用新型提出的申请。满足以上三个条件,在先申请则构成了在后申请的"抵触申请"。此"抵触申请"的定义系在专利授权阶段评价专利新颖时应当考虑的,即"抵触申请"的实体认定条件。

二、抵触申请抗辩与现有技术的异同

抵触申请与现有技术有明显区别,主要包括:①公开时间不同,现有技术的公开时间在涉案专利的申请日之前,而抵触申请的公开时间在涉案专利的申请日之后,故抵触申请本质上是在先申请;②法律性质不同,除新颖性外,现有技术还可以用于评价涉案专利的创造性,例如,将不同的现有技术进行组合,或者将现有技术与本领域的公知常识结合,或者在现有技术的基础上进行逻辑分析或者推理。而抵触申请仅可用于评价新颖性,不能与其他现有技术、抵触申请或者公知常识结合评价创造性;③公开形式不同,现有技术既包括出版公开,也包括使用公开和其他方式公开,而抵触申请只能构成出版公开;④地域要求不同,在我国境内外公开的技术均可以构成现有技术,而抵触申请必须是在中国大陆提交的专利申请或者专利,向其他国家、地区(如欧盟)或者中国其他地区(如我国台湾地区)提交的专利申请或者专利文件不能构成抵触申请。

虽然抵触申请与现有技术有诸多不同之处,但其有一个重要的共性:均可以破坏专利申请或者被授权专利的新颖性,从而破坏技术方案的可专利性。在发生专利侵权纠纷时,被控侵权人可以利用现有技术向专利复审委员会申请宣告原告专利无效,也可以直接以现有技术进行不侵权抗辩,这样就避免了程序上的烦琐,提高了诉讼效率。《专利法》(2008年修正)第六十二条规定:"在专利侵权纠纷中,被控侵权人有证据证明其实施的技术或者设计属于现有技术或者现有设计的,不构成侵犯专利权。"《专利法》第六十二条仅仅规定了以现有技术进行不侵权抗辩,而没有明确提到抵触申请抗辩,但是由于抵触申请在破坏技术方案可专利性方面扮演着和现有技术相近的角色,因此在是否可以援引抵触申请进行现有技术抗辩这一问题上在一段时间内一直存在争议,并且在司法实践中各地法院判决不尽一致。不过目前,抵触申请能否类推适用现有技术抗辩的争论在我国立法、行政和司法层面基本趋于一致,可谓尘埃落定,即抵触申请可以参照现有技术进行抗辩,争议的焦点转变为抵触申请抗辩的具体适用范围和适用方法。

三、抵触申请抗辩的具体适用范围和适用方法

笔者思考的问题系是否只要申请在先、公开在后,且抵触申请与被诉侵权产品特征相同或者实质相同,即可以认定抵触申请抗辩成立,而不考虑抵触申请与专利技术的比对,即不考虑《专利审查指南(2010)》抵触申请定义中的二者是否系同样的发明或实用新型的问题,而是参照现有技术的抗辩思路及比对顺序进行,即将抵触申请与被诉侵权产品的技术特征进行比对,只要被诉侵权产品与抵触申请相同,则无须比对抵触申请与专利技术的异同,直接认定抵触申请抗辩成立。

在司法实践中存在一种观点,认定抵触申请与现有技术确有不同,抵触申请的定义中明确规定抵触申请以同样的发明或者实用新型为前提,是否应以抵触申请与涉案专利技术特征进行比对,以构成同样的发明或者实用新型

为基础，如不构成同样的发明或者实用新型则因不符合相关定义，而无须与被诉侵权产品进行比对分析即可直接得出抵触申请抗辩不成立的结论。在山东艾德姆机电有限公司与山东宇豪工贸有限公司、兖州煤业股份有限公司济宁二号煤矿侵害实用新型专利权纠纷一案[1]中上述观点得到体现。该案认定抵触申请即指与专利申请同样的技术方案在专利申请日前已向国务院专利行政部门提出过申请，并记载在专利申请日后公布的专利申请文件或者公告的专利文件中。可见，抵触申请中的技术方案必须是与专利同样的技术方案。本案中"滚轮罐耳的滚轮支撑体"实用新型专利并非与涉案专利权利要求1同样的技术方案，其不构成涉案专利的抵触申请。所以，宇豪公司关于被诉侵权产品系实施涉案专利抵触申请中的技术方案不侵害涉案专利权的主张不能成立，即抵触申请中的技术方案必须是与专利同样的技术方案作为前提要件，如果比对结果不同，则直接否定抵触申请的抗辩。

笔者并不赞成上述案例的观点。在被诉侵权技术方案若已被抵触申请完整公开，与抵触申请抗辩中的"抵触申请"构成相同的情形下，在该技术方案相对于抵触申请不具有新颖性时，抵触申请抗辩已经成立，则无须再比对抵触申请与涉案专利是否构成同样的发明创造。可见，抵触申请抗辩中的"抵触申请"与《专利审查指南（2010）》规定的"抵触申请"并非同一概念，不过，由于学术界和实务界普遍将这种抗辩类型称为"抵触申请抗辩"，故不可避免地在一定程度上造成了许多学者甚至实务界人士的误解，即认为被控侵权人援引抵触申请技术抗辩时，必须首先证明该引证技术构成抵触申请（包括时间要件和内容要件）。实际上被控侵权人只需证明援引的技术符合抵触申请"在先申请，在后公开"的时间要件即可，无须证明其援引的技术符合与专利技术属于相同的技术方案这一内容要件。这与适用现有技术抗辩时，不需要事先将现有技术与涉案专利技术进行比对，以确定现有技术是否损害涉案专利技术的新颖性或者创造性的原理是一致的。

对于抵触申请抗辩成立的条件，《最高人民法院知识产权案件年度报告（2015）摘要》在再审申请人慈溪市博生塑料制品有限公司与被申请人陈某侵害实用新型专利权纠纷案（〔2015〕民申字第188号）（简称"清洁工具"实用新型专利侵权案）中，最高人民法院指出，被诉侵权人以其实施的技术方案属于抵触申请为由，主张不侵害专利权的，应当审查被诉侵权技术方案是否已被抵触申请完整公开。在该技术方案相对于抵触申请不具有新颖性

---

[1] 山东省高级人民法院〔2016〕鲁民终第2359号。

时，抵触申请抗辩成立。

最高人民法院指出，在认定一项专利是否构成涉案专利抵触申请时，应当将该专利的申请日、公布日或者授权公告日与涉案专利的申请日进行比较。如果该专利的申请日在涉案专利的申请日之前，公布日或者授权公告日在涉案专利的申请日之后，则该专利可以构成涉案专利的抵触申请。最高人民法院并未受抵触申请两相同的束缚，直接认定申请在前，公开在后即为抵触申请，可以参照现有技术进行比对。另外，该案的主办法官杜微科在其撰写的《抵触申请抗辩及其制度完善》[1]一文中指出，在认定是否构成抵触申请时，仅考虑时间要件即可，是否公开了同样的发明、实用新型或者外观设计，属于涉案专利相对于抵触申请是否具有新颖性或可授权性的实体认定，不宜将二者混为一谈，即在侵权纠纷中不应审查是否是同样的发明创造，即不审查实体性问题。认为只要是申请在前、公开在后的申请首先与被诉侵权产品进行比对，如果相同则不侵权。

综上所述，在专利侵权诉讼领域，抵触申请是指在申请日以前向国务院专利行政部门提出的申请，并在申请日以后公布的专利申请文件或公告的专利文件。在专利侵权诉讼中，被诉侵权人有证据证明其实施的技术或者设计属于抵触申请的，不构成侵犯专利权。被诉侵权人仅需证明其援引抗辩的技术方案符合抵触申请"在先申请，在后公开"这一时间要件即可进行相关技术比对，无须先行证明其援引的技术与专利技术属于相同的技术方案。但需要强调的是，为了与现阶段专利授权确权制度保持一致，抵触申请技术抗辩仅限于评价被控侵权技术的新颖性，而不能用于评价被控侵权技术的创造性。

专利侵权判定方法之等同侵权司法实践

等同侵权是专利侵权判定一项重要的原则，如何适用等同原则，一直是专利侵权判定中的难点问题。根据《专利纠纷规定》第十七条规定："专利法第五十九条第一款所称的'发明或者实用新型专利权的保护范围以其权利要求的内容为准，说明书及附图可以用于解释权利要求的内容'，是指专利权的保护范围应当以权利要求记载的全部技术特征所确定的范围为准，也包

---

[1] 杜微科,傅蕾.抵触申请抗辩及其制度完善[J].知识产权,2016(11).

括与该技术特征相等同的特征所确定的范围。等同特征是指与所记载的技术特征以基本相同的手段,实现基本相同的功能,达到基本相同的效果,并且本领域普通技术人员在被诉侵权行为发生时无须经过创造性劳动就能够联想到的特征。"《侵犯专利权纠纷解释》第七条第二款规定,"被诉侵权技术方案包含与权利要求记载的全部技术特征相同或者等同的技术特征的,人民法院应当认定其落入专利权的保护范围"。上述规定确立了等同原则的适用依据。从上述规定可以得出,判断侵权物中是否具有与授权专利相应特征相等同的特征,必须从手段、功能、技术效果及本领域技术人员是否显而易见四个方面分别进行比较。

一、等同侵权认定的分析方法

在司法实践中,对是否构成等同侵权进行分析的方法,一般将被控侵权产品与专利权利要求相同的技术特征之外的不同技术特征进行比对;对于复杂的、双方持异议的技术特征,法院经常会委托技术鉴定机构对专利技术特征与被控侵权物的技术特征是否相同或等同进行鉴定,采取委托鉴定方式进行的,应通知鉴定专家出庭作证并接受询问,对鉴定结论进行开庭质证,然后根据各方的意见再决定是否采纳鉴定结论,来认定被控侵权的技术特征与专利技术特征是否以基本相同的方式,实现相同的功能,达到相同的效果,并判定两者是否构成等同。

在钟某某、江西省正凌机械制造有限公司诉江西中升机械有限责任公司侵害实用新型专利权纠纷案(案号:〔2015〕赣民三终字第11号)中,江西省高级人民法院认为:本院将被控侵权产品的技术与专利权利要求1~4一一进行比对,被控侵权产品与权利要求1不相同的技术特征有三:一是工作平台形式不同,被控侵权产品是框架、全包围双层工作平台,权利要求1所述的是工字形工作平台,两者的目的均是为标准节导轨的套入预留方形空洞的空间,其功能、作用和效果均相同,两者构成等同;二是专利技术采用设置标准节导轨与吊笼侧面的滑轮配合,使吊笼上下滑动,而被控侵权产品则利用标准节凸沿与开槽滑轮配合。标准节凸沿与标准节导轨的作用都是为了与滑轮滚动配合,使吊笼上下滑动,系采用基本相同的手段,实现基本相同的功能,达到基本相同的效果,被控侵权产品的标准节凸沿与标准节导轨构成等同的技术特征;三是容绳筒和储绳钩的不同,专利权利要求1中的容绳筒，其功能一是收储绳子，二是定位绳子，以使绳子受力。被控侵权产品的储绳钩与容绳筒相比，两者实现的收储和定位钢丝绳的功能是相同的。只是储绳钩不具有容绳筒方便、快捷、安全的作用，技术效果低于专利技术所能达到的效果，两者构成等同的技术特征。因此，根据等同侵权判定原则，被控侵权产品技术方案落入权利要求1的保护范围。

在中山市汇隆电器有限公司与阿尔弗雷德·凯驰两合公司侵害发明专利权纠纷案（案号：〔2014〕粤高法民三终字第339号）中，广东省高级人民法院认为：原告列举专利权利要求书所有的必要技术特征，被告答辩相同的，不必再考虑，不同的看是否等同。而且该技术特征对该专利所属领域普通技术人员来说，通过阅读专利权利要求和说明书，无须经过创造性劳动就能够联想到。因此，被诉侵权产品的"进风管"与本案专利的"挡壁"同属分离装置，构成等同。

在宜兴市连铸耐火材料厂有限公司与阳泉市东风耐火材料有限责任公司侵害发明专利权纠纷一案（案号：〔2011〕民申字第263号）中，最高人民法院认为：关于是否构成等同的认定。首先，根据《专利法》第五十六条第一款的规定，发明或者实用新型专利权的保护范围以其权利要求的内容为准，说明书及附图可以用于解释权利要求。由于涉案专利权利要求书在描述显气孔率数值范围时使用了"不大于10%"这种界限非常清楚的数值范围，且说明书实施例中明确记载本发明制取的莫来石铸口砖的三个样品数据的显气孔率分别为6%、2%、4%，应当认为，只有显气孔率不大于10%的莫来石铸口砖才能实现涉案专利所述的技术效果，在解释权利要求时，不应突破这一明确的范围限定。其次，东风公司提交了连铸公司2007年3月5日的莫来石下水口质量保证书、2007年6月6日的首钢三炼钢150L铝碳下水口质量保证书和《耐火材料手册》，用于证明显气孔率变大会导致耐火材料的性能和效果变差，即东风公司已经承认显气孔率为12.9%与显气孔率不大于10%将导致耐火材料具有不同的性能和效果。而且《耐火材料手册》中明确指出显气孔率是多数耐火材料的基本技术指标，它几乎影响耐火制品的所有性能，尤其是强度、热导率、抗侵蚀性、抗热震性等。一般来说，显气孔率增大，强度降低，热导率降低，抗侵蚀性降低，但显气孔率对抗热震性的影响比较复杂。连铸公司主张显气孔率太低，则耐火产品的抗热震性能变差，容易开裂，根据不同用途，耐火材料的显气孔率的数值指标也会不同。由此可见显气孔率不大于10%的莫来石铸口砖与显气孔率为12.9%的莫来石铸口砖不仅在显气孔率数值上存在明显不同,由此会导致产品的抗热震性、强度、热导率等有显著差异,显气孔率为12.9%的莫来石铸口砖虽然强度和热导率会差一些,但是抗热震性会大幅度提高,二者的技术效果明显不同。因此,显气孔率不大于10%与显气孔率为12.9%这两个技术特征不能被认定为等同。

在重庆文达机械制造有限公司与上诉人重庆隆鑫工业(集团)有限公司侵害实用新型专利权纠纷一案(案号:〔2005〕渝高法民终字第133号)中,重庆市高级人民法院认为:对应比较隆鑫公司独占享有的"机车引擎的气缸头及摇臂固定承座改良构造"实用新型专利权利要求书记载的技术方案与文达公司生产、销售专利权人为文国富的"粉末冶金嵌铸式气缸头"实用新型专利权利要求书记载的技术方案,从字面上看,二者完全不同。对应比较隆鑫公司独占享有的"机车引擎的气缸头及摇臂固定承座改良构造"实用新型专利权利要求书记载的技术方案与文达公司依照专利权人为文国富的"粉末冶金嵌铸式气缸头"实用新型专利生产、销售的被控侵权产品的技术方案,其技术特征,1~3与(1)~(3),5与(5),7、8与(7)、(8)相同,4、6与(4)、(6)不同,该种技术特征的不同表现为,前者为"装设",后者为"浇铸"。被控侵权产品的这种不同的技术特征,是以基本相同的手段,实现基本相同的功能,产生了基本相同的效果;且对于所属领域普通技术人员来说,无须通过创造性劳动就能联想到,是实质上相同的技术特征。根据《专利纠纷规定》第十七条第二款的规定,文达公司生产、销售的被控侵权产品构成等同侵权。

在黎某某与罗某某侵害实用新型专利权纠纷一案(案号:〔2015〕粤高法民三终字第455号)中,广东省高级人民法院认为:本案被诉侵权产品,一种没有外框,支架之间也没有支撑条,另一种支架之间有支撑条。将被诉侵权产品与权利要求1比对,第一种被诉侵权产品缺少"外框"这一技术特征。罗某某主张空调百叶镶入的墙体相当于外框,构成等同侵权。本院认为,墙体并非被诉侵权产品的一部分,也并非黎某某提供,而是被诉侵权产品使用状态下外部环境的一部分,不应纳入比对,故不构成等同侵权。第二种被诉侵权产品支架之间有一支撑条,该支撑条位于两侧支架之间,与外框结构不同,不应认为系专利所述外框,其效果和功能不能认为与外框基本相同。综上所述,被诉侵权产品没有包含与权利要求1全部相同或等同的技术特征,不落入权利要求1的保护范围,不构成侵权。黎某某未实施本案专利,不应承担侵权责任。

在张某某与桦甸市公吉乡段二播种器厂侵害实用新型专利权纠纷一案（案号：〔2015〕吉民三知终字第81号）中，吉林省高级人民法院认为：首先，因本案主要争议焦点在于被控侵权产品所体现的技术方案与涉案专利的技术方案相比是否构成等同侵权，故需依据《专利纠纷规定》第十七条第二款之规定明晰等同特征的三个构成要件，即（一）以基本相同的手段；（二）实现基本相同的功能，达到基本相同的效果；（三）本领域普通技术人员无须创造性劳动就能够联想到。

其次，关于两种技术方案的比对评价。被控侵权产品用两个长条凹槽代替涉案专利产品的长条孔、用双层触摸片代替涉案专利产品的单层触摸片、用圆形立梁代替涉案专利产品的横梁、用立柱固定弹簧代替涉案专利产品的弹簧孔，可以认定为实现了基本相同的功能，达到基本相同的效果，但是并未采用基本相同的手段，而且体现了自身的创造性劳动；被控侵权产品用L形铁棍代替涉案专利产品的轴，不但采用的手段不同，实现的功能与达到的效果也不完全相同，即被控侵权产品的L形铁棍不仅起到轴的作用，同时还会以机械传导的方式参与其他功能的实现，这其中明显体现了创造性的劳动；被控侵权产品在机器内壳外侧安装独立开关，与L形铁棍的机械运动相结合，实现漏播报警并补籽，此种技术方案与涉案专利产品的导电片与弹簧接触形成闭合电路报警的技术方案完全不属于同类技术手段，两者之间不是替代关系，本领域普通技术人员如果不付出创造性劳动，仅通过联想不可能实现。总而言之，两种技术方案之间存在的上述差异决定了其无法构成等同的技术特征，不能依据"等同侵权原则"判定侵权成立，故张某某关于两种技术方案之间构成等同技术特征的上诉主张不能成立。

在孙某某与任丘市博成水暖器材有限公司、张某某等侵害实用新型专利权纠纷申请再审案（〔2015〕民申字第740号）中，最高人民法院认为：孙某某在申请涉案专利时，将其要求保护的技术方案限定为进水套的上表面呈锥面，不是平面，而锥面或平面均是涉案专利申请时该领域普通技术人员普遍知晓的技术方案，因此，专利权人将权利要求中该技术特征限定为锥面是将平面排除在涉案专利权的保护范围之外。鉴于此，在侵权判定时，不能将技术特征"锥面"扩张到"平面"予以保护，否则将有损社会公众对专利权保护范围确定性和可预见性的信赖，从而损害社会公众的利益，动摇专利制度的基石。故本案中，被诉侵权产品的技术特征与涉案专利权利要求记载的技术特征相比，并未构成等同的技术特征，被诉侵权产品未落入涉案专利权保护范围。孙俊义该项申请再审理由不成立，本院不予支持。

二、等同侵权的限制

在办理类似案件对专利侵权进行判定时，应当注意，即便该案符合"等同特征"，但仍然有以下几种情形不能适用等同原则来认定侵权成立。

（一）禁止反悔对等同侵权的限制

《侵犯专利权纠纷解释》第六条规定，"专利申请人、专利权人在专利授权或者无效宣告程序中，通过对权利要求、说明书的修改或者意见陈述而放弃的技术方案，权利人在侵犯专利权纠纷案件中又将其纳入专利权保护范围的，人民法院不予支持"，由此确立了禁止反悔原则。在司法实践中，禁止反悔原则和捐献原则一样，一般是作为对等同原则的限制性规则来适用的。该原则禁止专利权人（或其他有权主张专利权者）对通过审查过程中为了获得授权而放弃的内容适用等同原则。其宗旨在于防止专利权人采取出尔反尔的策略，即在审查过程中为了容易地获得专利权而对专利保护范围进行各种限制性的修改或解释，或者强调某个技术特征的重要性，在授权之后的侵权诉讼中又试图取消这些限缩或者声称该技术特征可有可无，以图应用等同原则来覆盖被控侵权物。

在重机株式会社与浙江宝石缝纫机股份有限公司侵害发明专利权纠纷一案〔案号：〔2011〕沪高民三（知）终字第90号〕中，上海市高级人民法院认为：专利授权或者无效宣告程序中，根据专利申请人、专利权人的陈述，所属技术领域的技术人员认为被控侵权技术方案中的等同技术特征是专利权人在专利授权或无效程序陈述中明确放弃的，不得再依据该等同技术特征认定等同侵权成立。

在专利授权或者无效宣告程序中，专利申请人、专利权人对权利要求进行限制性修改的，在专利侵权诉讼中，不得以被控侵权技术方案中的技术特征与权利要求中被限制性修改的相应技术特征相等同为由，认定等同侵权成立。但该等同技术特征在权利要求修改时是所属技术领域的技术人员不能预见的除外。包含修改时能够预见而又没有写入权利要求中的技术特征的技术方案，视为已经被专利申请人或者专利权人所放弃。

在司法实践中，需要注意的是，并非所有的限制性修改或陈述都被认定为放弃。《侵犯专利权纠纷解释（二）》第十三条规定："权利人证明专利申请人、专利权人在专利授权确权程序中对权利要求书、说明书及附图的限制性修改或者陈述被明确否定的，人民法院应当认定该修改或者陈述未导致技术方案的放弃。"申请人、专利权人在程序中进行的限制性修改或者陈述被审查部门明确否定的，则不适用禁止反悔原则。人民法院在适用禁止反悔原则时，应严格按照《侵犯专利权纠纷解释》第六条的规定，只有针对专利申请人（专利权人）进行权利要求修改时真正放弃的内容，才能够适用禁止反悔原则。

（二）捐献原则对等同侵权的限制

在专利侵权判定中，如果被控侵权产品的技术方案在涉案专利的说明书中公开，但并没有落入权利要求的字面保护范围，则专利权人不得主张构成等同侵权，专利权人在说明书中公开却没有请求保护的那个技术方案被认为捐献给了公众，这就是所谓的捐献原则。

《侵犯专利权纠纷解释》第五条规定："对于仅在说明书或者附图中描述而在权利要求中未记载的技术方案，权利人在侵犯专利权纠纷案件中将其纳入专利权保护范围的，人民法院不予支持。"专利申请人有时为了容易获得授权，权利要求采用比较下位的概念，而说明书及附图又对其扩张解释。专利权人在侵权诉讼中主张说明书所扩张的部分属于等同特征，从而不适当地扩大了专利权的保护范围。实际上，这是一种"两头得利"的行为。专利制度的价值不仅要体现对专利权人利益的保护，同时也要维护权利要求的公示作用。因此，捐献规则的确立有利于维护权利要求书的公示性，平衡专利权人与社会公众的利益关系。

江苏优凝舒布洛克建材有限公司与靖江市红星水泥构件厂、常州市航务工程有限责任公司专利权权属、侵权纠纷一案（案号：〔2013〕苏知民终字第0209号）中，江苏省高级人民法院认为：优凝公司上诉主张航务公司涉案施工行为中所使用的挡土块与涉案发明专利权利要求1中的挡土块构成等同，从而构成等同侵权。对此本院认为，本案中，航务公司被控侵权行为与涉案发明专利权利要求1相比，其区别仅在于航务公司施工中所使用的挡土块卡固结构这一技术特征与权利要求1中关于卡固结构的技术特征不同，因此，要判定航务公司是否构成侵权，关键是判断二者的该项技术特征是否构成等同。

《侵犯专利权纠纷解释》第五条规定，"对于仅在说明书或者附图中描述而在权利要求中未记载的技术方案，权利人在侵犯专利权纠纷案件中将其纳入专利权保护范围的，人民法院不予支持"，即在确定发明专利权的保护范围时，应以其权利要求的内容为准，若专利权人在专利说明书或者附图中公开了某个技术方案，而未将其载入权利要求，专利权人在专利侵权诉讼中则不能再通过等同原则将其重新纳入权利要求的保护范围。法律做出如此规定的原因是：在专利侵权判断中之所以考虑等同原则，是因为事实上不可能要求专利权人在撰写权利要求时能够预见到侵权者以后可能采取的所有侵权方式，故对权利要求的文字所表达的保护范围做出适度扩展，而将对专利技术方案做出非实质性变动的情形认定为侵权，以保护专利权人的合法利益；如果专利权人在专利说明书或者附图中公开了某个技术方案而未写入权利要求，则表明专利权人在撰写专利权利要求时，已经预见到了该技术方案，但其并不要求将该技术方案纳入专利保护范围，则人民法院不能再通过等同原则的适用将其重新纳入专利的保护范围，从而有利于维护专利的公示性，平衡专利权人与社会公众的利益关系。

三、法官能否主动适用等同原则认定专利侵权

在我国的司法实践中，不管权利人是否明确主张等同侵权，法院在认定相同侵权不成立的情况下，有时还需继续审查是否存在等同侵权。

在潍坊市鑫泽机械有限公司与王某某、原审被告敦煌市天寿农机有限责任公司、原审被告敦煌市众鑫农产品农民专业合作社侵犯实用新型专利权纠纷一案（案号：〔2014〕甘民三终字第37号）中，甘肃省高级人民法院认为：上诉人潍坊市鑫泽机械有限公司认为在原告未提出等同侵权指控的前提下，原审法院对被控侵权产品的传动装置（齿轮传动）与专利产品的技术特征A5传动装置（链传动）适用等同替换原则，未经双方就相关技术特征是否等同进行举证和辩论，扩大适用等同原则认定上诉人构成侵权，损害了上诉人的合法权益。甘肃省高级人民法院审查认为，等同原则是人民法院审理专利侵权案件必须遵循的重要原则之一，在认定侵权时，人民法院对等同原则

的适用，不以原告是否提出等同侵权指控为前提，因而不存在扩大适用的问题。

在中山市汇隆电器有限公司与阿尔弗雷德·凯驰两合公司侵害发明专利权纠纷一案（案号：〔2014〕粤高法民三终字第339号）中，广东省高级人民法院认为：《侵犯专利权纠纷解释》第七条规定，人民法院判定被诉侵权技术方案是否落入专利权的保护范围，应当审查权利人主张的权利要求所记载的全部技术特征。被诉侵权技术方案包含与权利要求记载的全部技术特征相同或者等同的技术特征的，人民法院应当认定其落入专利权的保护范围。根据上述规定，落入专利权保护范围的方式包含了字面侵权和等同侵权，落入专利权保护范围是后二者的上位概念。本案凯驰公司主张的是被诉侵权产品落入本案专利权保护范围，并未进一步明确，其仅主张字面侵权，不主张等同侵权。显然字面侵权和等同侵权都囊括在其诉讼主张中。人民法院应当围绕凯驰公司该诉讼请求进行审理，判定是否构成字面侵权或者等同侵权。需要指出的是，是否构成侵权，是构成字面侵权还是构成等同侵权，主要是一个法律判断的问题，属于人民法院在认定事实基础上适用法律的过程。

在适用等同原则进行专利权侵权判定的同时，应关注等同原则在司法实践中发生的变化，等同原则整体趋向严格的司法精神可以更好地厘清专利权与其他民事权利的法律边界，既保护权利人的正当权益，鼓励发明创造，又避免专利权不适当地扩张，防止压缩再创新空间和损害公共利益和他人合法权益。

专利维权不用提供专利权证书和评价报告？是的！

一、专利权证书不能证明专利权权属及专利权效力

在诉讼实践中，原告常以专利权证书作为证明专利权权属及效力的证据材料，实际上，专利权证书只是专利登记时的法律状态，并不能证明专利权侵权诉讼发生时的专利权效力情况。

(一)什么是专利权证书

专利权证书是专利申请经审查合格，未发现驳回理由，满足颁发授予专利权条件，由国务院专利行政部门（即国家知识产权局）做出授予专利权的决定，发给专利申请人的专利权证书，是一种法律证明文件。

专利权证书分为发明专利权证书、实用新型专利权证书及外观设计专利权证书。

(二)专利权证书内容页记载的内容

专利权证书内容页（以实用新型为例）都有这样的一段话："本实用新型经过本局依照中华人民共和国专利法进行初步审查，决定授予专利权，颁发本证书并在专利登记簿上予以登记，专利权自授权公告之日起生效。

"本专利的专利权期限为十年，自申请日计算。专利权人应当按照专利法及其实施细则规定缴纳年费。本专利的年费应当在每年×月×日前缴纳。未按照规定缴纳年费的，专利权自应当缴纳年费期满之日起终止。

"专利权证书记载专利权登记时的法律状况。专利权的转移、质押、无效、终止、恢复和专利权人的姓名或名称、国籍、地址变更等事项记载在专利登记簿上。"

(三)上述记载表述的主要内容

一是专利权生效时间确定为授权公告之日；二是专利权的期限，自申请日计算；三是专利权证书记载的仅是专利登记时的法律状况，其他情况均记载在专利权登记簿上。

(四)在专利侵权诉讼中应当依专利权登记簿作为证明专利权权属及效力的证明

国家知识产权局授予专利权时建立专利登记簿。授予专利权时，专利登记簿与专利权证书上记载的内容一致，在法律上具有同等效力；专利权授予之后，专利的法律状态的变更仅在专利登记簿上记载，由此导致专利登记簿与专利权证书上记载的内容不一致的，以专利登记簿上记载的法律状态为准。

专利登记簿副本的内容包括：专利权的授予，专利申请权、专利权的转移；专利权的质押、保全及其解除，专利实施许可合同的备案，专利权的无效宣告，专利权的终止，专利权的恢复，专利实施的强制许可，专利权人姓名或者名称、国籍和地址的变更。

综上所述，原告在起诉专利权侵权过程中，需要提供专利权登记簿副本而不是专利权证书作为专利权效力的证明。

二、专利权评价报告不是提起专利侵权诉讼的条件

我国在对实用新型和外观设计专利授权前，不进行实质审查。这就导致我国实用新型和外观设计权的权利处于相对不稳定的状态。在诉讼实践中，原告一般会通过专利权评价报告来审查自己专利的稳定性，作为被告，一般会通过检索报告，对原告专利的"三性"进行检索，以确定答辩的方向。

专利权评价报告是国家知识产权局根据专利权人或者利害关系人的请求，在实用新型或者外观设计被授予专利权后对相关实用新型或外观设计专利进行检索，并就该专利是否符合专利法及其实施细则规定的授权条件进行分析和评价，做出专利权评价报告，是一种官方出具的较权威的专利质量评价。

现行《专利法》第六十一条第二款规定："专利侵权纠纷涉及实用新型专利或者外观设计专利的，人民法院或者管理专利工作的部门可以要求专利权人或者利害关系人出具由国务院专利行政部门对相关实用新型或者外观设计进行检索、分析和评价后做出的专利权评价报告，作为审理、处理专利侵权纠纷的证据。"

现行《专利法实施细则》第五十六条规定："授予实用新型或者外观设计专利权的决定公告后，专利法第六十条规定的专利权人或者利害关系人可以请求国务院专利行政部门作出专利权评价报告。"

该实施细则第五十七条同时规定：

"国务院专利行政部门应当自收到专利权评价报告请求书后2个月内做出专利权评价报告。对同一项实用新型或者外观设计专利权，有多个请求人请求作出专利权评价报告的，国务院专利行政部门仅做出一份专利权评价报告。任何单位或者个人可以查阅或者复制该专利权评价报告。"

从上述规定我们可以看出，专利权评价报告具有如下特点。

(1)出具单位：国务院专利行政部门，目前为国家知识产权局。
(2)针对对象：实用新型专利或外观设计专利。
(3)请求人：专利权人或利害关系人。
(4)作出时间：2个月。

专利权评价报告是不是立案必须提交的证据材料？

答案是否定的。

三、附件

最高人民法院关于对出具检索报告是否为提起实用新型专利侵权诉讼的条件的请示的答复

（2001年11月13日〔2001〕民三函字第2号）

北京市高级人民法院：

你院京高法〔2001〕第279号《关于出具检索报告是否提起实用新型专利侵权诉讼条件的请示》收悉。经研究，答复如下：

《专利纠纷规定》（2001年版）第八条第一款规定："提起侵犯实用新型专利权诉讼的原告，应当在起诉时出具由国务院专利行政部门做出的检索报告。"该司法解释是根据《专利法》第五十七条第二款的规定做出的，主要针对在专利侵权诉讼中因被告提出宣告专利权无效导致中止诉讼问题而采取的措施。

因此，检索报告只是作为实用新型专利权有效性的初步证据，并非出具检索报告是原告提起实用新型专利侵权诉讼的条件。该司法解释所称"应当"，意在强调从严执行这项制度，以防过于宽松而使之失去意义。凡符合《民事诉讼法》第一百零八条规定的起诉条件的案件，人民法院均应当立案受理。但对于原告坚持不出具检索报告，且被告在答辩期间提出宣告该项实用新型专利权无效的请求，如无其他可以不中止诉讼的情形，人民法院应当中止诉讼。

同意你院请示中的第二种意见。

最高人民法院
2001年11月13日

《最高人民法院关于审理专利纠纷案件适用法律问题的若干规定》
（2001年6月19日通过，2015年1月19日第二次修正）

第八条　对申请日在2009年10月1日前（不含该日）的实用新型专利提起侵犯专利权诉讼，原告可以出具由国务院专利行政部门做出的检索报告；对申请日在2009年10月1日以后的实用新型或者外观设计专利提起侵犯专利权诉讼，原告可以出具由国务院专利行政部门做出的专利权评价报告。根据案件审理需要，人民法院可以要求原告提交检索报告或者专利权评价报告。原告无正当理由不提交的，人民法院可以裁定中止诉讼或者判令原告承担可能的不利后果。

侵犯实用新型、外观设计专利权纠纷案件的被告请求中止诉讼的，应当在答辩期内对原告的专利权提出宣告无效的请求。

综上：

专利权证书作为证明专利权权属及效力的证据材料，只是专利登记时的法律状态，并不能证明专利权侵权诉讼发生时的专利权效力情况，而专利权评价报告并非必须提交，而是根据案件需要或者应法庭要求提供。

专利律师不能犯的几种常识性错误
——从收到一份律师函追究刑事责任说起！

最近客户公司收到一封"特别"专利侵权律师函，要求该公司立即停止制造、销售涉嫌侵权产品，并声称如未按要求办理，将通过法律途径追究客户公司的刑事责任。

这让笔者哭笑不得，专利侵权什么时候开始追究刑事责任了？该律师显然混淆了知识产权案件中罪与非罪的判断标准。专利纠纷案件并不同于其他民事案件，其有一套特殊的处理程序，结合近几年在代理专利纠纷案件中所遇到的"特别"情况，笔者总结了"菜鸟"们容易犯的几个常识性错误。

一、未加考证直接发专利侵权函

在专利权是否受到侵害尚未取得法院的确认之前，发律师函慎重起见，要对拥有何种权利、遭受何种侵害、要求侵权人履行何种行为等阐释得合法、合理，遣词用句也要注意一定的技巧。依据我国现行的法律制度，被指控专利权侵权的当事人在一定条件下可以对专利权权利人发起"确认不侵权"之诉或不正当竞争之诉，这也是专利权权利人在实施发律师函这一策略中应当加以考虑的因素。寄律师函的同时应提供专利的详细信息，包括专利号以及专利权证书复印件、专利权利要求书和对比说明文件等，给对方判断自己是否侵权提供基本的依据。

二、专利侵权不需承担刑事责任

专利侵权是指未经专利权人许可，以生产经营为目的，实施了依法受保护的有效专利的违法行为。专利侵权无论到何种程度，均不会受到刑事法律的追究。专利领域需要负刑事责任的罪名称为假冒专利罪，是指违反国家专利法规，假冒他人专利，情节严重的行为。假冒专利罪的适用范围仅限于《专利法》第六十三条所规定的假冒他人专利的行为，而专利侵权行为则完全被排除在刑罚处罚之外。为了更清楚地阐述，笔者列明属于"假冒他人专利"的行为：（1）未经许可，在其制造或者销售的产品、产品的包装上标注他人专利号的；（2）未经许可，在广告或者宣传材料中使用他人的专利号，使人将所涉及的技术误认为他人的专利技术的；（3）未经许可，在合同中使用他人的专利号，使人将合同涉及的技术误认为他人专利技术的；（4）伪装或者变造他人的专利权证书、专利文件或者专利申请文件的。当然上述行为需要达到情节严重的程度才可以构成刑事犯罪。

除了假冒专利罪以外，在知识产权犯罪中还有一种数额犯，即达到一定的数额就构成犯罪，但数额犯主要包括侵犯商标权、著作权、商业秘密等，并不包括专利侵权。从民事侵权演变成刑事犯罪的具体数额及具体量刑标准可以参考笔者另一篇文章《重温侵犯知识产权罪的种类、量刑标准及难点认定》。

三、仅提供专利权证书来证明专利权属及效力

在诉讼实践中，原告常以专利权证书作为证明专利权权属及效力的证据材料。实际上，专利权证书只是专利登记时的法律状态，并不能证明专利权侵权诉讼发生时的专利权效力情况。

(一)什么是专利权证书

专利权证书是专利申请经审查合格，未发现驳回理由，满足颁发授予专利权条件，由国务院专利行政部门（即国家知识产权局）做出授予专利权的决定，发给专利申请人的专利权证书，是一种法律证明文件。

专利权证书分为发明专利权证书、实用新型专利权证书以及外观设计专利权证书。

专利权证书内容页（以实用新型为例）都有这样的一段话："本实用新型经过本局依照中华人民共和国专利法进行初步审查，决定授予专利权，颁发本证书并在专利登记簿上予以登记，专利权自授权公告之日起生效。

"本专利的专利权期限为10年，自申请日计算。专利权人应当按照专利法及其实施细则规定缴纳年费。缴纳本专利年费的期限是每年×月×日前一个月内。未按照规定缴纳年费的，专利权自应当缴纳年费期满之日起终止。

"专利权证书记载专利权登记时的法律状况。专利权的转移、质押、无效、终止、恢复和专利权人的姓名或名称、国籍、地址变更等事项记载在专利登记簿上。"

上述记载表述的主要内容有以下几点：一是专利权生效时间确定为授权公告之日；二是专利权的期限，自申请日计算；三是专利权证书记载的仅是专利登记时的法律状况，其他情况均记载在专利权登记簿上。

(二)在专利侵权诉讼中应当依专利权登记簿作为证明专利权权属及效力的证明

国家知识产权局授予专利权时建立专利登记簿。授予专利权时，专利登记簿与专利权证书上记载的内容一致，在法律上具有同等效力；专利权授予之后，专利的法律状态的变更仅在专利登记簿上记载，由此导致专利登记簿与专利权证书上记载的内容不一致的，以专利登记簿上记载的法律状态为准。

专利登记簿副本的内容包括：专利权的授予，专利申请权、专利权的转移，专利权的质押、保全及其解除，专利实施许可合同的备案，专利权的无效宣告，专利权的终止，专利权的恢复，专利实施的强制许可，专利权人姓名或者名称、国籍和地址的变更。

故原告在起诉专利权侵权过程中，需要提供专利权登记簿副本而不是专利权证书作为专利权效力的证明。当然，提供专利权证书和当年缴纳专利年费的收据同样可以证明专利权有效。参考北京市高级人民法院《专利侵权判定指南》第六条第二款的规定。

四、拿侵权产品与自己的产品进行比对

在专利权多起诉讼中，包括没有委托律师的当事人和个别律师在诉讼过程中，陈述时总声称被告的产品与原告的产品一模一样，所以被告构成对自己专利权的侵害。这是对于什么是专利权侵权的基本概念或者我们国家的处理专利侵权原则没弄清楚导致的。专利权保护的不是专利权人的产品，专利权的体现在于权利要求书、说明书等。经常提到被告侵权产品的技术特征落入原告专利权的保护范围，比对的对象不是将两个产品进行比较，而是将被告的产品进行技术特征归纳整理，然后与专利权的权利要求的技术特征进行比对。如果专利权权利要求书保护的范围覆盖了被告产品的技术特征，则侵权成立。

五、现有技术抗辩时将"涉案专利的技术特征"与"现有技术的相应技术特征"进行比对

在专利侵权诉讼中，在使用现有技术抗辩时会存在以下三个对象："涉案专利的技术特征""被控侵权产品的被控技术特征"以及"现有技术的相应特征"。

现有技术抗辩的比对方式应当为"被控侵权产品的所有被控技术特征"与"现有技术的相应技术特征"进行比对，而并不是"涉案专利的技术特征"与"现有技术的相应技术特征"或者"涉案专利的技术特征"与"被控侵权产品的被控技术特征"之间的比对。

专利纠纷案件并不同于其他的民事案件，其有特殊的处理程序，因此律师在专利案件的代理过程中需要抛弃普通民事案件的处理方法，尤其应该注意上述几个专利案件的常识性问题，否则就会贻笑大方。

负面评价报告一定会成为专利侵权诉讼的障碍吗?

问题由来

实用新型及外观设计专利因没有实质审查,在司法实践中,专利权人往往会提起专利权评价报告请求申请,以评测专利权的稳定性。专利权评价报告有正面的,当然也会有负面的,从目前专利的撰写质量分析,负面的评价报告占比往往较大,且仍会持续一段时间。正面的评价报告自不必多说,但并非正面的评价报告就可以高枕无忧,因评价报告检索及审查的局限性,正面的评价报告在无效宣告程序中被认定为无效的也经常存在。在收到负面的评价报告后也不必过虑,和正面的评价一样,因审查员的检索及审查的主观认识、单方决定及局限性,负面评价报告的实用新型或外观设计专利并不一定在专利复审委员会的无效宣告程序中被认定为无效。以下结合笔者办理的两个案件具体说明。

案例一

案情简介

原告黄某某系专利号为ZL201220161395X、名称为"料斗折合式新型粉墙机"的专利权人,专利权目前处于有效状态。被告李某某未经原告许可,擅自制造、销售被诉侵权产品。原告于2014年2月13日向国家知识产权局提出专利权评价报告申请,国家知识产权局于2014年3月14日做出实用新型专利权评价报告,认为权利要求1~5未被检索,因为说明书未对主题做出清楚、完整的说明,以至于所属技术领域的技术人员不能实现。初步结论:全部权利要求1~5不符合授予专利权条件,具体结论:说明书不符合《专利法》第二十六条第三款的规定。

2014年4月,原告向河北省石家庄市中级人民法院提起侵害实用新型专利权纠纷之诉,要求被告立即停止侵害原告专利权的行为,并赔偿经济损失50万元人民币。当然,原告并未提交负面的专利权评价报告,对于不提交评价报告法院是否受理的问题可以参考笔者的《专利维权不用提供专利权证书和评价报告？是的！》一文。

无效宣告请求第一次

2014年6月23日，被告李某某第一次向专利复审委员会提起无效宣告请求，请求人认为：（1）本专利说明书未公开活动料斗后面的具体支撑结构，该活动料斗是如何失去支撑，两侧板的折合与活动料斗失去支撑之间的联动关系，对于料斗返回落下到底，触到回位触角后如何顶起活动料斗回到原位，以及回位触角和顶起活动料斗之间的联动关系和具体结构，附图也未给出实现该技术问题的具体结构，导致本领域的技术人员无法根据说明书记载的内容实现该专利的技术问题，故本专利说明书不符合《专利法》第二十六条第三款的规定。（2）附件2[2]的权利要求1已经公开了本专利权利要求1中所有技术特征，且附件2与本专利的技术领域相同，解决相同的技术问题，并具有相同的技术效果。本专利的权利要求1相对于附件2不具备新颖性，不符合《专利法》第二十二条第二款的规定；权利要求2~5为权利要求1的从属权利要求，所以在权利要求1没有新颖性的基础上，权利要求2~5也没有新颖性。

专利复审委员会决定认为：说明书中记载了"当活动料斗至房顶后，触动活动料斗的触杆，使活动料斗后面失去支撑自然落到粉墙作业机构的中部，同时两侧板折合，活动料斗返回落下到底后，触到回位触角顶起活动料斗回到原位并卡住拉簧把两侧板打开成簸箕状，如此反复进行抹灰粉墙作业"。由此可见，说明书中已经记载了当料斗到达屋顶，屋顶触发触杆，从而使得料斗位置下降，且两侧侧板折叠，进而料斗位置到达房顶时与抹灰板齐平，解决本专利所要解决的技术问题，其工作原理和方式对本领域技术人员来说是清楚明白的。对于具体结构，触发联动结构是机械领域常用的结构，且其联动动作也是机械领域常见的上升、下降、打开和折叠，通过本领域常用结构即可实现。例如，活动料斗后面的支撑结构可以是支杆卡合到粉墙作业机构上，进一步支杆卡合部位通过吊绳控制，当上升到屋顶触动控制吊绳的触杆，吊绳将卡合机构拉起，活动料斗下降；当粉墙作业机构下降至底部时，通过合理角度的固定推板，将卡合机构卡合到粉墙作业机构上，使活动料斗恢复到原位。因此，本领域技术人员根据本专利说明书描述的工作原理和功能效果，结合本领域的普通技术知识，能够确定解决本专利技术问题的具体结构。因此本专利说明书符合专利法第二十六条第三款的规定。权利要求1与附件2的区别至少在于：粉墙机为料斗折合式，粉墙抹灰作业机构是抹灰斗到顶自动下降使活动抹灰板上部与屋顶接触能粉到顶的粉墙抹灰作业机构，粉墙抹灰作业机构上装连有到顶部自动下落到底又能自动回位的抹灰斗。上述特征并未在附件2中公开，对此，请求人亦表示认可，因此权利要求1相对于附件2具备新颖性，请求人认为权利要求1相对于附件2不具备新颖性的无效理由不能成立。请求人认为权利要求2~5相对于附件2也不具备新颖性，在其引用的权利要求1具备新颖性的基础上，权利要求2~5相对于附件2也具备新颖性，请求人认为权利要求2~5相对于附件2也不具备新颖性的无效理由不能成立。权利要求5引用权利要求1，请求人认为引用的权利要求1的特征已被附件2公开，权利要求5与附件2的区别只在于其附加技术特征部分，进而相对于附件2和附件3的结合不具备创造性。参照权利要求1的评述可知，权利要求1相对于附件2具备新颖性，在此基础上，请求人认为权利要求5相对于附件2和附件3的结合不具备创造性的无效理由不能成立。

综上所述，请求人认为本专利说明书不符合专利法第二十六条第三款的规定、权利要求1~5不具备新颖性、权利要求5不具备创造性的无效理由均不能成立。根据如上事实和理由，合议组依法做出如下审查决定：维持第ZL201220161395.X号实用新型专利权有效。

无效宣告请求第二次

李某某（下称请求人）于2015年4月13日第二次向专利复审委员会提出了无效宣告请求，其理由是权利要求1~5不符合专利法第二十六条第四款关于权利要求应当清楚和以说明书为依据的规定、第二十二条第三款关于创造性的规定，请求宣告本专利权利要求1~5无效，其中关于创造性的无效理由未作具体说明，同时提交了如下附件作为证据。

附件1：授权公告日为2011年12月28日、授权公告号为CN202090572U的中国实用新型专利说明书，共7页。

附件2：授权公告日为2009年3月25日、授权公告号为CN201212244Y的中国实用新型专利说明书，共5页。

请求人于2015年5月8日提交了补充的意见陈述书，除了与请求书意见相同的关于权利要求1~5不符合专利法第二十六条第四款规定的理由外，还增加了权利要求1、权利要求5不符合专利法第二十二条第三款规定，权利要求1不符合专利法实施细则第二十条第二款规定的无效理由，关于创造性的证据使用方式为：权利要求1相对于附件3、附件4和本领域的常规选择的结合不具备创造性，权利要求5的附加技术特征可由附件1结合本领域的常规选择得到，不具备创造性。同时提交如下附件作为证据（编号续前）。

附件3：公开日为2007年3月7日、公开号为CN1924254A的中国发明专利申请公布说明书，共13页。

附件4：授权公告日为2008年3月12日、授权公告号为CN201033939Y的中国实用新型专利说明书，共24页。

合议组认为：对本领域技术人员而言，权利要求1中限定的"粉墙抹灰作业机构是抹灰斗到顶自动下降使活动抹灰板上部与屋顶接触能粉到顶的粉墙抹灰作业机构"和"粉墙抹灰作业机构上装连有到顶部自动下落到底又能自动回位的抹灰斗"是对该抹灰作业机构的抹灰斗的运动方式作了限定，权利要求2限定的"伸缩式立杆底部对应粉墙抹灰作业机构的抹灰斗装有灰斗回位触角和抹板连接件回位触角"和权利要求3限定的"簸箕状活动料斗中间装设灰斗下降触角，簸箕状活动料斗的两侧板是有拉簧和侧板折合触角连接控制的折叠式侧挡板"和"调节连件配合触连装于抹灰斗托座上的磁铁和抹灰连接件回位触角"是对抹灰作业机构中用于调整位置的触角等作了限定。第一，对于本领域技术人员而言，基于权利要求1的上述特征可以理解抹灰斗的运动方式为：当抹灰斗运动到顶时自动下降，使得抹灰板上部能与屋顶接触实现上粉到顶，并且抹灰斗到达顶部后能够自动下落到底又能自动回位；对于权利要求2、权利要求3的上述特征，本领域技术人员可以理解所涉及部件的安装位置和作用；第二，关于上述特征的具体结构，触发联动机构是机械领域常用的结构，且其联动动作也是机械领域常见的上升、下降、打开和折叠等，通过本领域常用结构即可实现。因此，对于所属领域技术人员而言，权利要求1~5的技术方案清楚。

关于权利要求1限定的上述涉及抹灰斗的技术特征，本专利说明书记载了现有技术中存在"结构笨重，抹灰斗到顶靠人工下降不能上粉到顶"等技术问题（参见说明书背景技术部分）。本专利通过采用"粉墙抹灰作业机构是抹灰斗到顶自动下降使活动抹灰板上部与屋顶接触能粉到顶的粉墙抹灰作业机构"和"粉墙抹灰作业机构上装连有到顶部自动下落到底又能自动回位的抹灰斗"的技术手段，取得了"结构简单实用，抹灰斗到顶自动下降能上粉到顶"的技术效果。结合本专利说明书第10段"当活动料斗至房顶后，触动活动料斗的触杆，使活动料斗后面失去支撑自然落到粉墙作业机构的中部,同时两侧板折合,活动料斗返回落下到底后,触到回位触角顶起活动料斗回到原位并卡住拉簧把两侧板打开成簸箕状,如此反复进行抹灰粉墙作业"的记载可知,本领域技术人员可以理解其工作方式是通过设置触杆、触角等实现抹灰斗到顶时抹灰斗侧板的折合以及活动料斗返回落下到底后打开,从而实现反复作业。本领域技术人员根据说明书记载的工作原理和功能效果,基于所属领域的技术水平,结合具体实施方式和说明书附图,能够得到权利要求1的技术方案,因此权利要求1的技术方案是以说明书为依据的。基于引用关系,权利要求2~5的技术方案也是以说明书为依据的,符合《专利法》第二十六条第四款的规定。

根据《专利法实施细则》第二十条第二款,合议组认为:参见上述对《专利法》第二十六条第四款的评述可知,本专利权利要求1中限定了"粉墙抹灰作业机构是抹灰斗到顶自动下降使活动抹灰板上部与屋顶接触能粉到顶的粉墙抹灰作业机构"和"粉墙抹灰作业机构上装连有到顶部自动下落到底又能自动回位的抹灰斗",上述特征是区别于背景技术方案的解决本专利技术问题不可缺少的技术特征,本领域技术人员根据权利要求1的技术方案能够解决本专利所要解决的技术问题,因此,权利要求1符合专利法实施细则第二十条第二款的规定。

依据《专利法》第二十二条第三款,关于权利要求1,合议组认为:本专利的目的是提供一种结构简单,抹灰斗到顶自动下降能上粉到顶,操作简单,功效高,提升平稳,使用方便的粉墙机械。参见上述对专利法第二十六条第四款关于清楚的评述可知,权利要求1与附件3的区别技术特征至少在于:粉墙抹灰作业机构是抹灰斗到顶自动下降使活动抹灰板上部与屋顶接触能粉到顶的粉墙抹灰作业机构,粉墙抹灰作业机构上装连有到顶部自动下落到底又能自动回位的抹灰斗,即本专利中通过抹灰斗到顶之后的下降动作,使得抹灰斗前部的抹灰板有可能接触到屋顶,进而解决能够上粉到顶的技术问题。虽然附件3通过设置具有可内翻侧板的辅助料斗,有助于料斗的进一步升高,从而可以执行更高处的粉墙作业,但是通过比较可以明显看出,附件3在解决上粉到顶问题的过程中,料斗的基斗本身的位置没有动作变化,因而其与本专利的构思是不同的。由于其基斗可内翻,侧板42折叠后,基斗侧板43依然具有一定高度,受这一高度的限制,其刮泥板升高的程度不及本专利的抹灰板。附件4是通过设置上下限行程挡板、上下行程开关来实现粉墙主机的运动和回位,附件4也没有给出通过调整抹灰斗的动作来升高抹灰板的高度以解决上粉到顶的技术问题。因此，附件3、附件4均未给出得到上述区别技术特征的技术启示，也没有证据表明其是本领域的公知常识。因此请求人主张的与上述附件的结合相比，本专利权利要求1不具备创造性的主张不能成立。

关于权利要求5。合议组认为：附件1公开了建筑物装修用抹墙机，虽然具体公开了用于测量垂直度的吊线尺和调节定位丝杆，但权利要求5是引用权利要求1的，由于附件1也未涉及对抹灰斗到达顶部之后的结构和位置变化，即附件1未公开上述对权利要求1创造性评述中认定的区别技术特征。因此，基于权利要求1相对于附件3和附件4的结合具备创造性，从属权利要求5相对于附件3、附件4和附件1的结合也具备创造性。

综上所述，请求人关于本专利权利要求1不符合《专利法实施细则》第二十条第二款规定，权利要求1~5不符合《专利法》第二十六条第四款规定，权利要求1、权利要求5不符合《专利法》第二十二条第三款规定的无效理由不能成立。

基于上述事实和理由，合议组做出如下决定：维持第ZL201220161395.X号实用新型专利权有效。

案件结论

2017年6月15日石家庄市中级人民法院做出一审判决，判决被告李某某停止制造、销售侵害原告实用新型专利权产品，赔偿原告经济损失20万元人民币。

案例二

案情简介

原告王某某系专利号为ZL201620987555.4、名称为"一种新型沙子装袋机"的专利权人，专利权目前处于有效状态。被告刘某某未经原告许可，擅自制造、销售被诉侵权产品。原告于2017年2月22日向国家知识产权局提出专利权评价报告申请，国家知识产权局于2017年3月23日做出实用新型专利权评价报告，初步结论：全部权利要求1不符合授予专利权条件。具体结论：权利要求1具备《专利法》第二十二条第二款规定的新颖性，权利要求1不具备《专利法》第二十二条第三款规定的创造性。

无效请求

2017年4月19日，原告王某某向石家庄市中级人民法院提起侵害实用新型专利权纠纷一案，要求被告刘某某停止侵害专利权的行为，赔偿损失10万元。

2017年6月4日，被告向专利复审委员会提起专利无效宣告请求，具体理由为权利要求1不符合《专利法》第二十六条第四款的规定、说明书不符合《专利法》第二十六条第三款的规定、权利要求1相对于对比文件1授权公告号为CN201023663Y的实用新型专利不符合《专利法》第二十二条第三款规定。

无效结论

专利复审委员会认为本专利本专利采用了上述技术方案具有如下技术效果"通过数控开关来控制出料，并且可以调节出料量，通过电机控制输送带来将料斗里的沙子送出，料斗里沙子剩余量少时，振动泵振动辅助出料，不仅实现了机械化沙子装袋功能，而且大大节省了人力，提高工作效率，并且能准确控制沙子装袋量，为建筑工程行业提供了一款便捷，高效实用性很强的辅助机械"（参见本专利说明书第0010段）。故，本专利权利要求1相对于证据1对本领域的技术人员来说不是显而易见的，有实质性特点和进步，符合专利法第二十二条第三款规定的创造性。

案件结论

2017年12月28日，石家庄市中级人民法院做出一审判决，判决被告刘某某停止制造、销售侵害原告实用新型专利权产品，赔偿原告经济损失5万元人民币。

综上所述，专利权人在提起诉讼时，还是要具体问题具体分析，不能单凭评价报告的正面、负面主观地去分析案件结果，本案就是在负面评价报告对专利权人不利的情况下，正面应对，最终赢得了案件的胜诉，且经过两轮无效宣告程序对专利权稳定性提升起到了一定作用。

问题提出：专利评价报告应不应该提交及提交时机？

首先，专利权评价报告并非立案的必要条件。

最高人民法院关于修改《最高人民法院关于审理专利纠纷案件适用法律问题的若干规定》的决定（2015年1月29日，法释〔2015〕第4号），规定对申请日在2009年10月1日前（不含该日）的实用新型专利提起侵犯专利权诉讼，原告可以出具由国务院专利行政部门做出的检索报告；对申请日在2009年10月1日以后的实用新型或者外观设计专利提起侵犯专利权诉讼，原告可以出具由国务院专利行政部门做出的专利权评价报告。

其次，法院审理过程中要求提供时必须提供。

最高人民法院关于修改《最高人民法院关于审理专利纠纷案件适用法律问题的若干规定》的决定，规定根据案件审理需要，人民法院可以要求原告提交检索报告或者专利权评价报告。原告无正当理由不提交的，人民法院可以裁定中止诉讼或者判令原告承担可能的不利后果。

最高人民法院宋晓明《在全国法院知识产权审判工作座谈会上的总结讲话》（2016年7月8日）提到，规定提交检索报告或者评价报告是实用新型和外观设计专利权人维权的法定义务。根据案件具体情况，如果经过法院释明，原告在合理期间内仍然拒不提交且缺乏合理理由的，法院可以裁定驳回原告的起诉。如果原告及时提交了检索报告或者评价报告，人民法院则要根据该报告对于专利权效力的分析结论决定中止审理还是继续审理。

综上所述，即便是负面的评价报告，法院审理过程中要求提供的必须提供，不提供的，法院可以裁定驳回原告的起诉，而提供后法院有可能中止审理，也可能继续审理，即便中止审理，等待无效宣告结果也未必会对专利权人不利。

知识产权侵权诉讼中权利人及许可使用人之诉权分析

导读：在知识产权侵权司法实践中，被告抗辩的一项原则即"主张侵权诉讼的主体不适格"。理由即被许可人无权单独提起诉讼，或权利人已经将自己的权利进行专用使用许可或者独占使用许可，权利人即丧失诉权。本文分别从著作权、商标权、专利权等各自领域许可的相同点和不同点及知识产权人权利滥用时如何处理进行分析，以期对存在独占许可的情形下，诉权如何正确地实施及如何有效避免知识产权人权利滥用行为，有所裨益。

一、著作权、商标权、专利权等领域被许可人的各自称谓上的差异及含义

（一）著作权被许可人的类型及含义

著作权的被许可人，是指根据与著作权人签订的著作权许可合同，在合同约定的时间和地域范围内,以合同约定的方式利用作品的人。根据《著作权法》第二十四条的规定,使用他人作品应当同著作权人订立许可使用合同,著作权许可合同分为专有使用权许可合同和非专有使用权许可合同,约定许可使用的权利是专有使用权或者非专有使用权。著作权的许可使用类型在称谓上与商标权和专利权不同。

专有使用是指著作权人仅许可一家以某种方式使用自己的作品,不再向第三人发放同样的许可,著作权人自己也不能以已许可的同样方式使用自己的作品。

非专有使用是指著作权人在许可一家以某种方式使用自己的作品后,还可以许可第三人以同样的方式使用自己的作品。

(二)商标使用许可的类型及含义

商标使用许可分为三种类型:独占使用许可,是指商标注册人以约定的期间、地域和方式,将该注册商标仅许可给被许可人使用,商标注册人依约定也不得使用该注册商标;排他使用许可,是指商标注册人在约定的期间、地域和以约定的方式,将该注册商标仅许可一个被许可人使用,商标注册人仍可以使用该注册商标但不得另行许可他人使用;普通使用许可,是指商标注册人在约定的期间、地域和以约定的方式,许可他人使用其注册商标,并可自行使用该注册商标和许可他人使用其注册商标。

(三)专利权许可实施的类型及含义

根据《专利法》《专利法实施细则》等相关规定,专利权可以许可实施,专利权实施许可可分为以下几种类型。

1.独占许可

独占许可是指权利人与被许可使用人在合同中约定的时间和地域内,只允许被许可方实施该专利技术,其他任何人包括专利权人不得行使其专利技术。在这种形式的许可下,专利权人在规定的时间和地域内亦丧失自己专利技术的使用权。

2.排他许可

排他许可是指权利人与被许可使用人在合同中约定的时间和地域内,只有专利权人和被许可使用人有权使用该专利,其他任何人无权使用该专利,与独占许可使用不同，专利权人仍有权使用其专利技术。

3. 普通许可

普通许可是指权利人与被许可使用人使用其专利外，权利人还可以允许第三人使用其专利。此类许可在实践中所占比例较大，相对于前两个许可模式，专利权人的权利相对较大，约定许可费用较低。

4. 分许可

分许可是指专利权人和被许可使用人可以使用其专利，同时专利权人和被许可使用人都有权允许其他人使用其专利。

5. 交叉许可

交叉许可是指两个专利权人互相允许对方在约定的时间和地域、范围内实施自己的专利，换句话说，就是甲允许乙实施甲的专利，乙允许甲行使乙的专利。在司法实践中，两个或两个以上的专利权人相互间交叉许可或共同向第三方许可其专利的联营协议安排，构成专利池，亦称专利联盟。

对于专利许可模式中的后两种，不是本文要探讨的内容。本文仅从著作权专有使用权人、商标独占使用许可人、专利独占实施许可人分别与著作权人、商标所有人、专利权人在相应权利被侵害时，诉讼权利如何行使及如何有效解决知识产权人权利滥用进行分析。

二、著作权、商标权、专利权被侵害时，被许可人及权利人的诉讼资格

（一）著作权专有使用权人的诉讼资格

非专有许可合同的被许可人不能排除他人以相同的方式使用作品，其取得的仅是债权性质的权利，不具有对世性，其地位与著作权人相去甚远。但专有许可合同的被许可人的法律地位与之完全不同，其取得的则是物权性质的权利，具有对世性，专有被许可人也被视为特殊的著作权人。[1]

著作权专有使用权是一种被许可人可以排除包括著作权人在内的任何人以同样的方式使用作品的独占权。那么当第三人未经著作权人许可使用作品时，除专有使用权人可以依法提起诉讼外，著作权人在已经将专有使用权许可的情况下，对此侵权行为能否主张权利、能否主张获得损害赔偿呢？

---

[1] 谢莹.论数字图书馆海量信息的授权与付酬[J].上海高校图书情报工作研究,2006(03).

《著作权法实施条例》第二十四条规定，著作权人将作品的专有使用权授予被许可人的，仅是许可被许可人独占、排他地以特定方式使用作品的权利，著作权人仍然有权禁止被许可人以外的任何第三人以许可的方式使用其作品，有权禁止专有使用权人许可第三人行使同一权利。因此，第三人未经许可以专有使用权范围内的方式使用作品的，除了侵害了专有使用权人的合法权益外，同样构成对著作权人著作权的侵犯，即使在专有使用权人没有起诉的情况下，著作权人也有权单独提起民事诉讼，要求停止侵害。

至于著作权人是否有权要求侵权人赔偿经济损失，取决于著作权人是否因侵权行为而受到经济损失。著作权人是否会因侵权行为遭受损失，这又涉及著作权人与专有使用权人在合同中关于付酬办法是如何约定的。

根据《著作权法实施条例》第二十四条的规定，对于专有许可合同的内容，合同没有约定的或者约定不明的，视为被许可人有权排除包括著作权人在内的任何人以同样的方式使用作品。同样，对于关于付酬办法没有约定或者约定不明的，应当做出有利于被许可人的解释，著作权人不应就赔偿经济损失向侵权人主张权利。

著作权人从授予他人专有使用权中获得报酬的方式多种多样，以图书出版为例，支付图书稿酬的方式主要有：（1）一次性付酬，出版者按作品的质量、篇幅、经济价值等情况计算出报酬，并一次向作者付清，作者一次性地从出版单位获得了全部利益。❶（2）基本稿酬加印数稿酬，出版者按作品的字数，以千字为单位向作者支付一定报酬（即基本稿酬），再根据图书的印数，以千册为单位按基本稿酬的一定比例向著作权人支付报酬（即印数稿酬）。稿酬一般在作品交付出版时便付清，它与出版的图书的定价无关，也不受作品实际销量的影响。❷（3）版税，指出版者以图书定价×发行数×版税率的方式向作者付酬，是一种著作权人与出版者按照一定比例分享作品销售所得的一种计酬方式。等等。因此，如果著作权人获得报酬的形式是一次性稿酬、基本稿酬加印数稿酬，著作权人已从专有使用权人处实现了全部的经济利益，则著作权人将作品的专有使用权授予他人后，对侵犯专有使用权的行为，由于此时损害的是专有使用权人的利益，著作权人没有因侵权而遭受损失，著作权人一般无权再要求侵权人赔偿其经济损失；但在著作权人以版

---

❶ 谢莹.论数字图书馆海量信息的授权与付酬[J].上海高校图书情报工作研究,2006(03).

❷ 叶新.稿酬与版税该如何选择[J].科技与出版,2004(01).

税方式实现经济利益的情况下，则该侵权行为除了侵害专有使用权人的经济利益外，同时会给著作权人造成经济损失，因为侵权行为的发生会使图书销量受到影响，从而减少著作权人的版税，著作权人有权请求获得经济赔偿。❶

(二)注册商标的被许可使用人的诉讼资格

商标许可使用是商标权行使的一种重要方式，它是指商标所有人在不转让商标所有权的基础上许可他人使用其注册商标的商标利用方式。《商标法》第四十三条允许商标注册人通过签订商标使用许可合同，许可他人使用其注册商标。

依据《商标民事纠纷案件解释》，在发生注册商标专用权被侵害时，独占使用许可合同的被许可人可以向人民法院提起诉讼；排他使用许可合同的被许可人可以和商标注册人共同起诉，也可以在商标注册人不起诉的情况下，自行提起诉讼；普通使用许可合同的被许可人经商标注册人明确授权，可以提起诉讼。

可见，独占使用许可合同的被许可人取得了类似商标注册人的位置和权利，可以单独起诉。原因是，只有独占使用被许可人才有权使用该商标，商标权人已经不能使用。排他使用许可合同的被许可人可以与商标注册人一起使用商标，所以，需要跟商标注册人一起起诉，或者在商标注册人明确表示不起诉的情况下才能起诉。而普通使用许可因为取得的代价较低，而且可能存在若干个普通使用被许可人，所以必须得到商标注册人的特别授权才能起诉。

综上所述，在商标被许可人遇到侵权的情况下，需要首先分清楚自己是哪种类型的许可，在根据法律的规定向法院提起诉讼。在一般情况下，在商标权存在独占使用许可的情形下，面对侵权行为，独占使用认可人和商标权人均可以提起诉讼，在司法实践中，主张赔偿经济损失的权利，知识产权领域存在一致情形，即根据双方签订的许可使用合同来认定。约定的权利应限于主张赔偿损失的权利，不能对于由著作权人、商标权所有人、专利权人法定的著作权、商标权、专利权进行约定，即许可使用合同不能剥夺权利人向侵权人主张侵权的权利。

---

❶陈锦川.著作权审判原理解读与实务指导[M].北京:法律出版社,2014:147.

(三)独占实施其专利后专利权人的诉权

对于专利权人来说，专利权的价值可以通过自己实施得到实现，也可以通过许可他人实施得到实现，当然也可以通过权利转让实现其专利权的价值。在许可他人实施其专利时，专利权人通过收取使用费的方式，可以全部或部分地实现其专利的价值。专利权人许可他人实施其专利有多种方式，其中独占实施许可是指专利权人许可他人实施其专利后，在同样的地域和时期内不得再许可其他人以同样的方式实施其专利，包括专利权人自己在内，在同样的地域和时期内也不得以同样的方式实施其专利。专利独占实施许可的被许可人取得的专利实施权是独家的，它可以排除包括专利权人在内的任何人在同样的地域和时期内也以同样的方式实施其专利。

专利独占实施许可合同对被许可人实施专利的地域范围和行为方式均有限定时，被许可人提起侵权诉讼的权利应受许可合同约定的约束。对被诉侵权人在许可实施地域范围外或者超出许可实施方式实施的侵权行为，被许可人不能主张诉讼权利。

在司法实践中，当专利权人许可他人独占实施许可其专利后，如果发生侵权行为时，专利权人能否起诉侵权行为要求损害赔偿？一般认为，如果专利许可实施合同对此有明确约定且该合同有效的，或者专利权人与被许可人对此问题有其他专门约定的，应当从其约定。如果专利权人与被许可人对此虽有一致协商，但被控侵权行为未发生在专利许可使用合同约定的地域或期间，或者被控侵权行为不同于被许可人取得的独占实施方式，如被许可人取得的独占实施方式是制造和销售，而被控侵权行为是使用，则被控侵权行为不应受到专利独占许可实施合同的限制，专利权人有权起诉侵权行为并追究赔偿责任。但是，如果专利独占实施许可合同的有效期和有效地域内，被控侵权行为与被许可人获得独占许可的实施方式相同，且专利权人与被许可人未就侵权行为的追究协商一致的，此时被许可人享有完整的诉权并可独自追究侵权人包括损害赔偿责任在内的全部侵权责任，专利权人毫无疑问也有权追究侵权行为并有权追究侵权人承担停止侵权的法律责任。至于专利权人能否追究侵权人的损害赔偿责任，目前的判决大多给予了肯定的答案，其目的在于尽快制止侵权行为，防止侵权人赔偿能力的恶化。❶

在广东联邦家私集团有限公司（以下简称"联邦家私公司"）诉盐城市

---

❶ 李勇.专利侵权与诉讼[M].北京:知识产权出版社,2013:222.

朝阳实木家具厂（以下简称"朝阳家具厂"）、北京富力轩家具销售有限公司（以下简称"富力轩公司"）侵犯外观设计专利权纠纷一案[1]中，联邦家私公司系第ZL200830051139.4号"床（YM08008-AU）"的外观设计的专利权人。2010年2月25日，联邦家具公司许可迪科家私（佛山）有限公司（以下简称"迪科公司"）自2010年2月25日至2015年2月25日期间独占实施其专利，许可使用费用为20万元／年，并约定在本合同履行过程中，如发生第三方对上述专利权的侵权行为，应由许可人对有关侵权人提起有关诉讼。2010年2月26日，联邦家私公司发现朝阳家具厂网站上在推销被控侵权产品。2010年5月12日，联邦家私公司富力轩公司购买了被控侵权产品，并诉至法院，请求判令被告立即停止侵权行为，立即销毁全部侵权产品和删除有关侵权网页内容并赔偿其损失人民币15万元。一审法院认定构成侵权后，判决朝阳家具厂赔偿联邦家私公司经济损失及为诉讼支出的合理费用共计12万元。在二审诉讼中，朝阳家具厂辩称联邦家私公司的涉案专利已经许可给迪科公司独占实施，故其主张经济损失赔偿的主体不适格。二审法院认为，无论专利权是否许可他人实施，专利权人均有权起诉侵犯专利权的行为，并有权要求赔偿。本案涉案专利虽已独家许可给他人实施，但联邦家私公司作为涉案专利的权利人，仍有权起诉被控侵权行为，并要求侵权人承担赔偿责任。朝阳家具厂与富力轩公司有关联邦家私公司主张经济损失赔偿的主体不适格的上诉理由依据不足，二审法院遂维持了原审判决。

综上所述，在知识产权许可使用领域，对于诉权的实施应区别许可类型，明确许可类型的相应权利，合同双方应完善合同具体内容，对各自权利及可能产生的纠纷情况进行约定，充分保护各自领域相应的权利。

三、知识产权人权利滥用的处理

知识产权人将权利行使的触角直接或者间接延伸到了独占被许可人权利范围内，构成知识产权人权利滥用，常见的情形有两种：自行使用及重复授权。

（一）自行使用

自行使用是指知识产权人违反独占许可使用合同，在独占许可的范围内

---

[1] 北京市高级人民法院民事判决书〔2012〕高民终字第26号和北京市第二中级人民法院民事判决书〔2010〕二民初字第15557号。

使用智力成果的行为。独占许可使用的特点就在于一定范围内不仅排除第三人的使用，而且排除知识产权人的使用，因此，知识产权人的自行使用行为违反了独占许可合同的约定，被许可人可以追究其违约责任。在上文中，通过对独占许可使用权属性的分析可知，其不仅是一种诉权，而且是一种绝对权，因此，知识产权人超越权利范围，在被许可人的权利领域中使用智力成果的行为构成对被许可人享有的独占许可使用权的侵犯。知识产权人在独占许可的范围内使用智力成果，被许可人既可以提起违约之诉，也可提起侵权之诉来维护自己的合法权益。

(二)重复授权

重复授权是知识产权人滥用权利的另一种典型表现，知识产权人违反约定，重复授权，导致多个被许可人的权利范围发生重叠，无法实现被许可人获得许可使用权的目的。对第三方来讲，知识产权人再行许可违反了诚实信用的合同原则，而对被许可人来讲，知识产权人的行为违反了独占许可合同中不得再行许可的约定，亦构成违约。因此，无论被许可人还是第三人均可向知识产权人主张违约责任。

在知识产权人重复授权时应如何处理并没有完全统一的规定。法律法规要求对许可合同进行备案，未经备案并不影响许可合同的效力，但同时又规定，未经备案不得对抗善意第三人。也就是说无论是否备案，许可合同均为有效，被许可人均取得许可使用权，但是未经备案的不产生公示公信的效力。因此，在两个许可合同中有一方已经备案的情况下，已备案的合同优先，已备案合同的被许可人取得的权利效力高于未备案合同的被许可人，其有权在授权范围内继续使用该智力成果，如果其为独占或排他许可的被许可人，亦可以阻止未备案合同的被许可人在其授权范围内的使用。如果两个许可合同均为独占许可，且均未备案，笔者认为应当依据许可合同生效时间的先后确定权利的优先性，即在先权利优先。一般而言，在两个相互冲突的许可协议之间，即使在后的被许可人对此前的许可协议一无所知，先签订者也享有优先权。

不同种类的许可行为产生不同的权利范围，权利人与被许可人在签订许可合同时应充分对各种可能产生的纠纷进行约定，且应保持诚实信用原则，避免权利人自行使用、重复许可情形的发生，笔者建议在知识产权相关法律法规修改时，明确规定被许可人的诉权约定制度，鼓励当事人在许可协议中约定诉权及其侵权赔偿金额的分享及诉讼风险的负担。

企业如何防范商业秘密泄露风险

根据《反不正当竞争法》（1993年版）第十条第三款之规定，商业秘密是指不为公众所知悉、能为权利人带来经济利益、具有实用性并经权利人采取保密措施的技术信息和经营信息。技术信息包括设计、程序、产品配方、制作工艺、制作方法等。经营信息包括管理诀窍、客户名单、货源情报、产销策略、招投标中的标底及标书内容等信息等。

一项技术信息或经营信息构成商业秘密，需要满足"四性"要求，即秘密性、经济性、实用性和保密性。秘密性，是指不为公众所知悉，具体而言，是指有关信息不为其所属领域的相关人员普遍知悉和容易获得；经济性和实用性，是指有关信息具有现实的或者潜在的商业价值，能为权利人带来竞争优势；保密性，是指权利人为防止信息泄露所采取的与其商业价值等具体情况相适应的合理保护措施。

商业秘密对于企业的重要性不言而喻。可口可乐的保密配方是成就其市场神话的关键。在中国，商业秘密同样是经营者开展市场竞争的制胜法宝。但是，正因为商业秘密的巨大价值，虽然很多权利人采取保护措施，但在现实中仍有不少企业的商业秘密被窃取，给拥有该商业秘密的企业带来巨大损失。因此，商业秘密风险对于企业而言，涉及其生死存亡，是企业必须要防范的重大法律风险之一！如何防范商业秘密泄露风险，笔者建议从以下几个方面入手。

一、商业秘密保护应落实到具体职能机构

由于商业秘密常具有分散性和长期性等特征，为了更好地保护商业秘密，企业应当将商业秘密保护的职责落实到具体部门或个人。企业可以根据自身具体情况，考虑建立单独的商业秘密保护机构，或者由企业的法律部或知识产权部专门负责日常的商业秘密保护。由该职能部门统一制定和实施商业秘密保护制度，统一确定商业秘密范围，统筹企业商业秘密保护措施。

二、采取合理的保护措施

用制度保护商业秘密,是法律认可的保护商业秘密的重要措施,也是现代企业制度的重要组成内容。商业秘密保护应根据商业秘密产生、复制、存储、传递、使用、保管等运行轨迹,以有效控制接触范围、消除泄密隐患为主要目的制定。保密制度至少包括以下几个方面。

(一)根据企业自身情况合理确定商业秘密的范围

从充分保护企业相关信息角度出发,笔者认为,商业秘密范围应该根据行业的通常情况和企业的具体情况合理确定。总的原则是,企业在日常经营管理过程中,可以考虑将具有经济价值的所有信息,包括纸质文件和电子文件列为商业秘密。

(二)严格控制接触商业秘密人员范围

保密的实质就是控制接触范围。企业保密的基本原则,就是把商业秘密知悉范围控制在不影响科研、生产和经营正常运行的最低限度。企业的一切保密管理行为都要把目标放在有效控制商业秘密的接触范围上,把重点放在知悉范围内人员的管理上。商业秘密接触范围的控制原则是。

(1)需要原则,即根据生产经营需要限定接触范围。特别是关系核心竞争力的商业秘密或者商业秘密中的关键部分,更要控制在充分必要的范围内。

(2)分割原则,即把涉及商业秘密的完整事项,根据不同的岗位、生产流程的不同部分、技术研究的不同环节、工程设计的不同层次,按知悉的需要分割成若干个部分,使不同的人员只知道自己确需知道的部分,而不知道其他的各个部分,使得局部使用人员掌握不了一项商业秘密的全部信息。即使是研发人员,也只能掌握自己研发的那一部分信息,而不掌握全部成果信息。在企业运行条件允许的范围内,这样的分割越细,一项商业秘密信息全部泄露的概率就会越小。

(三)与知悉商业秘密的人员签订保密协议

签订保密协议是必不可少的保护措施,在此不再赘述。

(四)应特别注意防范离职员工泄露商业秘密

企业重点人员,如技术总监、生产技术骨干、销售总监或销售骨干人员等离职时,商业秘密泄露的风险最大,需要采取特别防范措施。笔者认为,企业至少应当采取以下措施:首先,要求并确认离职人员将所有从企业处获得可能涉及商业秘密的文件、电脑等物品全部交回。其次,与离职人员签订保密协议和竞业禁止协议,约定违约责任,并按照国家规定全额支付保密费用和竞业禁止补偿金。最后,建立回访制度。重点人员离职两年内,企业应每半年回访一次,或采取其他方法了解其就业工作情况,以便及时发现隐患,解决问题。

知识产权律师带你掌握侵犯商业秘密罪辩护要点

笔者从知识产权专业律师的角度,解读知识产权刑事犯罪中侵犯商业秘密罪的难点问题。

知识产权刑事犯罪不过是知识产权民事侵权行为发展的高级形态,构成知识产权刑事犯罪只是因为民事侵权行为性质十分严重,具有一定的社会危害性,符合刑事法律规定的侵害程度,故此,将其纳入刑法规范调整的范围。下面,笔者从知识产权专业律师的角度,解读知识产权刑事犯罪中侵犯商业秘密罪的难点问题。

侵犯商业秘密罪,是指违反商业秘密保护法规,采取不正当竞争手段,侵犯他人的商业秘密,给商业秘密权利人造成重大损失的行为。从概念中可以得出,构成侵犯商业秘密罪的要件主要有两点:一是实施侵犯商业秘密的行为;二是给权利人造成了重大损失。无论是重大损失,还是商业秘密的认定,往往成为辩护律师的突破点。

商业秘密,是指不为公众所知悉,能为权利人带来经济利益,具有实用性并经权利人采取保密措施的技术信息和经营信息。商业秘密有以下几个特点:第一,商业秘密是一种技术信息与经营信息。技术信息与经营信息,既可能以文字、图像为载体,也可能以实物为载体,还可能存在于人的大脑或操作方式中。技术信息与经营信息，包括设计、程序、产品配方、制作工艺、制作方法、管理诀窍、客户名单、货源情报、产销策略、招投标中的标底及标书内容等信息。第二，商业秘密是不为公众所知悉、仅限于一定范围内的人知悉的事项。第三，商业秘密能为权利人带来经济利益。第四，商业秘密具有实用性，即具有直接的、现实的使用价值，权利人能够将商业秘密直接运用于生产、经营活动。第五，商业秘密经权利人采取了保密措施。

简单地说，商业秘密的构成要件归结为：（1）不为公众所知悉（秘密性）；（2）能为权利人带来经济利益（价值性）；（3）具有实用性（实用性）；（4）经权利人采取保密措施（保密性）。

《中华人民共和国反不正当竞争法（修订草案送审稿）》第九条规定："本法所称的商业秘密，是指不为公众所知悉、具有商业价值并经权利人采取相应保密措施的技术信息和经营信息。"将原来商业秘密概念中"能为权利人带来经济利益，具有实用性"修改为"具有商业价值"。将商业秘密的构成要件从原来的"秘密性、保密性、价值性和实用性"修改为"秘密性、保密性和价值性"。

尚在摸索过程中、未被具体化或在实际应用前的商业创意，同样可能被确定为商业秘密。不能直接实施应用的方案和技术，同样耗费了研发人员大量的时间和财力，具有潜在的、"消极的"价值，同样具有值得保护的经济利益。与之前规定相比，可以看出商业秘密的范围越来越大。对于上述商业秘密构成要件，在司法实践中认定难点是秘密性和保密性，这是审查诉争信息是否构成商业秘密的重点。

一、秘密性

"秘密性"被认为是商业秘密最重要的属性和构成要件，是商业秘密区别于其他信息的最根本的属性，是决定信息是否构成为商业秘密的最权威因素。法律规定的"不为公众所知悉"即指商业秘密的秘密性，是指权利人所主张的商业秘密未进入"公有领域"，非"公知信息"或"公知技术"。秘密性是商业秘密与专利技术、公知技术相区别的最显著特征，也是商业秘密维系其经济价值和法律保护的前提条件。

《不正当竞争民事案件解释》第九条第一款规定："有关信息不为其所属领域的相关人员普遍知悉和容易获得，应当认定为反不正当竞争法第十条第三款规定的'不为公众所知悉'。具有下列情形之一的，可以认定有关信息不构成不为公众所知悉：（一）该信息为其所属技术或者经济领域的人的一般常识或者行业惯例；（二）该信息仅涉及产品的尺寸、结构、材料、部件的简单组合等内容，进入市场后相关公众通过观察产品即可直接获得；（三）该信息已经在公开出版物或者其他媒体上公开披露；（四）该信息已通过公开的报告会、展览等方式公开；（五）该信息从其他公开渠道可以获得；（六）该信息无须付出一定的代价而容易获得。"

对于不为公众所知悉的认定，在司法实践中多采取鉴定的方式，但目前存在问题较多。（1）多重鉴定、重复鉴定现象明显。在侵犯商业秘密案件中经常遇到鉴定机构对技术非公知性的鉴定出现不同意见的情况，这也是导致控辩双方意见对立的重要原因。（2）鉴定人素质影响结论的认同性。司法实践表明，鉴定人的水平、能力、职业素养参差不齐的现象客观存在。不同的鉴定人对同一问题的认识受到自身素质的局限。在某些情况下鉴定人在某个领域中未必比被告人更精通，这就导致鉴定结论出来后，被告人提出强有力的相反说法，给鉴定工作提出了更高的要求。（3）鉴定结论的公正性需要加强。鉴定结论和评估报告往往是依据权利人单方面提交的证据做出的，其结论的公正性难以得到有效保障。另外，鉴定机构的合法性、鉴定人的鉴定资质、鉴定程序等问题同样是辩护律师应重点关注的。

在A被公诉机关指控使用不正当手段获取并使用伟尔矿业澳大利亚有限公司沃曼牌系列渣浆泵生产图纸、生产技术，并以侵犯商业秘密罪向石家庄市桥西区人民法院法院提起公诉案件中，鉴定结论表明：根据目前企业的惯常做法，企业一般不会将上述技术信息在公开的出版物上发表；图纸中记载的设计尺寸、公差配合、表面粗糙度等具体的技术参数需要根据实际应用情况，经过计算和试验才能确定，不同技术人员独立设计的产品的上述技术信息不可能相同，因此也不为本领域普通技术人员普遍了解和掌握；图纸中记载的设计尺寸、公差配合、表面粗糙度等技术参数在相关产品被公开销售后，通过产品也不能直观、容易地获得。

因此具体技术参数应当认定为"不为公众所知悉"，属于非公知的技术信息。笔者在辩护时提出，鉴定报告的分析意见仅针对了《不正当竞争民事案件解释》中"不为公众所知悉"所列情形中的前几项，对于后几项只字未提，且描述全是推测性语言，不具有证据效力，该鉴定结论最终未被法院采信。

二、保密性

辩护律师要充分认识到保密措施有形无实的客观存在。《不正当竞争民事案件解释》第十一条规定：具有下列情形之一，在正常情况下足以防止涉密信息泄漏的，应当认定权利人采取了保密措施：(1) 限定涉密信息的知悉范围，只对必须知悉的相关人员告知其内容；(2) 对于涉密信息载体采取加锁等防范措施；(3) 在涉密信息的载体上标有保密标志；(4) 对于涉密信息采用密码或者代码等；(5) 签订保密协议；(6) 对于涉密的机器、厂房、车间等场所限制来访者或者提出保密要求；(7) 确保信息秘密的其他合理措施。

根据《不正当竞争民事案件解释》第十一条第一款的规定，权利人为防止信息泄露所采取的与其商业价值等具体情况相适应的保护措施，应当认定为反不正当竞争法第十条第三款规定的"保密措施"。

保密合同或者保密制度仅仅是保密措施的具体表现之一，法院在判断是否构成反不正当竞争法规定的保密措施时，《不正当竞争民事案件解释》第十一条提供了相对具体的判断规则和操作方法，关键是要判断保密措施是否达到以下两点要求：(1) 该措施表明了权利人保密的主观愿望，并明确了作为商业秘密保护的信息和范围，使义务人能够知悉权利人的保密愿望和保密客体。如果企业仅仅与职工签订保密合同或者单方面发布保密规章制度，但在保密合同和保密规章制度中没有明确商业秘密的范围，对所期望保密信息的载体也没有采取物理保密措施，则上述泛泛的保密约定或者要求不能被认定采取了保密措施。这里需要明确的是，并非要求权利人针对每一项商业秘密均订立一份保密协议，只要保密措施针对的保密客体是具体、明确的即可。(2) 该措施在正常情况下足以防止涉密信息泄露。如果仅仅在相关资料表明"保密"或者在资料室门口写有"闲杂人等、禁止入内"，而无任何障碍即可进入，不得认定为采取了合理的保密措施。

三、重大损失

《不正当竞争民事案件解释》第十七条规定，确定反不正当竞争法侵犯商业秘密行为的损害赔偿额，可以参照确定侵犯专利权的损害赔偿额的方法进行。不过，商业秘密与专利技术在保护方式上并不完全相同。

专利是以"公开换垄断",即权利人向社会公示技术方案而取得垄断的实施权。除法定情形外,任何人不经权利人授权均不得使用。在专利权案件中,侵权人销售产品的数量作为权利人销售的数量并无不妥。而作为商业秘密保护的技术秘密并不占有垄断的地位,权利人拥有技术秘密并不代表着其他竞争者不能拥有同样的技术秘密。以侵权人销售产品的数量作为权利人销售的数量需要以权利人拥有的技术秘密独一无二为前提。

在相同产品的市场中,这就意味着具备该技术秘密的产品不是由权利人生产的,就是由侵权人生产的,两者存在非彼即此的替代关系。进而言之,侵权人生产侵权产品所获得的利益原本就应当归属于权利人。如果公诉机关未有证据表明权利人的技术秘密具有唯一性,也未有证据反映该技术领域只有权利人和被告人两家主体,相反有证据表明存在多家同业竞争者。由于其他的同业竞争者会满足购买者的需求,因此,侵权人销售产品的数量也不必然意味着权利人会少销售同样的数量。

最后,简要陈述下知识产权律师在侵犯知识产权刑事犯罪中辩护的优势。发生侵犯知识产权罪案件时,被告人是请专业的刑事辩护律师还是请专业的知识产权律师更为有利呢?其实,这是个伪命题,任何单一专业化的律师都不能完全胜任这方面的工作。笔者自我感觉可以胜任的基础,除了知识产权专业化的塑造之外,还与笔者前几年刑事辩护基本功的积累有关。

在侵犯知识产权刑事犯罪的辩护中,刑事部分属于基本功,几乎没有哪一名律师没有为被告人担任过辩护人,可是,绝大部分律师对知识产权可能没有接触过,所以说,知识产权专业律师在侵犯知识产权犯罪的辩护优势是明显的。我们在倡导专业化律师的同时,不能把问题绝对化。因为,没有绝对的专业化,专业化的尽头,都是交叉复合化。知识产权律师更加善于抓住本领域知识更新,专业更有助于辩护效果的体现。

侵害商业秘密案件难点解析(原告篇)

本文涉及案例:

[1]湖南省高级人民法院〔2005〕湘高法民三终字第6号
[2]河北省高级人民法院〔2016〕冀民终第689号
[3]河北省高级人民法院〔2013〕冀民三终字第75号

[4]江西省高级人民法院〔2015〕赣民三终字第22号

[5]最高人民法院〔2011〕民申字第122号

[6]河北省高级人民法院〔2012〕冀民三终字第114号

侵害商业秘密纠纷是知识产权诉讼领域审理难度较大的一类案件，尤其是侵害技术秘密案件，而秘密点的寻找又是该类案件中的难点。

一、秘密点的寻找与确定

"不为公众所知悉"，即秘密性是商业秘密构成要件中最为关键一点，没有秘密性，商业秘密则无从谈起。在侵害商业秘密纠纷案件司法实践中，"秘密性"具体表现为"秘密点"的寻找与确定，商业秘密权利人在起诉前明确自身商业秘密的"秘密点"所在是胜诉的基本保证。

笔者在代理侵害商业秘密纠纷案件中经常发现个别商业秘密权利人往往图省事，或贪大求全，没有考虑自己到底有哪些秘密点被侵权，抱着"撒网抓鱼"的观点，将所有的信息都作为秘密点起诉到法院，主张其掌握的某项技术所有的内容均是"秘密点"。笔者提示如果秘密点过于宽泛，则该秘密点有可能属于公知信息，达不到认定被告侵权的目的。

寻找商业秘密点的原则是，能够涵盖被告所使用的技术信息或经营信息，同时该秘密点在公开渠道无法获得。

在正确寻找秘密点的前提下，还要合理确定秘密点的数量。秘密点不在乎多，而在于精。秘密点，更多时候并非指一项技术方案，而是技术方案中的某一技术特征，某一点，如温度、尺寸等。在侵害商业秘密纠纷案件中，只要被告使用到一项秘密点即构成侵权。当然，仅主张一项技术秘密点显得过于单薄，一般情况下以3~5个秘密点为佳。

秘密点的寻找与确定一般在起诉之前完成，"秘密点"的寻找与确定如不事先完善，原告在法庭上面对被告一项项的公知技术抗辩，效果和结果可想而知。况且法庭也不会允许商业秘密权利人主张所有的技术均是"秘密点"，法庭调查的焦点之一往往是商业秘密的秘密点是什么？商业秘密权利人主张所有技术信息均是秘密点既不专业也达不到制止被告侵权的目的。可见，秘密点的寻找及成立与否往往是原、被告双方的争议焦点所在，也是诉讼成败之所系。

笔者在代理侵害商业秘密纠纷案件时，寻找秘密点通常采取两种方式：

一是代理律师和/或商业秘密权利人寻找；二是立案前求助于司法鉴定机构。

（一）律师和/或商业秘密权利人

专业代理律师和/或商业秘密权利人技术人员寻找秘密点是常见方式之一，一般分以下步骤进行。

第一步，应对涉案技术方案做整体把握，剥离出其中已为专利等公开文献披露过的公知技术信息，当然认为包含公知信息与非公知信息在内的整体方案构成技术秘密的除外。

第二步，案件准备时应从最小技术点向最大技术方案方向整理，但主张时则反其道行之，从较大的技术方案向最小的技术点主张。

第三步，在秘密点数量较多时，应根据被告使用的概率划分优先级，最有可能为被告使用到的技术点作为第一层级的秘密点进行主张。在主张第一层级秘密点的同时，应注意保留继续主张其他秘密点的权利，并做好第二、第三层级秘密点的整理与准备工作。

需要注意的是，为应对被告抗辩以及法庭的审查，原告在筛选秘密点时应尽量细化内容，并将其与该领域公知技术信息进行区分。可以借鉴专利法中专利申请人提供书面文件的方式，为自己的技术秘密撰写"权利要求书"，清楚、简要地描述技术秘密的具体内容。如主张设计图纸或生产工艺构成技术秘密的，应具体指出设计图纸或生产工艺中的哪些内容、环节、步骤构成技术秘密。

（二）司法鉴定

1.借助司法鉴定获得专门机构的鉴定意见成为常态

遇到难以把握的技术问题，往往求助于司法鉴定机构。司法鉴定是由国家有关部门认可的鉴定机构就委托鉴定的涉案技术等专业问题提供咨询服务的过程。代理律师在涉及司法鉴定的问题上应当给予足够重视，因为，在法官普遍缺乏相关技术背景以及专家证人制度尚不健全的情况下，鉴定意见在一定程度下可以决定法官的判断以及整个案件的走向。

笔者提示，在当下商业秘密案件权利人维权成功率不高的情况下，专业的商业秘密律师更应当保持与知名的鉴定机构及鉴定机构专家沟通机制，多听取专家的意见，在立案前做到心中有数，争取立于不败之地。

侵害商业秘密纠纷案件中的司法鉴定主要有两类：一是鉴定原告技术信

息在某一时间节点前是否属于非公知信息；二是原、被告的技术信息是否相同或实质性相同。

第一类鉴定是在"查新"的基础上论证"不为公众所知悉"的过程，即确定秘密点的存在与否的过程；第二类鉴定即"同一性"鉴定，即便存在商业秘密，如果被告实施的技术信息与原告不同，同样不构成侵害商业秘密。这一点应引起足够的重视，针对"同一性"问题，以下结合案例进行说明。

在上诉人姚向东、长沙高新开发区思普特软件科技有限公司与被上诉人广州易达建信科技开发有限公司侵犯商业秘密纠纷一案❶中，湖南省高级人民法院认为专业技术特征不能通过简单的比对得出是否相同或相似的结论，必须通过专业技术鉴定，而该鉴定结论是证明权利人诉讼请求所依据的事实的关键证据，故该鉴定结论的举证责任应由权利人承担。原审法院在未对诉争的专业技术鉴定和仅通过简单的比对的情况下，认定存在商业秘密，进而认定侵犯商业秘密，显然缺乏事实依据，应予以纠正。

在笔者代理的上诉人玉田县某实业有限公司、于某某与被上诉人唐山某实业有限公司侵害商业秘密纠纷案件❷中，二审法院纠正了一审法院仅凭专家辅助人的陈述以及陈述所依据玉田县某实业有限公司的产品说明书认定玉田县某实业有限公司销售产品的技术信息与唐山某实业有限公司技术信息构成同一的依据。

2.司法鉴定是法官对案件事实做出正确判断的协助而非必要

商业秘密案件中涉及的技术信息秘密性时，因涉及专业性问题，有时需要通过司法鉴定或其他专门人员的辅助认定事实。但并不是针对每一个商业秘密类案件的"秘密性"都要进行司法鉴定，只有对采取其他方式难以做出认定的专业技术事实问题，才委托司法鉴定。

在笔者代理的玛泰公司等诉窦某、荣昌公司侵害商业秘密纠纷案❸中，河北省高级人民法院依据侵权人窦某在公安机关笔录中称其是通过从盗窃者手中非法获取权利人图纸信息等商业秘密及权利人大量翔实的证据基础上，认定经营者以盗窃、利诱、胁迫或者其他不正当手段获取权利人的商业秘密，构成侵害商业秘密。法院认定权利人系研发、加工制造空气压缩机的专

---

❶湖南省高级人民法院〔2005〕湘高法民三终字第6号民事判决书。
❷河北省高级人民法院〔2016〕冀民终字第689号民事判决书。
❸河北省高级人民法院〔2013〕冀民三终字第75号民事判决书。该案被评为河北省2014年度十大知识产权案例。

门企业。权利人聘请专业人才，投入巨额资金，自行研发并取得滑片式空气压缩机制造技术，系国内同行业首创。为避免技术成果对外泄露，权利人共同制定了严格详尽的保密制度，并在委托他人加工模具和配件、部件时，均在与被委托方签订的加工合同中增加了保密条款。权利人生产滑片式空气压缩机的原材料配方、模具图纸和技术图纸，均系权利人自行研发，采取了相应的保密措施，不为公众所知悉，处于行业领先地位，被实际应用后能够为权利人带来经济利益，故此构成商业秘密。

在上海龙山凤机器制造有限公司诉钟某某、李某某、上海洛鑫机器制造有限公司侵害商业秘密纠纷上诉案[1]中，江西省高级人民法院认定技术图纸均盖有"秘密"印章，并由相关人员保管，对涉密人员以外的人不开放，不为其所属领域的其他人员普遍知悉和容易获得，符合秘密性的要求。

二、保密措施

即使商业秘密权利人的商业秘密具有秘密性，如果不采取保密措施，使商业秘密处于想得知就能得知的状态，商业秘密权利人主张侵害商业秘密的目标同样无法实现。需要提醒的是权利人采取的保密措施并非要做到天衣无缝，只要做到"合理"即可。所谓"合理"是指采取的保密措施应当与该信息的商业价值等具体情况相适应。保密措施的合理性判断只能在个案中综合具体情况来认定。人民法院会根据所涉信息载体的特性、权利人保密的意愿、保密措施的可识别程度、他人通过正当方式获得的难易程度等因素，认定权利人是否采取了保密措施。

在此，仅说明两个问题：一是注意商业秘密保护与竞业限制的区别；二是权利人采取保密措施要主客观相适应。

（一）权利人采取保密措施时应明确区分商业秘密与竞业限制

竞业限制义务，是基于当事人之间的约定而产生的，并以支付经济对价为前提，没有约定则没有此义务，没有对价亦无此义务。《中华人民共和国劳动合同法》规定的竞业限制的期限一般是两年。保密义务属于法定义务，目的是防止侵犯权利人的知识产权，并不需要以支付保密费作为对价。

由此可见，违反竞业限制义务并不必然违反保密义务；反之，员工解除

---

[1] 江西省高级人民法院〔2015〕赣民三终字第22号民事判决书。

竞业限制重新择业，并不影响其继续承担商业秘密的保密义务。所以，原告仅以竞业限制协议要求员工承担保密义务是不可取的，这混淆了竞业限制义务与保密义务之间的区别。

在申请再审人上海富日实业有限公司与被申请人黄子瑜、上海萨菲亚纺织品有限公司侵犯商业秘密纠纷案[1]中，最高人民法院认定单纯的竞业限制约定，如果没有明确用人单位保密的主观愿望和作为商业秘密保护的信息的范围，不能构成反不正当竞争法第十条规定的保密措施。

(二)权利人应采取与其主观保密意图相适应的保密措施

权利人采取的保密措施应当表明权利人保密的主观愿望，并明确作为商业秘密保护的信息的范围，使义务人能够知悉权利人的保密愿望及保密客体，并在正常情况下防止涉密信息泄露。

在上诉人河北天琴电子技术开发有限公司因与被上诉人吴某某、李某某、常某、李某某及深圳市某信息技术有限公司侵害商业秘密纠纷一案[2]中，河北省高级人民法院认为：权利人虽然在劳动合同中签订了保密条款，但是被要求保密的内容不明确，不能证明采取了必要的、合理的保密措施。双方签订的劳动合同仅在解除条款中，空泛笼统地载明"乙方要保守甲方技术经营机密"，而未明确保密的具体内容及范围，无法认定员工已经通过此知悉权利人希望保密的商业秘密范围，从而无法认定员工对其工作中所掌握的相关信息的使用具有主观恶意，单凭此类原则性规定不足以认定权利人采取了必要的保密措施。

作为商业秘密的权利人的原告一方，在加大技术研发投入的同时，权利人在思想上一定要树立加强商业秘密保护这根弦，并保持与行动的一致性，按照《不正当竞争民事案件解释》第十一条规定，采取一项或多项保密措施，应从秘密性、秘密点、同一性、保密措施等多方面入手，而不是想当然地认定自己的技术信息构成商业秘密，如果可自行对案件事实做出判断并举证商业秘密的存在，则不必过分依赖鉴定机构。

---

[1] 最高人民法院〔2011〕民申字第122号判决书。
[2] 河北省最高人民法院〔2012〕冀民三终字第114号。

商业秘密权利人损失认定的标准与方法

损害赔偿数额的确定是各类侵犯知识产权案件判决的疑难问题,商业秘密案件亦不例外,在司法实践中很难确定权利人的实际损失或者侵权人的获利,在认定商业秘密权利人损失数额问题上,没有明确统一的认定标准,尤其在侵犯商业秘密罪案件中,重大损失的认定事关罪与非罪的界定,认定标准更为混乱。

《刑法》第二百一十九条规定:给商业秘密的权利人造成重大损失的,构成侵犯商业秘密罪。但是,如何计算权利人的重大损失,相关刑事司法解释及规范性指导文件并无规定。在实践中,重大损失的计算依据主要是民事侵权的相关法律规范。司法实践一般可参照《反不正当竞争法》规定的民事赔偿额的计算方法。

最高人民法院在《不正当竞争民事案件解释》中专门就商业秘密侵权行为的损失认定作了有针对性的规定。该解释第十七条规定:"确定反不正当竞争法第十条规定的侵犯商业秘密行为的损害赔偿额,可以参照确定侵害专利权的损害赔偿额的方法进行;……因侵权行为导致商业秘密已为公众所知悉的,应当根据该项商业秘密的商业价值确定损害赔偿额。商业秘密的商业价值,根据其研究开发成本、实施该项商业秘密的收益、可得利益、可保持竞争优势的时间等因素确定。"而《专利法》第六十五条规定:"侵犯专利权的赔偿数额按照权利人因被侵权所受到的实际损失确定;实际损失难以确定的,可以按照侵权人因侵权所获得的利益确定。权利人的损失或者侵权人获得的利益难以确定的,参照该专利许可使用费的倍数合理确定。赔偿数额还应当包括权利人为制止侵权行为所支付的合理开支。权利人的损失、侵权人获得的利益和专利许可使用费均难以确定的,人民法院可以根据专利权的类型、侵权行为的性质和情节等因素,确定给予1万元以上100万元以下的赔偿。"

据此,侵害商业秘密纠纷案件中主要有以下确定损害赔偿额的方法。

一、以商业秘密权利人因侵权行为遭受的损失为依据确定赔偿额

侵害商业秘密损失的认定，需要注意商业秘密本身的特性和价值。商业秘密具有秘密性而使权利人获取经济利益和竞争优势，商业秘密的价值更多体现在其秘密性上。因此，侵害商业秘密给权利人造成的损失不仅直接反映在因侵权而使产品销售数量减少、市场份额萎缩等方面，还包括商业秘密被公开后，其本身价值的减损。侵权行为导致商业秘密已为公众所知悉的，应当根据该项商业秘密的商业价值确定损害赔偿额。商业秘密的商业价值，根据其研究开发成本、实施该项商业秘密的收益、可得利益、可保持竞争优势的时间、市场前景和供求关系等因素确定。但是在权利人损失数额认定时应该注意以下两点。

（一）在技术信息没有丧失秘密性前提下，研发成本不应认定为商业秘密权利人的损失

在劳某某侵犯商业秘密罪一案[1]中，侵权人违反保密规定，获取并使用权利人的商业秘密技术，但尚未销售、尚未对外披露商业秘密，在权利人的损失及侵权人的获利难以查清时，法院认为侵权人的行为势必造成商业秘密权利的技术许可使用费的损失，经侦查机关委托相应的鉴定、评估机构证实，权利人被侵犯的商业秘密技术许可使用费是218万元。法院认为，可参照商业秘密的开发成本、技术许可使用费等因素合理确定损失数额。笔者认为，法院的上述认定忽略了商业秘密仍处于保密状态的客观事实，认定势必造成商业秘密权利的技术许可使用费的损失没有事实依据。

商业秘密的本质是信息，并不因为侵权人的不法占有而使权利人完全丧失对商业秘密的所有权。因此，商业秘密的研发成本是否计入权利人损失以及计入的数额，应当根据商业秘密被侵犯的程度，也就是秘密泄露的范围、使用者的多少等情况来综合考量。笔者认为在技术信息没有丧失秘密性前提下研发成本、技术许可费等不应认定为商业秘密权利人的损失。在叶某某、赵某某、宋某侵犯商业秘密罪一案[2]中，贵州省贵阳市中级人民法院在〔2014〕筑民三（知刑）初字第1号民事判决书认为，公诉机关指控被告人等

---

[1] 深圳市中级人民法院〔2013〕深中法知刑终字第47号刑事裁定书。
[2] 贵州省贵阳市中级人民法院〔2014〕筑民三（知刑）初字第1号。

侵犯权利人商业秘密给权利人造成的损失为2877.08万元,其中包含了该商业秘密的研发成本2614.25万元。经审查法院认为因该技术现在仍属于权利人所有,被告人已不再继续使用该技术,且被告人等在实施侵犯他人商业秘密行为的过程中,仅是自己使用该技术,并没有该技术信息已经丧失其秘密性的相关证据,本案中把商业秘密的研发成本完全计入权利人损失的数额是不科学的,从司法的角度讲,对侵权人也是不公正的,而是应当根据商业秘密被侵犯的程度,也就是秘密泄露的范围、使用者的多少等实际情况来确定损失的大小,综合考量,以尽量准确地确定损失的数额,准确地定罪量刑。可见,在无证据证明商业秘密已经丧失秘密性,商业秘密仍处于保密状态,侵权人没有付诸实施等情况下,以商业秘密的研发成本认定权利人的损失的做法应予以纠正。

笔者认为,在权利人损失难以计算的情况下,将商业秘密自身的价值作为权利人的损失,此举混淆了侵犯商业秘密罪与财产罪的犯罪认定标准。只有在商业秘密被公开、导致商业秘密丧失其秘密性或导致权利人对商业秘密的使用不可控制的情形下,才能将商业秘密的自身价值作为重大损失予以认定。

(二)转让商业秘密的所得可认定为权利人的损失

在王某某、刘某、秦某某侵犯商业秘密罪一案❶中,被告人通过转让技术秘密,获得了研发费用人民币588.01万元,法院认为,根据《反不正当竞争法》第二十条之规定,在侵权行为所造成损失难以计算的情况下,赔偿额为侵权人在侵权期间所获得的利润。因此,以被告人从权利人获取的研发费用作为权利人在本案所遭受的损失,是符合法律精神的。在李某某侵犯商业秘密一案❷中,法院认为权利人被侵权所受到的损失或者侵权人因使用商业秘密所获得的利益难以确定,法院参照该公司技术合作转让费及为引进技术所支出的培训费来计算权利人的经济损失。笔者认为以技术信息类商业秘密直接作为标的物进行转让交易的行为,严重侵犯了商业秘密权利人的权利,可以以技术转让费或者支付的研发费用等直接作为权利人的损失。

---

❶深圳市南山区人民法院〔2004〕深南法刑初字第439号。
❷广西北海市中级人民法院〔2007〕北刑终字第101号。

二、以侵权人因侵权行为获得的利润为依据确定赔偿额

在商业秘密权利人的损失无法查清的情况下，以侵权人的获利认定"重大损失"的做法，在司法实践中较为常见。对于违法使用商业秘密进行生产经营活动的，以其获得或增加的利润为赔偿额，侵权人因侵权所获得的利益一般按照侵权人的营业利润计算，对于完全以侵权为业的侵权人，可以按照销售利润计算，当利润率无法查明时，可委托评估机构进行评估。

（一）商业秘密权利人的损失并不与侵权人获利相等同

技术秘密并不占有垄断的地位，权利人拥有技术秘密并不代表其他竞争者不能拥有同样的技术秘密。以侵权人销售产品的数量作为权利人销售的数量需要以拥有技术秘密的产品，而不是由权利人生产的就是由侵权人生产的，两者存在非彼即此的替代关系为前提。如未有证据表明权利人的技术秘密具有唯一性，也未有证据反映该技术领域只有权利人和侵权人两家公司，相反有证据表明存在多家同业竞争者时，由于其他的同业竞争者会满足购买者的需求，因此，侵权人销售产品的数量也不必然意味着权利人会少销售同样的数量。在司法实践中存在以权利人单方的损失来计算"重大损失"作为罪与非罪的标准，存在法律和事实上的双重障碍。

（二）以侵权人所获利润计算权利人的损失

侵犯商业秘密行为侵犯的是权利人的无形财产权，与侵犯有形财产权不同，其损失并不一定表现为财产的直接减少，而是体现为无形财产价值的贬损和产品销售市场的侵占，继而造成权利人在正常情况下获利的减少，侵权行为人因侵权行为所获利益实际上就是商业秘密权利人的损失。

在江西某电子科技有限公司等侵犯商业秘密罪案[1]中，法院判决采用侵权人销售与权利人相同型号产品的数量×权利人相应型号产品的平均毛利率=权利人经济损失的方法。笔者认为该认定方法符合法律规定侵权产品没有标价或者无法查清其实际销售价格的，按照被侵权产品的市场中间价格计算的认定标准。此类认定方法为司法实践中常用方法，确定了商业秘密权利人的经济损失

---

[1] 一审：广东省珠海市香洲区人民法院〔2012〕珠香法刑初字第1204号。二审：广东省珠海市中级人民法院〔2013〕珠中法刑终字第87号。

可按照商业秘密权利人因被侵权所丧失的预期利润或者侵权人所获利润计算的认定标准。符合《侵犯知识产权刑事案件解释》第十二条"侵权产品没有标价或者无法查清其实际销售价格的,按照被侵权产品的市场中间价值计算"的规定。

(三)职工跳槽后的工资收入不等于违法所得

对于员工非法处置合法获得的商业秘密的行为,在第三方与员工签订劳动合同并支付合理工资报酬的情况下,能否将工资报酬的全额定性为违法所得,笔者持否定意见。侵权人在侵权期间获得的利润不能完全与侵权人的工资收入等同。劳动者在就业中获得的业务上的知识、经验和技能,如果已经成为劳动者人格财产的一部分,劳动者离职后如何利用是劳动者的自由,任何特别约定都不能约束这种自由。职工利用自己在本职工作中积累和掌握的一般知识、技术、经验、信息为他人服务,不属于本单位技术权益范围,不构成侵犯商业秘密行为,与其工作经验、能力等价的工资报酬并不能定性或完全定性为违法所得。在王某某、刘某、秦某某侵犯商业秘密一案[1]中的研发费用或者技术服务费用等系技术信息的交易行为与劳动者工资收入不同,后者是劳动者正常的工资收入或者说包含劳动者的劳动报酬,不完全等同于侵权人的违法所得。

三、参照商业秘密使用许可的合理使用费合理确定赔偿数额

参照许可使用费倍数来确定赔偿数额,关键是审查许可使用合同的真实性和合理性,防止商业秘密权利人与他人串通虚构以向侵权人收取巨额赔偿。对许可使用费真实性、合理性的审查,一方面要全面、公正、合理地评价商业秘密的价值;另一方面要考虑许可人与被许可人之间的关系、许可费的支付方式、支付期限、许可方式、许可年限及规模、范围、被许可人的实际履约能力及许可合同有否实际履行等情况。如果经审查,对许可使用费的真实性、合理性存有怀疑的,对许可费可酌情降低或不予采用。

此外专利法还规定在上述方法无法准确认定的情况下,法院具有根据具体案情酌定的法定赔偿方式,但是在侵犯商业秘密刑事犯罪中,这种方法是不能适用的,因为刑事诉讼与民事诉讼证据标准不同。刑事诉讼实行确实、

---

[1] 深圳市南山区人民法院〔2004〕深南法刑初字第439号。

充分的证据标准,而民事诉讼实行高度盖然性的证据标准,在商业秘密刑事案件中,"重大损失"是决定被告人行为罪与非罪的重要依据,重大损失的数额必须有确实、充分的证据予以证明,而不允许法官具有自由裁量的空间。

在侵犯商业秘密犯罪中,数额的认定直接决定了罪与非罪及量刑标准,但在司法实践中并未形成一个确定的数额认定标准,这就需要辩护律师根据具体的案情,结合公诉机关的数额认定标准及认定证据的情况,有针对性地进行辩护,以最大限度地维护犯罪嫌疑人的合法权益。

如何认定侵犯商业秘密罪中的"违法所得数额"

《刑法》第二百一十九条规定:给商业秘密的权利人造成重大损失的,构成侵犯商业秘密罪。《侵犯知识产权刑事案件解释》[1]第七条对于重大损失的认定进行明确,即造成损失数额在50万元以上的,属于"给商业秘密的权利人造成重大损失",应当以侵犯商业秘密罪定罪处罚。可见,侵犯商业秘密罪是一种结果犯,必须要给商业秘密权利人造成重大损失才能构成犯罪,行为后果是侵犯商业秘密罪的构成要件要素。达到规定数额的则构成本罪,没有达到的则不能构成本罪。如行为人虽实施了侵犯权利人商业秘密的行为,但并未因此给权利人造成法定的重大损失后果,不构成侵犯商业秘密罪。

《最高人民检察院、公安部关于公安机关管辖刑事案件立案追诉标准的规定(二)》(以下简称《刑事案件立案规定(二)》)[2]第七十三条规定:因侵犯商业秘密违法所得数额在50万元以上的,应予立案追诉。该规定将"侵犯商业秘密违法所得数额"与"给商业秘密权利人造成重大损失"作为并列的追诉情形。此规定是否有悖罪刑法定原则?又如何理解"侵犯商业秘密违法所得数额"与"给商业秘密权利人造成重大损失"的关系?违法所得数额与造成损失的数额是否具有统一性?

笔者认为:该规定中以被告人"违法所得"作为"重大损失"的认定标

---

[1] 2004年12月22日施行。
[2] 2010年5月7日施行。

准不符合刑法规定。

《刑法》第二百一十九条规定：给商业秘密的权利人造成重大损失的，处3年以下有期徒刑或者拘役，并处或者单处罚金；造成特别严重后果的，处3年以上7年以下有期徒刑，并处罚金。

《刑法》第二百一十九条规定给商业秘密权利人造成重大损失而非侵犯商业秘密违法所得数额作为侵犯商业秘密罪的犯罪构成。《刑事案件立案规定（二）》：因侵犯商业秘密违法所得数额在50万元以上的，应予立案追诉。这一规定有悖《刑法》二百一十九条的规定。❶

《侵犯知识产权刑事案件解释》第四条规定，违法所得10万元与给权利人造成损失50万元属于同一量刑情节。因此，"违法所得"与"权利人损失"并非同一性质的概念。在侵犯商业秘密犯罪中以犯罪嫌疑人的获利即违法所得来认定"重大损失"，尤其是同等数额的认定"重大损失"值得质疑。❷

需要说明的是"因侵犯商业秘密违法所得额在50万元以上的"情形，源于《反不正当竞争法》计算损失的方法，但从刑法角度而言，把"重大损失"扩大解释为"违法所得"有违罪刑法定之嫌。"重大损失"是决定被告人行为罪与非罪的重要依据，重大损失的数额必须有确实、充分的证据予以证明，而不允许法官具有自由裁量的空间。在司法实践中需慎重使用，笔者认为一般应仅在权利人损失难以查明的情况下使用。

侵权人侵犯商业秘密罪给权利人造成损害的，应当承担损害赔偿责任，权利人的损失难以计算的，赔偿额为侵权人在侵权期间因侵权所获得的利润。可见，在刑事司法实践中，一般是参照法律规定的侵权人应当承担的民事赔偿数额确定给权利人造成的损失额。

在司法实践中，损失很难用具体、量化的形式表现出来，为证明损失存在而提交的相关证据，也常常因为缺乏客观性而受到广泛质疑。损失与违法所得之间可否画等号？对于员工非法处置合法获得的商业秘密的行为中，第三方与员工签订劳动合同并支付合理工资报酬的情况下，能否将工资报酬全额定性为违法所得，笔者持否定意见。

《刑事案件立案规定（二）》更多是从侵权人在侵权期间所获得的利润，即产品销售利润、营业利润和营业利润缴纳所得税后的净利润等几个方

---

❶ 张明楷.刑法学:第五版[M].北京:法律出版社,2016:739.
❷ 孙海龙,姚建军.如何确定侵犯商业秘密罪中的"重大损失"[N].人民法院报,2010-2-24,第6版.

面来认定违法所得,并以此定性为侵权人在侵权期间因侵权所获得的利润,在权利人的损失难以计算的情况下,认定为权利人的损失。

侵权人在侵权期间获得的利润不能完全与侵权人的工资收入等同。劳动者在就业中获得的业务上的知识、经验和技能,如果已经成为劳动者人格财产的一部分,劳动者离职后如何利用是劳动者的自由,任何特别约定都不能约束这种自由。

职工利用自己在本职工作中积累和掌握的一般知识、技术、经验、信息为他人服务,不属于本单位技术权益范围,不构成侵犯商业秘密行为,与其工作经验、能力等价的工资报酬并不能定性或完全定性为违法所得。

在司法实践中,不能将工资收入与研发费用或者技术服务费用混同。在王某某、刘某、秦某某侵犯商业秘密一案[1]中,法院认定,以被告人王某某等人从贝尔公司获取的研发费用人民币588.01万元作为华为公司在本案中所遭受的损失,符合法律精神,同时也符合刑法所规定的重大损失的确定标准,可作为追究被告人刑事责任的依据。上述案例中的研发费用或者技术服务费用等系技术信息的交易行为,与劳动者工资收入不同,后者是劳动者正常的工资收入,或者说包含劳动者的劳动报酬,不完全等同于侵权人的违法所得。

另外,在权利人损失难以计算的情况下,同样不能将商业秘密自身的价值作为权利人的损失,此举混淆了侵犯商业秘密罪与财产罪的犯罪认定标准。只有在商业秘密被公开、导致商业秘密丧失其秘密性或导致权利人对商业秘密的使用不可控制的情形下,才能将商业秘密的自身价值作为重大损失予以认定。

对于"违法所得"的具体认定,希望能有进一步明确的权威规定,以解决目前司法实践中对于"违法所得"认定不明确、不具体、适用混乱等现象。

如何正确使用知识产权警告函

知识产权系企业宝贵的无形资产,而侵犯知识产权的行为则是对创造者心血成果的剥夺,是对社会创新思维的践踏,然而考虑到知识产权诉讼成本

---

[1] 深圳市南山区人民法院〔2004〕深南法刑初字第439号。

的问题，在实践中经常采取侵权警告通知的形式维权。笔者结合司法实践及最高人民法院指导案例从知识产权警告函的法律依据、发布主体、警告函对象、警告函内容、警告函正当性边界以及收到警告函的应对策略等多个方面对知识产权侵权警告函进行分析，以期规避知识产权警告函存在的法律风险。

一、知识产权侵权警告函的作用

(一)建立协商机制

《专利法》第六十条："未经专利权人许可，实施其专利，即侵犯其专利权，引起纠纷的，由当事人协商解决；不愿协商或者协商不成的，专利权人或者利害关系人可以向人民法院起诉，也可以请求管理专利工作的部门处理。"

《商标法》第六十条："有本法第五十七条所列侵犯注册商标专用权行为之一，引起纠纷的，由当事人协商解决；不愿协商或者协商不成的，商标注册人或者利害关系人可以向人民法院起诉，也可以请求工商行政管理部门处理。"

(二)启动专利不侵权之诉的前提

《侵犯专利权纠纷解释》第十八条："权利人向他人发出侵犯专利权的警告，被警告人或者利害关系人经书面催告权利人行使诉权，自权利人收到该书面催告之日起1个月内或者自书面催告发出之日起2个月内，权利人不撤回警告也不提起诉讼，被警告人或者利害关系人向人民法院提起请求确认其行为不侵犯专利权的诉讼的，人民法院应当受理。"

(三)对销售商主观过错的证明作用

再审申请人孙某某与被申请人郑某侵害实用新型专利权纠纷案（〔2014〕民申字第1036号）中，最高人民法院指出：当事人援引《专利法》第七十条的规定主张"合法来源"抗辩时，如果专利权人能够证明，已经向销售商发出了明确记载专利权和被诉侵权产品的基本情况、侵权比对结果及联系人等信息的警告函，且销售商已经收到该警告函的情况下，原则上可以推定销售商知道其销售的是专利侵权产品。

《专利法》第七十条："为生产经营目的使用、许诺销售或者销售不知道是未经专利权人许可而制造并售出的专利侵权产品，能证明该产品合法来源的，不承担赔偿责任。"

《侵犯专利权纠纷解释（二）》第二十五条："为生产经营目的使用、许诺销售或者销售不知道是未经专利权人许可而制造并售出的专利侵权产品，且举证证明该产品合法来源的，对于权利人请求停止上述使用、许诺销售、销售行为的主张，人民法院应予支持，但被诉侵权产品的使用者举证证明其已支付该产品的合理对价的除外。"

（四）为故意侵权固定证据

《中华人民共和国专利法修订草案（送审稿）》第六十八条："侵犯专利权的赔偿数额按照权利人因被侵权所受到的实际损失确定；实际损失难以确定的，可以按照侵权人因侵权所获得的利益确定。权利人的损失或者侵权人获得的利益难以确定的，参照该专利许可使用费的倍数合理确定。……赔偿数额还应当包括权利人为制止侵权行为所支付的合理开支。

"权利人的损失、侵权人获得的利益和专利许可使用费均难以确定的，人民法院可以根据专利权的类型、侵权行为的性质和情节等因素，确定给予10万元以上500万元以下的赔偿。"

二、知识产权侵权警告函的发布主体、警告对象和内容

（一）发布主体

发布警告函的主体必须是知识产权权利人、独占被许可人，或者符合条件（例如，取得权利人授权，或在权利人对侵权行为不作为的情况下）的排他许可人、普通许可人，警告函发布者须有资格以自己的名义制止侵权行为。

（二）警告对象

知识产权侵权嫌疑人包括产品制造商、销售商、进口商，以及发明或实用新型产品的使用者等，其都可能成为权利人发送侵权警告函的对象。但如

果警告函针对的是竞争对手的交易伙伴时，因竞争对手的交易伙伴是双方争夺的目标客户群，专利权人的发函行为必然会对竞争对手的业务产生影响，此时专利权人发函时更应慎重。

(三)警告函内容

知识产权警告函必须明确记载所拥有的权利和被诉侵权产品的基本情况、侵权比对结果及联系人等信息。从法理上讲，判断产品是否侵权是法院的职责，在情况不明的情形下将这一义务施加给销售商，对销售商是不公平的；而且在未经通知的情况下，销售者声称自己不知道其所售的产品是侵犯他人知识产权的产品也是有理可循的，尤其是在侵权事实不是很明显的案件中。因此，权利人采取寄警告信、律师函的方式让销售商知晓自己销售的是侵权产品时，应同时提供注册商标或专利的详细信息，包括权利证书编号以至证书复印件、专利权利要求书和对比说明文件等，给销售商判断是否侵权提供基本的依据。

专利权人发送的警告函一般应具备以下内容：(1)专利权人的身份，包括权利来源的途径；(2)专利的具体情况，包括专利的名称、类型、有效期、专利权利要求的内容，并将公告授权的专利文件（包括专利权证书、权利要求书、说明书、附图）附随于警告函后；(3)被警告人侵权行为的具体情况，包括产品的名称、型号、价格等；(4)被指控产品特征的简要归纳，并与专利权利要求进行比对，以明确被控产品落入了专利权的保护范围；(5)告知被警告人必须立即停止侵犯专利权的行为，并阐明被警告人将要承担的法律责任以及所依据的法律规定。

三、知识产权侵权警告函正当性边界

为保护知识产权而发送侵权警告函，可视为当事人协商解决纠纷的重要途径和环节。发送警告函要适当，不能滥用侵权警告函损害他人合法权益、扰乱市场竞争秩序，否则可能构成商业诋毁或其他不正当竞争行为。确保发出侵权警告函时，权利应当有效无瑕疵；对象应当明确；不得捏造、散布虚伪事实；善尽谨慎义务，充分披露据以判断涉嫌构成侵权的必要信息，内容不应空泛和笼统，应当符合诚实信用的要求，但不苛求侵权警告内容完全确定和毫无疑义。对销售、许诺销售、进口、使用（发明和实用新型）环节的注意义务应当比制造环节的高。

现有理论研究基本上赞同区分警告函的发送对象、发送方式、函件内容等三个方面以区别认定发送行为的合法性。向侵权嫌疑人单向发送警告函，通常更容易被认为是正常维权行为；向侵权嫌疑人的交易相对方发警告函，通常更容易被认为具有不法性；未指明专利权范围、对专利权的存续或范围作虚假表示的警告函具有不法性；以广告、新闻报道等方式通过媒体向公众发出警告函，容易对市场造成"悬置"效应，发函者的实质目的在于阻碍竞争者争夺市场，而不是解决侵权纠纷，具有不法性。

四、发知识产权侵权警告函注意事项

首先，要对自己的权利凭证进行有效状态确认，发函之前，还要做一些细致的侵权比对分析。

其次，第一次发函不一定要提供非常详细的侵权比对表，法律或司法实践未要求这种程度。

再次，对发函的对象进行区分，直接发给制造商，则销售商环节就好办，如果很难找到制造商，只能发给销售商时，尤其像现在的电商平台，都有一个完善的知识产权投诉机制，一般都会积极处理，要求涉嫌侵权方有一个答辩，电商平台做一些判断，如果明显侵权，他们就会将产品下架；如果明显不侵权，则会继续在平台销售。

最后，发函之前证据保全工作，防止销毁证据。

五、收到侵权警告函如何应对

积极应对、认真对待。给对方回函，要求对方提供权利要求与涉嫌侵权产品比对分析表，才知道我们的产品落入哪一项权利要求或者哪几项权利要求的保护范围。如果对方提供之后，则进一步分析我们的产品是否落入对方权利要求的保护范围，对于发明或实用新型需要专业人士的帮助。对于发明或实用新型，权利要求的比对，技术特征的划分，我们需要掌握一些判断侵权与否的基本原则。如果其权利要求本身就不清楚，无法划分技术特征，我们的产品没有全面覆盖对方的权利要求，这时，可以明确回函说明我们的产品没有落入对方权利要求的保护范围。

如果发现警告函有捏造或者虚假的事实，不仅通过私密邮件而且还在其官方网站、媒体等发函。自己和自己的经销商等收到函件，影响市场业绩，这时我们要搜集证据，不仅要做确认不侵权之诉，还要做反不正当竞争、商业诋毁诉讼，要求对方赔偿。

知识产权警告函是维权的手段而非目的，维权的同时一定不要忘记风险的存在，利用好这把双刃剑，可以更好地解决知识产权侵权纠纷，降低诉讼成本，提高解决问题的效率。

"突出使用"是否是构成不正当竞争的必要条件
——"欧派"诉"欧派嘉"侵害商标权及不正当竞争纠纷案

"欧派嘉"侵权形式

原告欧派家居集团股份有限公司（以下简称"欧派公司"）创立于1994年，是整体厨房行业及家居行业领导者，已发展为中国整体橱柜行业的领先品牌。原告欧派公司于2007年11月21日在第20类商品上注册了第1128213号"欧派"商标（图一），核定使用的商品包括家具、餐具柜、金属家具、碗碟柜等商品，此外原告欧派公司于2015年3月21日在第20类商品上注册了第12088112号"欧派"商标（图二），核定使用的商品包括衣柜、床、床垫、床架（木制）；展示板等商品。前述商标均在有效期内。

经过长期广泛的使用和宣传，欧派公司的"欧派"品牌在国内家具行业占据了较大的市场份额，"欧派"商标及"欧派"字号在国内相关市场中具有非常高的知名度（图1、图2）。

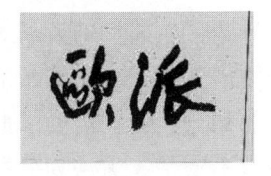

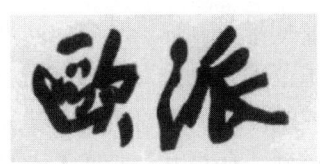

图1　　　图2

被告河北欧派嘉贸易有限公司（以下简称"欧派嘉公司"）成立于2010年7月，经营范围包括家具、门窗的组装、销售及售后。欧派嘉公司在其经营场所中将"欧派嘉"三字作为店铺招牌、广告突出使用,并在其产品上标注"欧派嘉"字样。

短评

注册商标和企业名称均是依照相应的法律程序获得标志权利,分属不同的标识序列,依照相应法律受到相应的保护(图3)。

图3 "欧派嘉"商标和企业名称

对于注册商标与企业名称之间的纠纷,人民法院应当区分不同的情形,按照诚实信用、维护公平竞争和保护在先权利等原则，依法处理。根据《商标民事纠纷案件解释》第一条的规定，将与他人注册商标相同或者相近的文字作为企业的字号在相同或者类似商品上突出使用，容易使相关公众误认的构成商标侵权；《最高人民法院关于当前经济形势下知识产权审判服务大局若干问题的意见》第十条及最高人民法院〔2010〕民提字第15号王将饺子案中均明确，企业名称未突出使用但其使用足以产生市场混淆、违反公平竞争的，依法按照不正当竞争处理。因企业名称不正当使用他人具有较高知名度的注册商标。不论是否突出使用均难以避免产生市场混淆的，应当根据当事人的请求判决停止使用或者变更该企业名称。

在本案中，"欧派"注册商标由两个汉字组成，"欧派嘉"商品标识为在"欧派"后加了一个"嘉"字，两者主要识别部分均为"欧派"二字。"欧派嘉"所含的"欧派"二字，横向排列，字体大小一致，与"欧派"商标在读音和汉字构成上一致，在字形和排列构图上极其相似。"欧派"为臆造词显著性较强，商品标识"欧派嘉"的后缀"嘉"字为形容词，主要起修饰"欧派"的作用，在商标中不具有识别性，显著性较弱。根据相关公众的辨识习惯，"欧派嘉"中起显著识别作用的仍然是"欧派"二字，"欧派嘉"标识与原告"欧派"注册商标的主要识别部分在文字构成、读音、字形、排列构图及各要素组合后的整体效果非常接近，两者构成近似。同时，结合"欧派嘉"商品标识所使用的产品类别与原告"欧派"注册商标的核定使用商品类别进行分析，两者均使用在第20类包括家具等商品上。"欧派嘉"标识与原告"欧派"注册商标存在极大的混淆可能性。"欧派嘉"主观上具有搭便车的故意，客观上易使相关公众误认为其与"欧派"造成混淆或者认定存在相应联系，被告欧派嘉公司在其店招、产品上突出使用其注册企业字号构成商标侵权。同时，欧派公司的"欧派"商标及"欧派"字号使用在先，知名在先，被告河北欧派嘉贸易有限公司成立于2010年，成立时间远远晚于"欧派"。且其成立时"欧派"已经在国内外享有极大声誉，"欧派嘉"在成立前知道也应当知道"欧派"所具有的知名度，但其仍然将"欧派嘉"作为企业字号进行注册并使用，主观上具有攀附"欧派"知名企业名称在市场及相关公众中的知名度的故意，客观上会导致相关公众误认为"欧派嘉"与"欧派"存在某种特定关系，不论是否突出使用均难以避免产生市场混淆。

权利人具备鉴别假冒产品的资格

侵权形式

原告上海赖氏服饰有限公司（以下简称"赖氏公司"）系集研发、设计、生产、销售为一体的品牌服饰专业公司。原告于2010年7月7日在第25类商品上注册了第5326805号 M⊕ING莫名 注册商标，核定使用商品包括服装等，2015年1月7日在第25类商品上核准注册第13315582号注册商标"MOING"，核定使用商品包括服装等。经过长期大量的市场推广和线上线下品牌加盟，上述商标在行业领域内已具有较高知名度。2017年6月，原告发现被告未经原告许可在其所售服饰的吊牌与主唛上均标有原告 M⊕ING莫名 及"MOING"注册商标。

被告河北华意制衣有限公司（以下简称"华意公司"）辩称销售的产品并非假冒产品，不构成侵权。

短评

从市场的角度上看，商品的生产者为了追求商业利益的最大化，没有理由称自己生产的商品为假冒商品。因为这样会失去自己商品的销售商，导致自己商品的市场发生萎缩，违反了基本的商业利益追求目标。就商品本身而言，生产厂家可以知晓自己商品的特殊技术特征，如无相反证据则无须第三方机构的确认。再从法律的层面来看，由生产厂家来认定涉案商品是否为侵权商品并不侵害被控销售者的合法利益，因为法律同时给了被控销售者以补救的途径。《商标法》第六十四条第二款："销售不知道是侵犯注册商标专用权的商品，能证明该商品是自己合法取得的并说明提供者的，不承担赔偿责任。"因此，在考量被控侵权的涉案商品是否为侵权商品的时候，可以依据商标注册专用权权利人出具的产品认定认定涉案商品为侵权商品。《国家工商行政管理局商标局关于鉴定使用注册商标的商品真伪问题的批复》规定：

作为涉案商标的合法持有人，其出具的鉴别证明可以作为认定的依据。司法实践中也有大量相似案例，判决均以原告提交的产品真假鉴定报告作为定案依据。最高人民法院在上海家化公司案（〔2016〕最高法民申第3388号）认定作为"六神"商标的合法使用人，有能力对涉嫌侵权的商品是否系其许可合法制造的商品做出鉴别。一审诉讼期间，上海家化公司出具了产品鉴别书，并对涉案侵权商品与正品的区别进行了说明。因此，一审、二审法院认定涉嫌侵权的商品系仿冒商品的结论依据充分。鉴于军众大药房销售有"六神"字样花露水的行为侵害了上海家化公司的注册商标专用权，军众大药房依法应承担侵权民事责任。涉案侵权产品为服装类商品，该类产品有明确的吊牌、主唛及洗水标等特定标志，按照一般行业经验，通过鉴别此等标识便可识别产品真假，原告亦是该商标核定使用商品的生产及销售者，其本身具备鉴别产品真假的资格和能力，无须委托专门的鉴定机构对此进行鉴定。

结论

原告向法庭提交了涉案侵权商品为假货的鉴定报告，分别从吊牌的条形码、材质、执行标准、货号编辑规则、洗水标及主唛的加工细节等方面当庭对真假产品实物进行了比对，都证明了被告所销售的侵权产品为假货。原告本身具备鉴别产品是否为其生产的资格和能力，其提交的鉴定报告对商品真假鉴别起到决定性作用。一审法院采纳了上述观点，认定权利人出具的假货鉴定报告的效力。

王现辉律师团队王现辉律师、聂丽敏律师代理赖氏公司参与了上述案件。

第二编　典型案例

授权公告日后销售行为未必侵害专利权[1]

【关注要点】

专利权人对他人在实用新型专利权公告日前实施该专利的行为，并不享有请求他人停止实施的权利。他人在实用新型专利授权公告日之前实施该专利，包括制造、使用、销售、许诺销售和进口实用新型专利产品，并不为《专利法》所禁止，不构成侵权。在此情况下，对于实用新型专利授权公告日之前已经生产、销售完毕产品的后续行为，包括使用、许诺销售和销售，即便其行为延续至专利权授权公告日之后，也应得到允许，否则即相当于实用新型专利权的效力可以追溯至授权公告日前的合法行为，不适当地扩大了《专利法》授予实用新型专利权人的权利范围，损害了社会公众应有的利益。

【案号】

一审：黑龙江省哈尔滨市中级人民法院〔2015〕哈知初字第71号。

二审：黑龙江省高级人民法院〔2016〕黑民终第406号。

【基本案情】

原告（被上诉人）：吴某。

被告（上诉人）：赵某某、于某某。

【起诉与答辩】

2015年3月25日，吴某以赵某某、于某某生产、销售的水田筑埂机侵犯了其名称为"一种箱式传动机构及包含该传动机构的水田筑埂机"的实用新型专利权为由，向一审法院提起诉讼，请求判令赵某某、于某某立即停止生产、销售侵犯其水田筑埂机实用新型专利权产品的行为；赔偿其经济损失人民币15万元；赵某某、于某某承担本案全部诉讼费用。

赵某某、于某某答辩称：吴某没有证据证明其实用新型专利依法成立并有效；水田筑埂机在吴某申请专利之前已经有厂家生产且销售，系现有技

---

[1] 入选黑龙江省法院知识产权司法保护2016十大案例，http://www.hljcourt.gov.cn/public/detail.php?id=17374。

术,销售行为不构成侵权;被诉侵权产品水田筑埂机的技术特征与吴某专利的权利要求的技术特征不相同也不等同,没有落入专利权的保护范围;吴某主张赔偿数额没有任何证据。

一审法院查明

吴某于2014年10月28日申请,2015年2月18日获得专利号为ZL201420631539.2"一种箱式传动机构及包含该传动机构的水田筑埂机"实用新型专利权。该实用新型专利权证书和交纳专利年费的票据原件证明涉案专利真实存在,且处于专利权法定有效保护期内。

该专利权利要求为:①一种箱式传动机构,包括安装于筑埂机机架两侧的侧变速箱总成,其特征在于,所述侧变速箱总成包括一箱体,箱体内设有主传动轴、小圆柱齿轮、花键轴、大圆柱齿轮、弧齿锥齿轮以及弧齿锥齿轮轴,其中,所述主传动轴安装在箱体前端,所述小圆柱齿轮安装在主传动轴上并与所述大圆柱齿轮相咬合,所述大圆柱齿轮和弧齿锥齿轮均安装于花键轴上作同步旋转,所述弧齿锥齿轮轴设有两个,安装于箱体下面并间隔设置,所述弧齿锥齿轮轴与弧齿锥齿轮相咬合,所述弧齿锥齿轮轴与主传动轴垂直设置,所述弧齿锥齿轮轴另一端连接取土装置。②如权利要求1所述的箱式传动机构,其特征在于,两个所述弧齿锥齿轮轴之间呈40°~60°夹角设置。③如权利要求2所述的箱式传动机构,其特征在于,两个所述弧齿锥齿轮轴之间呈50°夹角设置。④一种水田筑埂机,其特征在于,包含上述任一权利要求所述的箱式传动机构。⑤如权利要求4所述的水田筑埂机,其特征在于,还包括:主传动箱,固定于机架上方,并通过主传动轴连接所述侧变速箱总成;副传动箱,通过法兰连接并固定于主传动箱上;犁片驱动箱,连接所述侧变速箱总成;成型辊固定框架,通过销轴铰接在机架后梁上;成型辊传动箱,固定在所述成型辊固定框架侧面的法兰上,通过传动轴连接所述副传动箱;成型辊总成,通过一轴头连接至所述成型辊传动箱。⑥如权利要求5所述的水田筑埂机,其特征在于,所述侧变速箱总成固定在机架的两侧,所述犁片为圆盘犁片,所述侧变速箱总成下端通过法兰盘与犁片驱动箱连接,所述圆盘犁片固定于犁片驱动箱的法兰盘上。⑦如权利要求5所述的水田筑埂机,其特征在于,所述成型辊总成主要由定成型盘、定压实辊固定板、辊轴、定压实辊、定位矩形滑道、活动矩形滑道、动压实辊、动压实辊固定板、动压实辊定位套、定位孔、动成型盘组成,其中,所述定成型盘焊接在定压实辊上,定压实辊固定板与辊轴焊接在一起，定位矩形滑道与定压实辊固定板、辊轴焊接固定；所述动成型盘焊接在动压实辊上，动压实辊固定板与活动矩形滑道焊接在一起，动压实辊定位套焊接在压实辊固定板上，用来固定动压实辊在轴向活动时的轴向位置，定位孔决定宽度。⑧如权利要求7所述的水田筑埂机，其特征在于，所述成型辊总成还包括加强板，所述加强板安装在定成型盘和定压实辊之间。⑨如权利要求5~8任一所述的水田筑埂机，其特征在于，所述主传动箱与侧传动箱总成、所述主传动箱与副传动箱、所述侧传动箱总成与圆盘犁片驱动箱、所述副传动箱与成型辊传动箱之间均密闭相连，形成整体的箱式封闭传动系统。

赵某某、于某某系个体工商户，虎林市万里农机修理部的经营者，2014年9月至10月，作为买方与灌云县黄海机械有限公司、灌云新海机械有限公司签订买卖合同，从上述公司购买本案被诉侵权产品水田筑埂机，并于2015年2月1日将20台筑埂机装货发往虎林。从2015年2月8日开始销售，已销售7台，还有13台未销售，每台销售价格为2.4万元至2.6万元不等。2014年11月，吴某在虎林市寻找销售代理，虎林市万里农机修理部从吴某处运来4台筑埂机产品进行销售。

一审判理与结果

一审法院认为：被诉侵权产品"1SG-75型筑埂机"与涉案专利权利要求进行比对可见，被诉侵权产品包含了涉案专利权利要求1、3、4、5、6、8、9的全部技术特征，二者区别仅在于：第一，案涉专利权利要求2记载的技术特征为，如权利要求1所述的箱式传动机构，其特征在于，两个弧齿锥齿轮轴之间呈40°~60°夹角设置；而被诉侵权产品两个弧齿锥齿轮轴之间夹角设置为50°。第二，案涉专利权利要求7记载的技术特征为，如权利要求5所述的水田筑埂机，其特征在于，所述成型辊总成主要由定成型盘、定压实辊固定板、辊轴、定压实辊、定位矩形滑道、活动矩形滑道、动压实辊、动压实辊固定板、动压实辊定位套、定位孔、动成型盘组成，其中，所述定成型盘焊接在定压实辊上，定压实辊固定板与辊轴焊接在一起，定位矩形滑道与定压实辊固定板、辊轴焊接固定；所述动成型盘焊接在动压实辊上，动压实辊固定板与活动矩形滑道焊接在一起，动压实辊定位套焊接在压实辊固定板上，用来固定动压实辊在轴向活动时的轴向位置，定位孔决定宽度。而被诉侵权产品的技术方案区别在于，将案涉专利权利要求记载的技术特征中的定位矩形滑道和活动矩形滑道改变为圆形滑道，圆形滑道与定压实辊固定板、辊轴焊接固定，动压实辊固定板与圆形滑道焊接在一起，其他特征相同。上述两点区别中，被诉侵权产品两个弧齿锥齿轮轴之间夹角设置为50°的技术特征在涉案专利权利要求记载的两个弧齿锥齿轮轴之间呈40°~60°夹角设置的技术特征范围之内，是相同的技术特征；被诉侵权产品将涉案专利权利要求记载的技术特征中的定位矩形滑道和活动矩形滑道改变为圆形滑道，只是滑道形状的改变，是本领域普通技术人员在被诉侵权行为发生时无须经过创造性劳动就能够联想到的特征，符合与涉案专利所记载的技术特征以基本相同的手段、实现基本相同的功能、达到基本相同的效果的条件，是等同的技术特征，并且该技术特征属于涉案专利从属权利要求所记载的附加技术特征。

赵某某、于某某主张其没有生产行为，只有销售行为，吴某亦没有出示被诉侵权产品是由赵某某、于某某制造的证据。但赵某某、于某某在庭审中自述，2014年11月，吴某在虎林市寻找销售代理，虎林市万里农机修理部从吴某处运来4台筑埂机产品进行销售；赵某某、于某某自2015年2月8日开始销售被诉侵权产品。此陈述表明在涉案专利申请日之前，赵某某、于某某并没有销售过与涉案专利技术特征相同的被诉侵权产品，其是在涉案专利申请日之后，并且是在了解了专利产品的技术特征之后进行的本案销售行为。赵某某、于某某未经涉案专利权人许可，在涉案专利申请日之后，研究并了解专利产品的技术特征，为生产经营目的销售被诉侵权产品，构成专利侵权，应当立即停止专利侵权行为，并赔偿吴某经济损失。

一审法院据此判决：（1）赵某某、于某某自该判决生效之日起停止侵犯吴某ZL201420631539.2"一种箱式传动机构及包含该传动机构的水田筑埂机"实用新型专利权的行为；（2）赵某某、于某某赔偿吴某经济损失8万元，于该判决生效之日起10日内付清。案件受理费3360元，由赵某某、于某某负担1800元，吴某负担1560元。

上诉与答辩

赵某某、于某某不服一审判决，向黑龙江省高级人民法院提起上诉，请求撤销一审判决，改判驳回吴某诉讼请求，并由吴某承担一审、二审诉讼费用。其认为：（1）吴某案涉ZL201420631539.2"一种箱式传动机构及包含该传动机构的水田筑埂机"于申请日之前，即已通过展出、销售等多种形式进入公共领域，属于现有技术，赵某某、于某某生产、销售与其技术特征相同的产品，并不构成侵权。（2）实用新型专利的保护期限自权利被授予之日开始,一审判决认定案涉专利的保护期限从专利申请日起错误。被诉侵权产品的生产行为发生在案涉专利授权公告日之前,赵某某、于某某在此后的销售行为不属于侵权。(3)赵某某、于某某已经证明其取得案涉产品具有合法来源,即便构成侵权,依法亦不应承担侵权责任。

吴某辩称:依据《专利法》第四十二条规定,实用新型专利权的期限为10年,自申请日起计算。故吴某涉案专利保护期限应自申请日,即2014年10月28日起计算,赵某某、于某某关于应自授权日起方予以保护的主张不应支持。赵某某、于某某于案涉专利申请日后生产、销售与专利技术方案相同的产品,侵害了吴某的专利权。一审判决认定事实清楚,适用法律正确,请求驳回上诉,维持原判。

二审判理和结果

二审法院认为:吴某案涉ZL201420631539.2"一种箱式传动机构及包含该传动机构的水田筑埂机"实用新型专利于2014年10月28日申请,2015年2月18日授权公告,而赵某某、于某某所销售的被诉侵权产品于2015年2月18日之前即已生产完毕并开始销售,双方对此均无异议。本案二审双方争议的焦点在于:赵某某、于某某在案涉专利申请日之后、授权公告日之前,生产、销售具有案涉专利全部技术特征的产品,是否构成侵权。

《专利法》第四十条规定:"实用新型专利权和外观设计专利权自公告之日起生效。"第十一条规定:"发明和实用新型专利权被授予后,除本法另有规定的以外,任何单位和个人未经专利权人许可,都不得实施其专利,即不得为生产经营目的制造、使用、许诺销售、销售、进口其专利产品,或者使用其专利方法以及使用、许诺销售、销售、进口依照该专利方法直接获得的产品。"依据上述规定,专利权人对他人在实用新型专利权公告日前实施该专利的行为,并不享有请求他人停止实施的权利。他人在实用新型授权公告日之前实施该专利,包括制造、使用、销售、许诺销售和进口实用新型专利产品,并不为《专利法》所禁止,不构成侵权。在此情况下,对于实用新型专利授权公告日之前已经生产、销售完毕产品的后续行为,包括使用、许诺销售和销售,即便其行为延续至专利权授权公告日之后,也应得到允许,否则即相当于实用新型专利权的效力可以追溯至授权公告日前的合法行为,不适当地扩大了《专利法》授予实用新型专利权人的权利范围,损害了社会公众应有的利益。在本案中,被诉侵权产品于案涉专利授权公告日之前即已完成生产并开始销售,即便其销售行为延续至案涉专利授权公告日之后，亦不为法律所禁止。赵某某、于某某关于其二人行为不构成侵权的上诉主张有理，本院予以支持。

《专利法》第四十二条关于"实用新型专利有效期10年，自专利申请日起计算"，为专利有效期限的规定，而非专利保护期限的规定。吴某援引该条以证明其专利权应自申请日起获得保护，属于对法律的错误理解，本院不予支持。

因赵某某、于某某被诉侵权行为并不构成侵权，其二人关于现有技术、合法来源等上诉主张已无必要，本院于本案中不予审查。赵某某、于某某上诉请求成立，予以支持。

二审法院依据《专利法》第十一条、第四十条以及《民事诉讼法》第一百七十条第一款第二项之规定，判决：撤销黑龙江省哈尔滨市中级人民法院〔2015〕哈知初字第71号民事判决并驳回吴某全部诉讼请求。

【律师评述】

北京大成（石家庄）律师事务所王现辉律师接受本案上诉人的委托，作为其二审诉讼阶段委托代理人，接受委托后，代理人并没有按原一审判决确定的将被诉侵权产品与实用新型专利权的权利要求进行技术特征比对入手，而是将二审上诉的焦点问题放在专利法规定的本质上来，从实用新型专利的申请日之前、申请日授权公告日之间、授权公告日之后等时间段进行分析，明辨专利法法条的本意，重点论证各个时间段行为是否构成侵权及侵权构成要件。最终二审法院将本案二审双方争议的焦点归纳为：赵某某、于某某在案涉专利申请日之后、授权公告日之前，生产、销售具有案涉专利全部技术特征的产品，是否构成侵权，为二审赢得本案奠定基础。对于本案采纳代理人上诉意见的理由，笔者拟分述如下。

一、授权公告日之前的销售行为不属于侵权行为

一审法院认定："赵某某、于某某在庭审中自述，2014年11月，吴某在虎林市寻找销售代理，虎林市万里农机修理部从吴某处运来4台筑埂机进行销售，赵某某、于某某自2015年2月8日开始销售被诉侵权产品……其是在涉案专利申请日之后，并且是了解了专利产品的技术特征之后进行的本案销售行为，赵某某、于某某未经涉案专利权人认可，在涉案专利申请日之后和了解了专利产品的技术特征之后，为生产经营目的销售被诉侵权产品，构成专利侵权，应当承担相应的民事责任。"

一审法院的上述认定是错误的,涉案专利的保护期限从专利申请日起算,而涉案专利权的保护从该权利被授予开始,实用新型专利申请在授权公告之前一直是保密的,在正常情况下,上诉人不会接触到该实用新型专利。涉案专利授权公告日为权利公开日,从该日起公众才能够知晓涉案专利权,授权公告日才是涉案专利权生效并获得排他权利的保护之日,在涉案专利权申请日至授权公告日的保护期内,与之相关的制造、销售、许诺销售均不属于侵权(图1)。

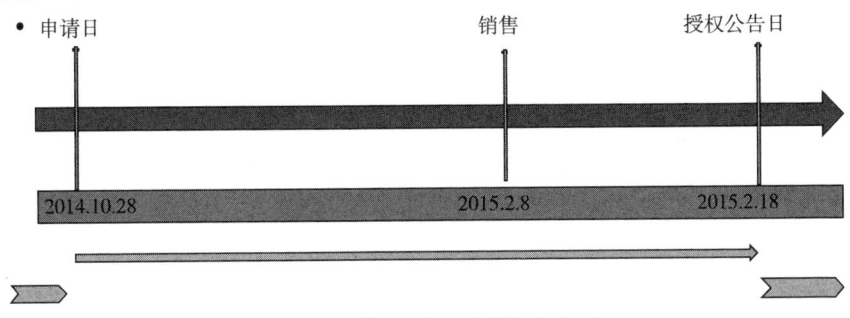

图1 专利权申请日及授权公告日

涉案专利的申请日为2014年10月28日,授权公告日为2015年2月18日,一审法院依据赵某某、于某某自述2014年11月销售从吴某处运来的4台筑埂机,据此认定赵某某、于某某是在涉案专利申请日之后,并且是在了解了专利产品的技术特征之后进行销售行为是错误的。在涉案专利没有授权公告之日前,赵某某、于某某无从知晓涉案专利的技术特征,从吴某处运来的产品也不能称为专利产品。2015年2月18日授权公告日之前的销售行为根本不属于侵权。

二、授权公告日之后销售行为同样不构成侵权行为

被上诉人吴某无证据证明上诉人赵某某、于某某2015年2月18日之后存在销售行为,一审法院并没有对此予以查明。退一步讲,即使2015年2月18日之后存在销售行为,同样不属于侵权行为。

对于侵犯实用新型专利权行为的认定,应当全面综合考虑专利法的相关规定,合理平衡实用新型专利权人与社会公众之间的利益。根据《专利法》第十条的规定,只有实用新型专利被授予后,专利权人才能取得制止他人未经许可实施其专利的权利,即他人不得为生产经营目的制造、使用、许诺销售、销售、进口实用新型专利权人的专利产品。同时,根据《专利法》第四十条的规定,实用新型专利权和外观设计专利权自公告之日起生效。由此可见，专利权人对于他人在实用新型专利授权公告日前实施该专利的行为，并不享有请求他人停止实施的权利。他人在实用新型专利授权公告日前实施该发明，包括制造、使用、销售、许诺销售和进口实用新型专利产品，并不为专利法所禁止，相关实用新型专利产品不构成侵权产品。在此情况下，对于实用新型专利授权公告日前已经售出的产品的后续行为，包括使用、许诺销售和销售，也应得到允许。如果实用新型专利权人在授权公告日后可以禁止该专利授权公告日前已经售出的产品的后续行为，则相当于实用新型专利权的效力可以在授权公告日后延伸到授权公告日前的合法行为，不适当地扩大了专利法授予实用新型专利权人的权利范围，损害了社会公众应有的利益。在本案中，一审法院对赵某某、于某某提交证据B5"货物运输合同"及证据B7"1SG-75型筑埂机使用说明书"记载的内容予以确认，并同时认定货物运输合同的日期为2015年2月1日，到货时间为2015年2月8日，即使该合同所承运的是被诉侵权产品，亦只能证明赵某某、于某某系在涉案专利申请日之后取得了被诉侵权产品"。一审法院认定的灌云县新海机械有限公司生产并销售给赵某某、于某某被诉侵权产品的行为在本案专利授权公告日前已经完成，该行为不为专利法所禁止。在此情况下，上诉人赵某某、于某某销售所购买的被诉侵权产品的行为也应得到允许。因此，赵某某、于某某后续的销售行为不侵犯本案实用新型专利权。

【问题提出】

发明专利与实用新型专利异同

实用新型专利权人对于他人在实用新型专利权授权公告日前实施该专利的行为，并不享有请求他人停止实施的权利。他人在实用新型专利权授权公告日前实施该专利，包括制造、使用、销售、许诺销售和进口实用新型专利产品，并不为专利法所禁止，相关实用新型专利产品不构成侵权产品。在此情况下，对于实用新型专利权授权公告日前已经售出的产品的后续行为，包括使用、许诺销售和销售，应当得到允许。

实用新型专利权与外观设计专利权均适用上述规则，而发明专利权则不同。发明专利实行早期公开、延迟审查制度，因此存在专利申请公布日与授权公告日之间的临时保护期。《专利法》第十一条规定的侵权行为均存在于专利权被授予之后，在性质上临时保护期内实施发明不属于侵权行为，但是临时保护期内使用应支付使用费，且在司法实践中一般按照与构成侵害发明专利权相似的标准确定使用费的数额。

实用新型专利与外观设计专利因不存在临时保护期的问题，在授权公告日之前的销售、许诺销售或者使用均不构成侵权。实践中争议较大的问题是，在发明专利临时保护期内已制造、销售、进口的产品能否在专利授权公告日后销售、许诺销售或者使用？在司法实践中曾有两种意见。第一种认为，临时保护期内制造、销售、进口的产品不是侵权产品，专利权人无权在授权公告日之后禁止非侵权产品的后续销售、使用等行为，即与上述实用新型专利规定相同；第二种认为，依照《专利法》第十一条的规定，专利权被授予后，专利权人可以禁止他人未经其许可的任何实施行为。使用、销售、许诺销售临时保护期内已制造、销售、进口的产品，不属于《专利法》第六十九条规定的不视为侵权的情形，故应依法被禁止。如果采用第一种意见，就可能导致行为人在临时保护期内囤积产品，待授权公告日后再销售的情况；如果采用第二种意见，则与临时保护期内制造的产品不是侵权产品的定性不符，对于被告过于严苛。《侵犯专利权纠纷案件解释（二）》第十八条第三款规定："发明专利公告授权后，未经专利权人许可，为生产经营目的使用、许诺销售、销售在本条第一款所称期间内已由他人制造、销售、进口的产品，且该他人已支付或者书面承诺支付《专利法》第十三条规定的适当费用的，对于权利人关于上述使用、许诺销售、销售行为侵犯专利权的主张，人民法院不予支持。"上述规定以是否支付《专利法》第十三条规定的适当费用作为侵权与否的分界点，明确了发明专利授权公告日后为生产经营目的销售、许诺销售、使用的特殊性所在，区别了发明专利因存在临时保护期而与实用新型、外观设计在此类问题上的不同。

附一审、二审判决书。

黑龙江省哈尔滨市中级人民法院
民事判决书（一审）

〔2015〕哈知初字第71号

原告吴某，男，1975年8月18日生，汉族，宝清县龙迪农业科技有限公司经理。

委托代理人孙轲，黑龙江法点律师事务所律师。

被告赵某某，女，1965年1月4日生，汉族，虎林市万里农机修理部经营者。

委托代理人张某某，男，1966年3月8日生，汉族，个体经营者。

委托代理人殷宏，黑龙江殷宏律师事务所律师。

被告于某某，男，1960年8月15日生，汉族，虎林市万里农机修理部销售员。

委托代理人殷宏，黑龙江殷宏律师事务所律师。

原告吴某与被告赵某某、被告于某某侵害实用新型专利权纠纷一案，本院受理后，依法组成合议庭，公开开庭进行了审理。原告吴某及其委托代理人孙轲，被告赵某某的委托代理人张某某，被告于某某其与被告赵某某的共同委托代理人殷宏到庭参加诉讼。本案现已审理终结。

原告吴某诉称：吴某系宝清县龙迪农业科技有限公司经理，于2014年10月28日申请，2015年2月18日获得专利号为ZL201420631539.2"一种箱式传动机构及包含该传动机构的水田筑埂机"实用新型专利权。吴某发现赵某某、于某某在其经营的虎林市万里农机修理部大量生产、销售涉案专利产品，仅2015年年初的3个月时间就销售被诉侵权产品20多台，同时压低销售价格，致使吴某在该地区的经销商本地区零销售。赵某某、于某某的侵权行为严重冲击了吴某的销售市场和产品价格体系，使吴某在短时间内产品销量大减，造成巨大经济损失。请求：①被告赵某某、于某某立即停止生产、销售侵犯原告吴某涉案专利权的产品；②被告赵某某、于某某赔偿原告吴某经济损失15万元及为制止侵权支出的合理费用3000元；③被告赵某某、于某某负担诉讼费。

被告赵某某、被告于某某辩称：吴某不能证明涉案实用新型专利权有效。依据《侵犯专利权纠纷解释（二）》第八条第一款的规定，吴某应当出具由国务院专利行政部门做出的专利权评价报告。吴某没有提交专利权评价报告，在国家知识产权局网站上也查找不到涉案专利，不能判定涉案专利是否客观真实，是否具有新颖性和创造性，因此无法认定是否为有效专利。吴某的涉案专利技术，在2013年已有厂家实施并在连云港市灌云质量技术监督局取得了企业产品执行标准证书，ISG-75型水田筑埂机技术已在该技术监督局备案。涉案专利不具有新颖性和创造性，属于现有技术，应宣告无效。赵某某、于某某没有生产行为，只有销售行为，所销售的被诉侵权产品是2014年9月之前从南方厂家购得的，该购销行为发生在涉案专利申请日即2014年10月28日之前。根据专利法关于"在专利侵权纠纷中，被控侵权人有证据证明实施的技术或者设计属于现有技术或者现有设计的，不构成侵犯专利权"和"在专利申请日前已经制造相同产品、使用相同方法或者已经作好制造、使用的必要准备，并且仅在原有范围内继续制造、使用的不视为侵犯专利权"的规定，赵某某、于某某的涉案销售行为不构成侵权。被诉侵权产品技术特征与涉案专利权利要求的技术特征有区别，二者相比，至少有一个以上的技术特征不相同也不等同，没有落入涉案专利权的保护范围。吴某主张的赔偿数额没有证据证明，且并未主张专利临时保护期内的使用费，应当驳回其诉讼请求。在本院开庭审理过程中，双方当事人为证明各自诉辩主张的事实成立，举示了证据并发表了质证意见。

吴某举示证据情况如下：

证据A1，ZL201420631539.2"一种箱式传动机构及包含该传动机构的水田筑埂机"实用新型专利权证书及缴费收据。拟证明：吴某对涉案专利享有专利权。

证据A2，证明资料2份。拟证明：赵某某、于某某的侵权行为导致吴迪生产的专利产品在相关地域销量下降。

证据A3，"虎林万里农机"名片。拟证明：赵某某、于某某生产销售被诉侵权产品的事实。

证据A4，视频录音资料。拟证明：赵某某、于某某生产销售被诉侵权产品，给吴某造成巨大经济损失。

证据A5，被诉侵权产品录像及照片。拟证明：被诉侵权产品落入了涉案专利权的保护范围。

赵某某、于某某对吴某举示的证据质证认为：对证据A1专利权证书的真实性没有异议，对合法性有异议。吴某没有提交专利权评价报告，无法确定专利的创造性和新颖性，不能排除该专利属于现有技术；被诉侵权产品技术特征与涉案专利技术特征不同，没有落入专利权的保护范围；缴费收据是复印件，不予认可。对证据A2有异议。单位向人民法院提出的证明材料，应当由单位及出具人签名或签章，并加盖公章，该两份证明均没有出具人签名或盖章，不符合要求；出具证明的两家公司是否有销售记录与吴某无关，与本案无关，销售业绩由多种因素决定，仅凭该证据不能证明吴某无销售记录的事实客观存在，也不能证明无销售记录是由赵某某、于某某造成的。对证据A3的真实性没有异议，对证明问题有异议。名片上的产品是此前吴某提供给赵某某代理销售的产品，不是本案的被诉侵权产品。对证据A4有异议。录制人应当对来源的合法性做出说明，包括谁录制的，什么时间录制的，并出庭进行质证；赵某某、于某某从南方厂家购买的涉案产品一部分是散件，一部分是整机，对散件进行组装，不是生产行为，且销售行为均发生在吴某取得专利权之前，不构成侵权。对证据A5被诉侵权产品本身没有异议，对证明问题有异议。被诉侵权产品技术特征与涉案专利的技术特征不一致，不完全相同。

赵某某、于某某举示证据情况如下：

证据B1，江苏永协机械有限公司企业法人营业执照副本、组织机构代码证、"翻地虎"商标注册证、企业产品执行标准证书、灌云县永协机械有限公司企业标准。拟证明：吴某的涉案专利技术，在2013年12月30日前灌云县永协机械有限公司就已使用，并取得企业产品执行标准证书及备案。吴某的涉案专利技术不具有新颖性和创造性，属于现有技术。

证据B2，合同及产品模具费收据。拟证明：2014年8月13日赵某某的丈夫张某某向灌云县黄海机械有限公司订购"水田筑埂机"并交纳模具费13500元。

证据B3，宗峰模具配套厂定做（修、改）模加工承揽合同。拟证明：2014年8月15日，灌云县黄海机械有限公司向宗峰模具配套厂定做筑埂机箱模具，模具费13500元；与证据B2共同证明水田筑埂机属于现有技术，且在吴某取得涉案专利前已经生产并在市场上销售。

证据B4，合同书。拟证明：灌云县黄海机械公司因经营不善被迫停产，其于2014年9月5日将证据B2中与张某某签订的合同转让给灌云新海机械有限公司，涉案产品由灌云新海机械有限公司生产。

证据B5，货物运输合同。拟证明：2015年2月1日张某某所购机械已生产完成并配货发送，赵某某在吴某取得涉案专利前已经销售。

证据B6，徐州至连云港火车票。拟证明：张某某于2014年8月初就在江苏省一带办理定购筑埂机械事宜，并于8月13日签订了证据B2的合同，交纳了费用。

证据B7，1SG-75型筑埂机使用说明书。拟证明：2015年1月，连云港市灌云新海机械有限公司完成生产"连耕"牌筑埂机并出具了使用说明书。

证据B8，产品主轴实物及对比照片。拟证明：被诉侵权的"水田筑埂机"产品主轴技术特征与涉案专利权利要求的技术特征不相同也不等同，没有落入涉案专利权的保护范围。

吴某对赵某某、于某某举示的证据质证认为：对证据B1至B5、B7的真实性有异议，对证据B6、B8的真实性没有异议，对全部证据的证明问题均有异议。证据B1是复印件，不予认可；证据B2的真实性无法判断，内容与本案无关，不能证明所涉产品系本案被诉侵权产品；证据B3属于空白合同，笔迹是后添加的，对真实性不认可，亦不能证明相关事实；证据B4的印章属于彩印过来的，且与本案无关；证据B5的印章是后添加的，且与本案无关；证据B6不能证明其所要证明的问题；证据B7、B8与本案无关。

2015年8月4日，本院到黑龙江省虎林市万里农机修理部，对被诉侵权产品与涉案专利权利要求技术特征进行比对，现场拍照并制作了现场勘验笔录。吴某与赵某某、于某某对现场比对过程及勘验笔录均没有异议。

本院对当事人举示的证据认证确认：当事人对真实性提出异议的证据包括吴某举示的证据A2，赵某某、于某某举示的证据B1至B5、B7，这些证据系原件，本院对其记载的内容予以确认；赵某某、于某某对证据A4的来源提出异议，但并未否定录音内容，亦未证明该录音系以严重侵害他人合法权益、违反法律禁止性规定或者严重违背公序良俗的方法获取。本院对双方当事人举示的证据内容予以确认，关于双方证据的证据效力及证明力大小，与待证事实的关联程度，本院根据全案证据、事实及相关法律规定综合考量。

本院查明：吴某于2014年10月28日申请，2015年2月18日获得专利号为ZL201420631539.2"一种箱式传动机构及包含该传动机构的水田筑埂机"实用新型专利权。该专利权利要求为：①一种箱式传动机构，包括安装于筑埂机机架两侧的侧变速箱总成，其特征在于，所述侧变速箱总成包括一箱体，箱体内设有主传动轴、小圆柱齿轮、花键轴、大圆柱齿轮、弧齿锥齿轮以及弧齿锥齿轮轴，其中，所述主传动轴安装在箱体前端，所述小圆柱齿轮安装在主传动轴上并与所述大圆柱齿轮3相咬合，所述大圆柱齿轮和弧齿锥齿轮均安装于花键轴上作同步旋转，所述弧齿锥齿轮轴设有两个，安装于箱体下面并间隔设置，所述弧齿锥齿轮轴与弧齿锥齿轮相咬合，所述弧齿锥齿轮轴与主传动轴垂直设置，所述弧齿锥齿轮轴另一端连接取土装置。②如权利要求1所述的箱式传动机构，其特征在于，两个所述弧齿锥齿轮轴之间呈40°~60°夹角设置。③如权利要求2所述的箱式传动机构，其特征在于，两个所述弧齿锥齿轮轴之间呈50°夹角设置。④一种水田筑埂机，其特征在于，包含有上述任一权利要求所述的箱式传动机构。⑤如权利要求4所述的水田筑埂机，其特征在于，还包括有：主传动箱，固定于机架上方，并通过主传动轴连接所述侧变速箱总成；副传动箱，通过法兰连接并固定于主传动箱上；犁片驱动箱，连接所述侧变速箱总成；成型辊固定框架，通过销轴铰接在机架后梁上；成型辊传动箱，固定在所述成型辊固定框架侧面的法兰上，通过传动轴连接所述副传动箱；成型辊总成，通过一轴头连接至所述成型辊传动箱。⑥如权利要求5所述的水田筑埂机，其特征在于，所述侧变速箱总成由固定在机架的两侧，所述犁片为圆盘犁片，所述侧变速箱总成下端通过法兰盘与犁片驱动箱连接，所述圆盘犁片固定于犁片驱动箱的法兰盘上。⑦如权利要求5所述的水田筑埂机，其特征在于，所述成型辊总成主要由定成型盘、定压实辊固定板、辊轴、定压实辊、定位矩形滑道、3活动矩形滑道、动压实辊、动压实辊固定板、动压实辊定位套、定位孔、动成型盘组成，其中，所述定成型盘焊接在定压实辊上，定压实辊固定板与辊轴焊接在一起，定位矩形滑道与定压实辊固定板、辊轴焊接固定；所述动成型盘焊接在动压实辊上，动压实辊固定板与活动形滑道焊接在一起，动压实辊定位套焊接在压实辊固定板上，用来固定动压实辊在轴向活动时的轴向位置，定位孔决定宽度。⑧如权利要求7所述的水田筑埂机，其特征在于，所述成型辊总成还包括加强板，所述加强板安装在定成型盘和定压实辊之间。⑨如权利要求5~8任一所述的水田筑埂机，其特征在于，所述主传动箱与侧传动箱总成、所述主传动箱与副传动箱、所述侧传动箱总成与圆盘犁片驱动箱、所述副传动箱与成型辊传动箱之间均密闭相连，形成整体的箱式封闭传动系统。2015年1月16日，吴某交纳专利年费295元。

赵某某系个体工商户虎林市万里农机修理部的经营者，其组织形式为个人经营，经营范围为农业机械及农用车修理、农机配件零售，成立日期为2008年11月25日。"虎林万里农机"名片记载：电话：184×××0055、133×××8345，万顺修理：138×××0022，地址：虎林市粮库东200米路北。赵某某与张某某系夫妻关系。

连云港市灌云工商行政管理局于2013年11月18日颁发给江苏永协机械有限公司的企业法人营业执照记载，该公司住所地为灌云县伊山镇任庄村民营工业园内，法定代表人为唐某某，经营范围中一般经营项目为农业机械设备及配件制造，成立日期为2013年11月18日。连云港市灌云质量技术监督局颁发给江苏永协机械有限公司的组织机构代码证记载，有效期为自2013年11月18日至2017年11月17日。在上述两份复印件上加盖江苏永协机械有限公司财务专用章。

第7563181号商标注册证记载，"翻地虎+FANDIHU"商标，核对使用商品（第七类）：农业机械；犁；收割机；中耕机；切草机；收割脱粒机；播种机（机器）；机动耕作机；植树机（截止），注册人：连云港泰鸿旋耕机厂，注册有效期限：自2010年11月7日至2020年11月6日。

2013年12月30日，灌云县永协机械有限公司发布《灌云县永协机械有限公司企业标准》Q/320723YXS01—2013"水田筑埂机"，其前言部分记载，本标准由灌云县永协机械有限公司提出并起草，主要起草人为任某、张某某；标准规定了该公司生产的在含水量30%~65%的土壤中作业的拖拉机配套水田筑埂机的主要技术参数、要求、试验方法、检验规则、标志、包装、运输和贮存。赵某某、于某某举示的该企业标准复印件上，加盖有"连云港市灌云质量技术监督局标准备案注册专用章苏连灌标备注册第13160号2013年有效期至2016年12月29日"字样。

2014年3月26日，连云港市灌云质量技术监督局颁发企业产品执行标准证书，主要内容为：企业名称：江苏永协机械有限公司，法定代表人：唐某某，企业地址：灌云县伊山镇任庄村民营工业园内，产品名称：水田筑埂机，产品标准代号：0/320723YXS01—2013，备案号：灌标备第701号，分类号：B91。

张某某持有2014年8月2日徐州至连云港的火车票。

赵某某、于某某举示的甲方灌云县黄海机械有限公司与乙方张某某的合同，主要内容为：双方就生产筑埂机产品达成如下协议：一、甲方负责生产并按时供货（用甲方技术及生产工艺）；二、乙方承担模具费5万元，并支付10万元定金；三、甲方在春节前供货；五、产品价格每台1.3万元，乙方验货后一次性付给甲方。合同上有灌云县黄海机械有限公司签章及其代表马某签名，以及张某某签名，署期为2014年8月13日。

赵某某、于某某举示的灌云县黄海机械有限公司出具的收到条，内容为：收到黑龙江虎林市万里公司张某某筑埂机模具费13500元。收到条上有灌云县黄海机械有限公司签章及马某签名，署期为2014年8月13日。赵某某、于某某举示的定做方灌云县黄海机械有限公司与承揽方临沂市宗峰模具配套厂的宗峰模具配套厂定做（修、改）模加工承揽合同，主要内容为，签订日期：2014年8月15日，临沂市宗峰模具配套厂承揽定做筑埂机箱左右一模，交模日期为20天，金额为13500元。合同上有双方签章，定做方代表马某签名。

赵某某、于某某举示的甲方灌云县黄海机械有限公司与乙方灌云新海机械有限公司的合同书，主要内容为：因甲方在生产管理过程中出现严重问题，须停产整顿，因此无法履行2014年8月13日和黑龙江张某某签订的关于生产筑埂机的合同。经甲乙双方充分协商，现将以上甲方和黑龙江虎林张某某签订的筑埂机合同转让给乙方，并达成如下协议：一、乙方必须按计划及时交货，并对产品实行三包；二、价格按原定的价格执行；三、黑龙江张某某改投生产资金5万元；四、甲方提供全套生产图纸，技术上给予一定支持；五、已做好或正在做的模具一并提供给乙方。合同书上有甲方签章及其代表马某签名，乙方单位署名及其代表签名，没有乙方签章，署期为2014年9月5日。

赵某某、于某某举示的甲方连云港市兴旺物流东北专线与乙方于某某的连云港兴旺物流东北专线货物运输合同，主要内容为：一、装货时间：2015年2月1日；装货地点：灌云县新海机械有限公司；卸货地点：虎林市万里农机；到货时间：2015年2月8日；接货人：张某某；联系方式：133×××8345。二、货物名称：筑埂机；数量：20台。车号：黑L×××××；经办人：于某某（签名）；署期为2015年2月1日；加盖连云港市兴旺物流东北专线专用章。

连云港市灌云新海机械有限公司于2015年1月印制的"连耕"1SG-75型筑埂机使用说明书记载：二、操作说明：1SG-75型筑埂机是由拖拉机动力输出轴驱动的耕作机具，它的工作原理简介如下，当其动力经万向节传至中间齿轮箱第一轴后，经一对锥齿轮啮合传到第二轴，同时，第二轴分别向左右两侧齿轮箱传递动力，两侧齿轮箱分别带动覆土刀、第三轴带动筑埂器旋转。结构示意图包括：锥齿轮轴，大锥齿轮；右侧箱：主动轮，覆土盘齿轮；中间箱：主动轮，过渡齿轮，传动齿轮；第三轴齿轮箱：主动轮，筑埂器齿轮；万向节总成，第一轴，第二轴，第三轴，覆土盘，筑埂器。该使用说明书记载的联系人为马某，电话139×××1805、185×××0488。

2015年3月22日、23日，虎林市华通农机销售有限公司、黑龙江省牡丹江农垦万程农机经销有限责任公司分别出具证明，证明各自作为宝清县龙迪农业科技有限公司在虎林市和八五四农场的代理经销商，自2015年春天以来，所代理经销的"水田筑埂机"已无销售记录。

吴某举示的2015年3月23日于某某与钟某某、庄某某的对话录音中，钟某某表示2.6万元价格不低，于某某称保证好使，保修1年，轴承、齿轮坏了给换，在八五四七分场都卖20多台了。

吴某举示的2015年3月25日于某某与丁某某、单某某的对话录音中，于某某称筑埂机1台2.6万元，江苏做的，去年改进了，转换箱现在垂直了，齿轮更大了，以前没有盖板。盖板的作用是土多时能把土盖住。保修一年，配件都有。单某某问："这个自己组装吧？"于某某称："不是，发回这些，十三半挂车，一车3万多元。"

被诉侵权产品的标牌上有"翻地虎""1SG-75型筑埂机""手机185×××0488""连云港永协机械制造厂"等字样。被诉侵权产品包括如下技术特征：具有筑埂机机架两侧变速箱总成，变速箱总成箱体内设有主传动轴、小圆柱齿轮、花键轴、大圆柱齿轮、弧齿锥齿轮、弧齿锥齿轮轴，其中，主传动轴安装在箱体前端，小圆柱齿轮安装在主传动轴上并与大圆柱齿轮相咬合，大圆柱齿轮和弧齿锥齿轮均安装在花键轴上作同步旋转，弧齿锥齿轮轴设有两个，安装在箱体下面并间隔设置，弧齿锥齿轮轴与弧齿锥齿轮相咬合，弧齿锥齿轮轴与主传动轴垂直设置，弧齿锥齿轮轴另一端连接取土装置。两个弧齿锥齿轮轴之间呈50°夹角设置。主传动箱固定于机架上方，并通过主传动轴连接侧变速箱总成；副传动箱通过法兰连接并固定于主传动箱上；犁片驱动箱连接侧变速箱总成；成型辊固定框架通过销轴铰接在机架后梁上；成型辊传动箱固定在成型辊固定框架侧面的法兰上，通过传动轴连接副传动箱；成型辊总成通过一轴头连接至成型辊传动箱。侧变速箱总成固定在机架的两侧，犁片为圆盘犁片，侧变速箱总成下端通过法兰盘与犁片驱动箱连接，圆盘犁片固定于犁片驱动箱的法兰盘上。成型辊总成由定成型盘、定压实辊固定板、辊轴、定压实辊、圆形滑道、动压实辊、动压实辊固定板、动压实辊定位套、定位孔、动成型盘组成，其中，定成型盘焊接在定压实辊上，定压实辊固定板与辊轴焊接在一起，圆形滑道与定压实辊固定板、辊轴焊接固定；动成型盘焊接在动压实辊上，动压实辊固定板与圆形滑道焊接在一起，动压实辊定位套焊接在动压实辊固定板上用来固定动压实辊在轴向活动时的轴向位置，定位孔决定宽度。成型辊总成还包括加强板，加强板安装在定成型盘和定压实辊之间。主传动箱与侧传动箱总成、主传动箱与副传动箱、侧传动箱总成与圆盘犁片驱动箱、副传动箱与成型辊传动箱之间均密闭相连，形成整体的箱式封闭传动系统。

赵某某、于某某对被诉侵权产品具有上述技术特征没有异议，但提出被诉侵权产品与涉案专利存在以下不同：①被诉侵权的筑埂机产品与吴某的筑埂机专利产品外观、机架、箱体角度不同；②被诉侵权产品主动箱与传动箱的主、中轴齿轮数与涉案专利的主、中轴齿轮数不一致；③被诉侵权产品侧变速箱有开孔，推力轴承的轴与齿直接固定，且弧齿轮轴通过两口推力轴承固定，涉案专利是方轴花键、卡簧、螺丝固定，其弧齿轮轴是滚子轴承和推力轴承固定；④被诉侵权产品侧边箱锥齿是推力轴承，通过螺丝扣可以调整间隙，间隙调整后直接用螺丝帽固定，涉案专利的锥齿是推力轴承和滚子轴承调整间隙，通过法兰盘内六角螺丝固定；⑤被诉侵权产品副变速箱法兰盘的固定比专利产品副变速箱法兰盘固定的长，副变速箱后侧有开孔，方轴与齿为一体，通过壳体后端装入，专利产品的方轴与齿为分体，组装使用；⑥被诉侵权产品主动箱和侧变速箱的传动轴是以插入式通过方轴连接，涉案专利采用的是法兰盘连接；⑦被诉侵权产品驱动箱轴采用的是间隙可调整，由驱动轴带动犁片且无轴套，涉案专利驱动箱轴是用卡簧固定间隙；⑧被诉侵权产品驱动盘犁片是平顶，涉案专利是凹形，尺寸不同；⑨被诉侵权产品成型轮有轴承座，成型轮的两侧调整宽度，涉案专利没有轴承座直接压在框架上，是一侧调整宽度；⑩被诉。侵权产品有托板和调整臂，涉案专利没有。

庭审中，赵某某、于某某称：虎林市万里农机修理部从江苏省灌云县共购进被诉侵权产品20台，购买的是整机，由于运输不方便，经拆装后再组装，从2015年2月8日开始销售，已销售7台，还有13台未销售，每台销售价格为2.4万元至2.6万元不等。2014年11月，吴某在虎林市寻找销售代理，虎林市万里农机修理部从吴某处运来4台筑埂机产品进行销售。

综合分析双方当事人的诉辩主张、举示的证据及发表的质证意见和查明的案件事实，本案争议的焦点是，吴某的涉案ZL201420631539.2"一种箱式传动机构及包含该传动机构的水田筑埂机"实用新型专利权是否有效；赵某某、于某某是否侵害了吴某的涉案实用新型专利权，以及如何确定其责任。

本院认为：吴某已举示涉案ZL201420631539.2"一种箱式传动机构及包含该传动机构的水田筑埂机"实用新型专利权证书等专利文献和交纳专利年费的票据原件，证明涉案专利真实存在，且处于专利权法定有效保护期内。最新修改的《专利纠纷规定》第八条第一款规定："对申请日在2009年10月1日以后的实用新型或者外观设计专利提起侵犯专利权诉讼，原告可以出具由国务院专利行政部门做出的专利权评价报告。"该规定是针对在专利侵权诉讼中因被告提出宣告专利权无效导致中止诉讼问题而采取的措施。是否出具专利权评价报告并不是原告提起专利侵权诉讼的必要条件和认定专利是否具有新颖性、创造性的根据。本案中，赵某某、于某某没有在答辩期间内申请宣告涉案专利权无效，亦没有举证证明涉案专利存在导致专利权无效的事由，其故意曲解上述规定，所提出的关于吴某没有提交专利权评价报告，在国家知识产权局网站上也查找不到涉案专利，不能判定涉案专利是否客观真实，是否具有新颖性和创造性，因此无法认定是否为有效专利的抗辩主张不成立。吴某的涉案ZL201420631539.2"一种箱式传动机构及包含该传动机构的水田筑埂机"实用新型专利权有效。

《专利法》第十一条第一款规定："发明和实用新型专利权被授予后，除本法另有规定的以外，任何单位或者个人未经专利权人许可，都不得实施其专利，即不得为生产经营目的制造、使用、许诺销售、销售、进口其专利产品，或者使用其专利方法以及使用、许诺销售、销售、进口依照该专利方法直接获得的产品。"赵某某、于某某对未经专利权人许可销售了被诉侵权产品"1SG-75型筑埂机"没有异议。

《专利法》第五十九条第一款规定："发明或者实用新型专利权的保护范围以其权利要求的内容为准，说明书及附图可以用于解释权利要求的内容。"《专利纠纷规定》第十七条规定："专利法第五十九条第一款所称的'发明或者实用新型专利权的保护范围以其权利要求的内容为准，说明书及附图可以用于解释权利要求的内容'，是指专利权的保护范围应当以权利要求记载的全部技术特征所确定的范围为准，也包括与该技术特征相等同的特征所确定的范围。等同特征，是指与所记载的技术特征以基本相同的手段，实现基本相同的功能，达到基本相同的效果，并且本领域普通技术人员在被诉侵权行为发生时无须经过创造性劳动就能够联想到的特征。"将被诉侵权产品"1SG-75型筑埂机"与涉案专利权利要求进行比对可见，被诉侵权产品包含了涉案专利权利要求1、3、4、5、6、8、9的全部技术特征，二者区别仅在于：第一，涉案专利权利要求2记载的技术特征为，如权利要求1所述的箱式传动机构，其特征在于，两个弧齿锥齿轮轴之间呈40°~60°夹角设置；而被诉侵权产品两个弧齿锥齿轮轴之间夹角设置为50°。第二，涉案专利权利要求7记载的技术特征为，如权利要求5所述的水田筑埂机，其特征在于，所述成型辊总成主要由定成型盘、定压实辊固定板、辊轴、定压实辊、定位矩形滑道、活动矩形滑道、动压实辊、动压实辊固定板、动压实辊定位套、定位孔、动成型盘组成，其中，所述定成型盘焊接在定压实辊上，定压实辊固定板与辊轴焊接在一起，定位矩形滑道与定压实辊固定板、辊轴焊接固定；所述动成型盘焊接在动压实辊上，动压实辊固定板与活动矩形滑道焊接在一起，动压实辊定位套焊接在压实辊固定板上用来固定动压实辊在轴向活动时的轴向位置，定位孔决定宽度。而被诉侵权产品的技术方案区别在于，将涉案专利权利要求记载的技术特征中的定位矩形滑道和活动矩形滑道改变为圆形滑道，圆形滑道与定压实辊固定板、辊轴焊接固定，动压实辊固定板与圆形滑道焊接在一起，其他特征相同。上述两点区别中，被诉侵权产品两个弧齿锥齿轮轴之间夹角设置为50°的技术特征在涉案专利权利要求记载的两个弧齿锥齿轮轴之间呈40°~60°夹角设置的技术特征范围之内，是相同的技术特征；被诉侵权产品将涉案专利权利要求记载的技术特征中的定位矩形滑道和活动矩形滑道改变为圆形滑道，只是滑道形状的改变，是本领域普通技术人员在被诉侵权行为发生时无须经过创造性劳动就能够联想到的特征，符合与涉案专利所记载的技术特征以基本相同的手段，实现基本相同的功能，达到基本相同的效果的条件，是等同的技术特征，并且该技术特征属于涉案专利从属权利要求所记载的附加技术特征。被诉侵权产品的技术方案包含了与涉案专利独立权利要求记载的全部必要技术特征完全相同的技术特征。

《侵犯专利权纠纷解释》第七条规定："人民法院判定被诉侵权技术方案是否落入专利权的保护范围，应当审查权利人主张的权利要求所记载的全部技术特征。被诉侵权技术方案包含与权利要求记载的全部技术特征相同或者等同的技术特征的，人民法院应当认定其落入专利权的保护范围；被诉侵权技术方案的技术特征与权利要求记载的全部技术特征相比，缺少权利要求记载的一个以上的技术特征，或者有一个以上技术特征不相同也不等同的，人民法院应当认定其没有落入专利权的保护范围。"被诉侵权产品"1SG-75型筑埂机"全部包含了涉案专利独立权利要求记载的必要技术特征和从属权利要求记载的附加技术特征，落入了涉案专利权的保护范围。赵某某、于某某关于被诉侵权产品没有定位矩形滑道、活动矩形滑道，与涉案专利技术特征不同的辩解不成立，其以圆形滑道作为替换的技术特征构成等同，不能作为判定不构成专利侵权的根据。赵某某、于某某所述的被诉侵权产品与涉案专利之间的其他不同之处，不属于涉案专利权利要求记载的技术特征，不是涉案专利的保护范围，这些不同之处无论是否存在，均不影响判定被诉侵权产品已落入涉案专利权保护范围。

赵某某、于某某主张涉案专利技术在2013年已有他人实施，涉案专利不具有新颖性和创造性，属于现有技术，但其用以证明上述主张的《灌云县永协机械有限公司企业标准》Q/320723YXS01—2013"水田筑埂机"、企业产品执行标准证书、"连耕1SG-75型筑埂机"使用说明书、合同及收到条、宗峰模具配套厂定做（修、改）模加工承揽合同及合同书等证据中，均没有相关产品技术特征的具体描述，不能证明其中具有与涉案专利权利要求记载的技术特征一致的技术方案，不能证明涉案专利权利要求记载的技术方案属于现有技术及已被披露；合同、收到条、合同书中没有相关产品型号、数量、技术特征的具体描述，亦没有供货单位合法签章的供货清单和货款收据及与被诉侵权产品相对应的合法进货发票等证据进一步佐证，与本案被诉侵权产品不能形成对应关系，不能认定为真实；"连耕1SG-75型筑埂机"使用说明书的印刷日期为2015年1月，在涉案专利申请日之后；货物运输合同的署期为2015年2月1日，即使该合同所承运的是被诉侵权产品，亦只能证明赵某某、于某某系在涉案专利申请日之后取得了被诉侵权产品。赵某某、于某某没有证据证明涉案产品技术方案的技术来源，其举示的上述证据均不能证明在涉案专利申请日之前他人已经制造了相同产品或者已经做好制造、使用的必要准备，其关于被诉侵权产品的技术特征属于现有技术的主张证据不足，不能认定。

赵某某、于某某主张其没有生产行为，只有销售行为，吴某亦没有举示被诉侵权产品是由赵某某、于某某制造的证据。但赵某某、于某某在庭审中自述，2014年11月，吴某在虎林市寻找销售代理，虎林市万里农机修理部从吴某处运来4台筑埂机产品进行销售；赵某某、于某某自2015年2月8日开始销售被诉侵权产品。此陈述表明在涉案专利申请日之前，赵某某、于某某并没有销售过与涉案专利技术特征相同的被诉侵权产品，其是在涉案专利申请日之后，并且是在了解了专利产品的技术特征之后进行的本案销售行为。赵某某、于某某未经涉案专利权人许可，在涉案专利申请日之后和了解了专利产品的技术特征之后，为生产经营目的销售被诉侵权产品，构成专利侵权，应当承担相应的民事责任。《侵权责任法》第十五条规定："承担侵权责任的方式主要有：（一）停止侵害；（二）排除妨碍；（三）消除危险；（四）返还财产；（五）恢复原状；（六）赔偿损失；（七）

赔礼道歉；（八）消除影响、恢复名誉。以上承担侵权责任的方式，可以单独适用，也可以合并适用。"赵某某、于某某应当立即停止专利侵权行为，并赔偿吴某经济损失。

《专利法》第六十五条规定："侵犯专利权的赔偿数额按照权利人因被侵权所受到的实际损失确定；实际损失难以确定的，可以按照侵权人因侵权所获得的利益确定。权利人的损失或者侵权人获得的利益难以确定的，参照该专利许可使用费的倍数合理确定。赔偿数额还应当包括权利人为制止侵权行为所支付的合理开支。权利人的损失、侵权人获得的利益和专利许可使用费均难以确定的，人民法院可以根据专利权的类型、侵权行为的性质和情节等因素，确定给予1万元以上100万元以下的赔偿。"本案，吴某举示了虎林市华通农机销售有限公司和黑龙江省牡丹江农垦万程农机经销有限责任公司分别出具的证明，用以证明其损失情况，但该两份证明没有具体销售数量的对比，体现不出损失的具体情况及与本案的联系，且均没有出具人签名或盖章，不符合单位向人民法院出具证明材料的要求；赵某某、于某某因侵权所获利益亦难以确定。故综合涉案专利权的类别、赵某某、于某某侵权行为的性质和持续的时间、获得的利润等情节判定赵某某、于某某赔偿吴某经济损失的数额。本案是侵犯实用新型专利权，不适用《专利法》第十三条关于"发明专利申请公布后，申请人可以要求实施其发明的单位或者个人支付适当的费用"的规定。赵某某、于某某关于吴某并未主张专利临时保护期内使用费的抗辩观点，没有法律依据。

综上所述，吴某的诉讼请求有理，予以支持。赵某某、于某某的抗辩主张不成立，不予支持。依照《专利法》第十一条第一款、第五十九条第一款、第六十五条第二款，《专利纠纷规定》第十七条，《侵犯专利权纠纷解释》第七条，《侵权责任法》第十五条的规定，判决如下：

一、被告赵某某、被告于某某自本判决生效之日起停止侵犯原告吴某ZL201420631539.2"一种箱式传动机构及包含该传动机构的水田筑埂机"实用新型专利权的行为；

二、被告赵某某、被告于某某赔偿原告吴某经济损失8万元，于本判决生效之日起10日内付清。

如果未按本判决指定的期限履行给付金钱义务，应当依照《民事诉讼法》第二百五十三条之规定，加倍支付迟延履行期间的债务利息。案件受理费3360元，由被告赵某某、被告于某某负担1800元，原告吴某负担1560元。

如不服本判决，可在判决书送达之日起15日内，向本院递交上诉状，并按对方当事人的人数提出副本，上诉于黑龙江省高级人民法院。

审判长　常榆德
代理审判员　毛保森
人民陪审员　孙晓华
2015年8月11日
书记员　张思佳

黑龙江省高级人民法院
民事判决书（二审）

〔2016〕黑民终第406号

上诉人（一审被告）：赵某某，女，汉族，虎林市××农机修理部业主，住虎林市。

上诉人（一审被告）：于某某，男，汉族，虎林市××农机修理部销售员，住虎林市。

二上诉人共同委托诉讼代理人：王现辉，北京大成（石家庄）律师事务所律师。

二上诉人共同委托诉讼代理人：殷宏，黑龙江殷宏律师事务所律师。

被上诉人（一审原告）：吴某，男，汉族，宝清县龙迪农业科技有限公司经理。

委托诉讼代理人：赵金，黑龙江冠龙律师事务所律师。

委托诉讼代理人：李艳玲，黑龙江冠龙律师事务所律师。

上诉人赵某某、于某某因与被上诉人吴某侵害实用新型专利权纠纷一案，不服黑龙江省哈尔滨市中级人民法院〔2015〕哈知初字第71号民事判决，向本院提起上诉。本院于2016年7月25日受理后，依法组成合议庭，公开开庭进行了审理。上诉人于某某，上诉人赵某某、于某某共同的委托诉讼代理人王现辉，被上诉人吴某及其委托诉讼代理人赵金、李艳玲到庭参加诉讼。本案现已审理终结。

赵某某、于某某上诉请求：撤销一审判决，改判驳回吴某诉讼请求，并由吴某承担一审、二审诉讼费用。事实与理由为：一、吴某案涉专利号为ZL201420631539.2"一种箱式传动机构及包含该传动机构的水田筑埂机"于申请日之前，即已通过展出、销售等多种形式进入公共领域，属于现有技术，赵某某、于某某生产、销售与其技术特征相同的产品，并不构成侵权。二、实用新型专利的保护期限自专利被授予之日开始，一审判决认定案涉专利的保护期限从专利申请日起错误。被诉侵权产品的生产行为发生在案涉专利授权公告日之前，赵某某、于某某在此后的销售行为不属于侵权。三、赵某某、于某某已经证明其取得案涉产品具有合法来源，即便构成侵权依法亦不应承担侵权责任。

吴某辩称：依据《专利法》第四十二条规定，实用新型专利权的期限为10年，自申请日起计算。故吴某案涉专利保护期限应自申请日即2014年10月28日起计算，赵某某、于某某关于应自授权日起方予保护的主张不应支持。赵某某、于某某于案涉专利申请日后生产、销售与专利技术方案相同的产品，侵害了吴某的专利权。一审判决认定事实清楚，适用法律正确，请求驳回上诉，维持原判。

吴某向一审法院起诉请求判令赵某某、于某某立即停止侵权行为，赔偿其经济损失15万元及制止侵权行为的合理支出3000元，并承担诉讼费。

一审法院认定：吴某于2014年10月28日申请，2015年2月18日获得专利号为ZL201420631539.2"一种箱式传动机构及包含该传动机构的水田筑埂机"实用新型专利权。该专利权利要求为：①一种箱式传动机构，包括安装于筑埂机机架两侧的侧变速箱总成，其特征在于，所述侧变速箱总成包括一箱体，箱体内设有主传动轴、小圆柱齿轮、花键轴、大圆柱齿轮、弧齿锥齿轮以及弧齿锥齿轮轴，其中，所述主传动轴安装在箱体前端，所述小圆柱齿轮安装在主传动轴上并与所述大圆柱齿轮相咬合，所述大圆柱齿轮和弧齿锥齿轮均安装于花键轴上作同步旋转，所述弧齿锥齿轮轴设有两个，安装于箱体下面并间隔设置，所述弧齿锥齿轮轴与弧齿锥齿轮相咬合，所述弧齿锥齿轮轴与主传动轴垂直设置，所述弧齿锥齿轮轴另一端连接取土装置。②如权利要求1所述的箱式传动机构，其特征在于，两个所述弧齿锥齿轮轴之间呈40°~60°夹角设置。③如权利要求2所述的箱式传动机构，其特征在于，两个所述弧齿锥齿轮轴之间呈50°夹角设置。④一种水田筑埂机，其特征在于，包含有上述任一权利要求所述的箱式传动机构。⑤如权利要求4所述的水田筑埂机，其特征在于，还包括有：主传动箱，固定于机架上方，并通过主传动轴连接所述侧变速箱总成；副传动箱，通过法兰连接并固定于主传动箱上；犁片驱动箱，连接所述侧变速箱总成；成型辊固定框架，通过销轴铰接在机架后梁上；成型辊传动箱，固定在所述成型辊固定框架侧面的法兰上，通过传动轴连接所述副传动箱；成型辊总成，通过一轴头连接至所述成型辊传动箱。⑥如权利要求5所述的水田筑埂机，其特征在于，所述侧变速箱总成由固定在机架的两侧，所述犁片为圆盘犁片，所述侧变速箱总成下端通过法兰盘与犁片驱动箱连接，所述圆盘犁片固定于犁片驱动箱的法兰盘上。⑦如权利要求5所述的水田筑埂机，其特征在于，所述成型辊总成主要由定成型盘、定压实辊固定板、辊轴、定压实辊、定位矩形滑道、活动矩形滑道、动压实辊、动压实辊固定板、动压实辊定位套、定位孔、动成型盘组成，其中，所述定成型盘焊接在定压实辊上，定压实辊固定板与辊轴焊接在一起，定位矩形滑道与定压实辊固定板、辊轴焊接固定；所述动成型盘焊接在动压实辊上，动压实辊固定板与活动矩形滑道焊接在一起，动压实辊定位套焊接在压实辊固定板上用来固定动压实辊在轴向活动时的轴向位置，定位孔决定宽度。⑧如权利要求7所述的水田筑埂机，其特征在于，所述成型辊总成还包括加强板，所述加强板安装在定成型盘和定压实辊之间。⑨如权利要求5~8任一所述的水田筑埂机，其特征在于，所述主传动箱与侧传动箱总成、所述主传动箱与副传动箱、所述侧传动箱总成与圆盘犁片驱动箱、所述副传动箱与成型辊传动箱之间均密闭相连，形成整体的箱式封闭传动系统。

赵某某系个体工商户虎林市××农机修理部的经营者，其与张某某系夫妻关系。2014年9—10月，张某某作为买方与灌云县黄海机械有限公司、灌云新海机械有限公司签订买卖合同，自上述公司处购买本案被诉侵权筑埂机，并于2015年2月1日将20台筑埂机装货发往虎林。

2015年3月22日、23日，虎林市华通农机销售有限公司、黑龙江省牡丹江农垦万程农机经销有限责任公司分别出具证明，证明各自作为宝清县龙迪农业科技有限公司在虎林市和八五四农场的代理经销商，自2015年春天以来，所代理经销的水田筑埂机已无销售记录。

庭审中，赵某某、于某某称：虎林市××农机修理部从江苏省灌云县共购进被诉侵权产品20台，购买的是整机，由于运输不方便，经拆装后再组装，从2015年2月8日开始销售，已销售7台，还有13台未销售，每台销售价格为2.4万元至2.6万元不等。2014年11月，吴某在虎林市寻找销售代理，虎林市××农机修理部从吴某处运来4台筑埂机产品进行销售。

一审法院另查明：2013年12月30日，灌云县永协机械有限公司发布《灌云县永协机械有限公司企业标准》Q/320723YXS01—2013"水田筑埂机",主要起草人为任某、张某某;标准规定了该公司生产的在含水量30%~65%的土壤中作业的拖拉机配套水田筑埂机的主要技术参数、要求、试验方法、检验规则、标志、包装、运输和贮存。该企业标准已在连云港市灌云质量技术监督局备案。

一审法院认为:吴某已举示涉案ZL201420631539.2"一种箱式传动机构及包含该传动机构的水田筑埂机"实用新型专利权证书等专利文献和交纳专利年费的票据原件,证明涉案专利真实存在,且处于专利权法定有效保护期内。2014年修正的《专利纠纷规定》第八条第一款规定:"对申请日在2009年10月1日以后的实用新型或者外观设计专利提起侵犯专利权诉讼,原告可以出具由国务院专利行政部门做出的专利权评价报告。"该规定是针对在专利侵权诉讼中因被告提出宣告专利权无效导致中止诉讼问题而采取的措施。是否出具专利权评价报告并不是原告提起专利侵权诉讼的必要条件和认定专利是否具有新颖性、创造性的根据。本案中,赵某某、于某某没有在答辩期间内申请宣告涉案专利权无效,亦没有举证证明涉案专利存在导致专利权无效的事由,其故意曲解上述规定,所提出的关于吴某没有提交专利权评价报告,在国家知识产权局网站上也查找不到涉案专利,不能判定涉案专利是否客观真实,是否具有新颖性和创造性,因此无法认定是否为有效专利的抗辩主张不成立。吴某的涉案ZL201420631539.2"一种箱式传动机构及包含该传动机构的水田筑埂机"实用新型专利权有效。

《专利法》第十一条第一款规定:"发明和实用新型专利权被授予后,除本法另有规定的以外,任何单位或者个人未经专利权人许可,都不得实施其专利,即不得为生产经营目的制造、使用、许诺销售、销售、进口其专利产品,或者使用其专利方法以及使用、许诺销售、销售、进口依照该专利方法直接获得的产品。"赵某某、于某某对未经专利权人许可销售了被诉侵权产品"1SG-75型筑埂机"没有异议。

将被诉侵权产品1SG-75型筑埂机与涉案专利权利要求进行比对可见,被诉侵权产品包含了涉案专利权利要求1、3、4、5、6、8、9的全部技术特征,二者区别仅在于:第一,案涉专利权利要求2记载的技术特征为,如权利要求1所述的箱式传动机构,其特征在于,两个弧齿锥齿轮轴之间呈40°~60°夹角设置;而被诉侵权产品两个弧齿锥齿轮轴之间夹角设置为50°。第二,案涉专利权利要求7记载的技术特征为,如权利要求5所述的水田筑埂机，其特征在于，所述成型辊总成主要由定成型盘、定压实辊固定板、辊轴、定压实辊、定位矩形滑道、活动矩形滑道、动压实辊、动压实辊固定板、动压实辊定位套、定位孔、动成型盘组成，其中，所述定成型盘焊接在定压实辊上，定压实辊固定板与辊轴焊接在一起，定位矩形滑道与定压实辊固定板、辊轴焊接固定；所述动成型盘焊接在动压实辊上，动压实辊固定板与活动矩形滑道焊接在一起，动压实辊定位套焊接在压实辊固定板上用来固定动压实辊在轴向活动时的轴向位置，定位孔决定宽度。而被诉侵权产品的技术方案区别在于，将案涉专利权利要求记载的技术特征中的定位矩形滑道和活动矩形滑道改变为圆形滑道，圆形滑道与定压实辊固定板、辊轴焊接固定，动压实辊固定板与圆形滑道焊接在一起，其他特征相同。上述两点区别中，被诉侵权产品两个弧齿锥齿轮轴之间夹角设置为50°的技术特征在涉案专利权利要求记载的两个弧齿锥齿轮轴之间呈40°～60°夹角设置的技术特征范围之内，是相同的技术特征；被诉侵权产品将涉案专利权利要求记载的技术特征中的定位矩形滑道和活动矩形滑道改变为圆形滑道，只是滑道形状的改变，是本领域普通技术人员在被诉侵权行为发生时无须经过创造性劳动就能够联想到的特征，符合与涉案专利所记载的技术特征以基本相同的手段，实现基本相同的功能，达到基本相同的效果的条件，是等同的技术特征，并且该技术特征属于涉案专利从属权利要求所记载的附加技术特征。

《侵犯专利权纠纷解释》第七条规定："人民法院判定被诉侵权技术方案是否落入专利权的保护范围，应当审查权利人主张的权利要求所记载的全部技术特征。被诉侵权技术方案包含与权利要求记载的全部技术特征相同或者等同的技术特征的，人民法院应当认定其落入专利权的保护范围；被诉侵权技术方案的技术特征与权利要求记载的全部技术特征相比，缺少权利要求记载的一个以上的技术特征，或者有一个以上技术特征不相同也不等同的，人民法院应当认定其没有落入专利权的保护范围。"被诉侵权产品"1SG-75型筑埂机"全部包含了涉案专利独立权利要求记载的必要技术特征和从属权利要求记载的附加技术特征，落入了涉案专利权的保护范围。赵某某、于某某关于被诉侵权产品没有定位矩形滑道、活动矩形滑道，与涉案专利技术特征不同的辩解不成立，其以圆形滑道作为替换的技术特征构成等同，不能作为判定不构成专利侵权的根据。赵某某、于某某所述的被诉侵权产品与涉案专利之间的其他不同之处，不属于涉案专利权利要求记载的技术特征，不是涉案专利的保护范围，这些不同之处无论是否存在，均不影响判定被诉侵权产品已落入涉案专利权保护范围。

赵某某、于某某主张涉案专利技术在2013年已有他人实施，涉案专利不具有新颖性和创造性，属于现有技术，但其用以证明上述主张的《灌云县永协机械有限公司企业标准》Q/320723YXS01—2013"水田筑埂机"、企业产品执行标准证书、连耕1SG－75型筑埂机使用说明书、合同及收到条、宗峰模具配套厂定做（修、改）模加工承揽合同及合同书等证据中，均没有相关产品技术特征的具体描述，不能证明其中具有与涉案专利权利要求记载的技术特征一致的技术方案，不能证明涉案专利权利要求记载的技术方案属于现有技术及已被披露；合同、收到条、合同书中没有相关产品型号、数量、技术特征的具体描述，亦没有供货单位合法签章的供货清单和货款收据及与被诉侵权产品相对应的合法进货发票等证据进一步佐证，与本案被诉侵权产品不能形成对应关系，不能认定为真实；连耕1SG－75型筑埂机使用说明书的印刷日期为2015年1月，在涉案专利申请日之后；货物运输合同的署期为2015年2月1日，即使该合同所承运的是被诉侵权产品，亦只能证明赵某某、于某某系在涉案专利申请日之后取得了被诉侵权产品。赵某某、于某某没有证据证明涉案产品技术方案的技术来源，其举示的上述证据均不能证明在涉案专利申请日之前他人已经制造了相同产品或者已经做好制造、使用的必要准备，其关于被诉侵权产品的技术特征属于现有技术的主张证据不足，不能认定。

赵某某、于某某主张其没有生产行为，只有销售行为，吴某亦没有举示被诉侵权产品是由赵某某、于某某制造的证据。但赵某某、于某某在庭审中自述，2014年11月，吴某在虎林市寻找销售代理，虎林市××农机修理部从吴某处运来4台筑埂机产品进行销售；赵某某、于某某自2015年2月8日开始销售被诉侵权产品。此陈述表明在涉案专利申请日之前，赵某某、于某某并没有销售过与涉案专利技术特征相同的被诉侵权产品，其是在涉案专利申请日之后，并且是在了解了专利产品的技术特征之后进行的本案销售行为。赵某某、于某某未经涉案专利权人许可，在涉案专利申请日之后和了解了专利产品的技术特征之后，为生产经营目的销售被诉侵权产品，构成专利侵权，应当立即停止专利侵权行为，并赔偿吴某经济损失。

本案中，吴某举示了虎林市华通农机销售有限公司和黑龙江省牡丹江农垦万程农机经销有限责任公司分别出具的证明，用以证明其损失情况，但该两份证明没有具体销售数量的对比，体现不出损失的具体情况及与本案的联系，且均没有出具人签名或盖章，不符合单位向人民法院出具证明材料的要求；赵某某、于某某因侵权所获利益亦难以确定。故依据《专利法》第六十五条规定，综合涉案专利权的类别、赵某某、于某某侵权行为的性质和持续的时间、获得的利润等情节判定赵某某、于某某赔偿吴某经济损失的数额。本案是侵犯实用新型专利权，不适用《专利法》第十三条关于"发明专利申请公布后，申请人可以要求实施其发明的单位或者个人支付适当的费用"的规定。赵某某、于某某关于吴某并未主张专利临时保护期内使用费的抗辩观点，没有法律依据。

一审法院据此判决：一、赵某某、于某某自该判决生效之日起停止侵犯吴某ZL201420631539.2"一种箱式传动机构及包含该传动机构的水田筑埂机"实用新型专利权的行为；二、赵某某、于某某赔偿吴某经济损失8万元，于该判决生效之日起10日内付清。案件受理费3360元，由赵某某、于某某负担1800元，吴某负担1560元。

本院二审期间，当事人围绕上诉请求依法提交了证据，并申请证人林某某出庭作证。本院组织当事人进行了证据交换和质证。对当事人二审争议的事实及所提交的证据，本院认定如下：赵某某、于某某二审提交的相关新闻报道、展销会的相关资料、汇款凭证及证人证言等均意在证明吴某的涉案专利技术于申请日前已经公开，属于现有技术，鉴于本案无需对现有技术进行审查即可对是否侵权做出判断，故对赵某某、于某某提交的前述证据，本院不予确认。吴某二审提交的ZL2024505、ZL4161737号专利意在证明赵某某、于某某侵害了其多项专利权，已超出本案一审的审理范围，本院二审不予审查。

经审查，本院对一审判决认定事实予以确认。

本院认为：吴某案涉ZL201420631539.2"一种箱式传动机构及包含该传动机构的水田筑埂机"实用新型专利于2014年10月28日申请，2015年2月18日授权公告，而赵某某、于某某所销售的被诉侵权产品于2015年2月18日之前即已生产完毕并开始销售，双方对此均无异议。本案二审双方争议的焦点在于：赵某某、于某某在案涉专利申请日之后、授权公告日之前，生产、销售具有案涉专利全部技术特征的产品，是否构成侵权。

《专利法》第四十条规定："实用新型专利权和外观设计专利权自公告之日起生效。"第十一条规定："发明和实用新型专利权被授予后，除本法另有规定的以外，任何单位和个人未经专利权人许可，都不得实施其专利，即不得为生产经营目的制造、使用、许诺销售、销售、进口其专利产品，或者使用其专利方法以及使用、许诺销售、销售、进口依照该专利方法直接获得的产品。"依据上述规定，专利权人对他人在实用新型专利权公告日前实施该专利的行为，并不享有请求他人停止实施的权利。他人在实用新型专利授权公告日之前实施该专利，包括制造、使用、销售、许诺销售和进口实用新型专利产品，并不为《专利法》所禁止，不构成侵权。在此情况下，对于实用新型专利授权公告日之前已经生产、销售完毕产品的后续行为，包括使用、许诺销售和销售，即便其行为延续至专利权授权公告日之后，也应得到允许，否则即相当于实用新型专利权的效力可以追溯至授权公告日前的合法行为，不适当地扩大了《专利法》授予实用新型专利权人的权利范围，损害了社会公众应有的利益。本案中，被诉侵权产品于案涉专利授权公告日之前即已完成生产并开始销售，即便其销售行为延续至案涉专利授权公告日之后，亦不为法律所禁止。赵某某、于某某关于其二人行为不构成侵权的上诉主张有理，本院予以支持。

《专利法》第四十二条关于"实用新型专利和外观设计专利权的有效期为10年，均自申请日起计算"的规定，为专利有效期限的规定，而非专利保护期限的规定。吴某援引该条以证明其专利权应自申请日起获得保护，属于对法律的错误理解，本院不予支持。

因赵某某、于某某被诉侵权行为并不构成侵权，其二人关于现有技术、合法来源等上诉主张已无必要，本院于本案中不予审查。

综上所述，赵某某、于某某上诉请求成立，予以支持。依据《专利法》第十一条、第四十条、《民事诉讼法》第一百七十条第一款第二项之规定，本院判决如下：

撤销黑龙江省哈尔滨市中级人民法院〔2015〕哈知初字第71号民事判决；

驳回吴某诉讼请求。

一审、二审案件受理费共6720元，由吴某负担。

本判决为终审判决。

审　判　长　马文静
代理审判员　李　锐
代理审判员　付兴驰
2016年9月28日
书　记　员　吕金玲

玉田县某公司与唐山某公司侵害商业秘密纠纷案

【关注要点】

商业秘密权利人虽主张其采取了一定的保密措施，但不属于切实可行的防止技术秘密泄露的措施，在现实中不能起到保密的效果，没有达到相应的程度，不符合相关规定，因此，其请求保护的技术信息和经营信息不构成《反不正当竞争法》第十条规定的商业秘密的保护要件。在此情况下，被诉侵权行为也不能认定为构成侵犯商业秘密行为。

【案号】

一审：河北省唐山市中级人民法院〔2011〕唐民初字第13号民事判决书。

二审：河北省高级人民法院〔2016〕冀民终第689号民事判决书。

【裁判文书摘要】

一审案号	河北省唐山市中级人民法院〔2011〕唐民初字第13号
裁判结果	第一，于某某、玉田县某公司立即停止对唐山某公司商业秘密侵害的不正当竞争行为；第二，于某某、玉田县某公司在判决生效后10日内在《中国石油报》上书面向唐山某公司赔礼道歉、消除影响；第三，于某某、玉田县某公司赔偿因侵害唐山某公司商业秘密造成的损失人民币850786.86元；第四，驳回唐山某公司其他诉讼请求
二审案号	河北省高级人民法院〔2016〕冀民终第689号
裁判结果	第一，撤销河北省唐山市中级人民法院〔2011〕唐民初字第13号民事判决；第二，驳回唐山某公司全部诉讼请求
再审案号	最高人民法院〔2017〕最高法民申第2964号
裁判结果	驳回唐山某公司的再审申请

【案情简介】

玉田县某公司成立于2005年，其法定代表人曾于1990年至2005年就职于唐山某公司，担任该公司山东、河南地区的销售工作，在其准备辞职期间着手创办了玉田县某公司，在该公司成立后，其辞职到该公司担任法定代表人，其辞职后有部分技术人员跳槽至玉田县某公司，因玉田县某公司较为先进的管理经验和灵活的销售策略，玉田县某公司成立后对唐山某公司市场产生了较大的冲击，为了遏制玉田县某公司的发展，唐山某公司于2011年以玉田县某公司及其法定代表人侵害商业秘密为由起诉至唐山市中级人民法院，并申请财产保全查封了玉田县某公司对公账号，虽然唐山某公司仅提交了技术操作流程图纸、没有签字的规章制度及客户名单作为商业秘密载体的证据，但一审法院还是对商业秘密进行认定，认定玉田县某公司及其法定代表人侵害唐山某公司商业秘密成立，并判决玉田县某公司及其法定代表人赔偿唐山某公司经济损失850786.86元。

二审法院判决，撤销一审判决，驳回唐山某公司全部诉讼请求。

唐山某公司向最高人民法院提起再审申请，最高人民法院裁定驳回唐山某公司的再审申请。

【代理意见】

本案系侵害商业秘密纠纷，主要争议焦点为唐山某公司主张的技术信息和经营信息是否属于商业秘密以及玉田县某公司是否侵害了该商业秘密。具体而言，包括：(1)唐山某公司主张的技术信息和客户名单是否属于商业秘密；(2)唐山某公司对于其所主张的商业秘密是否采取了保密措施；(3)玉田县某公司是否侵害了唐山某公司的商业秘密。

一、唐山某公司主张的技术信息和客户名单不构成商业秘密

(1)唐山某公司未明确商业秘密的具体秘密点，在未进行技术秘密性鉴定的情况下，现有证据不能证明唐山某公司主张的技术信息属于商业秘密。

在二审庭审过程中，唐山某公司陈述其商业秘密为其一审提交的证据1~6，即操作流程，该上述证据内容均为简单、概括、模糊、笼统、概念性的语言，根本不可能构成技术信息类商业秘密，唐山某公司又称其提交的证据仅是技术信息的一个概括，而非技术信息的内容，产品说明书包括了证据6中的技术信息，上述信息仅向客户公开而未向竞争者公开，唐山某公司的陈述违背了侵害商业秘密案件最基本的理念，即唐山某公司在案件一审、二审整个审理过程中，根本未向法庭提供或明确其商业秘密内容，一会说是证据1~6，一会说产品说明书是其商业秘密点，在唐山某公司未能明确其商业秘密的具体内容的情况下，其诉讼请求应予驳回，如果产品说明书为商业秘密，则早在产品销售时已经公开，无秘密性可言。

（2）唐山某公司主张的客户名单不构成商业秘密。

《不正当竞争民事案件解释》第十三条第一款规定："商业秘密中的客户名单，一般是指客户的名称、地址、联系方式以及交易的习惯、意向、内容等构成的区别于相关公知信息的特殊客户信息，包括汇集众多客户的客户名册，以及保持长期稳定交易关系的特定客户。"唐山某公司没有证据证明客户名单构成商业秘密，其提交的增值税发票的信息，仅包括客户的名称、地址、联系方式等基本信息，对于交易习惯、意向、内容等构成区别于相关公知的信息，唐山某公司并无证据提交。商业秘密中的客户名单包括长期稳定交易关系的特定客户，而本案中，唐山某公司与四客户确有一段时间的稳定交易关系，但是该司法解释并非意指只要有较长时间稳定交易关系的特定客户就应作为商业秘密给予保护，相反，只有进一步考察主张享有权利的经营者就该特定客户是否拥有区别于相关公知信息的特殊客户信息，并且考察是否符合前述构成商业秘密的一般条件之后，才能够决定是否应当认定为法律所保护的商业秘密。唐山某公司主张稳定交易关系的特定客户即为商业秘密不能成立。

二、唐山某公司主张的所谓的商业秘密并未采取保密措施

（1）唐山某公司主张的技术信息并未采取保密措施。

首先，劳动合同仅在解除条款中空泛笼统地载明"乙方有保守甲方技术经营机密"，泄露的可以解除劳动合同，上述约定仅限于解除劳动合同的层面，无相关商业秘密保护的意向，无法认定员工已经通过此知悉被上诉人希望保密的商业秘密范围，从而无法认定员工对其工作中所掌握的相关信息的使用具有主观恶意，单凭此类原则性规定不足以认定被上诉人采取了必要的保密措施。另外，劳动合同已经于2005年12月31日终止，不存在解除劳动合同的基础条件，以此条款认定采取保密措施没有事实依据。

其次，唐山某公司未明确商业秘密的保护信息的范围，不符合《反不正当竞争法》第十条"保密措施应当表明权利人保密的主观愿望，并明确作为商业秘密保护的信息的范围"的规定。《不正当竞争民事案件解释》第十一条第一款将"保密措施"解释为"权利人为防止信息泄露所采取的与其商业价值等具体情况相适应的合理保护措施"。这里为采取的保密措施设定了一个程度上的要求，即所采取的保密措施应当达到合理的程度。合理的程度则是指"与其商业价值等具体情况相适应的"、达到足以防止信息泄露的程度的保密措施。这意味着，所采取的保密措施与其商业秘密的价值不相适应，虽有保密措施而形同虚设和未认真执行等，均因达不到合理程度而视同未采用保密措施。唐山某公司声称其商业秘密如何如何重要，但相对于其没有采取措施客观存在，其主观上并无采取保密措施的意图或者与其主观意图相当的保密措施。

最后，唐山某公司主张的保密条款均为竞业限制条款，该类条款因无补偿条款的约定而无效。相关信息作为商业秘密受到保护，必须具备反不正当竞争法规定的要件，包括采取了保密措施，而不是单纯的竞业限制就可以实现的。对于单纯的竞业限制约定，即便其主要目的就是保护商业秘密，但由于该约定没有明确用人单位保密的主观愿望和作为商业秘密保护的信息的范围，因而不能构成《反不正当竞争法》第十条规定的保密措施。

（2）唐山某公司对于客户名单并未采取保密措施。

唐山某公司提交的证据，除劳动合同协议书外，其他约定均为竞业限制条款而非商业秘密保护条款，竞业限制条款因无补偿条款约定而无效，劳动合同协议书仅在解除条款中约定含糊不清的一句话，两份劳动合同协议书为同一制式合同，均因达不到合理程度而视同未采取保密措施。

三、唐山某公司主张的技术秘密与玉田县某公司的产品所使用技术是否存在同一性

从技术上讲，即使玉田县某公司的产品在使用功能、效果上相同或者相似，但达到此功能、效果的途径和手段却可能存在实质性差异。相同功能的产品完全可能采用不同的技术方案来实现，因此必须对玉田县某公司的产品技术特征与唐山某公司的商业秘密进行专业鉴定和比对，才能明确该两种产品所体现的特定技术特征，以及两种产品技术特征存在的相同或者相似点，从而得出上诉人的产品技术特征是否侵害了被上诉人技术秘密的认定结论。在未对诉争的技术信息进行技术鉴定和仅通过对两种产品的说明书进行简单比对的情况下，显然不能认定玉田县某公司的产品侵害了唐山某公司的商业秘密。

【判决结果】

二审法院判决，撤销一审判决，驳回唐山某公司全部诉讼请求。

【裁判文书】

二审法院认为，本案争议焦点有三个：一、唐山某公司主张的技术信息及客户名单是否构成商业秘密；二、如果主张的商业秘密成立，玉田县某公司是否侵害其商业秘密；三、如果构成侵权，应该如何承担侵权责任。

就第一个焦点问题，二审法院认为：关于涉案技术是否构成商业秘密，双方针对该问题，主要的争议在于是否采取保密措施以及涉案技术是否是公知技术，关于是否采取保密措施，在本案中，唐山公司虽然采取了一定的措施，但仅制定了原则性的针对所有人员的保密制度，跟所有员工签订了带有"保密条件"的格式合同，并未采取"限定涉密信息的知悉范围、单独签订保密协议等确保秘密的合理措施"，因此综合本案的情况，本院认为依据现有证据，不能认定唐山某公司采取了适当、合理的保护措施。关于涉案技术是否是公知技术，考虑到本院已经认定唐山某公司未采取合理的保密措施，因为该技术问题本院不再涉及。关于经营信息是否构成商业秘密，唐山某公司提交的证据并未明确约定作为商业秘密保护的信息的范围，也没有明确应当承担的保密义务，该约定应当属于竞业限制，即使其主要目的可能就是保护商业秘密，但由于该约定没有明确用人单位保密的主观愿望、作为商业秘密保护的信息的范围、义务人应当承担的保密义务，因此不能构成保密措施。

就第二个焦点问题，二审法院认为：关于是否构成侵害商业秘密，在唐山某公司主张的技术信息和经营信息均不构成商业秘密的情况下，已没有叙述的必要，但鉴于双方对此问题分歧较大且一审法院认定不当，本案论述如下：唐山某公司对对方当事人使用的信息与其商业秘密相同或实质相同以及对方当事人采取不正当手段的事实负有举证责任。需要特别指出的是该规定所说"对方当事人使用的信息与其商业秘密相同或者实质相同"并非指涉案两方的产品相同，更并非仅指产品功能参数、外在结构相同，因为仅依据两个产品的功能或者参数相同、外在结构相同推定两个产品所采用的技术方案也一定相同，显然是一种缺乏法律和事实依据的做法，相同功能的产品完全可能采用不同的技术方案来实现。

综上所述，二审法院认为，一审判决适用法律不当，玉田县某公司上诉请求成立，予以支持。判决撤销一审判决，驳回唐山某公司的全部诉讼请求。

【再审情况】

唐山其公司向最高人民法院提起再审申请，最高人民法院裁定驳回其再审申请。

最高人民法院裁定认为本案中，唐山某公司主张其通过制定《关于保密工作的几项规定》《关于技术秘密管理的具体措施》等保密制度、销售管理制度及与于某签订劳动合同协议书、营销服务责任书等方式对商业秘密采取了保密措施。本院认为，首先，《关于保密工作的几项规定》仅有四条，且内容仅原则性要求所有员工保守企业销售、经营、生产技术秘密，在厂期间和离厂2年内，不得利用所掌握的技术生产或为他人生产与本公司有竞争的产品和提供技术服务，上述规定无法让该规定针对的对象即所有员工作知悉玉联公司作为商业秘密保护的信息范围即保密客体，仅此不属于切实可行的防止技术秘密泄露的措施，在现实中不能起到保密的效果。其次，《关于技术秘密管理的具体措施》系唐山某公司在一审法院于2015年5月18日第二次开庭时提供，唐山某公司主张该保密措施系2003年对技术人员进行管理要求做到技术保密时制定的电子文件，于某某及玉田县某公司一审时对该证据的质证意见为：该证据是伪造的，是经过上次庭审之后受到启发写的，与唐山某公司主张同一时期形成的其他保密措施的证据相差甚远，但仍不够具体，未写明商业秘密的具体内容；且该证据不是原件，也未在举证期限内提出，因此对真实性不认可，不予质证。二审法院考虑唐山某公司主张该份证据是2003年形成的，但在2015年5月18日第二次开庭之前的庭审和举证中其一直未提及该重要证据，明显不符合常理，且该文件规定的保密措施详细程度与同一时期唐山某公司《关于保密工作的几项规定》明显差异过大，结合唐山某公司仅提交了电子版的打印版而未提交电子版原件，也未提交该规定制定实施的其他证据，于某某及玉田县某公司对该证据真实性均不认可，因此二审法院不能确定该证据的真实性，该证据不能作为本案定案的依据，该认定并无不妥。再次，销售管理制度、营销服务责任书采取的措施内容基本一致，即要求公司营销人员在职期间和离职3年之内不得利用原销售渠道销售公司同类产品。上述约定没有明确于某某应当承担的保密义务，而仅限制于某某在一定时间内通过原有渠道销售公司同类产品，该约定应当认定为竞业限制约定。竞业限制约定通过限制负有保密义务的劳动者从事竞争业务而在一定程度上防止劳动者泄露、使用用人单位的商业秘密。但是，相关信息作为商业秘密受到保护，必须具备反不正当竞争法规定的要件，包括采取了保密措施，而并不是单纯约定竞业限制就可以实现的。对于单纯的竞业限制约定，即便其主要目的就是为了保护商业秘密，但由于该约定没有明确用人单位保密的主观愿望和作为商业秘密保护的信息的范围，因而不能构成《反不正当竞争法》第十条规定的保密措施。最后，劳动合同协议书为劳动人事局等部门制定的格式合同，其第十一条第五项规定，乙方要保守甲方的技术经营机密，泄露甲方机密或利用厂技术机密与厂竞争者，甲方保留追究经济损失的权利。该规定同样不能认定为构成符合规定的保密措施。此外，二审法院还查明，唐山某公司提供的证人系从唐山某公司到玉田县某公司工作，其后又回到唐山某公司工作，与涉案双方存在利害关系，而且其陈述的保密措施也局限于上述规定和劳动合同，不能证明唐山某公司采取了其他保密措施。综上，虽然唐山某公司主张其采取了一定的保密措施，但上述措施并不符合相关规定，因此，其请求保护的技术信息和经营信息不构成《反不正当竞争法》第十条规定的商业秘密的保护要件。在此情况下，玉田县某公司和于某某的被诉侵权行为也不能认定为构成侵犯商业秘密行为。二审法院认定事实、适用法律并无不妥，唐山某公司的相应申请再审理由不能成立。

【案例评析】

1.在商业秘密侵权案件中，如何把握涉案技术或经营信息是否构成商业秘密

针对《反不正当竞争法》第十条第三款规定的"不为公众所知悉""能为权利人带来经济利益、具有实用性""权利人采取了保密措施"，《不正当竞争民事案件解释》第九条、第十条、第十一条对此分别予以了详细阐释。因此在司法实践中，针对技术信息需要委托专门的鉴定机构，对所涉技术信息是否属于技术秘密进行秘密性鉴定。专业技术特征不能通过简单的比对得出是否相同或相似的结论，必须通过专业技术鉴定，而该鉴定结论是证明权利人诉讼请求所依据的事实的关键证据。

针对经营信息，因为其具有较大的主观性及差异性，对此并无专门科学的鉴定来进行认定，需要法院和代理律师严格按照《不正当竞争民事案件解释》第九条、第十条、第十一条的相关定义来进行认定，当涉及客户名单时，《不正当竞争民事案件解释》第十三条第一款规定："商业秘密中的客户名单，一般是指客户的名称、地址、联系方式以及交易的习惯、意向、内容等构成的区别于相关公知信息的特殊客户信息，包括汇集众多客户的客户名册，以及保持长期稳定交易关系的特定客户。"依照《不正当竞争民事案件解释》第十三条的规定，商业秘密中的客户名单包括长期稳定交易关系的特定客户，但该《不正当竞争民事案件解释》并非意指只要是有较长时间稳定交易的特定客户就应作为商业秘密予以保护，相反，只有进一步考察主张享有权利的经营者就该特定客户是否拥有区别于相关公知信息的特殊客户信息，并且考察是否符合前述构成商业秘密的一般条件后，才能够决定是否应当认定为法律所保护的商业秘密。

在本案中，唐山某公司在诉讼中并未对涉案技术进行秘密性鉴定，也没有理解对于经营信息的认定标准，导致最终的败诉结果。

2. 关于是否采取保密措施

无论是侵犯技术信息还是经营信息，都要求权利人对其所要求的相关商业秘密进行了保密措施，但是在实践中总体上说企业的保密措施或多或少都存在一定的疏漏，而这些疏漏往往会产生扭转乾坤的效果，即使认定所涉技术或者经营信息构成商业秘密、被诉侵权人所有技术或经营信息与该商业秘密具有同一性，但仅仅因为无法证明采取了相应的保密措施，就不构成《反不正当竞争法》所规定的侵犯商业秘密。常见的有并未规定保密措施或者虽然制定的保密措施并未施行，如此并不符合《反不正当竞争法》第十条关于"商业秘密"的定义，当然不构成商业秘密；将竞业限制条款认为是保密条款，我国立法允许约定竞业限制，目的在于保护用人单位的商业秘密和其他可受保护的利益。但是，竞业限制协议与保密协议在性质上是不同的。前者是限制特定的人从事竞争业务，后者则是要求保守商业秘密。用人单位依法可以与负有保密义务的劳动者约定竞业限制，竞业限制约定因此成为保护商业秘密的一种手段，即通过限制负有保密义务的劳动者从事竞争业务而在一定程度上防止劳动者泄露、使用其商业秘密。但是，相关信息作为商业秘密受到保护，必须具备反不正当竞争法规定的要件，包括采取了保密措施，而并不是单纯约定竞业限制就可以实现的。对于单纯的竞业限制约定，即便其主要目的就是保护商业秘密，但由于该约定并没有明确用人单位保密的主观愿望和作为商业秘密保护的信息的范围，因而不能构成《反不正当竞争法》第十条规定的保密措施；保密措施空泛笼统，在日常的司法实践中，企业往往会在劳动合同书中约定"员工应该保守公司的一切商业机密"，而未明确保密的具体内容及范围，在这种情况下，无法判断权利人主张的商业秘密是否属于一般性保密条款或者保密要求中的"商业秘密"，也不足以认定员工已经通过保密措施知悉了企业希望保密的商业秘密范围，从而无法认定员工对其在工作中所掌握的相关信息使用的主观恶意，故单凭此类原则性规定并不足以认定企业采取了必要的保密措施，同时如果单纯在有关资料上标明"保密"字样或者在资料室门口写有"闲杂人等，禁止入内"，而任何人无任何障碍即可进入，不得认定为采取了合理的保密措施。

【结语和建议】

本案涵盖了商业秘密案件中技术和经营信息的认定标准及保密措施的认定标准，属于较为专业的知识产权问题，本案唐山某公司在起诉时只是单纯地认为玉田县某公司的法定代表人在我单位工作、有部分员工跳槽至该单位工作，两者的主营产品相同，就主观的认定为侵犯其商业秘密，甚至将产品说明书主张成商业秘密的载体，最终导致其主张的技术和客户信息是否属于商业秘密无法举证，是否采取保密措施无法自圆其说，是否侵害其技术无法举证的败诉结果，并且盲目查封玉田县某公司的对公账户，在该案唐山某公司败诉后，玉田县某公司随即向法院起诉主张唐山某公司财产保全错误的损害赔偿。

知识产权诉讼尤其是商业秘密诉讼具有较强的专业性，是企业自我保护和对外竞争的撒手锏，但在启动之间必须全面掌握相关的法律法规和司法实践，收集完整的证据，否则只会导致"偷鸡不成蚀把米"的结果。

附一审、二审判决书。

河北省唐山市中级人民法院
民事判决书（一审）

〔2011〕唐民初字第13号

原告：唐山某实业有限公司，住所地：河北省唐山市玉田县玉泰工业园，组织机构代码1051××××-4。

法定代表人：郑某某，该公司董事长。

委托代理人：吴西举，河北权智律师事务所律师。

委托代理人：徐景生，河北渤澳律师事务所律师。

被告：于某某，男，1968年2月29日生，汉族，玉田县某实业有限公司执行董事，住河北省唐山市玉田县，身份证号13022919680229×××。

被告：玉田县某实业有限公司，住所地：河北省唐山市玉田县，组织机构代码7387××××-1。

法定代表人：于某某，该公司执行董事。

二被告之委托代理人：李亚军，北京市京泽律师事务所律师。

二被告之委托代理人：解红宇，河北宏广律师事务所律师。

原告唐山某实业有限公司（以下简称"唐山某公司"）与被告于某某，被告玉田县某实业有限公司（以下简称"玉田某公司"）侵犯商业秘密纠纷一案，本院受理后，依法由审判员李歆、代理审判员苗会新、代理审判员王国聚组成合议庭不公开开庭进行了审理。原告唐山某公司委托代理人吴西举、徐景生，被告于某某、玉田某公司委托代理人李亚军、谢红宇到庭参加了诉讼。本案现已审理终结。

原告唐山某公司诉称：1990年初，原告的前身玉田县五金厂与国内外有关企业，研究机构和国内知名专家、教授合作，引进国外生产石油螺杆泵的先进技术，于1992年试制成功。后又与大庆油田采油工艺研究院合作，共同投资研制大排量石油螺杆泵生产技术，于1995年获得成功，在研制生产石油螺杆泵产品实践中，原告结合自主创新，研发了生产石油螺杆泵产品及生产石油螺杆泵多项加工工艺、加工办法、选配方法、检测方法等，形成了自己独特的技术规范，积累了同行业所不知悉、给原告公司带来经济效益和竞争优势的技术秘密。

在研制生产出先进石油螺杆泵产品之后，原告凭借高新技术产品的优势，大力开拓销售市场，推行名牌产品战略，坚持信誉为本，以向用户提供适用的产品、及时周到的服务、满足用户需求为宗旨，逐步建立了稳定的销售渠道，掌握了用户的基本情况、联系方式、交易习惯、信誉程度，形成了区别于相应公知信息的特定客户信息，包括汇集众多客户的名册。到2004年初，原告与营销人员签订营销服务责任书时，将特定的客户名单随附，以利各营销员分管和销售任务的落实。

原告靠上述技术合计经营上的秘密，迅速打开并培养了比较成熟的销售石油螺杆泵产品的市场。产品畅销大庆、胜利、辽河、大港、河南、江汉、华北、冀东等油田，获得了可观的经济效益，先后获得河北省"产品质量信得过企业"和"信用优秀企业"的称号。原告为此也付出了巨大代价，承受了非同寻常的商业风险，投入了大量的人力、物力、财力和智力。包括支付科研机构、专家教授技术咨询费、评审费等共51万元，用于购买制造石油螺杆泵专用设备投资390万元。

为防止上技术和经营秘密不被泄露，原告采取了多方面的保密措施，加以控制、管理，包括制定公司保密制度、销售管理制度，在与职工签订劳动合同和与业务员签订营销服务责任书时,都明列保密条款加以控制。被告于某某1996年8月9日调来原告公司工作。当时原告生产的石油螺杆泵产品已在市场上投入,正是扩大销售业务之际,需要培养较高业务水平的专业人员,使他们掌握石油螺杆泵的构造、性能,会根据用户油井的不同情况,选择相应的泵型。因此,这些业务人员必须经过车间组装实践,了解石油螺杆泵的生产过程、性能和原理,还要经过老业务员的带领到各个抽油现场进行作业培训,做到什么情况用什么样的泵,出现什么样的问题怎么处理。还要掌握签订及履行石油螺杆泵系列产品销售合同的知识和技巧,处理好与客户的关系,把握销售市场的供求、价格、新产品等信息,推销新产品并做好售后服务工作,使这些业务人员成为具有多方面专业知识的复合型人才。为此,原告亦投入了相当多的财力、物力和努力,包括聘请专家举办讲座,到油田现场进行实践作业等。于某某经老业务员培养一年有余,从不知石油螺杆泵为何物及不会签订销售该类产品合同,到系统掌握这方面的专业知识,能独立开展工作,原告亦为此付出了心血,做到了教好、传好、帮好、带好,使于某某学好。一年多培训期间,原告为于某某开工资、报销差旅费用等。1998年,于某某经考核合格上岗担任原告业务营销员,负责山东区域的销售及服务工作,由老业务员先将山东区域的特定客户介绍给他,教他如何开展工作。于某某比较快地掌握了山东区域的销售客户和销售渠道信息,也得到了丰厚的报酬。2000年底,于某某成为原告公司股东之一。2001年1月12日于某某与原告签订了为期三年(2001年1月1日—2003年12月31日)的劳动合同协议书,其中第十一条(五)款约定:"乙方(于某某)要保守甲方(原告)技术经营秘密,泄露甲方机密或利用厂技术机密与厂竞争者,甲方保留追究经济损失的权利。"2004年1月16日,于某某又与原告签订了为期两年的劳动合同协议书,无例外地均承诺要保守原告的商业秘密。2004年2月8日,于某某与原告签订了销售服务责任书,具体负责原告在山东、湖北、华北地区的石油螺杆泵产品的营销工作,承诺:"维护公司利益,在职期间或离开公司3年内,不利用原销售渠道销售与公司同类的产品。"但于某某于2002年5月22日在河北省玉田县工商局登记注册了玉田县某实业有限公司,担任该公司执行董事、法定代表人。经营与原告同类的石油钻采设备,与原告展开不正当竞争:2005年12月31日,为于某某在原告签订履行第二个劳动合同两年届满日。之前,于某某在原告销售石油螺杆泵产品金额不断减少,2005年则干脆没有销售收入,金额为零。与此相反。根据玉田某公司年检报告关于同类产品营业收入的记载,其销售石油螺杆泵设备产品的金额则不断攀升。于某某在离开公司3年之内及之后,利用原告的销售渠道,为玉田某公司销售同类产品,不正当地使用原告经营秘密的事实。2006年2月,于某某还通过高于原告职工工资一倍的工资,利诱原告的技术人员和技术工人到玉田某公司工作,获取了原告生产石油螺杆泵产品的全部技术秘密。于某某正是利用和使用上述不正当手段获取原告的技术和经营秘密,在玉田某公司生产销售与原告的同类产品。玉田某公司关于石油螺杆泵产品使用说明书中的目录共12项,其中的主要内容与原告的产品销售说明资料在实质上相同,玉田某公司所使用的技术数据与原告的技术数据具有一致性。被告于某某及其在玉田某公司工作的技术负责人及技术工人,均为原告一手培养的职工,其在玉田某公司赖以生产和销售石油螺杆泵产品的技术和经营之道,完全出自原告。于某某还在石油螺杆泵产品销售市场恶意压低价格进行倾销,迫使原告的生产成本加大,利润减少,市场缩小,原告一度处于半停产状态,先后裁员近20人,使原告遭受了严重经济损失。

被告于某某的上述行为,违背了他与原告签订的劳动合同和营销服务责任书中关于保守原告技术经营秘密的约定,也违背了原告《关于保密工作的几项规定》中"凡本公司员工在厂期间和离厂2年内,不得利用所掌握的技术生产或为他人生产与本公司有竞争的产品和提供技术服务"的规定。已构成《反不正当竞争法》第十条关于经营者不得"以盗窃、利诱、胁迫或者其他不正当的手段获取权利人的商业秘密"和"违反约定或者违反权利人有关保守商业秘密的要求,披露、使用或者允许他人使用其所掌握的商业秘密"的法律规定。于某某和玉田某公司对原告技术和经营秘密的不法侵害,给原告造成了巨大经济损失。于某某离开唐山某公司3年内,利用原告销售渠道和特定客户博兴县油区华兴有限公司、江汉油田分公司供应处、河南油田分公司、冀东油田分公司等企业,销售石油螺杆泵产品,非法获得营业利润1114333元。3年之后的2009年1月至3月1日,于某某利用河南油田分公司销售石油螺杆泵金额421222.21元,非法获得营业利润147470元。2009年3月2日至6月24日,于某某利用河南油田分公司销售石油螺杆泵产品12台,利用冀东一油田分公司销售90台,两笔共102台。按侵权产品在市场销售的总数102台乘以每件侵权产品的合理利润7180.25元计算,玉田某公司此项非法获利732385.50元。仅上述计算,玉田某公司利用原告销售渠道和特定客户销售石油螺杆泵产品非法获利1994188.50元,即为原告因被告于某某和玉田某公司侵权所遭受的损失。二被告侵害原告商业秘密的行为仍在继续，其中被告利用冀东油田分公司销售石油螺杆泵产品，还涉及以排挤原告为目的的低价倾销，使原告遭受双重打击，造成原告更加严重的经济损失。为维护原告的正当合法权益，特向法院提起诉讼，请求法院判令：①一被告停止侵权，在判决生效之日起3年内停止与属于原告商业秘密的涉案客户发生销售业务；②二被告在判决生效后10日内在《中国石油报》上书面向原告赔礼道歉、消除影响；③二被告赔偿因侵害原告商业秘密造成的经济损失2456792.94元；④二被告赔偿原告律师费、调查费8万元；⑤被告负担诉讼费用。

被告于某某、玉田某公司答辩称：原告主张二被告利用石油螺杆泵技术、利用原告的销售渠道均不能成立。①关于石油螺杆泵生产技术，本案明显不涉及《反不正当竞争法》第十条第一项和第二项内容，对于第三项"违反约定或者违反权利人有关保守商业秘密的要求，披露、使用或者允许他人使用其掌握的商业秘密"之规定，被告认为，首先，该技术不是原告的专利技术，也不是原告专有技术，相反，被告在2004年9月15日获得了防砂卡螺杆系实用新型专利权证书；其次，原告与于某某签订的销售服务责任书实际上是竞业限制，但根据《劳动法》之规定，企业在对员工做出竞业限制的时候应根据实际情况对员工做出适当的经济补偿，但由于原告违反《劳动法》之规定没有给予补偿，也没有实际给过补偿，同时，国家科学技术委员会《关于加强科技人员流动中技术秘密管理的若干意见》之规定，凡有竞业限制约定，单位应向有关人员支付一定数额的补偿费，竞业限制的期限最长不得超过3年。但如果负有竞业限制义务的人员有足够证据证明该单位未执行国家有关科技人员的政策，受到显失公平待遇以及本单位违反竞业限制条款，不支付或者无正当理由拖欠补偿费的，竞业限制条款自行终止。由于原告违反上述规定，其与于某某签订的销售服务责任书早已自行终止，故被告不存在《反不正当竞争法》所规定的侵犯商业秘密的行为和情形。再次，被告录用原告劳动合同到期又没有续签的技术人员和工人的做法是符合《关于加强科技人员流动中技术秘密管理的若干意见》之规定的，并不存在侵犯原告商业秘密的情形，至于原告销量降低、经营不善纯属自身管理造成的，与他人无关。②本案所涉及的石油螺杆泵销售不属于商业秘密。作为买方的各个油田不是只有原告才能联系到的特定客户，作为油田大型企业，无论其数量还是地理位置都是有目共睹的，他们需要石油螺杆泵这样的设备，不存在保密情形。另外，油田在采购这些设备时都是经过招投标，被告玉田某公司作为依法成立的公司，于2006年1月12日通过中石油天然气集团公司的审核，办理了会员证书，于2009年4月30日更新了物资供应商准入证，具有会员资格和准入资格，能够收到各油田的投标邀请书，故该销售渠道不属于原告的商业秘密。③被告工商登记中虽有石油钻采设备，但并未实际生产；且被告是在2006年2月25日购买机床等设备，2006年8月份才把设备调试成功；被告是在2008年11月份才介入油田石油螺杆泵销售业务，原告诉状与事实不符。综上所述，请法院查清事实后，依法驳回其诉讼请求。

根据原告、被告的起诉与答辩情况，本院当庭归纳本案争议焦点为：①原告享有的生产石油螺杆泵的相关技术以及销售渠道是否属于商业秘密；②被告于某某、玉田县某实业有限公司的行为是否侵犯了原告所享有的商业秘密；③二被告是否应当赔偿原告经济损失2456792.94元，该损失的依据为何。

就争议焦点一，原告提交了五组证据：第一组证据分为六份证据，证据一为"螺杆泵定子芯轴的加工工艺"；证据二为"螺杆泵定子芯轴的加工工艺"；证据三为"螺杆泵转子（长转子）的加工办法"；证据四为"螺杆泵定、结子选配方法"；证据五为"螺杆泵砂带抛光及尺寸检测方法"；证据六为"螺杆泵地面驱动装置结构"。上述证据中，证据二的技术为原告独创，证据六中的技术为国内首创。上述证据证明上述技术实用性强，仅在原告内部相关人员中掌握、使用。被告技术人员蒲某某、张某某在2006年2月离开唐山某公司前知悉该技术。

第二组证据为河北增值税专用发票。证明于某某在原告公司工作期间，自2001年2月至2005年底前任博兴油区华兴有限公司销售石油螺杆泵产品的营销责任人，自2000年12月至2005年底前任中国石油化工股份有限公司江汉油田分公司供应处销售石油螺杆泵产品的营销负责人，掌握上述客户的经销信息和交易习惯，华兴公司四年内与唐山某公司发生销售业务17笔，营销金额92.8万元，江汉油田分公司供应处5年内与唐山某公司发生销售业务9笔，销售金额63.604万元，均为唐山某公司稳定的特定客户。

第三组证据为河北增值税专用发票。证明从原告向河南油田分公司销售石油螺杆泵产品增值税专用发票凭证看，原告四年内销售54笔，总金额为366.435万元，该公司系原告稳定的特定客户。

第四组证据为河北增值税专用发票。证明原告4年内向冀东油田分公司公司销售共计103笔,金额803.3879万元,该公司为原告所有特定客户中最大买家。

第五组证据分五份:证据一为2001年1月12日原告与于某某签订的劳动合同协议书;证据二为2004年1月6日原告与于某某签订的劳动合同协议书,证明被告于某某承诺"保守甲方技术经营机密",不泄露甲方机密或利用厂技术机密与厂竞争;证据三为唐山某公司销售管理制度,证明原告规定公司营销人员在职期间和离职3年以内,不得利用原销售渠道销售公司同类产品,要和分管各地区客户的营销员签订营销责任书。该制度自2003年1月起执行。被告于某某完全知悉;证据四为唐山某公司关于保密协议的几项规定,证明在2003年底,唐山某公司为保守企业秘密,提高企业市场竞争能力,指定了该项规定,要求"本公司员工都有保守企业销售、经营、生产技术秘密的义务,不得将企业的经营、销售、产品技术加工工艺等有关企业竞争能力的信息,透露给他人,未经许可不得利用企业的销售渠道为他人销售产品及服务",该规定在公司全体员工会议上宣读过,被告于某某知悉该规定;证据五为唐山某公司营销服务责任书,证明在2004年2月8日,被告于某某同原告签订营销服务责任书,负责山东、湖北、华北地区石油机械产品的营销服务工作,承诺在职期间或离开公司3年内,不得利用原销售渠道销售与公司同类的商品。

二被告针对上述五组证据发表质证意见:对于原告提交的第一组证据的真实性、合法性、关联性均不认可。被告于某某在原告公司工作期间不知道原告中有这些技术信息,对这六组技术信息不知情,且从内容上来看这些信息没有新颖性、先进性、独立性,并非不可以让公众知悉的信息,上述信息均属于通用技术,通过公开渠道就能获得。

针对原告提交的第二组、第三组、第四组证据,对其真实性、合法性认可,但该组证据与本案无关,对其证明目的不认可,这些证据不能证明购买人是原告的稳定客户群。

对于原告提交的第五组证据,对其中的两份劳动合同协议书的真实性、合法性认可,对其关联性及证明内容不认可。两份劳动合同协议书均约定了被告于某某的保密义务,但是这个保密不符合《反不正当竞争民事案件解释》第十一条、第十四条的规定,规定强调保密措施要合理,且要有具体的内容,但劳动合同协议书中的保密对象是不具体的,仅是一个概念,没有具体的保密对象或内容,故对于保密义务人来讲不知道保守什么秘密及保密的内容。因此这种要求不符合法律的规定，不是法律规定的保密措施。该合同中仅是形式上提出了保密要求，但无具体的保密内容，保密措施达不到保密效果。对该组证据中的证据三的真实性、合法性无异议，但该证据与本案无关，对其证明内容不认可。该证据仅规定在职期间和离职3年内不能利原渠道销售产品，并不是保密的要求，且根据该制度中的保密可识别程度，任何人不会认为它是保密措施，如果把它理解为一项保密措施，也达不到法律规定的保密标准。对该组证据中的证据四的真实性、合法性、关联性、证明内容均不认可，即便原告确实存在上述规定，因保密内容不具备，无具体的保密对象和保密标的，无法执行；且于某某从未见过该份文件，原告也不能证明这份文件的制定日期，故该证据无证据作用。对第五份证据的真实性、合法性认可，但对关联性、证明内容不认可。该价证据中没有保密的要求，达不到保密目的，且于某某未收到过附件中的客户名单。综上，原告提交的上述五份保密措施的证据均因缺乏具体的保密对象、保密内容或不具备保密措施的可识别程度，不足以防止涉密信息的泄露，故原告主张的保密措施没有达到法律上的认可、合理的程度，不构成保密要件。

二被告针对争议焦点一提交了两组证据：证据一为防砂卡螺杆杆泵实用新型专利权证书、证据二为中国石油天然气集团有限公司颁发的物资供应准入证。证明被告玉田某公司有合法销售石油螺杆泵的权利，且销售渠道是合法的。被告的准入资质是被告凭自己的实力取得的，被告系甲级供应商，原告为乙级供应商，被告的资质高于原告。

原告对二被告提交的上述证据发表质证意见：对被告提交的证据一的真实性、合法性无异议，但与本案无关，且不认可其证明目的。原告拥有的技术秘密是生产石油螺杆泵的加工工艺、加工办法、选配方法、检测方法等具有实用和经济价值的技术信息，具有秘密性并经原告采取了保密措施，是不为公众所知的。而被告所举证的实用新型专利"防砂卡螺杆泵"是一种生产防砂卡螺杆泵的设计方案，已成为公众知悉的信息，二者是不同法律范畴的内容。且在原告没有申请专利的情况下被告去申请专利也是有可能的。对被告提交的证据二的真实性认可，但不认可其合法性。不是受到邀请就可以进入原告的销售渠道，因为销售渠道和客户是有特定性和保密性的，而于某某是知道这些销售渠道和客户的，且于某某在离职后3年内利用被告的客户进行销售违背了与原告的约定，故其不具备合法性。

针对争议焦点一，原告提交了五组证据，分别为证据六至证据十。

证据六为原、被告公司的CLB系列螺杆抽油泵使用说明书各一份。证明被告于某某在离开唐山某公司的第二年即2006年8月，在玉田某公司生产的单螺杆抽油泵有关地面驱动装置采用静密封光杆形式的技术信息与唐山某公司的有关这一技术信息具有相同或一致性（附详细说明），结合原告的证据一及证据五、证人证言等，可以认定于某某和玉田某公司侵害了唐山某公司的技术秘密。

证据七为工人干部介绍信，证明被告于某某自1996年8月9日从玉田和平毛麻纺织厂调来唐山某公司（前身为林南仓五金厂）工作至2005年12月31日，始终为唐山某公司职工，于某某在2002年5月22日设立玉田县某公司，在其设立被告公司的工商登记中，其写明"自1995年至今，从事个体"，其行为目的在于掩盖其非法经营的身份，与唐山某公司进行不正当竞争。

证据八为设立玉田县某实业有限公司的登记申请表、公司股东（发起人）名录、公司法定代表人履历表、变更登记申请事项等。证明被告于某某在2002年5月22日的设立玉田某公司的经营范围中填写"机电设备"和2003年8月11日变更玉田某公司经营范围中填写"石油钻采设备制造销售"与"原核准登记事项"填写"石油钻采设备制造销售"相一致，证实其在与原告签订第一份为期3年的劳动合同的第三年就背着原告设立玉田某公司并任该公司法定代表人，经营与原告同类的石油钻采设备，与原告进行不正当竞争，违背了劳动合同中承诺不与原告竞争的约定。

证据九为玉田某公司销售石油螺杆泵产品及缴纳增值税的清单。证明被告玉田某公司2006年1月至2011年10月18日销售石油螺杆泵产品及缴纳增值税的信息。

证据十为玉田某公司利用唐山某公司的四家特定客户销售侵权产品的清单。证明：（1）玉田某公司2006年1月4日至12月18日向唐山某公司特定客户华兴公司销售侵权产品18笔共24台，货款金额77.95万元；2007年2月11日至12月12日销售11笔共14台，货款金额38.846万元；2008年3月18日至12月17日销售4笔共8台，货款金额19.82万元；2009年4月19日至9月1日销售4笔共6台，货款金额16万元；2010年6月16日销售1笔，货款金额2000元。以上5年共销售38笔共52台，货款金额152.816万元。（2）玉田某公司2007年11月7日向唐山某公司特定客户中石化股份有限公司江汉油田分公司供应处销售侵权产品2笔共6台，货款金额15.056万元。（3）玉田某公司2008年6月2日至11月13日向唐山某公司特定客户河南油田分公司销售侵权产品13笔共22台，货款金额77.6631万元；2009年2月19日至11月8日销售14笔共55台，货款金额123.5万元；2010年6月9日销售1笔共2台，货款金额5.6万元；2011年10月6日销售1笔共3台，货款金额7.5万元。以上4年共销售29笔共82台（套）、货款金额214.2631万元。(4) 玉田某公司2008年12月8日至12月12日向唐山某公司特定客户冀东油田分公司销售侵权产品5笔共16台，货款金额30.0998万元；2009年5月7至10月21日销售31笔共107台，货款金额239.6580万元；2010年3月6日至12月20日销售20笔共69台，货款金额139.6227万元；2011年7月5日至10月18日销售20笔共65台，货款金额165.93293万元。以上4年共销售76笔共257台（套），货款金额575.3135万元。以上玉田某公司共向唐山某公司四家特定客户销售侵权产品145笔共397台（套），货款金额高达957.4486万元，构成对唐山某公司经营秘密的严重侵害。

  二被告对原告提交的上述五组证据发表质证意见认为：对原告提交的证据六中原告公司的说明书的真实性、合法性、关联性均不认可，被告不知道还有这样的说明书。对被告的说明书的真实性、合法性认可，但与本案无关，故不认可其证明目的。

  对原告提交的证据七、证据八、证据九、证据十的真实性、合法性认可，但对其关联性和证明内容不认可，原告的信息不是商业秘密，不能证明被告侵犯其商业秘密，且被告不存在侵犯原告商业秘密的行为。

  被告针对焦点二没有证据提交。

  原告申请证人盛某某、刘某某、周某某出庭作证，该三人目前均系原告职工，证人出庭证明张某某、薄某某、盛某某、刘某某等人原均系原告职工，后到被告单位工作，负责的内容与在原单位一样，生产、销售慢慢地帮被告公司搞起来。

  原告认为该三人的证言证明被告的技术人员从原告公司带走了技术，且上述三人到被告单位时，被告无技术人员，被告单位以超过原告单位2倍的工资招聘原告职工就是为了他们能将原告的技术带到被告公司，还要求证人周某某将其负责的客户信息带至被告单位。证人证言可以证明被告利用了原告的销售渠道和技术信息，被告的行为违反了反不正当竞争法司法解释所规定的保密措施。

  二被告对该三人的证言发表意见：该三人与原告存在利害关系，与被告存在巨大矛盾，该三人的证言不可信；证人提到的原告对其的保密要求仅限于口头，没有书面证据证明，故证人关于保密方面的陈述是不真实的。且该三人均系普通工人，均不是高科技人员，其到被告单位均系主动联系的被告，属于正常的人员流动，并非侵犯原告的商业秘密。

原告申请的专家辅助人谭某某、陈某某到庭就本案技术问题做出了说明，原告自1990年初就开始从事研究、开发、生产石油螺杆泵，与中国石油勘探研究院钻台研究所及中海油能源发展有限公司采油研究院等多家科研院校采取项目研制的方式，研究开发了石油螺杆泵及地面驱动装置等采油设备，取得了多项专利并拥有一套独特的加工方法和生产工艺，其中加工方法和生产工艺就有原告提交的六项有资质的，且这些方法列入了原告公司技术保密的范围。通过对比原告、被告的说明书，可以发现很多内容是相同的，这些石油螺杆泵涉及异形曲线的加工、工艺等都与市场上常见的不一样。石油螺杆泵这个产品是有特殊性的，是一个异形摆线曲面形成的一种螺旋形的螺杆泵，这种摆线曲面的形状需要特殊工艺及特殊工艺加工而成，之后还要经过与它配合的定子部分进行选配实验，在原告不停的摸索中研制出了这些型线的加工方法、检测方法和实验方法，即仿型加工、数控编程加工及水痕检测、水痕检型分析法，这些技术专业性是比较强的，也就是说如果想做出这些产品，必须具有若干年以上的从事过此项工作的技术人员、加工人员来参与，才能做出这些产品。

二被告认为，这两个技术人员均是原告单位的职工，对于原告职工所做的技术答疑有异议，对其说明不予认可。且根据国内公开出版的著作，该项技术早在20世纪90年代国内就有制造厂，说明螺杆泵的制造技术早就是公开的，这些都是属于公知的信息。

此外原告在诉讼中提交了一份证据保全申请，要求保全被告全部的设计图纸、光盘、磁盘、全部的设备资料等，但在证据保全中被告拒绝提供上述资料，后被告向法院提交了部分资料，但一直未提交技术资料，该证据可以证明被告在生产过程中生产了与原告相同的产品，利用了原告多年形成的经营信息客户群。根据相关证据规则要求，被告应当提供证据证明其是通过反向工程等合理的方式取得的生产技术秘密和客户群，但是被告未能提供相应的证据予以证明，已构成侵权。

被告认为，原告的陈述是没有依据的，对其证明内容不予认可。关于争议焦点三，原告向法院申请由唐山中元精诚会计事务所就其损失做出了司法鉴定报告。该鉴定结论载明，被告自2006年至2011年10月因侵权给原告造成的损失数额按销售利润计算是2456792.94元。原告认为该鉴定是合法有效的,其认可该鉴定结论。其提交该证据证明被告因侵害原告的经营秘密和技术秘密给原告造成的损失数额。

而被告针对原告提交的该证据发表质证意见认为,对其真实性认可,但不认可其合法性。首先,鉴定人不具有相应的鉴定资格,河北省财政厅颁发的执业证书中名称为"唐山中元精诚会计师事务所有限责任公司",鉴定机构的名称为"唐山中元精诚会计师事务所有限公司";其次,该鉴定报告无鉴定人资质的说明;再次,该鉴定超出了原告申请鉴定的范围,原告申请鉴定的2003年至2010年期间所受到的损失,而鉴定截止时间为2011年10月;最后,鉴定被告的利润应根据被告的资产损益表进行,不能按照原告的利润水平进行。

在庭审中,原告当庭提交了其公司技术部门对技术人员制作的关于技术管理的几项保密措施的文件的电子载体,证明原告公司对于技术秘密做出了具体的明确规定,符合反不正当竞争司法解释中的采用了保护措施的要求。

二被告认为该份证据系伪造的,是原告经过第一次庭审后的启发所做的,且与之前的保密措施相差甚远。但该保密措施还不具备,无具体内容,且非证据原件,故对其真实性不认可。

经过法庭审理,本院依据双方陈述及所提交的上述证据确认如下事实:

原告唐山某公司成立于1995年7月份,系一家从事食品机械、石油机械、电子产品、机电设备制作销售、货物运输(普货)生产和销售的有限责任公司。

被告于某某自1996年8月9日从玉田和平毛麻纺织厂调至唐山某实业有限公司(前身系林南仓五金厂)工作至2005年12月31日,期间于某某分别于2001年1月12日、2004年1月1日同原告签订了两份劳动合同协议书,双方在合同中约定的期限分别为三年、一年。2002年6月,于某某申请设立了玉田县某实业有限公司。在其提交给工商管理部门的履历表中显示,1995年至填表之日其工作性质为个体。2004年9月15日,经国家知识产权局授权,于某某作为专利权人,取得了"防砂卡螺杆泵"的实用新型专利权证书。

玉田某公司成立于2002年6月份,系一家从事石油钻采设备、环保器材及配件制作销售、水暖器材零售的有限责任公司,其法定代表人系于某某。2006年1月12日,被告取得中国石油销售总公司北京信息服务有限公司的会员证书;2006年7月30日,被告取得河南油田物资资源市场准入证书,有效期至2007年7月30日;2007年1月26日,被告取得江汉油田物资市场准入证，有效期至2009年1月25日；2008年4月30日，被告取得中国石油冀东油田市场准入许可证，有效期至2008年12月31日；2009年4月30日，被告玉田某公司取得中国石油天然气集团有限公司的物资供应商准入证。

2001年2月至2005年底，于某某在原告处作为向博兴油区华兴有限公司销售石油螺杆泵的营销责任人，在该期间，原告与该油区共发生17笔业务，营销金额为92.8万元。

2000年12月至2005年底，于某某在原告处作为向中国石油化工股份有限公司江汉油田分公司供应处销售石油螺杆泵的营销负责人，在此期间，原告与该供应处共发生9笔业务，营销金额为636040元。

2002年至2005年，原告共计与中石化河南油田分公司发生54笔业务，共计销售3664350元；与中石油冀东油田分公司发生业务103笔，销售金额为8033879元。

2011年2月28日，原告向本院提出申请，申请对二被告侵害其商业秘密的行为给其造成的损失数额进行司法鉴定，即自2003年至2010年因被侵权所受损失的数额进行鉴定。2012年4月20日，经唐山中元精诚会计师事务所有限公司出具司法鉴定报告（唐山中元精诚司法鉴报字2012第1号司法鉴定报告），该报告所依据的鉴定材料为"2006年至2011年10月份玉田县某实业有限公司发票及发票清单、销售合同，唐山某实业有限公司客户信息、报表、账簿等"及其他材料。后经该会计师事务所根据双方及法院提供的送检材料，对原告损失进行了测算，经测算，2006年至2011年10月份原告因被告侵权所受损害赔偿数额按销售利润测算结果为2456792.94元，按营业利润测算结果为985102.04元。其中，2003年至2010年期间按销售利润测算结果为2052798.1元，按营业利润测算结果为850786.86元。

上述鉴定报告向双方送达后，2012年7月17日，被告于某某、玉田某实业公司向本院提出异议，认为该鉴定范围错误，首先是扩大了原告申请鉴定的损失范围，原告申请鉴定损失的截止日期为2010年，但鉴定报告的损失范围扩大到了2011年1—10月，其次根据原告提交的营销服务责任书，只能鉴定被告离开原告3年内，即2006年至2008年的损失，如果将营销服务责任书的限制理解为劳动合同法中的竞业限制，则不应超过2年，故该鉴定范围错误。同时被告认为该鉴定所依据的鉴定资料错误，应以被告提交的经国家税务局核定的损益表和资产负债表为鉴定资料，而不应以原告提交的未经法定机关核定的资料为鉴定资料。

针对上述异议，唐山中元精诚会计师事务所有限公司向本院做出回复认为，关于鉴定范围，因被告未能在规定的期限内提供鉴定所需全部材料，故依据法院调查取得经玉田县国家税务局确认的销售发票清单、原告提供的被告产品销售清单及被告提供的销售发票进行司法鉴定，上述材料截止日期均为2011年10月，故鉴定范围截止日期为2011年10月；关于鉴定资料，因被告未能及时提供鉴定所需材料，故根据原告提供的财务报表及会计资料进行测算单台产品销售利润及营业利润，完全符合相关规定。

2015年12月4日，唐山中元精诚会计师事务所有限公司向本院出具说明，证明其公司经河北省财政厅颁发执业证书时的名称为唐山中元精诚会计师事务所有限责任公司，后经唐山市路北区工商行政管理局颁发营业执照时的名称为现名称。

另查明，根据原告提交的证据及原告的陈述，可以确定原告主张的商业秘密为其自主创新的螺杆泵定子芯轴的加工工艺，螺旋泵转子（长转子）的加工办法，螺杆泵定子、转子选配方法，螺杆泵砂带抛光及尺寸检测方法，螺杆泵地面驱动装置结构，以及与博兴油区华兴有限公司、中石化河南油田分公司建立的销售渠道。上述技术是其同国内其他科研机构、知名专家等合作研发而形成的独特的技术规范，属于不为同行业所知晓、能为原告带来经济效益和竞争优势的技术秘密；同时原告主张，其销售渠道也是凭借高新技术产品的优势，大力开拓销售市场，坚持信誉为本，及时周到服务，努力满足用户需求的情况下，建立起来的稳定的销售渠道，掌握了这些用户的基本情况、联系方式、交易习惯、信誉程度等，从而形成了区别于相应公知信息的特定客户信息。而由此形成的销售渠道也是原告的商业秘密。

原告针对其商业秘密，通过制定保密制度、销售管理制度，与在职职工签订劳动合同及与业务员签订营销服务责任书的形式，将保密条款名列其中。在其制定的《关于技术秘密管理的具体措施》中，明确了技术秘密的范围、技术秘密的等级、技术保密的具体实施办法及相关技术文件如何保管等，同时明确了泄密的责任。在原告与其职工签订的劳动合同中，也明确了相应的保密责任和保密要求。

本院认为，《反不正当竞争法》规定，商业秘密是指不为公众所知悉，能为权利人带来经济利益，具有实用性并经权利人采取保密措施的技术信息和经营信息。经营者以盗窃、利诱、胁迫或者其他不正当手段获取权利人的商业秘密，构成侵犯商业秘密。

关于原告是否享有商业秘密的问题。本案原被告双方均作为生产、加工、销售石油螺杆泵的专门企业。原告在与国内外企业、科研机构、知名专家等合作的基础上，投入大量精力和金钱，自行研发并取得了螺杆泵定子芯轴等技术的加工工艺，系国内同行业首创。为避免技术成果对外泄露，原告制定了严格详尽的保密制度，并在生产和销售过程中，与相关技术人员、其他责任人员明确了保密要求。原告生产、销售产品的技术方案、制作方法、设计图纸、产品设计概念等工艺规程、工艺技术参数等，均系原告自行研发，采取了相应的保密措施，不为公众所知悉，处于行业领先地位，被实际应用后能够为原告带来经济利益，故此构成商业秘密。而原告针对其销售渠道，同样采取了相应的保密措施，该销售渠道的取得并无一般公众可以通过其他途径获知，故原告的销售渠道同样构成商业秘密。

关于被告是否侵害商业秘密的问题。被告于某某在原告工作期间，即成立了被告公司，其从原告处离职后，即领导被告公司开始从事石油螺杆泵的生产、销售工作，并通过高薪从原告处招聘技术人员，利用其在原告处工作时掌握的销售渠道及其招聘的从原告处离职的技术人员掌握的技术信息进行生产和销售，二被告的上述一系列行为之目的，均是生产销售石油螺杆泵而取得利益，故其行为侵犯了原告的商业秘密。

关于原告损失的数额问题。根据唐山中元精诚会计师事务所有限公司的鉴定报告及复函，根据原告的申请，其要求鉴定的是被告自2003年至2010年期间因被侵权所受到的损失数额。根据上述鉴定，按照销售利润测算，原告的损失金额为2 052 798.1元（2006年至2010年期间）；按照营业利润测算，原告的损失金额为850 786.86元（2006年至2010年期间）。而销售利润除包含营业利润外，还包含销售费用、管理费用、财务费用等。故认定被告侵权给原告造成损失的数额时，应以其营业利润为依据。故被告应共同承担赔偿责任。原告虽主张二被告应赔偿其律师费及调查费，但未向本院提交相关证据证明，故其该项诉讼本院不予支持。

综上，依据《反不正当竞争法》第十条、第二十条，《不正当竞争民事案件解释》第九条、第十条、第十一条、第十三条第一款，《侵权责任法》第六条、第八条、第十五条，《民事诉讼法》第六十四条、第一百一十九条第一项之规定，判决如下：

一、被告于某某、玉田县某实业有限公司立即停止对原告唐山某实业有限公司商业秘密侵害的不正当竞争行为；

二、被告于某某、玉田县某实业有限公司在判决生效后10日内在《中国石油报》上书面向原告唐山某实业有限公司赔礼道歉、消除影响；

三、被告于某某、玉田县某实业有限公司赔偿因侵害原告唐山某实业有限公司商业秘密造成的损失850 786.86元；

四、驳回原告其他诉讼请求。

如果未按本判决指定的期限履行给付金钱义务，应当按照《民事诉讼法》第二百五十三条之规定，加倍支付迟延履行期间的债务利息。

本诉案件受理费27094元，由原告唐山某实业有限公司负担14786元，由被告于某某、玉田县某实业有限公司负担12308元。

审判长　李　昕
代理审判员　苗会新
代理审判员　王国聚
2015年12月11日
书记员　赵亚征

河北省高级人民法院
民事判决书（二审）

〔2016〕冀民终第689号

上诉人（原审被告）：玉田县某实业有限公司，住所地：河北省唐山市玉田县，组织机构代码73874××××。

法定代表人：于某某，该公司执行董事。

上诉人（原审被告）：于某某，男，1968年2月29日生，汉族，玉田县某实业有限公司执行董事，住河北省唐山市玉田县。

二上诉人共同委托诉讼代理人：王现辉，北京大成（石家庄）律师事务所律师。

二上诉人共同委托诉讼代理人：刘朋朋，北京大成（石家庄）律师事务所实习律师。

被上诉人（原审原告）：唐山某实业有限公司，住所地：河北省唐山市玉田县玉泰工业园，组织机构代码10519×××。

法定代表人：郑某某，该公司董事长。

委托诉讼代理人：吴西举，河北权智律师事务所律师。

委托诉讼代理人：王剑波，河北权智律师事务所律师。

上诉人于某某、玉田县某实业有限公司（以下简称玉田某公司）因与被上诉人唐山某实业有限公司（以下简称唐山某公司）侵害商业秘密纠纷一案，不服河北省唐山市中级人民法院〔2011〕唐民初字第13号民事判决，向本院提出上诉。本院于2016年10月8日受理后，依法组成合议庭，因涉及商业秘密不公开开庭对本案进行了审理。二上诉人共同委托诉讼代理人王现辉、刘朋朋及于某某本人，被上诉人唐山某公司委托诉讼代理人吴西举、王剑波到庭参加诉讼。本案现已审理终结。

上诉人于某某及玉田某公司上诉请求为：一、撤销一审判决；二、驳回唐山某公司全部诉讼请求；三、本案诉讼费由唐山某公司负担。具体理由如下。

一、唐山某公司的石油螺杆泵生产技术和销售渠道不符合商业秘密的法定条件，不构成商业秘密，一审判决认定其构成商业秘密是错误的。①《反不正当竞争法》第十条第三款规定："本条所称的商业秘密，是指不为公众所知悉、能为权利人带来经济利益、具有实用性并经权利人采取保密措施的技术信息和经营信息。"《不正当竞争民事案件解释》第九条规定："有关信息不为其所属领域的相关人员普遍知悉和容易获得，应当认定为反不正当竞争法第十条第三款规定的'不为公众所知悉'。"唐山某公司的螺杆泵定子芯轴的加工工艺（利用数控螺杆铣加工）、螺杆泵定子芯轴的加工工艺（利用仿形铣削法加工）、螺杆泵转子（长转子）的加工办法、螺杆泵定转子选配方法、螺杆泵砂带抛光及尺寸检测方法、螺杆泵地面驱动装置结构六项技术，以及博兴油区华兴有限公司（以下简称华兴公司）等在内的销售渠道，为所属领域的相关人员普遍知悉和容易获得，无论是公开出版物还是唐山某公司的产品使用说明书都有描述，唐山某公司的螺杆泵地面驱动结构装置甚至还申请了专利。因此，唐山某公司的上述技术信息、经营信息，无秘密性，不符合商业秘密的法定条件，不构成商业秘密。②即使唐山某公司的信息具有秘密性，其也未采取法律规定的保密措施。《不正当竞争民事案件解释》第十一条规定："权利人为防止信息泄露所采取的与其商业价值等具体情况相适应的合理保护措施，应当认定为反不正当竞争法第十条第三款规定的保密措施。人民法院应当根据所涉信息载体的特性、权利人保密的意愿、保密措施的可识别程度、他人通过正当方式获得的难易程度等因素，认定权利人是否采取了保密措施。"该条还规定认定权利人采取保密措施的标准是在正常情况下足以防止涉密信息泄露。第十四条规定："当事人指称他人侵犯其商业秘密的，应当对其拥有的商业秘密符合法定条件、对方当事人的信息与其商业秘密相同或者实质相同以及对方当事人采取不正当手段的事实负举证责任。其中，商业秘密符合法定条件的证据，包括商业秘密的载体、具体内容、商业价值和对该项商业秘密所采取的具体保密措施等。"从司法解释上述规定中可以看出，法律对保密措施的要求是：保密措施必须是具体的，即保密措施是对特定的具体的商业秘密所采取的，保密对象不应是技术秘密、经营秘密、商业秘密或者生产、加工工艺等抽象的概念；保密措施必须达到在正常情况下足以防止涉密信息泄露的标准；保密措施必须可识别。而唐山某公司采取的保密措施包括两份劳动合同协议书、销售管理制度和营销责任书、《关于保密工作的几项规定》，不符合上述司法解释规定的要求。关于唐山某公司与于某某签订的两份劳动合同协议书，该两份劳动合同协议书第十一条第（五）项约定：乙方（于某某）要保守甲方技术经营机密。唐山某公司仅对抽象的技术经营机密等概念提出了保密要求，而未约定技术经营机密的具体内容，即保密措施中没有具体的保密对象，唐山某公司也未向于某某释明保密信息的内容，于某某不知道需要保守的秘密信息为何物。显然，该两份劳动合同协议书不是符合法律规定的保密措施。关于销售管理制度和营销服务责任书，该两份证据仅要求于某某在职期间和离职后3年内不得利用原有销售渠道销售公司同类产品，未要求和约定于某某保密，于某某披露秘密以及离职3年后利用原销售渠道销售公司同类产品不违反唐山某公司要求和双方约定，因此，该保密措施未达到在正常情况下足以防止涉密信息泄露的标准，不是符合法律规定的保密措施。关于保密工作的几项规定，第一，该规定中的保密对象属于抽象的概念，没有具体的保密内容。第二，该证据作为唐山某公司单方面对全体员工提出的要求，必须告知全体员工，才能起到保密措施的作用。如果有员工不知该规定，就无法达到在正常情况下足以防止涉密信息泄露的保密措施标准。于某某不知该规定，唐山某公司也未举证证明于某某知悉该规定。第三，该规定第二条规定"凡本公司员工在厂期间和离厂2年内，不得利用所掌握的技术，生产或为他人生产与本公司有竞争的产品和提供技术服务"，离厂2年后利用所掌握的技术生产或为他人生产与唐山某公司有竞争的产品和提供技术服务则不在此限，表明该规定未达到在正常情况下足以防止涉密信息泄露的标准，因此，该规定亦不是符合法律规定的保密措施。由于唐山某公司的所谓保密措施均未达到法律规定的标准，应当依法认定唐山某公司未采取保密措施，唐山某公司的技术信息和销售渠道不构成商业秘密。

二、于某某及玉田某公司未侵犯唐山某公司的所谓商业秘密。①玉田某公司的经营行为系合法经营。②由于唐山某公司的信息不构成商业秘密，于某某及玉田某公司侵犯唐山某公司商业秘密没有依据。③对于唐山某公司申请的有专业知识的人所做的说明和证人证言不应采信。所谓有专业知识的人以及证人乃唐山某公司员工，不具有独立地位和中立性。

三、一审判决对于唐山某公司所谓损失认定错误。一审判决认定唐山某公司损失的依据，是唐山中元精诚会计师事务所有限公司出具的司法鉴定报告。根据法律规定，执行注册会计师法定业务，应当取得行政许可。本案中，唐山中元精诚会计师事务所有限公司未取得河北省财政厅的执业证书，无执行注册会计师法定业务的资格，其出具的司法鉴定报告无效。此外，鉴定报告还擅自超越了委托鉴定范围。综上，该鉴定报告不能作为确定唐山某公司所谓损失的依据。

上诉人于某某与玉田某公司开庭前提交补充上诉状称：一、一审法院认定玉田某公司招聘从唐山某公司离职的技术人员掌握的技术信息进行生产、销售，侵害唐山某公司的商业秘密是错误的。一审法院认定的事实为，本案于某某与玉田某公司并没有直接掌握唐山某公司的技术信息，于某某与玉田某公司获得技术信息的渠道来源于唐山某公司离职人员，故认定于某某与玉田某公司侵害唐山某公司的技术信息。一审法院上述认定违背基本因果关系，一审法院在没有对唐山某公司离职人员是否掌握技术信息、是否侵害唐山某公司商业秘密的事实进行调查的情况下，直接认定于某某与玉田某公司构成侵害商业秘密没有事实依据。唐山某公司没有证据证明涉案技术信息对于其离职人员构成商业秘密。唐山某公司针对涉案技术信息是否属于商业秘密共向法庭提交两组证据：第一组证据为其主张相关技术的工艺资料；第二组证据共五份，包括与于某某签订的两份劳动合同协议书、唐山某公司的销售管理制度（针对销售人员）、唐山某公司《关于保密工作的几项规定》、营销服务责任书（责任人：于某某），其提交的增值税专用发票与技术信息是否为商业秘密无关。在一审庭审过程中又提交了《关于技术秘密管理的具体措施》的文件电子版。对于劳动合同协议书，因相对方为于某某，唐山某公司和一审法院均认为于某某对于唐山某公司的技术信息不知情，也就是说于某某不知道唐山某公司存在技术信息，故对此暂且不论。唐山某公司的销售管理制度仅针对销售人员，营销服务责任书相对方为于某某，与离职的二名人员无关，同样不再赘述。剩下就是两个所谓的证据材料，唐山某公司《关于保密工作的几项规定》和一审庭审过程中提交的《关于技术秘密管理的具体措施》电子版。对于上述两份证据的"三性"，于某某及玉田某公司一审已经发表过质证意见，即对其真实性、合法性、关联性均不予认可，唐山某公司并没有证据证明其相关的上述保密制度或者说文件已经公示且为员工所知悉，尤其是对离职的两位技术人员，也就是说，唐山某公司即便能证明相应保密制度或文件存在，但因没有具体指向应当保密的对象，不能认为唐山某公司采取了保密措施或者其保密意图被员工，特别是离职的两名技术人员所知悉。在没有相应司法裁决认定两名离职人员构成侵害唐山某公司的商业秘密，或者充分的证据证明唐山某公司对相应人员采取保密措施的前提下，仅凭在唐山某公司处工作与其有明显利害关系的证人证言，直接认定玉田某公司招聘其离职员工的行为侵害商业秘密，没有事实和法律依据，不符合《不正当竞争民事案件解释》第十一条的规定。二、唐山某公司的相关技术信息不构成商业秘密。①技术信息没有秘密性。一审法院对于唐山某公司提交的工艺流程是否构成商业秘密没有进行审查，即是否普遍知悉或者容易获得，而仅凭唐山某公司自述就认定所有信息为商业秘密是错误的。另外，唐山某公司在一审过程中并没有说明其所谓技术信息的秘密点，一审对此也未予审查。唐山某公司提交的工艺流程仅是几句话，根本不可能构成商业秘密，希望二审法院对此予以查明。②技术信息没有采取保密措施。劳动合同仅在解除条款中空泛笼统地载明"乙方要保守甲方技术经营机密"，而未明确保密的具体内容及范围，无法认定员工已经通过此知悉唐山某公司希望保密的商业秘密范围，从而无法认定员工对其工作中所掌握的相关信息的使用具有主观恶意，单凭此类原则性规定不足以认定唐山某公司采取了必要的保密措施。唐山某公司声称其商业秘密如何重要，但没有采取客观存在的措施，可以推定唐山某公司陈述虚假，其主观上并无采取保密措施的意图或者与其主观意图相当的保密措施。唐山某公司与于某某责任书中约定均为竞业限制条款，该类条款因无补偿条款的约定而无效。③玉田某公司产品的技术信息与唐山某公司不同，同一性的认定不能仅依据说明书。一审法院认定玉田某公司销售产品的技术信息与唐山某公司技术信息构成同一的依据，仅为与唐山某公司有利害关系的专家辅助人陈述。专家辅助人的陈述也仅依据玉田某公司的产品说明书，产品说明书为公开材料，市场上存在复制的可能，即便说明书相同或者大部分相同，也不能得出技术信息相同的结论。三、唐山某公司的客户名单不构成商业秘密。唐山某公司没有证据证明客户名单构成商业秘密,其提交的增值税发票信息仅包括客户的名称、地址、联系方式等基本信息,对于交易习惯、意向、内容等构成区别于相关公知的信息,唐山某公司并无证据提交。唐山某公司所列举的客户,均为于某某开拓,客户是基于对于某某的个人信赖而进行交易,为客户自愿选择。玉田某公司是按市场正常的规则进行公平交易,不存在利用唐山某公司销售渠道的事实。玉田某公司的市场流程为:在中国石油总公司销售网、中国石化总公司销售网进行申报取得市场准入资格,在上述两公司网站上发布的招标公告信息投标中标签订合同销售。对此,玉田某公司在一审时已经提交证据,没有利用唐山某公司所谓的销售渠道也没有采用任何不正当的手段。四、唐山某公司的商业价值仅为51万元,一审判决不应超过其商业秘密自身的价值。唐山某公司一审陈述,其技术信息的所有开发成本为51万元。即使商业秘密被公开,损失即为研发成本,侵害商业秘密的损失不可能超过其被公开的价值,一审法院判决数额是错误的。五、一审判决第二项没有法律依据。侵害商业秘密不存在人身权或者商誉的损害,一审判决书面向唐山某公司赔礼道歉、消除影响没有法律依据。

被上诉人唐山某公司在二审中答辩称:一、唐山某公司技术信息中关于石油螺杆泵及地面驱动装置产品的生产加工工艺、加工方法、选配方法(简称六项技术信息)等,是唐山某公司与国内外有关企业、研究机构和国内知名专家、教授合作,引进国外生产石油螺杆泵的先进技术,经过多年的生产实践,逐步探索、反复试验才研发成功的。这些独特的技术信息属于唐山某公司的核心技术,唐山某公司内部也仅是生产一线的十几个工人和技术部门的特定人员知悉并掌握,其他职工对此并不知晓。上述特定客户信息也是唐山某公司在研制生产出石油螺杆泵产品之后,凭借高新技术产品的优势,大力开拓销售市场,以向用户提供优质适用的产品、及时周到的服务,满足用户需求为宗旨,努力寻找愿意发生交易的用户,逐步掌握了这些用户的基本情况、联系方式、交易习惯、信誉程度,形成了区别于相应公知信息的特定客户信息,是经过唐山某公司多年的劳动付出、资金付出收获的成果。到2004年初,唐山某公司已汇集众多客户的名单,在与公司营销人员签订营销服务责任书时,作为特定的客户名单随附。与该特定客户经营信息有关的文件和资料由唐山某公司的销售部门严加掌控并保管,只对必须知悉的相关人员告知相应情况,其他人员无法获悉。唐山某公司对拥有的上述技术信息和特定客户信息从未以任何形式公开，在国内有关石油机械生产领域公开出版的书报、杂志及相关媒体上，也未发现披露和报道。所以，在石油螺杆泵生产领域中的其他企业和相关人员不能普遍知悉和容易获得。二、唐山某公司拥有的六项技术信息属于制造石油螺杆泵及地面驱动装置产品自行研发的生产工艺，每项技术信息都由特定具体的工艺内容、工艺流程及专用设备配置所构成。尽管唐山某公司在GLB系列螺杆泵使用说明书中有"我公司生产的地面驱动装置把原有结构采用动密封光杆形式改进为静密封光杆形式，并把盘根密封机构改成机械密封，大大提高了密封性能"的描述，所属领域的相关采购人员即使阅读，也不能仅凭这样概念性的语言，不付出一定代价而容易获得该项生产工艺的全部技术信息内容。该描述不是唐山某公司的第六项技术信息全部内容的公开披露。三、唐山某公司所拥有的上述第六项技术信息是在国内知名专家教授帮助下，于2004年上半年研发成功，于2005年列入唐山某公司生产技术规范中的。在该螺杆泵地面驱动装置结构的技术信息中，包含"顶部机械密封螺杆抽油泵地面驱动器"的技术信息和静密封光杆形式的技术信息这两项技术信息内容。对前一个技术信息，已申请专利，在专利申请之前处于商业秘密的自我保护状态。对后一个技术信息，则始终处于商业秘密的自我保护状态下。唐山某公司的技术骨干蒲某某、张某某于2006年2月离开唐山某公司前完全知悉该第六项技术信息。据证人刘某、盛某、周某证实，玉田某公司在此之前，既无生产石油螺杆泵及地面驱动装置产品的技术人员，也没有生产这类产品。于某某也承认2006年2月才购买生产这类产品的机器设备，于2006年8月调试成功，生产出石油螺杆泵及地面驱动装置产品。唐山某公司的第六项技术信息此时仍处于唐山某公司商业秘密状态下，并不因为2007年5月16日国家知识产权局授权公告而使前一个技术信息成为公知信息。根据上述证人刘某、盛某、周某的证言和于某某的答辩陈述，以及唐山某公司和玉田某公司有关GLB系列螺杆抽油泵使用说明书对比分析说明和专家论证的意见，可以证实玉田某公司在2006年8月生产出石油螺杆泵和地面驱动装置产品及投入市场销售过程中，不正当地使用了唐山某公司的第六项技术信息，侵犯了唐山某公司的该项技术秘密。四、就唐山某公司的六项技术信息而言，唐山某公司不但将其整理成书面文字，按企业管理规章制度的类别分别确定文件文号为玉联/B80601、玉联/B80602、玉联/B807、玉联/B808、玉联/B809、玉联/B810，作为企业管理的技术规范，由总经理指定办公室专人保管，严格规定受阅人员的范围，防止泄露给不需要知悉该六项技术信息的其他人员。为技术研发工作的需要，还由公司技术部门将六项技术文件存储于电脑之中，由技术主管人员设置密码采取防护措施。有关需要查阅六项技术文件的相关技术人员和生产一线的技术工人，必须经过技术主管人员的同意许可，并叮嘱受阅人不得复制传输给其他人，更不得带到厂外或个人家中。2006年2月，当唐山某公司的技术骨干蒲某某、张某某因劳动合同到期而离开公司时，唐山某公司的总经理专门嘱咐二人："你们是公司出资委培的技术骨干，掌握公司生产螺杆泵的全部技术，根据公司保密文件的规定，你们离开公司二年之内不能参与生产与厂子同类的产品。"二人承诺同意。唐山某公司制定关于保密的文件（玉联/B716）规定："本公司员工都有保守企业生产技术秘密的义务，不得将企业产品技术加工工艺等有关企业竞争能力的信息透露给他人。""凡本公司员工在厂期间和离厂2年内不得利用所掌握的技术，生产或为他人生产与本公司有竞争的产品和提供技术服务。"该规定在公司全体员工会议上宣读过，所有知悉上述六项技术信息的特定技术人员和在生产一线的技术工人对此保密措施是清楚的，是明确具体的。唐山某公司所采取的上述保密措施符合《不正当竞争民事案件解释》第十一条规定的情形，在正常情况下足以防止涉密信息的泄露，唐山某公司对上述六项技术信息采取了符合法律规定的合理保密措施。至于某某称唐山某公司未向其释明保密信息的内容，不知道需要保守的秘密信息及如何保密。唐山某公司认为，这是将唐山某公司所要保密的技术信息内容与唐山某公司为防止信息泄露所采取的与其商业价值等具体情况相适应的合理保护措施相混淆，技术信息的秘密性即不为公众所知悉的客观状态；而保密措施是保持、维护技术信息秘密性的手段。因此，唐山某公司只对掌握上述六项技术秘密的人采取技术秘密保护措施，而不能告知与此无关的人，更不能告知其技术秘密的内容。而于某某是唐山某公司的销售人员，不是相关技术人员，故唐山某公司不可能告知其六项工艺技术，并与之签订保密协议。五、就唐山某公司的经营信息而言，销售管理制度和营销服务责任书均明确要求于某某在职期间和离职后三年内不得利用原销售渠道销售与公司同类的产品，该保密措施要求于某某在职期间和离职后3年内，不得对公司销售渠道和特定客户销售与唐山某公司的同类产品。因为唐山某公司关于经营的商业秘密之一就是与唐山某公司保持长期稳定交易关系的特定客户华兴公司、中国石油化工股份有限公司江汉油田分公司（以下简称江汉油田）、中国石油化工股份有限公司河南油田分公司（以下简称河南油田）、中国石油天然气股份有限公司冀东油田分公司（以下简称冀东油田）4家客户，与这些客户保持畅通的销售渠道，就能获得经济利益。《最高人民法院关于适用〈民事诉讼法〉若干问题的意见》第一百五十四条规定："民事诉讼法第六十六条、第一百二十条所指的商业秘密，主要是指技术秘密、商业情报及信息等，如生产工艺、配方、贸易联系、购销渠道等当事人不愿公开的工商业秘密。"最高人民法院相关司法解释规定："商业秘密中的客户名单，一般是指客户的名称、地址、联系方式以及交易的习惯、意向、内容等区别于相关公知信息的特定客户信息，包括汇集众多客户的客户手册，以及保持长期稳定交易关系的特定客户。"唐山某公司所述4家特定客户均符合以上司法解释的规定，是唐山某公司掌握的经营秘密信息。唐山某公司掌握以上4家客户信息，包括公司所在地址、购货联系人、联系电话、联系方式、交易习惯、独特要求、成交价格的底线、信誉程度、企业税号、开户银行及账号等。根据唐山某公司关于销售制度的规定，对有交易把握的客户，唐山某公司营销人员方可与之签订供销合同。唐山某公司掌握的这些客户信息，绝非公众所知悉。这些客户也确实不是只有唐山某公司才可联系得到的，但唐山某公司却是经过多年劳动付出、资金付出才与之建立稳定的供求关系和获得的丰硕成果。从唐山某公司在一审举证的唐山某公司与这4家客户的产品销售增值税专用发票看，唐山某公司与这4家客户销售产品从2000年至2005年底于某某离开唐山某公司的前四五年里，销售货款金额共1326.2269万元。该4家客户为特定客户名副其实、于法有据。于某某使用和允许玉田某公司使用其所掌握唐山某公司的商业秘密，即唐山某公司的销售渠道和特定客户信息来销售同类产品，即属违反约定或者违反唐山某公司有关保守经营秘密的要求。事实上，于某某在职期间和离职三年内都没有做到保守唐山某公司关于经营秘密的要求和约定，而且不承认该保密措施为合理保密措施。

六、唐山某公司认为玉田某公司是欺骗工商行政管理部门而取得的经营石油钻采设备制造销售业务，并采取不正当竞争手段侵害唐山某公司商业秘密而获取非法利益的企业。于某某自1996年8月调来唐山某公司工作，由公司外聘专家、教授进行技术指导和公司资深业务管理人员培养，逐步掌握了螺杆泵采油原理和石油螺杆泵产品销售及进行售后技术指导服务中的有关技术信息和经营信息。从1998年起上岗担任唐山某公司营销员，2000年底成为公司股东，2000年1月于某某与唐山某公司签订为期三年的劳动合同，后续至2005年底，在劳动合同中均承诺保守唐山某公司技术秘密和经营秘密、不利用公司技术秘密与公司竞争。于某某在2002年5月22日就背着公司、隐瞒在唐山某公司担任营销员职务的身份，欺骗工商行政管理部门，在办理企业登记时谎称自1995年起一直从事个体，注册成立了玉田某公司，担任该公司执行董事、法定代表人、股东，经营与唐山某公司同样的"石油钻采设备制造销售"业务。直到2005年底离开唐山某公司，一直隐瞒该事实。因此，于某某的行为违背了与唐山某公司的合同约定和唐山某公司相关保密规定，违背了诚实信用的原则和商业道德，损害了唐山某公司的合法权益，扰乱了社会经济秩序，是典型的不正当竞争行为。七、于某某及玉田某公司采用不正当手段获取并使用了唐山某公司的技术信息。于某某以高额报酬作为利诱手段，先后从唐山某公司"挖走"了技术骨干和一线技术工人张某某、蒲某某、盛某、刘某等人到玉田某公司工作，利用这些人知道唐山某公司的技术信息，完全运用到玉田某公司的生产过程之中。证人盛某、刘某、周某等人已证实了这一事实。唐山某公司的证据01（6）和证据06也证实了玉田某公司采取不正当手段获取和使用唐山某公司的技术秘密进行同类产品生产的事实。八、于某某及玉田某公司采用不正当手段获取并使用了唐山某公司的特定客户信息及销售渠道。于某某为知悉唐山某公司特定客户信息的人员，违反与唐山某公司之间的保密义务，利用其掌握的华兴公司、江汉油田、河南油田、冀东油田等唐山某公司特定客户信息及销售渠道销售玉田某公司的石油螺杆泵产品。其中，以华兴公司为例，2004年于某某为唐山某公司销售产品2笔共4台（套）、货款金额8万元；2005年于某某为唐山某公司销售产品金额为0元。2005年底于某某离开唐山某公司，2006年当年玉田某公司就向华兴公司销售唐山某公司同类产品18笔共24台（套），货款金额77.95万元。自2005年至今，华兴公司与唐山某公司之间再没有任何销售业务。以上不难看出，于某某与唐山某公司劳动合同于2005年底到期，刻意停止在唐山某公司特定客户销售唐山某公司产品。2005年底离开唐山某公司后，于某某就让玉田某公司向这些特定客户销售产品。于某某的这一行为，无异于故意"挖"唐山某公司"墙脚"，窃取唐山某公司的特定客户信息，截取唐山某公司的销售渠道。玉田某公司在华兴公司和江汉油田销售产品30台（套），所获销售金额93.006万元，就是唐山某公司销售减少的损失，而且使唐山某公司从此失去这两条销售渠道。于某某及玉田某公司不花费时间和钱财进行自主开发客户和销售渠道的不劳而获、损人利己的侵权行为，符合《反不正当竞争法》规定的侵害商业秘密的不正当竞争行为。九、鉴定机构已向一审法院出具说明,证明其公司经河北省财政厅颁发执业证书时的名称为唐山中元精诚会计师事务所有限责任公司,后经唐山市路北区工商行政管理局颁发营业执照时的名称为现名称,因此,现名称有合法的鉴定资格,不存在无鉴定资格的问题。十、关于鉴定报告超越委托鉴定范围的问题。在本案一审诉讼过程中,于某某及玉田某公司曾对鉴定报告提出异议,认为根据营销服务责任书的规定,要求赔偿损失的范围仅限于于某某离开唐山某公司3年内,即2006年至2008年的损失,而不能延长至2011年10月18日。唐山某公司于2010年12月20日提起本案诉讼,于2011年1月22日向法院申请对玉田某公司的财务账册等经营资料和技术资料进行证据保全,并申请一审法院调查唐山某公司2003年至2010年销售石油螺杆泵产品纳税情况,于2011年2月28日申请法院调查玉田某公司2010年销售石油螺杆泵的收入,并委托鉴定机构评估确定唐山某公司自2003年至2010年期间因被侵权所受损失的赔偿数额。一审法院要求玉田某公司提供相关的经营资料和技术资料,遭到拒绝,直到2012年一审法院通过有关部门调查才取得了2006年至2011年10月有关销售侵权产品的情况,证实玉田某公司在2010年之后依然继续侵权。一审法院确定了唐山某公司所受损失的范围至2010年底止,损失金额为850786.86元。唐山某公司认为损失还应包括2010年至2011年10月及停止侵权之前。唐山某公司保留继续追诉、要求玉田某公司继续赔偿损失的权利。

被上诉人唐山某公司在收到补充上诉状后答辩称:一、一审法院认定侵害商业秘密有充分的事实根据。一审法院认定"被告于某某在原告工作期间,即成立了被告公司。其从原告处离职后,即领导被告公司开始从事石油螺杆泵的生产、销售工作,并通过高薪从原告处招聘技术人员,利用其在原告工作时掌握的技术信息,进行生产和销售,二被告的上述一系列行为之目的,均是生产销售石油螺杆泵而取得利益,故其行为侵犯了原告的商业秘密。"于某某及玉田某公司断章取义,故意抹去上述"于某某在原告工作期间即成立了被告公司,其从原告处离职后,即领导被告公司开始从事石油螺杆泵的生产、销售工作,并通过高薪从原告处招聘技术人员,利用其在原告工作时掌握的销售渠道及其招聘的从原告处离职的技术人员掌握的技术信息进行生产和销售"这一侵害商业秘密的事实,其用意是为了掩盖"以盗窃、利诱、胁迫或者其他不正当手段获取"技术秘密以及使用技术秘密行为的真相。二、离职的技术人员取得唐山某公司的技术信息,是在唐山某公司工作期间正常掌握唐山某公司的技术信息,并不存在不正当取得的问题。而玉田某公司获取唐山某公司的技术信息,却是采用高薪利诱手段从唐山某公司处招聘技术人员,利用唐山某公司离职技术人员正常掌握的技术信息为其所用,二者取得技术信息的来源和性质不同。因此,将直接获得技术信息作为认定构成侵害唐山某公司技术信息的前置条件,显然错误。三、唐山某公司为"保守企业秘密,维护企业利益,提高企业市场竞争力",于2003年底制定的《关于保密工作的几项规定》,其保密意图十分明显。对公司员工有关保守技术秘密和经营秘密的要求明确而具体。该文件规定:"本公司员工都有保守企业销售、经营、生产技术秘密的义务,不得将企业的经营、销售、产品技术加工工艺等有关企业竞争能力的信息,透露给他人,未经许可不得利用企业的销售渠道为他人销售产品及服务。""凡本公司员工在厂期间和离厂2年内不得利用所掌握的技术,生产或为他人生产与本公司有竞争的产品和提供技术服务。"该规定在公司全体员工会议上宣读过,包括公司的技术人员和营销人员于某某等人都应参加会议,知道或应当知道这一文件。一审出庭作证的三个证人已证实这一事实。而于某某却对上述员工大会上宣读文件的真实性、合法性、关联性不予认可,认为对这份文件"应有证明分发给于某某"。于某某当时是唐山某公司销售人员,并不是部门负责人。唐山某公司在员工大会宣读后,按公司内部规定分发给各部门具体贯彻落实,文件只能分发给销售部门负责人。四、唐山某公司主张侵权,并不仅是依据证人证言,还依据玉田某公司是用高薪招聘的技术人员,在其聘用后从事的技术工作岗位还是同样的工作,生产相同石油螺杆泵产品并出售。在此之前,玉田某公司既无技术人员又未生产过同类产品。于某某对以上事实并未否认,亦承认自2006年2月25日才购买生产设备,到2006年8月调试成功,生产出和唐山某公司同样的产品,其高薪招聘唐山某公司离职人员的手段和目的显而易见。唐山某公司还举证证明其产品使用说明书中有关"采用静密封光杆形式"的技术信息和唐山某公司拥有的第六项技术信息以及唐山某公司产品使用书中所使用的技术信息相同。而玉田某公司始终拿不出证明其自行创造、构思出与唐山某公司相同的技术信息以及其他合法获得或者使用的证据,又在诉讼过程中拒绝向一审法院提供唐山某公司申请法院采取证据保全扣押的技术资料,一审法院认定侵犯唐山某公司技术秘密,是有充分事实根据和法律依据的。五、唐山某公司并不认为上述离职人员没有侵害唐山某公司技术秘密。上述离职人员确有违反与唐山某公司约定和有关保守唐山某公司技术秘密的要求,允许玉田某公司使用其掌握唐山某公司的技术秘密为玉田某公司生产相同产品的不正当行为。唐山某公司有权对其提起民事诉讼，并要求其承担民事责任。但考虑其不正当行为与玉田某公司采用利诱的不正当手段获取和使用唐山某公司的技术秘密进行生产和经营，获取商业利益的行为不同，因而选择对于某某及玉田某公司提起本案诉讼而没有对上述离职人员提起民事诉讼。这是唐山某公司的权利，而本案也未涉及追究于某某刑事责任的问题。因此，查处离职技术人员及提出追究其民事、刑事责任不应作为审理本案的前提。六、唐山某公司向一审法院提交的六项技术秘密文件是生产石油螺杆泵产品的工艺规程，而不是工艺流程。它是唐山某公司在生产中将合理的工艺过程总结归纳，以文件形式规定下来，用以指导公司石油螺杆泵产品生产的依据，因而纳入公司生产经营管理制度之中，并采取相应保密措施予以严格掌控和保护。七、关于技术秘密的秘密点，是指区别于公知信息的具体技术方案或技术信息。只要该信息在其自身所在的领域或者行业内不被公知，不被普遍知悉、了解，信息的价值就是永续的，即行业或者领域内有该信息的最大利用机会，此限度的秘密性就已经足以维持信息自身的价值。唐山某公司是与国家级科研机构进行技术合作，引进国外生产石油螺杆泵的先进技术，使用当时国内最先进的数控机床等设备进行石油螺杆泵产品的研制，在著名石油工艺和机械制造方面专家的帮助指导下，吸取了当时国内外先进的生产工艺，归纳总结出科学、合理的生产工艺，从而形成唐山某公司独特的技术规范，应属于不为同行业所知悉。八、唐山某公司于2010年12月20日提起本案诉讼时，就把唐山某公司拥有的六项技术秘密文件作为证据向法院提供，并逐一明确其具体技术内容，尤其是对第六项技术秘密中的"静密封光杆形式"的技术内容，还向一审法院提交了唐山某公司和玉田某公司的"GLB螺杆抽油泵使用说明书"各一份，以证明于某某在离职唐山某公司的第二年，即2006年8月，在其生产单螺杆抽油泵有关地面驱动装置采用"静密封光杆形式"的技术内容与唐山某公司的有关技术信息具有相同或一致性的对照分析论证。2011年1月22日，唐山某公司为防止玉田某公司有关技术资料和经营材料文件等证据灭失或难以取得的情况发生，依照法律规定向一审法院提出证据保全，请求对玉田某公司涉案的技术资料，包括设计图纸、光盘、磁盘、电脑资料、工装设备资料、产品使用说明书等进行扣押，但玉田某公司拒不配合，始终不向一审法院提供这些技术资料。2011年2月28日为本案一审举证期限届满日，于某某及玉田某公司向法院提供的证据和之前所交的答辩状，对唐山某公司的六项技术秘密，没有提出任何质疑，只是说自己有生产石油螺杆泵产品的技术。2015年5月5日，一审开庭质证时于某某及玉田某公司对唐山某公司的六项技术秘密文件，竟认为不具备真实性、合法性和关联性。于某某及玉田某公司称，上述信息均属于通用技术，通过公开渠道就能获得。对唐山某公司提交的唐山某公司"GLB系列螺杆抽油泵使用说明书"的真实性、合法性和关联性不认可，对双方使用说明书中涉及"静密封光杆形式"的技术内容，于某某及玉田某公司认为是公知信息。唐山某公司申请的专家辅助人谭某某、陈某某到庭就本案技术问题做了说明。对唐山某公司的六项技术秘密形成过程及其具体内容，尤其是属于公司独创、首创的加工工艺的内容及其特殊性，以及区别于市场上常见的加工工艺作了分析说明，并证实这些加工方法和生产工艺列入了唐山某公司技术保护的范围。于某某及玉田某公司对专家辅助人的技术答疑，未提出任何实质上的质证意见，泛指称唐山某公司的六项技术信息都属于公知信息。为了证明其使用说明书中"静密封光杆形式"的技术内容是公知信息，于某某及玉田某公司在法庭上出示了哈尔滨工程大学出版社1998年出版的《螺杆泵采油原理及应用》一书，证明该书第8页"光杆连接方式"一节有关"还有一种光杆不传递动力，主要用来密封，动力通过驱动装置的轴套传给抽油杆，光杆放在轴套内，通过静密封胶圈封住环空油液"的内容，认为这就是"静密封光杆形式"的技术内容的公开披露。但这里所述的内容讲的是"静密封胶圈"，和"静密封光杆形式"是两个不同的概念。唐山某公司已就其六项技术秘密的秘密性进行举证和说明，一审法院对此已经审查。九、唐山某公司与于某某在营销服务责任书规定的内容是"在职期间和离职三年以内，不得利用原销售渠道销售与公司同类的产品"，并没有限制或被禁止于某某从事该行业，只是不允许其利用唐山某公司的销售渠道销售同类产品，该约定属于一种预防性质的合理告知和提示，是让于某某在唐山某公司工作期间和在离开唐山某公司的3年内，仍负有保守唐山某公司经营秘密的义务，该约定不是竞业限制条款，因此不存在因约定竞业限制条款而给予于某某经济补偿的问题。该营销服务责任书的内容合法有效，不存在于某某所说的已经自行终止的问题。十、对产品使用说明书中涉及"静密封光杆形式"的技术信息，唐山某公司在提交证据目录的同时，对证据06"证明对象和内容"中有关"玉田某公司生产的单螺杆抽油泵有关地面驱动装置采用静密封光杆形式的技术信息与唐山某公司有关这一信息具有相同或一致性"的内容，唐山某公司附有8页详细说明，并非仅有专家辅助人的陈述证明。十

一、唐山某公司认为唐山某公司的客户名单构成商业秘密。①于某某及玉田某公司提出唐山某公司客户名单不构成商业秘密的一个理由是唐山某公司对于"交易习惯、意向、内容"等构成区别于相关公知的信息并无证据提交。唐山某公司认为相关司法解释规定"一般是指客户的名称、地址、联系方式以及交易的习惯、意向、内容等区别于相关公知信息的特定客户信息"，特定客户信息还包括"汇集众多客户的客户名册，以及保持长期稳定交易关系的特定客户"。唐山某公司认为，只要权利人能证明该客户名单的一个方面具备特定客户信息就可以，并不要求对各个方面都要具备特定客户信息。而唐山某公司举证的是与唐山某公司保持长期稳定交易关系的四家特定客户，构成唐山某公司客户名单的商业秘密。②于某某执行的是唐山某公司的岗位职务，公司负责报销其因公出差的车费、住宿费，按其销售额的4%作为工资、销售费用，唐山某公司的特定客户是唐山某公司而不是于某某开拓的。③于某某与唐山某公司的劳动合同于2005年底到期，刻意停止在唐山某公司这些特定客户销售唐山某公司的产品。2005年底离开唐山某公司后，于某某向这些属于唐山某公司的特定客户销售产品。于某某的这一行为无异于故意"挖"唐山某公司的"墙脚"，窃取唐山某公司的特定客户信息，截取唐山某公司的销售渠道。于某某及玉田某公司不花费时间和钱财进行自主开发客户和销售渠道的不劳而获、损人利己的侵权行为，符合《反不正当竞争法》规定的侵害商业秘密的不正当竞争行为。十二、一审判决赔偿唐山某公司的损失数额为侵犯唐山某公司经营秘密给唐山某公司所造成的损失，并不包括侵犯唐山某公司技术秘密给唐山某公司造成的损失。而且这51万元仅为唐山某公司支付科研机构、专家教授技术咨询费和评审费，而并不是全部技术开发成本的费用。十三、商业秘密权属于知识产权范畴，一审法院判决于某某及玉田某公司书面向唐山某公司赔礼道歉，消除影响是有法律依据的。

唐山某公司在一审中诉称：1990年初，唐山某公司的前身玉田县五金厂与国内外有关企业、研究机构和国内知名专家、教授合作，引进国外生产石油螺杆泵的先进技术，于1992年试制成功。后又与大庆油田采油工艺研究院合作，共同投资研制大排量石油螺杆泵生产技术，于1995年获得成功。在研制生产石油螺杆泵产品实践中，唐山某公司结合自主创新，研发了生产石油螺杆泵产品及生产石油螺杆泵多项加工工艺、加工办法、选配方法、检测方法等，形成了自己独特的技术规范，积累了同行业所不知悉、给唐山某公司带来经济效益和竞争优势的技术秘密。在研制生产出先进石油螺杆泵产品之后，唐山某公司凭借高新技术产品的优势，大力开拓销售市场，推行名牌产品战略，坚持信誉为本，以向用户提供适用的产品、及时周到的服务、满足用户需求为宗旨，逐步建立了稳定的销售渠道，掌握了用户的基本情况、联系方式、交易习惯、信誉程度，形成了区别于相应公知信息的特定客户信息，包括汇集众多客户的名册。到2004年初，唐山某公司与营销人员签订营销服务责任书时，已作为特定的客户名单随附，以利各营销员分管和销售任务的落实。唐山某公司靠上述技术和经营上的秘密，迅速打开并培养了比较成熟的销售石油螺杆泵产品的市场。产品畅销大庆、胜利、辽河、大港、河南、江汉、华北、冀东等许多油田，获得了可观的经济效益。先后获得河北省"产品质量信得过企业"和"信用优秀企业"称号。唐山某公司为此也付出了巨大代价，承受了非同寻常的商业风险，投入了大量的人力、物力、财力和智力。包括支付科研机构、专家教授技术咨询费、评审费等共51万元，用于购买制造石油螺杆泵专用设备投资390万元。为防止上述技术和经营秘密泄露，唐山某公司采取了多方面的保密措施，加以控制、管理，包括制定公司保密制度、销售管理制度，在与职工签订劳动合同和与业务员签订营销服务责任书时，都明列保密条款加以控制。于某某1996年8月9日调来唐山某公司工作。当时唐山某公司生产的石油螺杆泵产品已在市场上投入，正是扩大销售业务之际，需要培养较高业务水平的专业人员，使他们掌握石油螺杆泵的构造、性能，会根据用户油井的不同情况，选择相应的泵型。为此，唐山某公司投入了相当多的财力、物力和努力，包括聘请专家举办讲座，到油田现场进行实践作业等。1998年，于某某经考核合格上岗担任唐山某公司业务营销员，负责山东区域的销售及服务工作，由老业务员先将山东区域的特定客户介绍给他，教他如何开展工作。于某某比较快地掌握了山东区域的销售客户和销售渠道信息，也得到了丰厚的报酬。2000年底，于某某成为唐山某公司股东之一。2001年1月12日于某某与唐山某公司签订了为期3年的劳动合同协议书，其中第十一条第五款约定："乙方（于某某）要保守甲方（唐山某公司）技术经营秘密，泄露甲方机密或利用厂技术机密与厂竞争者，甲方保留追究经济损失的权利。"2004年1月16日，于某某又与唐山某公司签订了为期两年的劳动合同协议书，无例外地均承诺要保守唐山某公司的商业秘密。2004年2月8日，于某某与玉田某公司签订了销售服务责任书，具体负责唐山某公司在山东、湖北、华北地区的石油螺杆泵产品的营销工作，承诺："维护公司利益，在职期间或离开公司三年内，不利用原销售渠道销售与公司同类的产品。"但于某某于2002年5月22日在河北省玉田县工商局登记注册了玉田某公司，担任该公司执行董事、法定代表人，经营与唐山某公司同类的石油钻采设备，与唐山某公司展开不正当竞争。在于某某劳动合同届满之前，于某某在唐山某公司销售石油螺杆泵产品金额不断减少，2005年则干脆没有销售收入。与此相反，玉田某公司销售石油螺杆泵设备产品的金额则不断攀升。于某某在离开唐山某公司3年内及之后，利用唐山某公司的销售渠道，为玉田某公司销售同类产品，不正当地使用唐山某公司经营秘密。2006年2月，于某某还通过比唐山某公司高一倍的工资，利诱唐山某公司的技术人员和技术工人到玉田某公司工作，获取了唐山某公司生产石油螺杆泵产品的全部技术秘密。于某某利用和使用上述不正当手段获取唐山某公司的技术和经营秘密，在玉田某公司生产销售同类产品。玉田某公司关于石油螺杆泵产品使用说明书中主要内容与唐山某公司的产品销售说明资料在实质上相同，玉田某公司所使用的技术数据与唐山某公司的技术数据具有一致性。玉田某公司技术负责人及技术工人，均为唐山某公司一手培养的职工，其在玉田某公司赖以生产和销售石油螺杆泵产品的技术和经营之道，完全出自唐山某公司。于某某还在石油螺杆泵产品销售市场恶意压低价格进行倾销，迫使唐山某公司的生产成本加大，利润减少，市场缩小，唐山某公司一度处于半停产状态，先后裁员近20人，遭受严重经济损失。于某某的上述行为，违背了劳动合同和营销服务责任书中关于保守唐山某联公司技术经营秘密的约定，也违背了唐山某公司《关于保密工作的几项规定》，已构成《反不正当竞争法》第十条关于经营者不得"以盗窃、利诱、胁迫或者其他不正当的手段获取权利人的商业秘密"和"违反约定或者违反权利人有关保守商业秘密的要求，披露、使用或者允许他人使用其所掌握的商业秘密"的法律规定。于某某和玉田某公司对唐山某公司技术和经营秘密的不法侵害，给唐山某公司造成了巨大经济损失。于某某离开唐山某公司3年内，利用唐山某公司销售渠道和特定客户华兴公司、江汉油田、河南油田、冀东油田等企业，销售石油螺杆泵产品非法获得营业利润1114333元。3年之后的2009年1月至3月1日，于某某利用河南油田销售石油螺杆泵金额421222.21元，非法获得营业利润147470元。2009年3月2日至6月24日，于某某利用河南油田销售石油螺杆泵产品12台，利用冀东油田销售90台，两笔共102台。按侵权产品在市场销售的总数102台乘以每件侵权产品的合理利润

7180.25元计算，玉田某公司此项非法获利732385.50元。仅上述计算，玉田某公司利用唐山某公司销售渠道和特定客户销售石油螺杆泵产品非法获利1994188.50元，即为唐山某公司因于某某及玉田某公司侵权所遭受的损失。为维护唐山某公司的正当合法权益，请求法院判令：①于某某及玉田某公司停止侵权，在判决生效之日起3年内停止与属于唐山某公司商业秘密的涉案客户发生销售业务；②于某某及玉田某公司在判决生效后十日内在《中国石油报》上书面向唐山某公司赔礼道歉、消除影响；③于某某及玉田某公司赔偿因侵害唐山某公司商业秘密造成的损失2456792.94元；④于某某及玉田某公司赔偿唐山某公司律师费、调查费8万元；⑤于某某及玉田某公司负担诉讼费用。

一审法院经审理查明：唐山某公司成立于1995年7月，系一家从事食品机械、石油机械、电子产品、机电设备制作销售、货物运输（普货）生产和销售的有限责任公司。于某某自1996年8月9日从玉田和平毛麻纺织厂调至唐山某公司（前身系林南仓五金厂）工作至2005年12月31日，期间于某某分别于2001年1月12日、2004年1月1日同唐山某公司签订了两份劳动合同协议书，双方在合同中约定的期限为均为3年、2年。2002年6月，于某某申请设立了玉田某公司，在其提交给工商管理部门的履历表中显示，1995年至填表之日，其工作性质为个体。2004年9月15日，经国家知识产权局授权，于某某作为专利权人，取得了"防砂卡螺杆泵"的实用新型专利权证书。

玉田某公司成立于2002年6月份，系一家从事石油钻采设备、环保器材及配件制作销售、水暖器材零售的有限责任公司，其法定代表人系于某某。2006年1月12日，玉田某公司取得中国石油销售总公司北京信息服务有限公司的会员证书；2006年7月30日，玉田某公司取得河南油田物资资源市场准入证书，有效期至2007年7月30日；2007年1月26日，玉田某公司取得江汉油田物资市场准入证，有效期至2009年1月25日；2008年4月30日，玉田某公司取得中国石油冀东油田市场准入许可证，有效期至2008年12月31日；2009年4月30日，玉田某公司取得中国石油天然气集团有限公司的"物资供应商准入证"。

2001年2月至2005年底，于某某在唐山某公司作为向华兴公司销售石油螺杆泵的营销责任人，在该期间，唐山某公司共与华兴公司发生17笔业务，营销金额为92.8万元。

2000年12月至2005年底，于某某在玉田某公司作为向江汉油田销售石油螺杆泵的营销负责人，在此期间，唐山某公司与该油田共发生9笔业务，营销金额为636040元。

2002年至2005年，唐山某公司共计与河南油田发生54笔业务，共计销售3664350元；与冀东油田发生业务103笔，销售金额为8033879元。

2011年2月28日，唐山某公司向一审法院申请司法鉴定，申请对于某某及玉田某公司侵害其商业秘密的行为给其造成的损失数额进行鉴定，即自2003年至2010年期间因被侵权所受损失的数额进行鉴定。2012年4月20日，经唐山中元精诚会计师事务所有限公司出具司法鉴定报告（唐山中元精诚司法鉴报字2012第1号司法鉴定报告），该报告所依据的鉴定材料为"2006年至2011年10月份玉田县某实业有限公司发票及发票清单、销售合同，唐山某实业有限公司客户信息、报表、账簿等"及其他材料。后经该会计师事务所根据双方及法院提供的送检材料，对唐山某公司损失进行了测算，经测算，2006年至2011年10月份唐山某公司因于某某及玉田某公司侵权所受损害赔偿数额按销售利润测算结果为2456792.94元，按营业利润测算结果为985102.04元。其中2003年至2010年期间按销售利润测算结果为2052798.1元，按营业利润测算结果为850786.86元。

上述鉴定报告向双方送达后，2012年7月17日，于某某及玉田某公司向一审法院提出异议，认为该鉴定范围错误，首先是扩大了申请鉴定的损失范围，唐山某公司申请鉴定损失的截止日期为2010年，但鉴定报告的损失范围却扩大到了2011年10月，其次根据唐山某公司提交的营销服务责任书，只能鉴定于某某离开唐山某公司三年内，即2006年至2008年的损失，如果将营销服务责任书中的限制理解为竞业限制，则不应超过2年，故该鉴定范围错误。同时认为该鉴定所依据的鉴定资料错误，应以玉田某公司提交的经国家税务局核定的损益表和资产负债表为鉴定资料，而不应以唐山某公司提交的未经法定机关核定的资料为鉴定资料。

针对上述异议，唐山中元精诚会计师事务所有限公司向一审法院做出回复认为，关于鉴定范围，因于某某及玉田某公司未能在规定的期限内提供鉴定所需全部材料，故依据一审法院调查取得经玉田县国家税务局确认的销售发票清单、唐山某公司提供的玉田某公司产品销售清单及玉田某公司提供的销售发票进行司法鉴定，上述材料截止日期均为2011年10月，故鉴定范围截止日期为2011年10月；关于鉴定资料，因于某某及玉田某公司未能及时提供鉴定所需材料，故根据唐山某公司提供的财务报表及会计资料进行测算单台产品销售利润及营业利润，完全符合相关规定。

2015年12月4日，唐山中元精诚会计师事务所有限公司向一审法院出具说明，证明其公司经河北省财政厅颁发执业证书时的名称为唐山中元精诚会计师事务所有限责任公司，后经唐山市路北区工商行政管理局颁发营业执照时的名称为现名称。

另查明，根据唐山某公司提交的证据及其陈述，可以确定唐山某公司主张的商业秘密为其自主创新的螺杆泵定子芯轴的加工工艺、螺杆泵转子（长转子）的加工办法、螺杆泵定子/转子选配方法、螺杆泵砂带抛光及尺寸检测方法、螺杆泵地面驱动装置结构及其与华兴公司、河南油田等建立的销售渠道。上述技术是其同国内其他科研机构、知名专家等合作研发而成的，是独特的技术规范，属于不为同行业所知晓、能带来经济效益和竞争优势的技术秘密；同时唐山某公司主张，其销售渠道也是凭借高新技术产品的优势，大力开拓销售市场、坚持信誉为本、及时周到服务、努力满足用户需求的情况下，建立起来的稳定的销售渠道，掌握了这些用户的基本情况、联系方式、交易习惯、信誉程度等，从而形成了区别于相应公知信息的特定客户信息，而由此形成的销售渠道也是唐山某公司的商业秘密。

唐山某公司针对其商业秘密，通过制定保密制度、销售管理制度，与在职职工签订劳动合同及与业务员签订营销服务责任书的形式，将保密条款名列其中。在其制定的《关于技术秘密管理的具体措施》中，明确了技术秘密的范围、技术秘密的等级、技术保密的具体实施办法及相关技术文件如何保管等，同时明确了泄密的责任。在唐山某公司与其职工签订的劳动合同中，也明确了相应的保密责任和保密要求。

一审法院认为，《反不正当竞争法》规定，商业秘密是指不为公众所知悉、能为权利人带来经济利益、具有实用性并经权利人采取保密措施的技术信息和经营信息。经营者以盗窃、利诱、胁迫或者其他不正当手段获取权利人的商业秘密，构成侵犯商业秘密。

关于唐山某公司是否享有商业秘密的问题。本案涉案双方均为生产、加工、销售石油螺杆泵的专门企业。唐山某公司在与国内外企业、科研机构、知名专家等合作的基础上，投入大量精力和金钱，自行研发并取得了螺杆泵定子芯轴等技术的加工工艺，系国内同行业首创。为避免技术成果对外泄露，唐山某公司制定了严格详尽的保密制度，并在生产和销售过程中，与相关技术人员、其他责任人员明确了保密要求。唐山某公司生产、销售产品的技术方案、制作方法、设计图纸、产品设计等工艺规程、工艺技术参数等，均系唐山某公司自行研发，采取了相应的保密措施，不为公众所知悉，处于行业领先地位，被实际应用后能够为唐山某公司带来经济利益，故此构成商业秘密。而唐山某公司针对其销售渠道，同样采取了相应的保密措施，该销售渠道的取得并无一般公众可以通过其他途径获知，故该销售渠道同样构成商业秘密。

关于于某某及唐山某公司是否侵害商业秘密的问题。于某某在唐山某公司工作期间即成立了玉田某公司，其从唐山某公司离职后，即领导玉田某公司开始从事石油螺杆泵的生产、销售工作，并通过高薪从唐山某公司招聘技术人员，利用其在唐山某公司工作时掌握的销售渠道及其招聘的从唐山某公司离职的技术人员掌握的技术信息，进行生产和销售，于某某及玉田某公司的上述一系列行为之目的均是生产、销售石油螺杆泵而取得利益，故其行为侵犯了涉案商业秘密。

关于唐山某公司损失的数额问题。根据唐山中元精诚会计师事务所有限公司的鉴定报告及复函，根据唐山某公司的申请，其要求鉴定的是唐山某公司自2003年至2010年期间因被侵权所受到的损失数额。根据上述鉴定，按照销售利润测算，唐山某公司的损失金额为2052798.1元（2006年至2010年期间）；按照营业利润测算，唐山某公司的损失金额为850786.86元（2006年至2010年期间）。而销售利润除包含营业利润外，还包含销售费用、管理费用、财务费用等，故认定侵权给唐山某公司造成损失的数额时，应以其营业利润为依据。故因侵权造成唐山某公司的损失为850786.86元。对于该损失，于某某及玉田某公司应共同承担赔偿责任。唐山某公司虽主张应赔偿其律师费及调查费，但未向一审法院提交相关证据证明，故其该项诉请不予支持。

综上，一审法院依据《反不正当竞争法》第十条、第二十条，《不正当竞争民事案件解释》第九条、第十条、第十一条、第十三条第一款，《侵权责任法》第六条、第八条、第十五条，《民事诉讼法》第六十四条、第一百一十九条第一项之规定，判决如下：一、于某某、玉田县某实业有限公司立即停止对唐山某实业有限公司商业秘密侵害的不正当竞争行为；二、于某某、玉田县某实业有限公司在判决生效后十日内在《中国石油报》上书面向唐山某实业有限公司赔礼道歉、消除影响；三、于某某、玉田县某实业有限公司赔偿因侵害唐山某实业有限公司商业秘密造成的损失850786.86元；四、驳回唐山某公司其他诉讼请求。一审案件受理费27094元，由唐山某实业有限公司负担14786元，由于某某、玉田县某实业有限公司负担12308元。

本院二审庭审期间，上诉人于某某及玉田某公司向本院提交两组证据：第一组为：①中国石化物资采购电子商务平台；②中国石油能源一号；③邀请函；④投标邀请书；⑤冀东油田投标文件；⑥中国石油天然气集团投标文件；⑦中国石油天然气集团集中采购结果的通知。第二组为：⑧螺杆泵加工的相关书籍；⑨螺杆泵加工机床宣传手册；⑩多家公司地面驱动装置宣传手册。开庭时被上诉人唐山某公司对上述证据进行了质证，一是认为不属于新证据，二是对上述证据的证明目的存在异议（具体质证意见见庭审笔录及书面质证意见）。

本院查明，唐山某公司提交的《关于技术秘密管理的具体措施》系一审2015年5月18日第二次开庭时向法院提供，唐山某公司主张该保密措施系2003年对技术人员进行管理要求做到技术保密时制定的电子文件，于某某及玉田某公司一审时对该证据的质证意见为：该证据是伪造的，是经过上次庭审之后受到启发写的，与唐山某公司主张同一时期形成的其他保密措施的证据相去甚远，但仍不够具体，未写明商业秘密的具体内容；且该证据不是原件，也未在举证期限内提出，因此对真实性不认可，不予质证。本院考虑唐山某公司主张该份证据是2003年形成的，但在一审2015年5月18日第二次开庭之前的庭审和举证中，其一直未提及该重要证据，明显不符合常理，且该文件规定的保密措施详细程度与唐山某公司提交的同一时期唐山某公司《关于保密工作的几项规定》明显差异过大，结合唐山某公司仅提交了电子版的打印版而未提交电子版原件，也未提交该规定制定实施的其他证据，于某某及玉田某公司对该证据真实性均不认可，因此本院不能确定该证据的真实性，该证据不能作为本案定案的依据。一审法院查明的其他事实基本属实，本院予以确认。

本院认为，根据双方的上诉和答辩，本案二审的焦点问题有三个：一是唐山某公司主张的技术及特定客户名单是否构成商业秘密；二是如果唐山某公司主张的商业秘密成立，于某某及玉田某公司是否侵害了唐山某公司的商业秘密；三是如果构成侵害商业秘密，于某某及玉田某公司应当如何承担侵权责任。

关于唐山某公司主张的技术及特定客户名单是否构成商业秘密的问题。为便于论述，本院将涉案技术秘密及经营秘密分别予以阐述。关于涉案技术是否构成商业秘密。双方针对该问题，主要的争议在于是否采取保密措施以及涉案技术是否是公知技术。关于是否采取保密措施，唐山某公司主张其采取保密措施的主要证据是唐山某公司《关于保密工作的几项规定》、涉案劳动合同中的条款以及相关的证人证言，依据《不正当竞争民事案件解释》第十一条的规定，权利人为防止信息泄露所采取的与其商业价值等具体情况相适应的合理保护措施，应当认定为反不正当竞争法第十条第三款规定的"保密措施"。人民法院应当根据所涉信息载体的特性、权利人保密的意愿、保密措施的可识别程度、他人通过正当方式所获得的难易程度等因素，认定权利人是否采取了保密措施。具体到本案中，首先，关于唐山某公司《关于保密工作的几项规定》，该规定仅有四条，且内容仅原则性要求所有员工保守"企业销售、经营、生产技术秘密"，在"在厂期间和离厂2年内，不得利用所掌握的技术生产或为他人生产与本公司有竞争的产品和提供技术服务"，上述规定并未体现涉案技术秘密的具体内容，也未存在切实可行的防止技术秘密泄露的措施，在现实中不能起到保密的效果。其次，关于劳动合同中的保密条款，该劳动合同为劳动人事局等部门制定的格式合同，仅在第十一条解除条款中与"严重违反劳动纪律、严重失职等情形"一并列举了"乙方要保守甲方的技术经营机密，泄露甲方机密或利用厂技术机密与厂竞争者，甲方保留追究经济损失的权利"，不能认定为保密措施。最后，关于证人证言，本案证人系从唐山某公司到玉田某公司工作，其后又回到唐山某公司工作，与涉案双方存在利害关系，而且其陈述的保密措施也局限于上述规定和劳动合同，不能证明唐山某公司采取了其他保密措施。综上，在本案中，唐山某公司虽然采取了一定的措施，但仅制定了原则性的针对所有人员的保密制度，跟所有员工签订了带有"保密条款"的格式合同，并未采取"限定涉密信息的知悉范围、单独签订保密协议等确保秘密的合理措施"，因此综合本案的情况，本院认为依据现有证据，不能认定唐山某公司采取了适当、合理的保护措施。关于涉案技术是否是公知技术，考虑到本院已经认定唐山某公司未采取合理的保密措施，因此该技术问题本院不再涉及。

　　关于经营信息是否构成商业秘密。关于经营信息唐山某公司的主张为其保持长期稳定交易关系的特定客户名单。关于该名单，唐山某公司在起诉状中描述为"掌握了用户的基本情况、联系方式、交易习惯、信誉程度，形成了区别于相应公知信息的特定客户信息，包括汇集众多客户的名册"，但在本案诉讼中，唐山某公司并未提交具体的客户名单，仅就该问题提交了其与四家特定客户的增值税发票。依据《不正当竞争民事案件解释》第十三条的规定，客户名单包括"汇集众多客户的客户名册，以及保持长期稳定交易关系的特定客户"。本院认为，上述司法解释并非意指只要有较长时间稳定交易关系的特定客户就应作为商业秘密予以保护，相反，只有进一步考察主张拥有权利的经营者就该特定客户是否拥有区别于相关公知信息的特殊客户信息，并且考察构成商业秘密的一般条件之后，才能确定是否应当认定为法律所保护的商业秘密，在本案中，仅依据增值税发票显然不能认定拥有区别于相关公知信息的特殊客户信息，因此本院不认为现有证据能证明唐山某公司具有商业秘密意义上的客户名单。另外，即使退一步讲，唐山某公司拥有客户名单，仍要考虑其是否采取了适当的保密措施。关于经营信息是否采取保密措施，唐山某公司增加了营销服务责任书和销售管理制度两份证据，该两份证据的措施基本一致，为约定"在职期间和离职三年之内，不得利用原销售渠道销售公司同类产品"。如上所述，本院认为符合《反不正当竞争法》第十条规定的保密措施应当表明权利人保密的主观愿望，并明确作为商业秘密保护的信息的范围，使义务人能够知悉权利人的保密愿望和保密客体，并在正常情况下足以防止涉密信息泄露。在本案中，上述证据中的约定没有明确唐山某公司作为商业秘密保护的信息的范围，也没有明确于某某应当承担的保密义务，而仅限制于某某在一定时间内通过原有渠道销售公司同类产品，该约定应认定为竞业限制约定，即使其主要目的可能就是保护商业秘密，但由于该约定没有明确用人单位保密的主观愿望、作为商业秘密保护的信息的范围、义务人应当承担的保密义务，因而不能构成《反不正当竞争法》第十条规定的保密措施。综上，本院认为从本案现有证据，唐山某公司主张的涉案技术与经营信息均不能构成商业秘密。

关于是否构成侵害商业秘密。其实在本院依据现有证据认定唐山某公司主张的涉案技术与经营信息均不能构成商业秘密的前提下，该焦点问题已经没有论述的必要，但鉴于涉案双方对该问题分歧较大，且一审法院在该问题认定上也存在不妥，因此本院就该问题仍有必要做出论述。本院认为，退一步讲，即使认定唐山某公司主张的涉案技术与经营信息构成商业秘密，依据《不正当竞争民事案件解释》第十四条的规定，唐山某公司仍然要对对方当事人使用的信息与其商业秘密相同或者实质相同以及对方当事人采取不正当手段的事实负有举证责任。需要特别指出的是该规定中所说"对方当事人使用的信息与其商业秘密相同或者实质相同"并非指涉案两方的产品相同，更并非仅指产品功能参数，外在结构相同，因为仅依据两个产品的功能或者参数相同、外在结构相同推定两个产品所采用的技术方案也一定相同，显然是一种缺乏法律和事实依据的做法，相同功能的产品完全可能采取不同的技术方案来实现。具体到本案中，唐山某公司仅依据玉田某公司产品说明书中对产品采用技术的简单描述及外在结构与唐山某公司所陈述的技术及说明书记载文字相同、唐山某公司有技术员工到玉田某公司工作，即主张玉田某公司使用了唐山某公司的技术秘密，显然是缺乏事实和法律依据的，唐山某公司并未尽到法律要求的举证责任，其对该问题应承担举证不能的后果，不能如唐山某公司所称实行举证责任倒置，否则就有可能使对方合法控制的商业秘密被泄露，同时在民事诉讼中举证责任倒置显然是需要有明确法律依据的，因此举证责任倒置在此问题上并不适用。

综合以上所述，本院认为依据现有证据，并不能认定唐山某公司主张的涉案技术和经营信息构成商业秘密，因此在本案中于某某及玉田某公司并不应当承担侵权责任，于某某及玉田某公司的上诉理由成立，一审判决适用法律不当，应当予以纠正。依据《反不正当竞争法》第十条，《不正当竞争民事案件解释》第十一条、第十三条、第十四条，《民事诉讼法》第一百七十条第一款第（二）项之规定，判决如下：

一、撤销河北省唐山市中级人民法院〔2011〕唐民初字第13号民事判决；

二、驳回唐山某实业有限公司全部诉讼请求。

一审案件受理费27094元，二审案件受理费12308元，均由唐山某实业有限公司负担。

本判决为终审判决。

审判长　宋晓玉
审判员　宋菁
审判员　张岩
2016年12月30日
书记员　祁立肖

薛某销售假冒注册商标的商品罪

公诉机关指控，2016年6月7日11时许，公安民警在检查中发现，被告人薛某在保定市莲池区朱庄路22号库房内存有大量假冒长城品牌注册商标的商品。经现场检查，仓库中存放假冒长城品牌注册商标的各型号汽车大灯共计906个，后经鉴定价值人民币234574元；假冒长城品牌注册商标的汽车配件660个，后经鉴定价值人民币106666元。经长城汽车股份有限公司鉴定，以上带有长城品牌商标标识的汽车前大灯和带有长城品牌商标标识的汽车配件均为假冒长城品牌注册商标的商品。

笔者阅卷后发现公诉机关指控的证据中并无说明假冒长城品牌的注册商标具体的注册号、文字或图形，而是泛泛地认为假冒，在价格鉴定意见中也是泛泛地指出某某产品存在"长城标志"，但具体的标志注册号是文字商标还是图文组合商标等只字未提。笔者认为被告人薛某储存"HAVAL"（哈弗）注册商标标识的车辆灯行为在前，长城汽车股份有限公司在照明器械及装置、运载工具用照明装置等的范围注册保护在后，在计算货值金额时应予以扣除。薛某储存的汽车大灯所用"长城"图形商标与长城汽车股份有限公司所注册的商标不属于相同的商标，在计算货值金额时应予以扣除。在汽车配件部分中，包含一些与注册商标不相符的汽车标牌，在计算货值金额时应予以扣除。在汽车配件中，在哈弗H6副驾驶员安全气囊总成的细目照片中，并无任何商标，在计算货值金额时应予以扣除。在扣除以上金额后，薛某储存的货值金额已不满10万元，故被告人薛某无罪。

法院采纳了笔者关于被告人薛某储存"HAVAL"标识车辆灯的行为在前，长城汽车股份有限公司在照明器械及装置、运载工具用照明装置等的范围注册保护"HAVAL"标识时间在后，薛某在案发时储存的不是侵权商品，故公诉机关指控薛某储存价值人民币145994元的假冒"HAVAL"注册商标标识的各型号汽车大灯的事实不成立，在犯罪数额中予以扣除。查处的配件中包括部分车灯和标牌，价值人民币3934元。因公诉机关提供的商标注册证所载明的核定使用商品范围未包括车灯和标牌，在犯罪数额中予以扣除。此外，配件部分中包含的哈弗H6副驾驶员安全气囊总成并无任何商标，在犯罪数额中予以扣除。对辩护人提出的"HAVAL"标识的车辆灯,"长城"图形和"HAVAL"的车灯、标牌,哈弗H6副驾驶员安全气囊总成均不应计算在货值金额内的辩护意见。

对笔者提出的被告人薛某储存的汽车大灯所用"长城"图形商标与长城汽车股份有限公司所注册的商标不属于同一种商标的辩护意见,法院认为书证第6816331号商标注册证关于"长城"图形商标的注册有效期限自2010年7月7日至2020年7月6日,核定使用商品为车辆灯、车辆照明设备、车辆遮光装置(灯具)等。薛某实际储存的商品与长城汽车股份有限公司注册商标核定使用的商品系同一种商品,且薛某储存的汽车灯具所附着的"长城"图形商标与长城汽车股份有限公司所注册的"长城"图形商标在视觉上基本无差别,足以对公众产生误导,可认定为与长城汽车股份有限公司注册商标相同的商标,对笔者的该项辩护意见,法院并未采纳。并于2017年12月4日判处被告人薛某犯销售假冒注册商标的商品罪,判处有期徒刑一年六个月,罚金人民币92686元(刑期从判决执行之日起计算。判决执行以前先行羁押的,羁押一日折抵刑期一日。即被告人薛某的刑期自2016年6月8日起至2017年12月7日止。罚金自判决生效之日起10日内缴纳)。

销售假冒注册商标的商品罪,历经一年三次休庭,公诉机关补证,在法院和公诉机关"苦口婆心"的劝说下,最终还是"自愿认罪""住多久,判多久"告终。法院以司法解释中的模糊兜底解释认定"视觉上基本无差别,足以对公众产生误导"构成相同商标,可是到底哪儿无差别呢,法院并未进行任何说明。司法实践中对此的争论不断,笔者认为在民事侵权领域只能认定为近似的商标,在刑事审判中被认定为"相同",而"在视觉上基本无差别,足以对公众产生误导"致使法院裁量权随意和过大。

笔者认为公诉机关所主张的第6816331号 图形商标与其所扣押的商品使用的标志 (简称弧线性商标)非相同商标。

(1)两者区别明显,非相同商标。第6816331号商标颜色为全黑色、扣押商标使用的标志为白色;第6816331号商标显示的为平面图形,而扣押商品标志为立体感商标,该标志中间竖线,两侧竖线,三条线设计手法明显产生立体感;第6816331号商标为实体图,而扣押标志该图最大椭圆线条内有一条小椭圆线条,小椭圆线条内,沿剪头上部线条有两条椭圆线条和沿剪头下部线条形成一条椭圆线条。

（2）《刑法》第二百一十三条规定，所谓假冒注册商标是指"在同一种商品上使用与其注册商标相同的商标"，而关于相同商标的认定，最高人民法院、最高人民检察院联合发布了《侵犯知识产权刑事案件解释》，其中第八条规定："刑法第二百一十三条规定的'相同商标'，是指与被假冒的注册商标完全相同，或者与被假冒的注册商标在视觉上基本无差别、足以对公众产生误导的商标。"最高人民法院、最高人民检察院、公安部《关于办理侵犯知识产权刑事案件适用法律若干问题的意见》（以下简称《侵犯知识产权刑事案件意见》）进一步予以明确，其中第六条规定，具有下列情形之一的，可认定为"与其注册商标相同的商标"：（1）改变注册商标的字体、字母大小写或者文字横竖排列，与注册商标之间仅有细微差别的；（2）改变注册商标的文字、字母、数字等之间的间距，不影响体现注册商标显著特征的；（3）改变注册商标颜色的；（4）其他与注册商标在视觉上基本无差别、足以对公众产生误导的商标。

《侵犯知识产权刑事案件解释》规定，相同商标包括"与被假冒的注册商标在视觉上基本无差别、足以对公众产生误导的商标"的情形。从字面看，这种"基本相同"的情形包含两个构成要件：第一，与被假冒的注册商标在视觉上基本无差别；第二，这个商标足以对公众产生误导。而且，从语句结构和标点也可以明显地知道，这两个条件是并列关系而不是选择关系，因此必须同时满足。从标准特点来看，"视觉上基本无差别"偏客观标准，容易质证和判定；而"足以对公众产生误导"事实上需要裁判者虚拟相关消费者的视角进行观察，在没有全面、客观、可信的统计数据支持的情况下，事实上是一个偏主观的标准。因此，无论是从标准间的关系，还是从标准的客观与否来说，"视觉上基本无差别"都是一个重要的标准。

尽管在相同或者类似的商标上使用相同或者近似的商标，是导致消费者发生混淆的一个重要因素，却并不是必然条件。从逻辑推理和客观事实看，商标近似未必一定造成混淆。正因为这个原因，最高人民法院在《商标民事纠纷案件解释》中将混淆可能性通过司法解释的形式融入商标近似的判断之中，而新商标法的相应变化，正是对这一司法解释在立法上的进一步确认。因此，在新的商标法下，对于在类似商品上使用相同或者近似商标是否构成侵权，必须遵循两个判断步骤：第一，是否构成在类似商品上使用相同或者近似商标；第二，是否容易导致相关消费者发生混淆。换言之，在新商标法下，如果商标近似，但是没有导致相关公众发生混淆，就不构成商标侵权,即商标近似并不等于相关公众混淆。

刑法上相同商标主要是从形上进行比较,而民事侵权上近似商标除了从形上进行比较外,还包括从义、音、色、比例等方面进行比较。在视觉上基本无差别,对一般公众而言,是基本上分不清假冒商标和被假冒商标的,但就近似商标而言,假冒商标和被假冒商标的区别通过施以普通注意、通体观察及比较主要部分等,其差别是显而易见的。因此,这就决定了假冒注册商标罪中的商标比对,不但要执行更高的判定标准,而且只能局限于字形比对。例如,"白玉镫"与"白玉蹬"在字音、含义方面极为接近,在字形方面也较为相似,但有着不能忽视的视觉效果差异,因此虽然能被认定为民事侵权意义上的商标近似,但不宜认定为刑法意义上的商标相同。又如,在曹有兵假冒注册商标罪一案中,被告人在"中荷壳"产品包装上使用的"HEUX"与壳牌注册商标中的"HELIX"属于典型的侵权意义上的近似。但是,对于假冒注册商标罪而言,需要执行更为严格的比对标准,如果考虑到商标构成要素的明显变化,就不应认定为商标犯罪。因此,法院在判决中指出,"U"和"LI"在视觉上存在差别,区别明显,因此对这一商标不构成假冒犯罪。再如,凤凰自行车上的凤凰图案,尾巴上的羽毛是12根,而假冒者仿冒为11根或者13根。对于这种变化,专业人士可以迅速辨认,而对于普通消费者来说,即使同时呈现在面前,也需要较长时间的辨识成本,因此应当认定为刑法上的相同商标。

附笔者对此案的辩护词及一审生效判决。

辩护词(第一次)

尊敬的审判长、审判员:

北京大成(石家庄)事务所接受被告人薛某的委托,指派我担任被告薛某的辩护人。为维护被告人的合法权益,充分履行作为辩护人的辩护职责,我们在庭审前多次会见了被告人,详细查阅了案件卷宗,使得我们对本案有了较为全面、客观的认识。辩护人认为被告人薛某不构成销售假冒注册商标的商品罪,理由有如下几点。

1.注册商标核定使用的商品的类别

(1)涉案"汽车大灯"产品属于第十一类商品。

从尼斯分类的角度,本案涉案产品汽车灯具、汽车大灯属于第十一类照明用设备、器具。根据长城汽车股份有限公司注册商标注册当时的《类似商品和服务区分表》（第九版）的记载，涉案产品属于第十一类1101组照明用设备、器具。而根据现行的《类似商品和服务区分表》（第十版）（2016年文本）的记载，涉案产品同样属于第十一类1101组照明用设备、器具。《类似商品和服务区分表》（第十版）记载，第十一类商品为照明、加热、蒸汽发生等。其中第1101级为照明用设备、器具，包括如下产品：运载工具用灯、汽车防眩光装置（灯配件）、汽车前灯、汽车转向指示器用灯、汽车灯等。与此同时，第十二类商品为运载工具；陆、空、海用运载装置等，其中1206组为轮椅、手推车、儿童推车等。从《类似商品和服务区分表》（第十版）来看，涉案"汽车大灯"产品属于第十一类商品。

（2）涉案"汽车配件"产品属于第十二类商品。

涉案汽车配件包括前保险杠本体、前保险杠右雾灯盖板、驾驶员安全气囊总成等分别属于第十二类1202汽车、电车、摩托车及其零部件；1211运载工具零部件；从《类似商品和服务区分表》（第十版）来看，涉案"汽车配件"产品属于第十二类商品。

2. 长城汽车股份有限公司证明情况

（1）第11704511号注册商标。

卷宗127页长城汽车股份有限公司出具证明：HAVAL是我公司于2014年4月14日注册生效的商标，商标名称是"HAVAL"，注册号是"11704511"。通过商标局官网查询注册号"11704511"商标，注册公告日期2014年4月14日，位于《类似商品和服务区分表》第十二类，商品/服务项目为"轻便婴儿车、婴儿车、婴儿车车篷、婴儿车盖篷、折叠式婴儿车、折叠行李车"。本案涉案商品汽车灯具、汽车大灯，根据其功能、用途、主要原料、消费对象、销售渠道等方面来看，应属于《国际商品和服务分类表》第十一类"照明用设备、器具"，与本案涉案注册商标（作为第十二类的11704511号"HAVAL"商标）核定使用的第十二类商品不属于"同一种商品"。无论从国际、国内知名品牌汽车灯具、汽车大灯的实际注册信息来看，还是从国际商品与注册分类表来看，权利人注册商标核定使用的商品之间不包括本案中汽车灯具、汽车大灯，两者并非商标法意义上的同一种商品。

(2) 第5838637号注册商标。

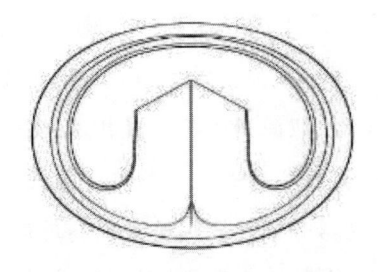

图1最大椭圆线条内有一条小椭圆线条，小椭圆线条内沿剪头上部线条有两条椭圆线条和沿剪头下部线条形成一条椭圆线条。卷宗中显示扣押的涉案物品使用的商标为第5838637号注册商标，经比对可以发现长城汽车股份有限公司第5838637号注册商标与涉案产品使用的商标相同。但第5838637号注册商标核定使用的商品类别为第十二类，具体包括：1202—小汽车；汽车；运货车；越野车；陆地车辆发动机；卡车；车辆内装饰品；大客车；陆、空、水或铁路用机动运载器；1208—车辆轮胎；1201—陆、空、水或铁路用机动运载器；1203—陆、空、水或铁路用机动运载器；1204—陆、空、水或铁路用机动运载器；1209—陆、空、水或铁路用机动运载器；1210—陆、空、水或铁路用机动运载器。并不包括运载工具用灯、汽车防眩光装置（灯配件）、汽车前灯、汽车转向指示器用灯、汽车灯等类别为第11类第1101级"汽车大灯"等商品。权利人注册商标核定使用的商品之间不包括本案中汽车灯具、汽车大灯，两者并非商标法意义上的同一种商品。

图1 第5838637号注册商标

3.比对对象

《侵犯知识产权刑事案件意见》第五条规定，"关于刑法第二百一十三条规定的'同一种商品'的认定问题。名称相同的商品以及名称不同但指同一事物的商品，可以认定为'同一种商品'。'名称'是指国家工商行政管理总局商标局在商标注册工作中对商品使用的名称，通常即《商标注册用商品和服务国际分类》中规定的商品名称。……认定'同一种商品'，应当在权利人注册商标核定使用的商品和行为人实际生产销售的商品之间进行比较"，而不是与所谓权利人实际使用的商品进行比对。本案的汽车灯具、汽车大灯，其功能、用途、主要原料、消费对象、销售渠道等方面与1202汽车保险杠；汽车两侧脚踏板；车用遮阳挡；汽车车轮毂；汽车用点烟器；1204—挡泥板；1211—运载工具缓冲器；运载工具座椅套；运载工具用盖罩（成形）；120—婴儿车；折叠式婴儿车；轻便婴儿车；折叠行李车；婴儿车盖篷；婴儿车车篷等并非指向同一事物，不属于"同一种商品"。

4.长城汽车股份有限公司其他注册商标情况说明

(1) 长城类图形商标众多，包括第5843663号、第5665225号、第

5838637号注册商标（图2~图4）：

1202——小汽车；汽车；卡车；运货车；越野车；陆地车辆发动机；大客车；车辆内装饰品；陆、空、水或铁路用机动运载器；

1208——车辆轮胎；

1201——陆、空、水或铁路用机动运载器；

1203——陆、空、水或铁路用机动运载器；

1204——陆、空、水或铁路用机动运载器；

1209——陆、空、水或铁路用机动运载器；

1210——陆、空、水或铁路用机动运载器；

1201——陆、空、水或铁路用机动运载器；

1202——陆、空、水或铁路用机动运载器；卡车；汽车；大客车；运货车；越野车；陆地车辆发动机；车辆内装饰品；小汽车；

1203——陆、空、水或铁路用机动运载器；

图2　第5843663号注册商标

图3　第5665225号注册商标

1204——陆、空、水或铁路用机动运载器；

1209——陆、空、水或铁路用机动运载器；

1210——陆、空、水或铁路用机动运载器；

1208——车辆轮胎；

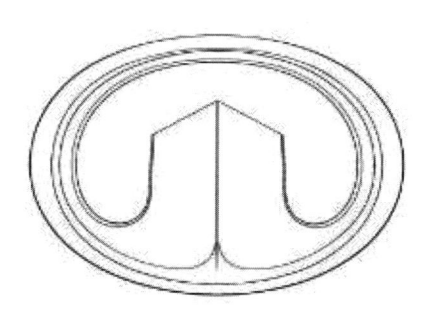

图4　第5838637号注册商标

1202——小汽车；汽车；运货车；越野车；陆地车辆发动机；卡车；车辆内装饰品；大客车；陆、空、水或铁路用机动运载器；

1208——车辆轮胎；

1201——陆、空、水或铁路用机动运载器；

1203——陆、空、水或铁路用机动运载器；

1204——陆、空、水或铁路用机动运载器；

1209——陆、空、水或铁路用机动运载器；

1210——陆、空、水或铁路用机动运载器；

（2）HAVAL商标包括第11704511号、第15135901号、第17441497号注册商标（图5~图7）。

HAVAL

图5　第11704511号注册商标

1206——婴儿车；折叠式婴儿车；轻便婴儿车；折叠行李车；婴儿车盖篷；婴儿车车篷；

HAVAL

图6　第15135901号注册商标

1202——汽车保险杠；汽车两侧脚踏板；车用遮阳挡；汽车车轮毂；汽车用点烟器；

1204——挡泥板；

1211——运载工具缓冲器；运载工具座椅套；运载工具用盖罩（成形）；

HAVAL

图7　第17441497号注册商标

1101；1104；1106；1107；1108；1110；1111；1112；1113；

商标专有期限为2016-09-14至2026-09-13，起诉书指控的犯罪时间为2016年6月7日。这个商标虽然与涉案商品同一类别，但因商标有效期的时间晚于指控犯罪时间，不能作为认罪量刑的事实依据。

5.商标近似不是构成犯罪的理由

虽然涉案产品使用的商标与权利人的注册商标近似，但这不能被认定为构成销售假冒注册商标商品罪的依据或理由,如果行为人在同一种商品上使用与他人注册商标近似的商标,或者在类似商品上使用与他人注册商标相同的商标,或者在类似商品上使用与他人注册商标近似的商标,虽然属于侵害商标专用权的行为,但是不构成犯罪(商标局观点:见《中国商标法释义》第131页)。

6.起诉书指控事实不能成立

(1)指控数额不能成立。

起诉书指控被告人在库房内存放假冒长城品牌注册商标的汽车大灯906个,价值234574.00元,假冒长城品牌注册商标的汽车配件660个,经鉴定价值106666元,共计价值341240.00元,上述指控不能成立。

无论是"长城"图形商标,还是"HAVAL"文字商标,在涉案"汽车大灯"产品的问题上,或是商标相同但核定使用的商品类别不同,或是核定使用的商品类别相同但非同一商标。故公诉机关指控"汽车大灯"的相关数额应予以扣除。"汽车配件"产品存在同样的问题,但因为数额未达到立案追诉标准,不再赘述。综上,根据《侵犯知识产权刑事案件意见》第五条关于刑法第二百一十三条第二款规定,认定"同一种商品",应以行为人实际生产销售的商品与权利人注册商标核定使用的商品之间进行比对;而不是与所谓权利人实际使用的商品进行比对。基于正确的比对方式,由于被告人实际销售的商品的汽车灯具、汽车大灯属于第11类的商品,在认定销售假冒注册商标罪数额时,应当将公诉人指控的商品扣除。

(2)本案不成立犯罪未遂。

依照《刑法》第二百一十四条的规定,有下列情形之一的,以销售假冒注册商标的商品罪(未遂)定罪处罚:一是假冒注册商标的商品尚未销售,货值金额在15万元以上的;二是假冒注册商标的商品部分销售,已销售金额不满5万元,但与尚未销售的假冒注册商标的商品的货值金额合计在15万元以上的。只要商品尚未销售或部分销售但未达到销售金额数额较大的标准,以犯罪未遂论。将涉案产品金额扣除后,库存金额已经不构成未遂标准,应为无罪。如已销售金额不满5万元、尚未销售货值金额不满15万元(不包括两者合计15万元以上情形)等,均不能再作扩大解释并根据我国刑法犯罪预备和犯罪未遂理论推导定罪。

7.销售汽车灯具价值

关于销售汽车灯具价值190350.00元。已经销售商品中一定包含"HA-

VAL"商标与长城标志商标,但各自销售数额及金额无法具体确定,故销售金额的单一认定不能作为认定销售假冒注册商标的商品罪的定罪依据。

8. 被告不明知

"因销售假冒注册商标的商品受到过行政处罚或者承担过民事责任,又销售同一种假冒注册商标的商品的"构成明知,但本案中,公诉机关的证据材料仅说明行政机关进行检查或者查,行政处罚决定书的理由是因为没有3C标志,而非因假冒注册商标被处罚,目前证据不能证实被告人属于明知。

9. 非相同商标

公诉机关所主张的第6816331号 图形商标与其所提供的扣押商品使用的标志 (简称弧线形商标)非相同商标。

(1) 两者区别明显,非相同商标。

第6816331号商标颜色为全黑色、扣押商标使用的标志为白色;第6816331号商标显示为平面图形,而扣押商品标志为立体感商标,该标志中间竖线、两侧竖线、三条线设计手法明显产生立体感;第6816331号商标为实体图,而扣押标志最大椭圆线条内有一条小椭圆线条,小椭圆线条内沿剪头上部线条有两条椭圆线条和沿剪头下部线条形成一条椭圆线条(图8~图10)。

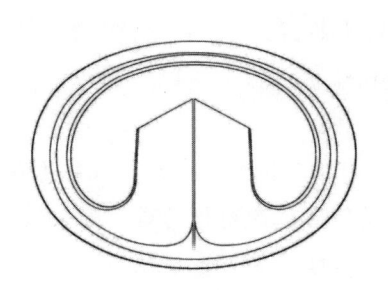

图8　扣押标志图　　　　图9　第6816331号注册商标图

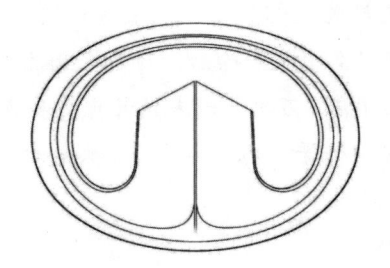

图10　扣押物品标志图

(2) 商标比对。

两者并非最高人民法院、最高人民检察院、公安部《侵犯知识产权刑事意见》第六条第（四）项规定的"其他与注册商标在视觉上基本无差别、足以对公众产生误导的商标"。

《刑法》第二百一十三条规定，未经注册商标所有人许可，在同一种商品上使用与其注册商标相同的商标，情节严重的，处3年以下有期徒刑或者拘役，并处或者单处罚金；情节特别严重的，处3年以上7年以下有期徒刑，并处罚金。这条是关于假冒注册商标罪的规定。

最高人民法院、最高人民检察院联合发布了《侵犯知识产权刑事案件解释》，其中第八条规定："刑法第二百一十三条规定的'相同商标'，是指与被假冒的注册商标完全相同，或者与被假冒的注册商标在视觉上基本无差别、足以对公众产生误导的商标。"

《侵犯知识产权刑事案件意见》进一步予以明确，其中第六条规定，具有下列情形之一的，可认定为"与其注册商标相同的商标"：①改变注册商标的字体、字母大小写或者文字横竖排列，与注册商标之间仅有细微差别的；②改变注册商标的文字、字母、数字等之间的间距，不影响体现注册商标显著特征的；③改变注册商标颜色的；④其他与注册商标在视觉上基本无差别、足以对公众产生误导的商标。

《侵犯知识产权刑事案件解释》规定，相同商标包括"与被假冒的注册商标在视觉上基本无差别、足以对公众产生误导的商标"的情形。从字面看，这种"基本相同"的情形包含两个构成要件：第一，与被假冒的注册商标在视觉上基本无差别；第二，这个商标足以对公众产生误导。而且，从语句结构和标点也可以明显地知道，这两个条件是并列关系而不是选择关系，因此必须同时满足。从标准特点来看，"视觉上基本无差别"偏客观标准，容易质证和判定；而"足以对公众产生误导"事实上需要裁判者虚拟相关消费者的视角进行观察，在没有全面、客观、可信的统计数据支持的情况下，事实上是一个偏主观的标准。因此，无论是从标准间的关系还是从标准的客观与否来说，"视觉上基本无差别"都是一个重要的标准。

尽管在相同或者类似的商标上使用相同或者近似的商标是导致消费者发生混淆的一个重要因素，却并不是必然条件。从逻辑推理和客观事实看，商标近似未必一定造成混淆。正因为这个原因，《商标民事纠纷案件解释》中将混淆性可能性通过司法解释的形式融入商标近似的判断之中，而新商标法的相应变化，正是对这一司法解释在立法上的进一步确认。因此，在新的商标法下，对于在类似商品上使用相同或者近似商标是否构成侵权，必须遵循两个判断步骤：第一，是否构成在类似商品上使用相同或者近似商标；第二，是否容易导致相关消费者发生混淆。换言之，在新商标法下，如果商标近似，但是没有导致相关公众发生混淆，就不构成商标侵权，即商标近似并不等于相关公众混淆。

刑法上相同商标主要是从形上进行比较，而民事侵权上近似商标除了从形上进行比较外，还包括从义、音、色、比例等方面进行比较。在视觉上基本无差别，对一般公众而言，是基本上分不清假冒商标和被假冒商标的，但就近似商标而言，假冒商标和被假冒商标的区别通过施以普通注意、通体观察及比较主要部分等，其差别是显而易见的。因此，这就决定了假冒注册商标罪中的商标比对，不但要执行更高的判定标准，而且只能局限于字形比对。例如，"白玉镫"与"白玉蹬"在字音、含义方面极为接近，在字形方面也较为相似，但有着不能忽视的视觉效果差异，因此虽然能被认定为民事侵权意义上的商标近似，但不宜认定为刑法意义上的商标相同。又如，在曹有兵假冒注册商标罪一案中，被告人在"中荷壳"产品包装上使用的"HEUX"与壳牌注册商标中的"HELIX"属于典型的侵权意义上的近似。但是，对于假冒注册商标罪而言，需要执行更为严格的比对标准，如果考虑到商标构成要素的明显变化，就不应认定为商标犯罪。因此，法院在判决中指出，"U"和"LI"在视觉上存在差别，区别明显，因此对这一商标不构成假冒犯罪。再如，凤凰自行车上的凤凰图案，尾巴上的羽毛是12根，而假冒者仿冒为11根或者13根。对于这种变化，专业人士可以迅速辨认，而对于普通消费者来说，即使同时呈现在面前，也需要较长时间的辨识成本，因此应当认定为刑法上的相同商标。

以上辩护意见，供合议时参考！

辩护人：北京大成（石家庄）律师事务所
律师：王现辉
2017年3月14日

辩护词（第二次）

一、"注册商标"情况

（一）指控犯罪的"注册商标"首先应予以明确

庭审进行过两次后，对于本案最基本的事实问题，即公诉人指控被告人涉嫌销售假冒注册商标的商品罪的"注册商标"到底是哪几个，这个应该最开始就应该固定的问题，案件庭审结束后，公诉人至今没有明确表明这一最基本的事实问题，辩护人希望法庭对公诉人提交的证据进行固定，对于这一最基本的问题不应再让公诉人无限期地补充下去，应当以截至开庭时公诉人提出的注册商标为限。

（二）公诉人提交的"注册商标"情况

公诉人目前主张的"注册商标"有第11704511号注册商标 HAVAL 及第5838637号注册商标 ⊙ （侦查卷126页）及于2017年10月27日第二次开庭时补充的第17441497号注册商标 HAVAL 及第6816331号注册商标 ⊙ 。下面分别对上述商标进行一一说明。

（1）第11704511号注册商标。

注册公告日期为2014年4月14日，第11704511号注册商标 HAVAL （侦查卷第126页）。位于《类似商品和服务区分表》第12类，商品/服务项目为"轻便婴儿车、婴儿车、婴儿车车篷、婴儿车盖篷、折叠式婴儿车、折叠行李车"。无论从国际、国内知名品牌汽车灯具、汽车大灯的实际注册信息，还是从国际商品与注册分类表来看，权利人注册商标核定使用的商品之间不包括本案中汽车灯具、汽车大灯，两者并非商标法意义的同一种商品。该注册商标与本案无关。

（2）第5838637号注册商标。

卷宗中显示扣押的涉案物品使用的商标为第5838637号注册商标 ⊙ （侦查卷第126页），经比对可以发现长城汽车股份有限公司第5838637号注册商标与涉案产品使用的商标相同。但第5838637号注册商标核定使用的商品类别为第12类，具体包括：1202——小汽车；汽车；运货车；越野车；陆地车辆发动机；卡车；车辆内装饰品；大客车；陆、空、水或铁路用机动运载器；1208——车辆轮胎；1201——陆、空、水或铁路用机动运载器；1203——陆、空、水或铁路用机动运载器；1204——陆、空、水或铁路用机动运载器；1209——陆、空、水或铁路用机动运载器；1210——陆、空、水或铁路用机动运载器。不包括运载工具用灯、汽车防眩光装置（灯配件）、汽车前灯、汽车转向指示器用灯、汽车灯等类别为第11类第1101级"汽车大灯"等商品。权利人注册商标核定使用的商品之间不包括本案中汽车灯具、汽车大灯，两者并非商标法意义的同一种商品。

· 177 ·

(3) 第17441497号注册商标。

公诉人已经认可第17441497号注册商标 HAVAL 商标专有期限为2016-09-14至2026-09-13，而起诉书指控的犯罪时间为2016年6月7日。此商标不能作为认罪量刑的事实依据。

(4) 第6816331号注册商标。

第6816331号商标 ● 为全黑色，而扣押商品使用的标志 ⊖ 为白色。

该商标显示的为平面图形，而扣押商品标志为立体感商标，该标志中间竖线，两侧竖线，三条线设计手法明显产生立体感；

第6816331号商标为实体图，而扣押标志该图最大椭圆线条内有一条小椭圆线条，小椭圆线条内，沿剪头上部线条有两条椭圆线条和沿剪头下部线条形成一条椭圆线条。

两者并非《侵犯知识产权刑事案件意见》第六条第（四）项规定的"其他与注册商标在视觉上基本无差别、足以对公众产生误导的商标"。我们再来熟悉一下该司法解释的规定，彻底理解其宗旨。该司法解释的出发点是指"改变"注册商标的字体、字母大小或者文字排列方式及其之间的间距或者仅仅是改变注册商标的颜色，最后兜底条款的意思是在"改变"的基础上做出视觉基本无差别的客观判断。本案中，两个商标是两个图形商标，一个是实体、充实的黑色图案，一个是由多个线条勾画的轮廓形态，不存在"改变"的意思表示，是两个彻头彻尾的不同思路的体现（第一份辩护词已做详细论述，不再赘述）。

二、扣押汽车灯具商品上标识使用情况

扣押汽车灯具商品上标识只有两个，一个是 ⊖ ，一个是 HAVAL ，公诉人已经认可 HAVAL 注册在本案案发时间之后，辩护人不再赘述。仅就商标 ● 进行分析。

首先，公诉人提交的第6816331号注册商标 ● 与扣押商品上使用的标识 ⊖ 是两个标识。并且长城公司在与汽车灯具无关的12类上注册了第5838637号注册商标 ⊖ ，标识与扣押商品上使用的标识相同。

其次，标识 ● 使用在汽车灯具上，完全可以显示出来，与标识 ⊖ 区别明显，不存在标识 ● 使用在汽车灯具上，因为其为全充实图形，因而

需要用外部弧线进行描述。实际上扣押商品上的图形 ⊙ 显示非常清楚，不仅外部轮廓非常清晰，且内部的几道弧线显示同样清楚，不存在标识 ⊙ 使用在商品上用弧线来进行描述的事实可能。

再次，注册商标应当以核定使用的商品和核准注册的商标为限，尤其在刑事领域，不应该考虑 ⊙ 使用在商品上的情况，只应考虑扣押商品的标识 ⊙ 与注册商标证上显示的图片 ⊙ 进行比对，显示的图片是什么样就是什么样，不必考虑其他。

最后，⊙ 与 ⊙ 即便在民事侵权领域，也只能认定为在同一种商品上使用与注册商标近似的商标，一个是黑色充实色体，一个是轮廓勾画，我们不能黑白不分，在刑事犯罪中将两个在民事领域中认定为近似的商标认定为相同，造成基本标准混乱。

三、配件上众多商品使用的标识非公诉人指控的注册商标

同样的问题，到法庭辩论终结也未见公诉人指控其配件上所谓的"销售假冒注册商标的商品罪"中的注册商标是哪一个或者哪几个。

经辩护人当庭提示，公诉人仍未就此说明，应认定其没有相应证据。况且第二份产品清单中有大量非注册商标标识，而非公诉人指控的上述标识当中的任何一种，这些指控的金额应当予以减除，希望法庭认真审核，包括但不限于辩护人当庭提到的标识。

四、判决要经得起历史考验

公诉人希望糊里糊涂结案的目的，在库存定罪数额不明的情况下，直接发表量刑意见，在面对一个数额可以定性是否犯罪的时候，请问公诉人的依据何在？我们希望合议庭可以充分考虑辩护人的观点，并审慎研究商标领域的相关知识，不能因为使用了近似标识就指认犯罪，不能忘记同一种商品上使用相同商标的刑事犯罪标准，即"两相同"标准，尤其在认定商标相同的问题上要站在专业角度进行分析，视觉上基本无差别是刑事领域的认定相同标准，虽然这是主观领域的判断标准，但也要以客观的商标标识作为参照，客观认定。辩护人希望合议庭可以纠正侦查机关、公诉人在该案中犯下的"想当然"错误，能够以法律为基本尺度，以法律的信仰为最高宗旨，做出合法、公正的判决。知识产权刑事犯罪审判"民、行、刑"三审合一是大势所趋，不久的将来，河北省也将迎来由知识产权庭法官审理所有知识产权民

事、行政及刑事案件，希望站在历史的起点上，做出经得起历史考验的判决。

辩护人：北京大成（石家庄）律师事务所

律师：王现辉

2017年10月27日

河北省保定市莲池区人民法院
刑事判决书

〔2017〕冀0606刑初第100号

公诉机关保定市莲池区人民检察院。

被告人薛某，男，1980年4月22日出生，汉族，高中文化，个体工商户，户籍所在地河北省衡水市冀州市，现住河北省保定市新市区。2016年6月8日被保定市公安局莲池区分局刑事拘留，2016年7月12日因涉嫌犯销售假冒注册商标的商品罪经保定市莲池区人民检察院决定，由保定市公安局莲池区分局执行逮捕。现押于保定市看守所。

辩护人高非，河北某某律师事务所律师。

辩护人王现辉，北京大成（石家庄）律师事务所律师。

保定市莲池区人民检察院以保莲检公诉刑诉〔2017〕第356号起诉书指控被告人薛某犯销售假冒注册商标的商品罪，于2016年12月22日向本院提起公诉。本院依法组成合议庭，公开开庭审理了本案。保定市莲池区人民检察院检察员张立宁出庭支持公诉，被告人薛某及其辩护人高非、王现辉到庭参加诉讼。期间经公诉机关建议，本院决定延期审理两次，另报请河北省保定市中级人民法院批准延长审理期限3个月。现已审理终结。

公诉机关指控，2016年6月7日11时许，公安民警在检查中发现，被告人薛某在保定市莲池区朱庄路22号库房内存有大量假冒长城品牌注册商标的商品。经现场检查，仓库中存放假冒长城品牌注册商标的各型号汽车大灯共计906个，后经鉴定价值人民币234574元；假冒长城品牌注册商标的汽车配件660个，后经鉴定价值人民币106666元。经长城汽车股份有限公司鉴定，以上带有长城品牌商标标识的汽车前大灯和带有长城品牌商标标识的汽车配件均为假冒长城品牌注册商标的商品。公诉机关当庭宣读、出示了被告人供述、证人证言、涉案物品价格认定结论书、户籍证明等证据，据以证明被告人薛某的行为触犯了《刑法》第二百一十四条之规定，应当以销售假冒注册商标的商品罪（未遂）追究其刑事责任。

被告人薛某对公诉机关指控的事实无异议，当庭自愿认罪。其辩护人的意见是，被告人薛某储存"HAVAL"（哈弗）注册商标标识的车辆灯行为在前，长城汽车股份有限公司在照明器械及装置、运载工具用照明装置等的范围注册保护在后，在计算货值金额时应予以扣除。薛某储存的汽车大灯所用"长城"图形商标与长城汽车股份有限公司所注册的商标不属于相同的商标，在计算货值金额时应予以扣除。在汽车配件部分中，包含一些与注册商标不相符的汽车标牌，在计算货值金额时应予以扣除。在汽车配件中，在哈弗H6副驾驶员安全气囊总成的细目照片中，并无任何商标，在计算货值金额时应予以扣除。在扣除以上金额后，薛某储存的货值金额已不满10万元，故被告人薛某无罪。

经审理查明，2016年6月7日11时许，保定市公安局莲池区分局经侦大队在检查中发现，被告人薛某在其位于保定市莲池区朱庄路22号的库房内存放带有长城汽车股份有限公司注册商标的商品。其中，有"长城"注册商标标识的部分车辆灯共计497个，经涉案物品价格认证中心鉴证，价值人民币88580元；有"长城"和"HAVAL"（哈弗）注册商标标识的部分汽车配件共计417个，经涉案物品价格认证中心鉴证，价值人民币96792元。案发后，长城汽车股份有限公司证明上述商品均系假冒该公司注册商标的商品。

上述事实，有经当庭举证、质证，本院确认具有证据效力的下列证据证实。

（1）被告人薛某供述：其是保定市竞秀区（原新市区）某汽车配件经营部的经营者，经营范围为汽车配件零售。位于保定市莲池区的朱庄路22号库房，是其妻子苑某1出面租赁的，并用于存放其购进的假冒长城汽车股份有限公司注册商标商品。该库房中存放的带有长城品牌标识的商品不是从长城汽车股份有限公司购进的，有一部分大灯是用长城品牌包装箱包装的，还有一部分球头、拉杆是使用长城品牌的包装袋包装的，这些货都是假货。风骏5、风骏6、腾翼C50组合灯是丹阳益某的货，其他的组合大灯是从丹阳市宝辰车辆部件有限公司进的货，其他的雾灯、昼间灯是从丹阳一个姓孙的人处购入的。球头、拉杆是玉环一家好像叫德硕的企业进的货。上述供货的厂家都不是长城的授权经销商。

（2）证人郭某证言：其受雇于薛某，主要工作是从库房拿配件，打包装，偶尔发货。从库房打包发货最多的是"长城汽车"品牌的大灯，其中包括长城C50、C30、M4、HAVAL H6、HAVAL H6 COUPER、HAVAL H2、HAVAL H1。发货时，大部分商品就直接带着"长城汽车"标识的原包装发出去，如果箱子不合适，就用别的箱子代替，里面商品的单独包装没换过，都是进货时就有"长城汽车"的标识和售后标签。这些大灯放在保定市莲池区的朱庄路22号大库房旁边的库房里。

（3）证人刘某证言：其受雇于薛某，自2016年春节后其负责销售工作。库房里打包发货最多的配件是汽油泵和汽车大灯，都是"长城汽车"商标品牌的大灯，其中包括长城C50、C30、M4、HAVAL H6、HAVAL H2、HAVAL H1。这些大灯放在保定市莲池区的朱庄路22号大库房旁边的库房里，平时大门上锁。

（4）证人李某证言：其受雇于薛某，主要工作是从库房拿配件，打包装，偶尔发货。从库房打包发货最多的是"长城汽车"品牌的大灯，其中包括长城C50、C30、M4、HAVAL H6、HAVAL H2、HAVAL H1。发货时，大部分商品就直接带着"长城汽车"标识的原包装发出去，如果箱子不合适，就用别的箱子代替，箱子里面商品的单独包装没换过，都是带着"长城汽车"的标识或"HAVAL"标识的汽车灯。这些大灯放在保定市莲池区的朱庄路22号大库房旁边的库房里。

（5）证人田某证言：其受雇于薛某，担任司机，主要负责收货和发货。接的货是"长城汽车"各种车型的配件。其在所接货的包装箱上见过"长城汽车（合格）纯正配件4121200XSZ08A"样式的标注。库房里存放的都是"长城汽车"的配件，品种很多，都是标着长城标的配件。

（6）证人娄某库证言：其受雇于薛某，从事一些验货、发货工作。从库房打包发货最多的是"长城汽车"的配件。保定市某汽车配件经营部销售的都是"长城汽车"品牌的大灯，包括长城C50、C30、M4、HAVALH6、HAVAL H6 COUPER、HAVAL H2、HAVAL H1。这些大灯放在保定市莲池区的朱庄路22号大库房旁边的库房里。

（7）证人苑某1证言：其系被告人薛某之妻，负责保定市某汽车配件经营部后勤工作。其在网络上找到的位于保定市莲池区的朱庄路22号库房租赁信息，并与房东签订租赁协议。库房里存放了长城汽车的配件，部分是从长城汽车4S店购入，部分从保定市做长城汽车配件的单位进的货，再有就是从浙江台州、杭州等地购入的。有一部分大灯是用长城品牌包装箱包装的，还有一部分球头、拉杆使用长城品牌的包装袋包装的。大灯是一个南方人过来推销的，有C30、M4、H6专用的汽车前大灯，这些都是直接用的长城品牌包装的，库房里现存的就是这个人提供的货。球头、拉杆也是一个南方人过来推销的。

(8) 证人苑某2证言：其受雇于薛某，负责打包出货工作。所谓打包装就是把大箱子的多个货物，单独包装成独立的包装，包装箱都是做好了的，包括合格证和外观都是现成的，其只负责分装。

(9) 长城汽车股份有限公司出具的证明：证明在保定市朱庄村朱庄路22号院内库房查处的灯具及汽车配件均是假冒产品。

(10) 扣押决定书、扣押物品清单：证明保定市公安局莲池区分局经济犯罪侦查大队依法扣押了薛某在位于保定市莲池区朱庄路22号的库房内储存的涉嫌假冒注册商标的商品，其中包含假冒"长城"注册商标标识的风骏5右前雾灯、风骏5右前组合灯等汽车灯共计497个，假冒"长城"和"HAVAL"（哈弗）注册商标标识的哈弗H1前保险杠本体、C30前保险杠本体等汽车配件共计417个。

(11) 保定市公安局莲池区分局经济犯罪侦查大队制作的涉案物品细目照片及情况说明：证明涉案物品的客观状况及保管情况。

(12) 保定市南市区（现莲池区）物价局价格认证中心出具的南价鉴证〔2016〕第98号、第108号价格鉴定结论书：证明本案涉案汽车灯价值人民币234574元；涉案汽车配件价值人民币106666元。

(13) 书证第6816331号商标注册证：证明"长城"图形注册商标核定使用范围为车辆灯；车辆照明设备等，注册有效期限为2010年7月7日至2020年7月6日止。

(14) 书证第17441497号商标注册证：证明"HAVAL"注册商标核定使用范围为照明器械及装置；运载工具用照明装置等，注册有效期限为2016年9月14日至2026年9月13日。

(15) 书证第5665225号商标注册证：证明"长城"图形注册商标核定使用范围为陆、空、水或铁路用机动运载器，卡车，汽车，大客车，运货车，越野车，小汽车等，注册有效期限为2009年7月14日至2019年7月13日。

(16) 书证第6816339号商标注册证：证明"长城"图形注册商标核定使用范围为车辆保险杠、气囊（机动车安全装置）、车辆内装饰品等，注册有效期限为2010年6月7日至2020年6月6日。

(17) 书证第7398340号商标注册证：证明"HAVAL"注册商标核定使

用范围为小汽车、汽车、越野车等，注册有效期限为2010年8月28日至2020年8月27日。

(18) 书证第15135901号商标注册证：证明"HAVAL"注册商标核定使用范围为汽车保险杠、运载工具缓冲器等，注册有效期限为2015年9月28日至2025年9月27日。

(19) 书证第5838637号商标注册证：证明"长城"图形注册商标核定使用范围为小汽车、汽车、越野车、车辆内装饰品等，注册有效期限为2009年10月14日至2019年10月13日。

(20) 书证保定市竞秀区工商行政管理局出具的个体工商户开业登记申请书：证明保定市新市区（现竞秀区）某汽车配件经营部经营者为薛某，经营范围为汽车配件零售。

(21) 书证保定市公安局莲池区分局经侦大队出具的办案经过及抓获经过说明：证明2016年6月7日该单位在工作中发现犯罪嫌疑人薛某在其租赁的朱庄路22号库房，存放大量假冒长城品牌注册商标的汽车配件，当日该单位将薛某带至经侦大队对其进行询问。

(22) 辨认笔录：证明经被告人薛某对丹阳市宝辰车辆部件有限公司负责人姚某的辨认，其指认出部分假冒"长城"注册商标标识的车辆灯是从该人处购入。

(23) 被告人薛某个人信息证明：证明被告人薛某系完全刑事责任能力人。

对上述事实，综合评判如下：关于公诉机关指控被告人薛某在库房内储存假冒长城品牌注册商标的各型号汽车大灯共计906个，价值人民币234574元的事实部分，经审理查明，其中标记"HAVAL"的车辆灯，经涉案物品价格认证中心鉴定价值人民币145994元。另查明，公安机关查获薛某储存的行为是2016年6月7日，而书证第17441497号商标注册证关于"HAVAL"商标的注册日期是2016年9月14日，有效期至2026年9月13日，核定使用商品为照明器械及装置、运载工具用照明装置等。即被告人薛某储存"HAVAL"标识车辆灯的行为在前，长城汽车股份有限公司在照明器械及装置、运载工具用照明装置等的范围注册保护"HAVAL"标识时间在后，薛某在案发时储存的不是侵权商品，故公诉机关指控薛某储存价值人民币145994元的假冒"HAVAL"注册商标标识的各型号汽车大灯的事实不成立，本院不予认定，在犯罪数额中予以扣除。关于公诉机关指控被告人薛某在库房内储存假冒长城品牌注册商标的汽车配件的事实部分，其中，查处的配件中包括部分车灯和标牌，价值人民币3934元。因公诉机关提供的商标注册证所载明的核定使用商品范围未包括车灯和标牌，故本院不予认定，在犯罪数额中予以扣除。此外，配件部分中包含的哈弗H6副驾驶员安全气囊总成，并无任何商标，在犯罪数额中予以扣除。对辩护人提出的"HAVAL"标识的车辆灯，"长城"图形和"HAVAL"的车灯、标牌，哈弗H6副驾驶员安全气囊总成均不应计算在货值金额内的辩护意见，本院予以采纳。

关于辩护人提出的被告人薛某储存的汽车大灯所用"长城"图形商标与长城汽车股份有限公司所注册的商标不属于同一种商标的辩护意见，书证第6816331号商标注册证关于"长城"图形商标的注册有效期限自2010年7月7日至2020年7月6日，核定使用商品为车辆灯、车辆照明设备、车辆遮光装置（灯具）等。薛某实际储存的商品与长城汽车股份有限公司注册商标核定使用的商品系同一种商品，且薛某储存的汽车灯具所附着的"长城"图形商标与长城汽车股份有限公司所注册的"长城"图形商标在视觉上基本无差别，足以对公众产生误导，可认定为与长城汽车股份有限公司注册商标相同的商标，故对该项辩护意见，本院不予采纳。

本院认为，被告人薛某为获取非法利益，明知是假冒注册商标的商品而予以经营，经营数额较大，其行为构成销售假冒注册商标的商品罪，公诉机关指控的罪名成立。被告人薛某购入的假冒注册商标的商品货值金额达到十五万元以上不满二十五万元，但尚未售出，应以销售假冒注册商标的商品罪（未遂）处罚，依法可以比照既遂犯从轻处罚。被告人薛某到案后如实供述，当庭自愿认罪，依法可以从轻处罚。依照《刑法》第二百一十四条、第二十三条第二款、第六十七条第三款、第六十一条、第六十四条、《最高人民法院关于适用〈中华人民共和国刑事诉讼法〉的解释》第三百六十五条之规定，判决如下：

一、被告人薛某犯销售假冒注册商标的商品罪，判处有期徒刑一年六个月，罚金人民币92686元。

（刑期从判决执行之日起计算。判决执行以前先行羁押的，羁押一日折抵刑期一日。即被告人薛某的刑期自2016年6月8日起至2017年12月7日止。罚金自判决生效之日起10日内缴纳。）

二、对本判决认定的被告人薛某销售假冒注册商标的涉案商品（未随案移送），由扣押单位保定市公安局莲池区分局负责处理。

如不服本判决，可在接到判决书的第二日起10日内，通过本院或者直接向河北省保定市中级人民法院提出上诉。书面上诉的，应当提交上诉状正本一份，副本二份。

审判长　史光辉
审判员　程　悦
审判员　王　芳
2017年12月4日
书记员　张　鹏

上海某服饰有限公司与河北某制衣有限公司侵害商标权纠纷案

【案情简介】

原告：上海某服饰有限公司

被告：河北某制衣有限公司

原告上海某服饰有限公司成立于2006年，隶属于大国际（香港）实业有限公司，系集研发、设计、生产、销售为一体的品牌服饰专业公司，其品牌服装致力于为都市女性打造国际最新着装理念，是国内中高档女装品牌生产及销售者。2010年7月7日，原告经国家工商行政管理局商标局核准注册第5326805号"M◎ING慕名"商标，核定使用商品为第25类；2015年1月7日经国家工商行政管理局商标局核准注册第13315582号"MOING"商标，核定使用商品为第25类；经过多年长期大量的市场推广和线上线下品牌加盟，上述商标在行业领域内已具有较高知名度。

2012年被告经原告授权，成为原告在石家庄的品牌加盟商，2014年以后，被告进货量大幅减少，直至2016年彻底与原告结束合作关系。

2017年6月左右，原告发现被告未经许可仍然在其店内销售标有原告注册商标的商品，且经原告现场查证，被告所销售的服装均为假冒原告注册商标的商品。后原告向石家庄市桥西区工商行政管理局进行举报，工商局于2017年7月4日查封了被告店面，并扣押了全部侵权物品。

北京大成（石家庄）律师事务所王现辉律师接受原告委托，就河北某制衣有限公司侵害上海某服饰有限公司商标专用权的行为诉至石家庄市中级人民法院，要求其停止侵害原告享有的"M⊕ING莫名"以及"MOING"商标专用权的行为，并赔偿原告经济损失及合理开支人民币50万元。

【法院判决】

本案经石家庄市中级人民法院开庭审理，并于2017年11月10日做出判决，判决内容如下：一、被告河北某制衣有限公司立即停止销售侵害原告第5326805号"M⊕ING莫名"注册商标和第13315582号注册商标专用权的侵权商品；二、被告河北某制衣有限公司于本判决生效之日起十五日内赔偿原告上海某服饰有限公司经济损失及合理费用50万元；案件受理费8800元，由被告河北某制衣有限公司负担。

【案件评析】

本案的争议焦点为：①被告是否侵犯了原告的商标专用权；②原告主张被告赔偿经济损失及合理开支50万元是否符合法律规定。

一、关于被告是否侵犯了原告的商标专用权

根据《商标法》第五十七条第一项"未经商标注册人的许可，在同一种商品上使用与其注册商标相同的商标的"以及及第二项"未经商标注册人的许可，在同一种商品上使用与其注册商标近似的商标，或者在类似商品上使用与其注册商标相同或者近似的商标，容易导致混淆的"，即构成侵害商标专用权。

商标是否相同或者相似容易让消费者产生混淆是判定是否侵害商标专用权的前提，也是法院在商标侵权案件的第一个庭审焦点。本案中，被告所销售的侵权产品主唛上的"MOING"品名与原告第13315582号"MOING"注册商标完全一致。同时，侵权产品吊牌品名与原告第5326805号"M⊕ING莫名"商标的图形和英文字母完全一致，只缺少右边竖写的"莫名"两汉字，且"莫名"两汉字在该商标中空间占比较小，即被告销售的侵权产品商标标识与原告注册商标构成近似，容易导致消费者混淆。

围绕第一个争议焦点，被告认为，原、被告双方曾系合作关系，被告销售的商品为多年来积压的库存而非仿冒的侵权产品。针对该抗辩观点，原告的代理意见为，首先，根据民事诉讼证据规则的规定，被告并未举证证明其主张；其次原告出具了假货鉴定报告，分别从吊牌条形码、产品执行标准、货号编辑规则、洗水标、主唛的缝制细节等方面全面分析了被告的产品并非原告生产的正规产品，加大了法官的内心确认。

二、关于原告主张被告赔偿经济损失及合理开支50万元是否符合法律规定

《商标法》第六十三条规定："侵犯商标专用权的赔偿数额，按照权利人因被侵权所受到的实际损失确定；实际损失难以确定的，可以按照侵权人因侵权所获得的利益确定；权利人的损失或者侵权人获得的利益难以确定的，参照该商标许可使用费的倍数合理确定。对恶意侵犯商标专用权，情节严重的，可以在按照上述方法确定数额的一倍以上三倍以下确定赔偿数额。赔偿数额应当包括权利人为制止侵权行为所支付的合理开支。"

商标侵权纠纷损失赔偿的举证，权利人往往很难提交证据证明己方因侵权行为所造成的损失，更难举证证明被告方所获得的利益。因此，大部分时候只能依靠法院根据案件具体情况进行合理酌定，但酌定数额一般都难以弥补权利人的损失，使得侵权方得不到有力的打击，从而纵容了侵权者的违法行为。

本案初期，原告掌握的证据只是被告2012年至2015年合作期间的拿退货明细，该明细虽然可以佐证该品牌在石家庄市场的销量，但因销量会受到多重因素的影响，不能直接以2013年左右该品牌在石家庄的销量来推断2016年的销量。考虑到本案的特殊性，因被告所销售的侵权产品为假冒原告注册商标的商品，因此可通过向工商部门举报，借助行政机关的强制措施将侵权产品进行扣押，进一步固定证据。同时，由于被告店面通常存放着其日常详细销售等记录账簿，这些证据对我方主张侵权赔偿非常有利，而这些证据必须借助公权力才能进行扣押和封存，因此，通过向工商机关举报侵权行为，能够将对我方有利的核心证据加以固定，且工商局扣押的证据证明力较大，被告方及法院一般会认可此类证据的真实性及合法性。

通过申请行政查处的方式，原告获得了被告的手工记账本及销售凭证。手工记账本显示被告2017年1月1日至7月3日不到7个月销售金额高达42元，远超过其每年进货金额，足以证明原告自2016年停止合作后便开始侵权行为。销售凭证，证明被告2017年1月至7月所销售的产品均为侵害原告商标专用权的商品。通过推算2016年的销售额，再结合行业内同类商品的利润率，最终计算被告2016年至2017年的销售利润为132万余元。

三、启动诉讼程序

（1）组织证据。

商标侵权纠纷的证据组织需围绕商标权属、侵权事实、损失赔偿及涉案商标的知名度等开展，此时一份条理清晰的证据目录显得尤为重要。一份好的证据目录不仅仅是律师的名片，也能使当事人清晰律师工作的思路，更能给法官带来良好的印象，方便当事人双方举证和质证，提高庭审效率，最终赢得案件胜诉。下附表1为本案证据目录及表2补充证据目录。

表1 证据目录
（原告提交）

编号	证据名称	来源	证明事项
第一组：证明原告为涉案商标合法所有权人			
1-1	第5326850号商标注册证	国家商标局	证明："MOING"字样及"M◉ING☒"为注册商标，以上商标核定使用商品为第25类：服装；女用背心；女式无袖胸衣；内衣；睡衣；妇女腹带；乳罩；衬裙；内裤；皮衣。原告为该注册商标的合法所有权人
1-2	第13315582号商标注册证	国家商标局	
第二组：证明侵权事实			
2-1	〔2017〕冀石太证经字第1661号公证书	河北省石家庄市太行公证处	证明：被告在其友谊南大街与合作路两店铺内所销售服饰等货品的吊牌及主唛均带有"MOING"及"M◉ING☒"注册商标，店铺广告牌显示为"MOING莫名"。被告未经许可，在同一种商品上使用与原告注册商标相同的商标，侵害商标权事实成立
2-2	〔2017〕冀石太证经字第1662号公证书	河北省石家庄市太行公证处	
2-3	关于石家庄两家店铺销售"M◉ING☒"和"MOING"假货的鉴定报告	原告	证明：原告从未许可被告使用"M◉ING☒"及"MOING"商标生产或销售服饰
2-4	关于石家庄两家店铺销售"M◉ING☒"假货的证明	原告	

续表

编号	证据名称	来源	证明事项
2-5	石西工商强措决字〔2017〕第16001号行政强制措施决定书	石家庄市桥西区工商行政管理局	证明：被告涉嫌销售侵犯原告商标专用权的商品，工商局对侵权产品、被告手工记账本、部分销售凭证、销售日报表等物品进行了扣押
2-6	石家庄市桥西区工商行政管理局第16001号财物清单	石家庄市桥西区工商行政管理局	
2-7	石家庄市桥西区工商行政管理局第5342号财物清单	石家庄市桥西区工商行政管理局	
2-8	工商局扣押的被告侵权货物照片	原告	证明：经原告鉴定，扣押当日被告未经原告许可在其所售服饰的吊牌与主唛上均标有原告" MOING "及"MOING"注册商标
第三组：证明赔偿数额			
3-1	拿/退货明细	原告	证明：被告自2012年至2016年与原告合作，该拿/退货明细显示，2013年后被告从原告处拿货金额逐年大幅度递减，但每年销售额巨大，其侵害商标权的行为自2013年便已开始
3-2	手工记账本	原告	证明：被告2017年1月1日至7月3日不到7个月销售金额总计422 665元，远超过其每年拿货金额，足以证明原告自2013年开始侵权行为
3-3	销售日报表	原告	证明：工商行政管理局扣押的2017年4月1日至7月3日部分侵权商品销售日报表及销售凭证
3-4	销售凭证	原告	
第四组：证明合理开支			
4-1	律师费发票	原告	证明：原告为制止侵权行为所支付的合理开支
4-2	差旅费票据	原告	

表2 补充证据目录

（原告提交）

编号	证据名称	来源	证明事项
第一组：证明原告为涉案商标合法所有权人			

续表

编号	证据名称	来源	证明事项
1-3	核准商标转让证明	商标局	证明：原告为第5326850号注册商标的核准受让人
第二组：证明侵权事实			
2-3-2	补充新鉴定报告	原告	
2-6-2	工商局扣押财物详单	原告 工商局确认	经工商局确认的现场扣押的137件商品详细清单及总货值
2-9	马某某情况说明	工商局	证明：被告法定代表人向工商局做出书面说明，承认其销售的商品系假货
第三组：证明赔偿数额			
3-5	2017年4—7月已确认部分售假汇总表	原告	证明：被告在2017年1月至7月已经销售的商品全部都有对应的货号，经比对，工商局扣押的假货实物货号与被告销售日报表一一对应
第四组：证明合理开支			
4-3	公证费发票	原告	证明：原告为制止侵权行为所支付的合理开支

（2）开庭及庭后工作。

证据组织完毕之后，代理人围绕本案的焦点问题将涉案的全部法律规定、司法解释及最新的司法观点进行整理，并检索大量案例，形成初步的代理方案。

庭审当天，申请原告方专业技术人员当庭将涉案侵权产品与原告生产的产品进行比对，使被告的侵权事实更加明晰。庭后，针对双方的争议焦点，代理人认真撰写代理意见，多次与法院主审法院进行沟通，并围绕侵权赔偿数额的计算方法再次补充代理意见，最终法院全额支持了原告的诉讼请求。

第三编 司法观点

最高人民法院指导性案例、年报、公报案例审判观点（专利篇2008—2017）

使用说明

"最高人民法院指导性案例、年报、公报案例审判观点"汇总了最高人民法院通过"指导案例""年度报告"或"公报"形式公布的专利案件判决观点。通过对这些观点的分类、整理和原文呈现，我们可以看出中国最高司法机关对于各类专利案件处理的立场、方法及其发展演变。

为了方便大家阅读，我们将每个案件命名为"字母+案件名称"形式，以便大家定位案件及参考点。

"字母"部分分为A、B、C三种，字母A代表最高人民法院发布的指导性案例，字母B代表最高人民法院年度报告发布的案例，字母C代表最高人民法院公报发布的案例。如果案例被两个以上的渠道公布，则字母叠加使用。

"案件名称"一般是案件简称或者当事人名称+案件性质；比如，"BC，张喜田与欧意公司等专利侵权案"，代表该案同时被最高人民法院年度报告和公报收录，涉及的案件名称是"张喜田与欧意公司等专利侵权案"，每个案件名称下会列明法院裁判摘要内容。

专利案例目录

临时保护期

（《专利法》第十一条、第十三条、第六十条）

A，斯瑞曼公司案

B，浙江杭州鑫富药业管辖异议案

权利要求（外观设计）保护范围

（《专利法》第二十六条第四款、第五十九条第一款）

ABC，柏万清与难寻中心、添香公司侵害实用新型专利权纠纷案（专利权的保护范围应当清楚）

BC，再审申请人星河公司与被申请人润德公司侵害发明专利权纠纷案

B，"排水管道"发明专利侵权案

B，再审申请人鑫宇公司与被申请人猴王公司侵害发明专利权纠纷案

B，再审申请人精工爱普生与被申请人专利复审委员会等发明专利权无效行政纠纷案

B，再审申请人卡比斯特公司与被申请人专利复审委员会发明专利权无效行政纠纷案

B，"抗生素的给药方法"发明专利无效行政案（物质的医药用途发明的撰写要求）

B，"抗生素的给药方法"发明专利无效行政案（不产生特定毒副作用的特征对权利要求请求保护的医药用途发明不具有限定作用）

B，再审申请人世纪联保公司与被申请人专利复审委员会等发明专利权无效行政纠纷案

B，再审申请人华为技术有限公司与被申请人中兴通讯股份有限公司、杭州阿里巴巴广告有限公司侵害发明专利权纠纷案

B，再审申请人李晓乐与被申请人国家知识产权局专利复审委员会、一审第三人、二审上诉人郭伟、沈阳天正输变电设备制造有限责任公司发明专利权无效行政纠纷案

B，申诉人辽宁般若网络科技有限公司与被申诉人国家知识产权局专利复审委员会、一审第三人中国惠普有限公司发明专利权无效行政纠纷案

C，马培德公司与阳江市邦立贸易有限公司、阳江市伊利达刀剪有限公司侵害外观设计专利权纠纷案

C，湖北午时药业有限公司与澳诺（中国）制药有限公司、王军社侵犯发明专利权纠纷案

C，刘保昌与安徽省东泰纺织有限公司侵犯专利权纠纷案

C，西安奥克自动化仪表有限公司诉上海辉博自动化仪表有限公司请求确认不侵犯专利权及上海辉博自动化仪表有限公司反诉西安奥克自动化仪表有限公司专利侵权纠纷案（最高人民法院公报2008年12期）

共同侵权

（间接侵权，《侵权责任法》第三十六条）

A，天猫案

方法专利

（2008年《专利法》第五十九条第一款、第六十一条、第六十八条第一款，2000年《专利法》第五十六条第一款、第五十七条第二款、第六十二条第一款）

A，礼来公司案

BC，张喜田与欧意公司等专利侵权案

B，礼来公司与上诉人常州华生制药有限公司侵害发明专利权纠纷案

外观设计专利

（《专利法》第五十九条第二款）

BC，再审申请人专利复审委员会与被申请人白象公司、一审第三人陈朝晖外观设计专利权无效行政纠纷案

A，健龙卫浴案

植物新品种

（《中华人民共和国植物新品种保护条例》（2013年版）第二条、第六条、第三十九条）

A，天隆种业案

C，江苏里下河地区农业科学研究所诉宝应县天补农资经营有限公司侵犯植物新品种权纠纷案

C，山东登海先锋种业有限公司与陕西农丰种业有限公司、山西大丰种业有限公司侵犯植物新品种纠纷案

A，莱州市金海种业有限公司诉张掖市富凯农业科技有限责任公司侵犯植物新品种权纠纷案

公知技术

B，施特里克斯案

B，多棱钢业集团"一种钢砂生产方法"发明专利无效行政纠纷案

B，"一种带法兰的铸型尼龙管道"实用新型专利权无效行政纠纷案

B，申诉人阿瑞斯塔公司与被申诉人专利复审委员会发明专利权行政纠纷案

B，再审申请人蒂森克虏伯机场系统（中山）有限公司与被申请人中国国际海运集装箱（集团）股份有限公司、深圳中集天达空港设备有限公司、

一审被告广州市白云国际机场股份有限公司侵害发明专利权纠纷案

标准必要专利

B，最高人民法院〔2008〕民三他字第4号答复函

B，再审申请人张晶廷与被申请人子牙河公司及一审被告、二审被上诉人华泽公司侵害发明专利权纠纷案

管辖

B，蓝星化工案

B，蔡朗春案

侵权判断原则

1.全面覆盖

B，张建华案（改劣技术方案是否落入专利权的保护范围）

B，张镇与金自豪公司、同升祥鞋店侵犯实用新型专利权纠纷案

2.禁止反悔

B，沈其衡与盛懋公司专利侵权案（禁止反悔）

B，澳诺公司与午时公司等专利侵权案

B，优他公司与万高公司等专利侵权案

BC，中誉公司与九鹰公司侵犯实用新型专利权纠纷案

3.等同

B，OBE公司与康华公司专利侵权案（等同）

B，竞业公司与永昌公司专利侵权案

B，注射用三磷酸腺苷二钠氯化镁专利侵权案

B，再审申请人捷瑞特中心与被申请人金自天和公司等侵害实用新型专利权纠纷案

BC，再审申请人乐雪儿公司与被申请人陈顺弟等侵害发明专利权纠纷案

B，再审申请人孙俊义与被申请人任丘市博成水暖器材有限公司、张泽辉、乔泰达侵害实用新型专利权纠纷案

权利要求的解释及比对方法

B，薛胜国与赵相民等专利侵权案

B，孙守辉与肯德基公司等专利侵权案

B，新绿环公司等与台山公司专利侵权案

B，福建多棱钢公司与启东八菱钢丸公司专利侵权案

B，徐永伟与华拓公司侵犯发明专利权纠纷案

B，蓝鹰厂与罗士中侵犯实用新型专利权纠纷案

B，邱则有与山东鲁班公司侵犯专利权纠纷案

B，张强与大易工贸公司等侵犯专利权纠纷案

B，西安秦邦公司"金属屏蔽复合带制作方法"专利侵权案

B，盛凌公司与安费诺东亚公司侵犯实用新型专利权纠纷案

B，C株式会社岛野与日骋公司侵犯发明专利权纠纷案

B，胡小泉"注射用三磷酸腺苷二钠氯化镁"专利侵权案

B，"无水银碱性纽形电池"实用新型专利权无效行政纠纷案

B，"快进慢出型弹性阻尼体缓冲器"实用新型专利权无效行政纠纷案

B，"精密旋转补偿器"实用新型专利权无效行政纠纷案

B，"灭火装置"发明专利无效案

B，再审申请人自由位移公司与被申请人英才公司、健达公司侵害发明专利权纠纷案

B，再审申请人摩的露可厂与被申请人固坚公司侵害实用新型专利权纠纷案

专利有效原则

B，万虹公司与平治公司等专利侵权案

无效宣告审查追溯力

B，在雪强公司与许赞有其他侵权案（宣告专利权无效的决定的追溯力）

B，东明公司与秦丰公司侵害实用新型专利权纠纷案

B，"裁剪机磨刀机构中斜齿轮组的保油装置"实用新型专利权无效行政纠纷案

B，再审申请人专利复审委员会与被申请人德固赛公司发明专利申请驳回复审行政纠纷案

B，再审申请人专利复审委员会与被申请人王伟耀及一审第三人、二审上诉人福田雷沃公司实用新型专利权无效行政纠纷案

B，再审申请人上海优周电子科技有限公司与被申请人深圳市精华隆安防设备有限公司侵害实用新型专利权纠纷案

C，翁立克诉上海浦东伊维燃油喷射有限公司、上海柴油机股份有限公司职务发明设计人报酬纠纷案（最高人民法院公报 2009 年 11 期）

权利要求得不到说明书的支持

（《专利法》第二十六条第四款）

B，（美国）伊莱利利公司"立体选择性糖基化方法"发明专利权无效行政案

B，"精密旋转补偿器"实用新型专利权无效行政纠纷案

B，"乳腺疾病药物组合物及制备方法"发明专利无效案（未记载在说明书中的技术贡献不能作为要求获得专利权保护的基础）

B，再审申请人埃利康公司与被申请人专利复审委员会、一审第三人刘夏阳、怡峰公司发明专利权无效行政纠纷案

B，再审申请人朱福奶、翟佑华、马国奶与被申请人国家知识产权局专利复审委员会及一审第三人、二审上诉人河南全新液态起动设备有限公司发明专利权无效行政纠纷案

B，再审申请人国家知识产权局专利复审委员会、诺维信公司与被申请人江苏博立生物制品有限公司发明专利权无效行政纠纷案

外观设计相同或相近似

B，本田株式会社"汽车"外观设计专利权无效行政案

B，万丰公司"摩托车车轮"外观设计专利权无效行政案

B，君豪公司与佳艺家具厂侵犯外观设计专利权纠纷案

B，美的公司"风轮"外观设计专利权无效行政纠纷案（"整体观察、综合判断"的把握）

B，美的公司"风轮"外观设计专利权无效行政纠纷案（设计要素变化所伴随的技术效果的改变对外观设计整体视觉效果的影响）

B，弓箭国际与兰之韵厂侵犯外观设计专利权纠纷案

B，"逻辑编程开关（SR14）"外观设计专利权无效行政纠纷案

B，再审申请人维多利公司与被申请人越远公司等侵害外观设计专利权纠纷案

B，再审申请人长城公司与被申请人陈纯彬、原审被告民生公司侵害外观设计专利权纠纷案

B，再审申请人晨诺公司与被申请人威科公司、张春江、一审被告、二

第三编　司法观点

审被上诉人智合公司侵害外观设计专利权纠纷案

B，上诉人本田技研工业株式会社与被上诉人石家庄双环汽车股份有限公司、石家庄双环汽车有限公司、石家庄双环新能源汽车有限公司侵害外观设计专利权纠纷案

BC，再审申请人浙江健龙卫浴有限公司与被申请人高仪股份公司侵害外观设计专利权纠纷案

B，再审申请人丹阳市盛美照明器材有限公司与被申请人童先平侵害外观设计专利权纠纷案

先用权抗辩

B，银涛公司与汉王公司、保赛公司侵犯专利权纠纷案

B，再审申请人北京英特莱技术公司与被申请人深圳蓝盾公司北京分公司、北京蓝盾创展门业有限公司侵害发明专利权纠纷案

创造性

B，湘北威尔曼公司"抗β-内酰胺酶抗菌素复合物"专利无效行政案

B，"握力计"实用新型专利权无效行政纠纷案

B，"溴化替托品单水合物晶体"发明专利权无效行政纠纷案

B，"女性计划生育手术B型超声监测仪"实用新型专利权无效行政纠纷案

B，"用于治疗糖尿病的药物组合物"发明专利权行政纠纷案

B，再审申请人亚东制药公司与被申请人专利复审委员会、一审第三人华洋公司发明专利权无效行政纠纷案

B，再审申请人展通公司与被申请人泰科公司及一审被告、二审被上诉人专利复审委员会发明专利权无效行政纠纷案

B，"乳腺疾病药物组合物及制备方法"发明专利无效案

B，再审申请人理邦公司与被申请人专利复审委员会、第三人迈瑞公司发明专利权无效行政纠纷案

B，"乳腺疾病药物组合物及制备方法"发明专利无效案

B，再审申请人斯倍利亚社与被申请人专利复审委员会、一审第三人史天蕾发明专利权无效行政纠纷案

B，再审申请人广东天普生化医药股份有限公司与被申请人国家知识产权局专利复审委员会、第三人张亮发明专利权无效行政纠纷案

专利授权考虑因素

B, 湘北威尔曼公司"抗β-内酰胺酶抗菌素复合物"专利无效行政案

C, 田边三菱制药株式会社与国家知识产权局专利复审委员会发明专利申请驳回复审行政纠纷案（最高人民法院公报2017年第11期）

修改超范围

B, 精工爱普生株式会社"墨盒"专利无效行政案

B, 曾关生"一种既可外用又可内服的矿物类中药"发明专利申请驳回复审行政纠纷案

B, 先声公司"氨氯地平、厄贝沙坦复方制剂"发明专利无效行政纠纷案

B, 精工爱普生株式会社"墨盒"专利无效行政案

B, 精工爱普生株式会社"墨盒"专利无效行政案

B, 再审申请人株式会社岛野与被申请人专利复审委员会等发明专利权无效行政纠纷案

B, 前述"后换挡器"发明专利无效行政案

B, 前述"墨盒"专利无效行政案（申请人可否基于审查员对专利申请文件修改的认可获得信赖利益保护）

B, 前述"墨盒"专利无效行政案（判断专利申请文件修改是否合法时当事人意见陈述的作用）

现有技术抗辩

B, 泽田公司与格瑞特公司侵犯实用新型专利权纠纷案

C, 苏州工业园区新海宜电信发展股份有限公司诉南京普天通信股份有限公司、苏州工业园区华发科技有限公司侵犯专利权纠纷案

许可

B, 再审申请人范俊杰与被申请人亿辰公司侵害实用新型专利权纠纷案

B, 海南康力元药业有限公司、海南通用康力制药有限公司与海口奇力制药股份有限公司技术转让合同纠纷案

必要技术特征

B, "机动车托架"发明专利无效案（在确定独立权利要求是否记载必要技术特征时，如何考虑权利要求中记载的功能性技术特征）

B，"机动车托架"发明专利无效案（如何认定《专利法实施细则》第二十一条第二款中的"技术问题"）

优先权

B，再审申请人慈溪市博生塑料制品有限公司与被申请人陈剑侵害实用新型专利权纠纷案

说明书公开充分

B，前述"清洁工具"实用新型专利侵权案

BC，再审申请人国家知识产权局专利复审委员会、北京嘉林药业股份有限公司与被申请人沃尼尔·朗伯有限责任公司、一审第三人张楚发明专利权无效行政纠纷案

B，"阿托伐他汀"发明专利权无效案（化学领域产品发明说明书充分公开的判断）

B，"阿托伐他汀"发明专利权无效案（确定发明所要解决的技术问题与判断说明书是否充分公开之间的关系）

B，再审申请人田边三菱制药株式会社与被申请人国家知识产权局专利复审委员会发明专利申请驳回复审行政纠纷案

B，基因技术股份有限公司与国家知识产权局专利复审委员会发明专利驳回复审行政纠纷案

侵权行为认定

BC，再审申请人刘鸿彬与被申请人北京京联发数控科技有限公司、天威四川硅业有限责任公司侵害实用新型专利权纠纷案

抵触申请

B，"清洁工具"实用新型专利侵权案

实用性

B，再审申请人顾庆良、彭安玲与被申请人国家知识产权局专利复审委员会发明专利申请驳回复审行政纠纷案

B，前述"磁悬浮磁能动力机"发明专利权驳回复审案

赔偿

C，中山市隆成日用制品有限公司与湖北童霸儿童用品有限公司侵害实

用新型专利权纠纷案

C，江水拜特进出口贸易有限公司、江苏省淮安市康拜特地毯有限公司诉许赞有因申请临时措施损害赔偿纠纷案（最高人民法院公报2009年第4期）

专利权权属纠纷

C，吴林祥、陈华南诉翟晓明专利权纠纷案（最高人民法院公报2008年第1期）

专利案例裁判规则

临时保护期

（《专利法》第十一条、第十三条、第六十条）

A，深圳市斯瑞曼精细化工有限公司诉深圳市坑梓自来水有限公司、深圳市康泰蓝水处理设备有限公司侵害发明专利权纠纷案

在发明专利申请公布后至专利权授予前的临时保护期内制造、销售、进口的被诉专利侵权产品不为专利法禁止的情况下，其后续的使用、许诺销售、销售，即使未经专利权人许可，也不视为侵害专利权，但专利权人可以依法要求临时保护期内实施其发明的单位或者个人支付适当的费用。

B，浙江杭州鑫富药业股份有限公司诉山东新发药业有限公司、上海爱兮缇国际贸易有限公司发明专利临时保护期使用费纠纷及侵犯发明专利权纠纷管辖权异议申请再审案

最高人民法院〔2008〕民申字第81号民事裁定明确了发明专利临时保护期使用费纠纷的管辖确定原则。最高人民法院认为，发明专利临时保护期使用费纠纷虽然不属于一般意义上的侵犯专利权纠纷，但在本质上也是一类与专利有关的侵权纠纷，应当依据《民事诉讼法》第二十九条有关侵权诉讼的管辖确定原则来确定发明专利临时保护期使用费纠纷的管辖。发明专利临时保护期使用费纠纷在案件性质上与侵犯专利权纠纷最为类似，因此，在法律或者司法解释对这类案件的管辖做出特别规定之前，可以参照侵犯专利权纠纷的管辖规定确定管辖。对于被控侵权的实施行为跨越发明专利授权公告日前后的，其行为具有前后的连续性、一致性，从方便当事人诉讼出发，应当允许权利人一并就临时保护期使用费和侵犯专利权行为同时提出权利主张。

权利要求保护范围

（《专利法》第二十六条第四款、第五十九条第一款）

ABC，柏万清诉成都难寻物品营销服务中心等侵害实用新型专利权纠纷案

专利权的保护范围应当清楚，如果实用新型专利权的权利要求书的表述存在明显瑕疵，结合涉案专利说明书、附图、本领域的公知常识及相关现有技术等，不能确定权利要求中技术术语的具体含义而导致专利权的保护范围明显不清，则因无法将其与被诉侵权技术方案进行有实质意义的侵权比对，从而不能认定被诉侵权技术方案构成侵权。

BC，主题名称对专利权保护范围是否具有限定作用

在再审申请人星河公司与被申请人润德公司侵害发明专利权纠纷案（〔2013〕民申字第790号）（以下简称"排水管道"发明专利侵权案）中，最高人民法院指出，在确定权利要求的保护范围时，应当考虑权利要求记载的主题名称；该主题名称对权利要求保护范围的实际限定作用取决于其对权利要求所要保护的主题本身产生何种影响。

B，并列独立权利要求引用在前独立权利要求时保护范围的确定

在前述"排水管道"发明专利侵权案中，最高人民法院还指出，在确定引用在前独立权利要求的并列独立权利要求的保护范围时，虽然被引用的在前独立权利要求的特征应当予以考虑，但其对该并列独立权利要求并不必然具有限定作用，其实际的限定作用应当根据其对该并列独立权利要求的技术方案或保护主题是否有实质性影响来确定。

B，封闭式权利要求的侵权判定

在再审申请人鑫宇公司与被申请人猴王公司侵害发明专利权纠纷案（〔2013〕民申字第1201号）中，最高人民法院指出，对于封闭式权利要求，如果被诉侵权产品或者方法除具备权利要求明确记载的技术特征之外，还具备其他特征的，应当认定其未落入权利要求保护范围。

B，权利要求的解释方法在专利授权确权程序和民事侵权程序中的异同

在再审申请人精工爱普生与被申请人专利复审委员会等发明专利权无效行政纠纷案（〔2010〕知行字第53-1号）（以下简称"墨盒"专利无效行政案）中，最高人民法院认为，专利权利要求的解释方法在专利授权确权程序与专利民事侵权程序中既有根本的一致性，又在特殊场合下体现出一定的差异性，其差异突出体现在当事人意见陈述的作用上；在专利授权确权程序中，申请人在审查档案中的意见陈述原则上只能作为理解说明书以及权利要求书含义的参考，而不是决定性依据。

B，物质的医药用途发明的撰写要求

在再审申请人卡比斯特公司与被申请人专利复审委员会发明专利权无效行政纠纷案（〔2012〕知行字第75号）（以下简称"抗生素的给药方法"发明专利无效行政案）中，最高人民法院指出，如果发明的实质及其对现有技术的改进在于物质的医药用途，申请专利权保护时，应当将权利要求撰写为制药方法类型权利要求，并以与制药相关的技术特征对权利要求的保护范围进行限定。

B，不产生特定毒副作用的特征对权利要求请求保护的医药用途发明是否具有限定作用

在前述"抗生素的给药方法"发明专利无效行政案中，最高人民法院认为，如果权利要求中不产生特定毒副作用的特征没有改变药物已知的治疗对象和适应症，也未发现药物的新性能，不足以与已知用途相区别，则其对权利要求请求保护的医药用途发明不具有限定作用。

B，给药特征对权利要求请求保护的制药方法发明是否具有限定作用

在前述"抗生素的给药方法"发明专利无效行政案中，最高人民法院还认为，用药过程的特征对药物制备过程的影响需要具体判断和分析；仅体现于用药行为中的特征不是制药用途的技术特征，对权利要求请求保护的制药方法本身不具有限定作用。

B，开放式与封闭式权利要求的区分适用于机械领域专利

在再审申请人世纪联保公司与被申请人专利复审委员会等发明专利权无效行政纠纷案（〔2012〕行提字第20号）（以下简称"灭火装置"发明专利无效案）中，最高人民法院认为，"含有""包括"本身就具有并未排除未指出的内容的含义，因而成为开放式专利权利要求的重要标志；开放式和封闭式权利要求的区分在包括化学、机械领域在内的全部技术领域有普遍适用性。

B，应用环境特征在方法专利侵权判断过程中的作用

在再审申请人华为技术有限公司与被申请人中兴通讯股份有限公司、杭州阿里巴巴广告有限公司侵害发明专利权纠纷案（〔2015〕民申字第2720号）中，最高人民法院指出，对于虽然未作为技术特征写入权利要求，却是实施专利方法最为合理、常见和普遍的运行环境和操作模式，应当在涉及方

法专利的侵权判断中予以考量。

B，权利要求的解释所需遵循的一般原则

在再审申请人李晓乐与被申请人国家知识产权局专利复审委员会、一审第三人、二审上诉人郭伟、沈阳天正输变电设备制造有限责任公司发明专利权无效行政纠纷案（〔2014〕行提字第17号）中，最高人民法院指出，在专利授权确权程序中解释权利要求用语的含义时，必须顾及专利法关于说明书应该充分公开发明的技术方案、权利要求书应当得到说明书支持、专利申请文件的修改不得超出原说明书和权利要求书记载的范围等法定要求，基于权利要求的文字记载，结合对说明书的理解，对权利要求做出最广义的合理解释。

B，字面含义存在歧义的技术特征的解释规则

在申诉人辽宁般若网络科技有限公司与被申诉人国家知识产权局专利复审委员会、一审第三人中国惠普有限公司发明专利权无效行政纠纷案（〔2013〕行提字第17号）中，最高人民法院指出，对于权利要求中字面含义存在歧义的技术特征的解释，应当结合说明书及附图中已经公开的内容，并符合本案专利的发明目的，且不得与本领域的公知常识相矛盾。

C，马培德公司与阳江市邦立贸易有限公司、阳江市伊利达刀剪有限公司侵害外观设计专利权纠纷案

在确定外观设计专利权的保护范围以及侵权判断时，应当以图片或者照片中的形状、图案、色彩设计要素为基本依据。在与外观设计专利产品相同或者相近种类产品上，采用与外观设计专利相同或者近似的外观设计的，人民法院应当认定被诉侵权产品落入外观设计专利权的保护范围。被诉侵权产品在采用与外观设计专利相同或者近似的外观设计之余，还附加有其他图案、色彩设计要素的，如果这些附加的设计要素属于额外增加的设计要素，则对侵权判断一般不具有实质性影响（最高人民法院〔2013〕民申字第29号民事裁定书）。

C，湖北午时药业有限公司与澳诺（中国）制药有限公司、王军社侵犯发明专利权纠纷案

在解释权利要求时，可以结合专利说明书中记载的技术内容以及权利要求书中记载的其他权利要求，确定该权利要求中技术术语的含义。

专利权人在专利授权程序中通过对权利要求、说明书的修改或者意见陈述而放弃的技术方案，无论该修改或者意见陈述是否与专利的新颖性或创造性有关，在侵犯专利权纠纷案件中均不能通过等同侵权将其纳入专利权的保

护范围。

C．刘保昌与安徽省东泰纺织有限公司侵犯专利权纠纷案

发明专利权的保护范围以其权利要求的内容为准，权利要求中记载的全部技术特征共同限定了专利权的保护范围，故只有当被控侵权方法的技术特征与权利要求中记载的全部技术特征分别相同或等同时，方能认定被控侵权方法落入专利权的保护范围（最高人民法院民事裁定书〔2007〕民三监字第46-1号）。

C．西安奥克自动化仪表有限公司诉上海辉博自动化仪表有限公司请求确认不侵犯专利权及上海辉博自动化仪表有限公司反诉西安奥克自动化仪表有限公司专利侵权纠纷案（最高人民法院公报2008年12期）

一、根据《专利法》第五十六条第一款的规定，发明专利权的保护范围以其权利要求的内容为准，说明书及附图可以用于解释权利要求。当专利权人与被控侵权人对专利权利要求记载的技术特征的理解有分歧时，可以用专利说明书记载的相关内容解释权利要求所记载的技术特征的含义，并且应当以相关领域的普通技术人员对专利说明书的理解来进行解释，从而明确专利权的保护范围。

二、判断被控侵权产品或方法是否侵犯发明专利权，应当将被控侵权产品或方法的技术特征与发明专利权利要求的技术特征进行比较。如果被控侵权产品或方法包含与专利权利要求的全部技术特征相同的技术特征，或者被控侵权产品或方法的某个或某些技术特征虽与专利权利要求的对应技术特征不同但构成等同，则被控侵权产品或方法构成专利侵权，否则不构成专利侵权。

共同侵权

（间接侵权，《侵权责任法》第三十六条）

A．威海嘉易烤生活家电有限公司诉永康市金仕德工贸有限公司、浙江天猫网络有限公司侵害发明专利权纠纷案

（1）网络用户利用网络服务实施侵权行为，被侵权人依据侵权责任法向网络服务提供者所发出的要求其采取必要措施的通知，包含被侵权人身份情况、权属凭证、侵权人网络地址、侵权事实初步证据等内容的，即属有效通知。网络服务提供者自行设定的投诉规则，不得影响权利人依法维护其自身合法权利。

(2)《侵权责任法》第三十六条第二款所规定的网络服务提供者接到通知后所应采取的必要措施包括但并不限于删除、屏蔽、断开链接。"必要措施"应遵循"审慎、合理"的原则,根据所侵害权利的性质、侵权的具体情形和技术条件等来加以综合确定。

方法专利

A,礼来公司诉常州华生制药有限公司侵害发明专利权纠纷案

(1)药品制备方法专利侵权纠纷中,在无其他相反证据情形下,应当推定被诉侵权药品在药监部门的备案工艺为其实际制备工艺;有证据证明被诉侵权药品备案工艺不真实的,应当充分审查被诉侵权药品的技术来源、生产规程、批生产记录、备案文件等证据,依法确定被诉侵权药品的实际制备工艺。

(2)对于被诉侵权药品制备工艺等复杂的技术事实,可以综合运用技术调查官、专家辅助人、司法鉴定以及科技专家咨询等多种途径进行查明。

BC,方法专利权的延及保护

在张喜田与欧意公司等专利侵权案(〔2009〕民提字第84号)中,最高人民法院认为,根据《专利法》第十一条的规定,方法专利权的保护范围只能延及依照该专利方法直接获得的产品,即使用专利方法获得的原始产品,而不能延及对原始产品作进一步处理后获得的后续产品。

B,药品制备方法专利侵权纠纷中被诉侵权药品制备工艺的查明

在上诉人礼来公司与上诉人常州华生制药有限公司侵害发明专利权纠纷案(〔2015〕民三终字第1号)中,最高人民法院指出,药品制备方法专利侵权纠纷中,在无其他相反证据的情形下,应当推定被诉侵权药品在药监部门的备案工艺为其实际的制备工艺;有证据证明被诉侵权药品备案工艺不真实的,应当充分审查被诉侵权药品的技术来源、生产规程、批生产记录、备案文件等证据,依法确定被诉侵权药品的实际制备工艺。对于被诉侵权药品制备工艺等复杂的技术事实,可以综合运用技术调查官、专家辅助人、司法鉴定以及科技专家咨询等多种途径进行查明。

外观设计专利

BC,申请日在先的注册商标专用权可以用于判断是否与外观设计专利权相冲突

在再审申请人专利复审委员会与被申请人白象公司、一审第三人陈朝晖

外观设计专利权无效行政纠纷案（〔2014〕知行字第4号）中，最高人民法院认为，只要商标申请日在外观设计专利申请日之前，且提起无效宣告请求时商标已被核准注册并仍然有效，该注册商标专用权就能够用于评述在后外观设计专利权是否与之构成权利冲突。

A，高仪股份公司诉浙江健龙卫浴有限公司侵害外观设计专利权纠纷案

（1）授权外观设计的设计特征体现了其不同于现有设计的创新内容，也体现了设计人对现有设计的创造性贡献。如果被诉侵权设计未包含授权外观设计区别于现有设计的全部设计特征，一般可以推定被诉侵权设计与授权外观设计不近似。

（2）对设计特征的认定，应当由专利权人对其所主张的设计特征进行举证。人民法院在听取各方当事人质证意见基础上，对证据进行充分审查，依法确定授权外观设计的设计特征。

（3）对功能性设计特征的认定，取决于外观设计产品的一般消费者看来该设计是否仅仅由特定功能所决定，而不需要考虑该设计是否具有美感。功能性设计特征对外观设计的整体视觉效果不具有显著影响。功能性与装饰性兼具的设计特征对整体视觉效果的影响需要考虑其装饰性的强弱，装饰性越强，对整体视觉效果的影响越大；反之，则越小。

植物新品种

A，天津天隆种业科技有限公司与江苏徐农种业科技有限公司侵害植物新品种权纠纷案

分别持有植物新品种父本与母本的双方当事人，因不能达成相互授权许可协议，导致植物新品种不能继续生产，损害双方各自利益，也不符合合作育种的目的。为维护社会公共利益，保障国家粮食安全，促进植物新品种转化实施，确保已广为种植的新品种继续生产，在衡量父本与母本对植物新品种生产具有基本相同价值的基础上，人民法院可以直接判令双方当事人相互授权许可并相互免除相应的许可费。

C，江苏里下河地区农业科学研究所诉宝应县天补农资经营有限公司侵犯植物新品种权纠纷案（最高人民法院公报2010年第2期）

知识产权中的权利用尽原则，是指专利权人、商标权人或著作权人等知识产权权利人自行生产、制造或者许可他人生产、制造的权利产品售出后，第三人使用或销售该产品的行为不视为侵权。权利用尽原则是对知识产权权

利行使的一种限制制度，目的在于避免形成过度垄断，阻碍产品的自由市场流通，影响社会生产的发展和进步，同时也对他人依法行使自己合法所有的财产权利的保护。我国对于植物新品种权的保护适用权利用尽原则，他人在市场上合法取得作为商品的植物新品种繁殖材料后再进行销售或者使用的，不构成侵权。

C，山东登海先锋种业有限公司与陕西农丰种业有限公司、山西大丰种业有限公司侵犯植物新品种纠纷案

判断被诉侵权繁殖材料的特征特性与授权品种的特征特性相同是认定构成侵害植物新品种权的前提。当DNA指纹检测结论为两者相同或相近似，而通过田间种植的DUS测试确定两者具有明显且可重现的差异，其特异性结论与DNA指纹检测结论不同时，应当以田间种植的DUS测试结论认定不构成侵害植物新品种权（最高人民法院〔2015〕民申字第2633号民事裁定书）。

A，莱州市金海种业有限公司诉张掖市富凯农业科技有限责任公司侵犯植物新品种权纠纷案

依据中华人民共和国农业行业标准《玉米品种鉴定DNA指纹方法》NY/T 1432—2007检测及判定标准的规定：品种间差异位点数等于1，判定为近似品种；品种间差异位点数大于等于2，判定为不同品种；品种间差异位点数等于1，不足以认定不是同一品种。对差异位点数在两个以下的，应当综合其他因素判定是否为不同品种，如可采取扩大检测位点进行加测，以及提交审定样品进行测定等，举证责任由被诉侵权一方承担。

公知技术

B，施特里克斯有限公司与宁波圣利达电器制造有限公司、华普超市有限公司侵犯专利权纠纷申请再审案

最高人民法院（〔2007〕民三监字第51-1号）驳回再审申请通知认为，公知技术抗辩的适用仅以被控侵权产品中被指控落入专利权保护范围的全部技术特征与已经公开的其他现有技术方案的相应技术特征是否相同或者等同为必要，不能因为被控侵权产品与专利权人的专利相同而排除公知技术抗辩原则的适用。

B，专利无效行政诉讼程序中人民法院可否依职权主动引入公知常识

在多棱钢业集团"一种钢砂生产方法"发明专利无效行政纠纷案

（〔2010〕知行字第6号）中，最高人民法院认为，在专利无效行政诉讼程序中，法院在无效宣告请求人自主决定的对比文件结合方式的基础上，依职权主动引入公知常识以评价专利权的有效性，并未改变无效宣告请求理由，有助于避免专利无效程序的循环往复，并不违反法定程序；法院在依职权主动引入公知常识时，应当在程序上给予当事人就此发表意见的机会。

B，确定对比文件公开的产品结构图形的内容时可结合其结构特点及公知常识

在"一种带法兰的铸型尼龙管道"实用新型专利权无效行政纠纷案（〔2012〕行提字第25号）中，最高人民法院指出，对比文件中仅公开产品的结构图形但没有文字描述的，可以结合其结构特点和本领域技术人员的公知常识确定其含义。

B，技术偏见是否存在应结合现有技术的整体内容进行判断

在申诉人阿瑞斯塔公司与被申诉人专利复审委员会发明专利权行政纠纷案（〔2013〕知行字第31号）中，最高人民法院认为，现有技术中是否存在技术偏见，应当结合现有技术的整体内容进行判断。

B，产品说明书是否属于专利法意义上的公开出版物

在再审申请人蒂森克虏伯机场系统（中山）有限公司与被申请人中国国际海运集装箱（集团）股份有限公司、深圳中集天达空港设备有限公司、一审被告广州市白云国际机场股份有限公司侵害发明专利权纠纷案（〔2016〕最高法民再179号）中，最高人民法院指出，产品操作和维护说明书随产品销售而交付使用者，使用者及接触者均没有保密义务，且其能够为不特定公众所获取，属于专利法意义上的公开出版物。其中记载的技术方案，以交付给使用者的时间作为公开时间。

标准必要专利

B，在辽宁省高级人民法院关于朝阳兴诺公司按照建设部颁发的行业标准《复合载体夯扩桩设计规程》设计、施工而实施标准中专利的行为是否构成侵犯专利权问题请示案中，最高人民法院（〔2008〕民三他字第4号）答复函认为，鉴于目前我国标准制定机关尚未建立有关标准中专利信息的公开披露及使用制度的实际情况，专利权人参与了标准的制定或者经其同意，将专利纳入国家、行业或者地方标准的，视为专利权人许可他人在实施标准的同时实施该专利，他人的有关实施行为不属于专利法第十一条所规定的侵犯专利

权的行为；专利权人可以要求实施人支付一定的使用费，但支付的数额应明显低于正常的许可使用费；专利权人承诺放弃专利使用费的，依其承诺处理。

B，实施包含专利技术的推荐性标准需取得专利权人的许可

在再审申请人张晶廷与被申请人子牙河公司及一审被告、二审被上诉人华泽公司侵害发明专利权纠纷案（〔2012〕民提字第125号）中，最高人民法院指出，专利权人对纳入推荐性标准的专利技术履行了披露义务，他人在实施该标准时，应当取得专利权人的许可，并支付许可使用费。未经许可实施包含专利技术的推荐性标准，或拒绝支付许可使用费的，构成侵害标准所含专利权的行为。

管辖

B，蓝星化工新材料股份有限公司江西星火有机硅厂与山东东岳有机硅材料有限公司、山东东岳氟硅材料有限公司、北京石油化工设计院有限公司侵犯实用新型专利权纠纷上诉案

最高人民法院（〔2008〕民三终字第7号）民事裁定认为，受理法院对案件有管辖权是审理案件的前提，当确定诉讼主体与确定管辖权发生冲突时，受理法院应当首先就管辖权问题做出裁定。

B，蔡朗春与佛山石湾鹰牌陶瓷有限公司、江门市新力塑料厂有限公司、朱根良侵犯专利权纠纷管辖权异议申请再审案

最高人民法院（〔2008〕民申字第19号）民事裁定认为，杭州市中级人民法院已审理过再审申请人就涉案专利权提起的多个侵权诉讼，且本案不属于在浙江省内具有重大影响的案件，因此，为便于案件的审理，上级人民法院可以根据《民事诉讼法》第三十九条的规定将本院管辖的第一审民事案件交下级人民法院审理。

侵权判断原则

1.全面覆盖

B，张建华与直连公司等专利侵权案

最高人民法院（〔2008〕民提字第83号）认为，人民法院判断被控侵权技术方案是否落入专利权保护范围时，应当将被控侵权技术方案的技术特征与专利权利要求记载的全部技术特征进行比对；若被控侵权技术方案缺少某专利技术特征而导致技术效果的变劣，则应认定被控侵权技术方案未落入专利权的保护范围。

B．在被诉侵权技术方案缺少专利技术特征的情况下不构成侵权

在张镇与金自豪公司、同升祥鞋店侵犯实用新型专利权纠纷案（〔2011〕民申字第630号）中，最高人民法院认为，在被诉侵权技术方案缺少权利要求书中记载的一个以上技术特征的情况下，应当认定被诉侵权的技术方案没有落入专利权的保护范围。

2.禁止反悔

B．禁止反悔原则的适用

在沈其衡与盛懋公司专利侵权案（〔2009〕民申字第239号）中，最高人民法院审查认为，在认定是否构成等同侵权时，即使被控侵权人没有主张适用禁止反悔原则，人民法院也可以根据业已查明的事实，通过适用禁止反悔原则对等同范围予以必要的限制，合理确定专利权的保护范围。

B．为克服权利要求不能得到说明书的支持的缺陷而修改权利要求可导致禁止反悔原则的适用

在澳诺公司与午时公司等专利侵权案（〔2009〕民提字第20号）中，最高人民法院认为，从涉案专利审批文档中可以看出，专利申请人进行的修改是针对国家知识产权局认为涉案专利申请公开文本权利要求保护范围过宽，在实质上得不到说明书支持的审查意见而进行的；被诉侵权产品的相应技术特征属于专利权人在专利授权程序中放弃的技术方案，不应当认为其与权利要求1中的技术特征等同而将其纳入专利权的保护范围。

B．专利权人在授权确权程序中的意见陈述可导致禁止反悔原则的适用

在优他公司与万高公司等专利侵权案（〔2010〕民提字第158号）中，最高人民法院根据专利权人在涉案专利授权和无效宣告程序中做出的意见陈述，以及涉案专利说明书中记载的有关不同工艺条件所具有的技术效果的比较分析，认定被诉侵权产品中的相关技术特征与涉案专利中的对应技术特征不构成等同，被诉侵权产品没有落入涉案专利权利要求1的保护范围。

BC．部分权利要求被宣告无效情形下禁止反悔原则的适用

在中誉公司与九鹰公司侵犯实用新型专利权纠纷案（〔2011〕民提字第306号）中，最高人民法院指出，禁止反悔原则通常适用于专利权人通过修改或意见陈述而自我放弃技术方案的情形；若独立权利要求被宣告无效而在其从属权利要求的基础上维持专利权有效，且专利权人未曾作自我放弃，则不宜仅因此即对该从属权利要求适用禁止反悔原则并限制等同侵权原则的适用。

3.等同

B，对方法专利权利要求中步骤顺序的解释

在BOBE公司与康华公司专利侵权案（〔2008〕民申字第980号）中，最高人民法院认为，在方法专利侵权案件中适用等同原则判定侵权时，可以结合专利说明书和附图、审查档案、权利要求记载的整体技术方案以及各个步骤之间的逻辑关系，确定各步骤是否应当按照特定的顺序实施；步骤本身和步骤之间的实施顺序均应对方法专利权的保护范围起到限定作用。

B，专利侵权纠纷中技术特征等同的认定

在竞业公司与永昌公司专利侵权案（〔2010〕民申字第181号）中，最高人民法院认为，在判断被诉侵权产品的技术特征与专利技术特征是否等同时，不仅要考虑被诉侵权产品的技术特征是否属于本领域的普通技术人员无须经过创造性劳动就能够联想到的技术特征，还要考虑被诉侵权产品的技术特征与专利技术特征相比，是否属于基本相同的技术手段，实现基本相同的功能，达到基本相同的效果，只有以上两个方面的条件同时具备，才能够认定二者属于等同的技术特征。

B，封闭式权利要求侵权判定中等同原则的适用

在前述"注射用三磷酸腺苷二钠氯化镁"专利侵权案中，最高人民法院还明确了等同原则在封闭式权利要求侵权判定中的适用。最高人民法院指出，专利权人选择封闭式权利要求，表明其明确将其他未被限定的结构组成部分或者方法步骤排除在专利权保护范围之外，不宜再通过适用等同原则将其重新纳入保护范围。

B，采用与权利要求限定的技术手段相反的技术方案是否构成等同侵权

在再审申请人捷瑞特中心与被申请人金自天和公司等侵害实用新型专利权纠纷案（〔2013〕民申字第1146号）中，最高人民法院认为，被诉侵权技术方案的技术手段与权利要求明确限定的技术手段相反，技术效果亦相反，且不能实现发明目的的，不构成等同侵权。

B，改变方法专利的步骤顺序是否构成等同侵权

在再审申请人乐雪儿公司与被申请人陈顺弟等侵害发明专利权纠纷案（〔2013〕民提字第225号）中，最高人民法院指出，方法专利的步骤顺序是否对专利权的保护范围起到限定作用，从而导致发生步骤顺序改变时限制等同原则的适用，关键在于所涉步骤是否必须以特定的顺序实施以及这种顺

序改变是否会带来技术功能或者技术效果的实质性差异。

B，专利申请时已经明确排除的技术方案，不能以技术特征等同为由在侵权判断时重新纳入专利权的保护范围

在再审申请人孙俊义与被申请人任丘市博成水暖器材有限公司、张泽辉、乔泰达侵害实用新型专利权纠纷案（〔2015〕民申字第740号）中，最高人民法院指出，等同原则的适用需要兼顾专利权人和社会公众的利益，且须考虑专利申请与专利侵权时的技术发展水平，合理界定专利权的保护范围。

权利要求的解释及比对方法

B，专利侵权案件的审理思路和技术比对分析方法

在薛胜国与赵相民等专利侵权案（〔2009〕民申字第1562号）中，最高人民法院对适用等同原则时如何具体判断"三个基本相同"和"显而易见性"做了比较深入的分析。最高人民法院同时指出，专利权人在侵权诉讼程序中对其技术特征所做的解释如果未超出其权利要求书的记载范围，也与其专利说明书及附图相吻合时，可以按照其解释限定该技术特征。

B，解释权利要求时应当遵循的若干原则

在孙守辉与肯德基公司等专利侵权案（〔2009〕民申字第1622号）中，最高人民法院适用2001年7月1日起施行的专利法第五十六条第一款的规定，遵循说明书和附图可以用于解释权利要求、权利要求中的术语在说明书未做特别解释的情况下应采用通常理解、不同权利要求中采用的相关技术术语应当解释为具有相同的含义、考虑专利权人在专利授权和无效宣告程序中为保证获得专利权或者维持专利权有效而对专利权保护范围做出的限制等原则，正确地确定了本专利的保护范围。

B，对权利要求的内容存在不同理解时应根据说明书和附图进行解释

在新绿环公司等与台山公司专利侵权案（〔2010〕民申字第871号）中，最高人民法院认为，根据专利法第五十六条第一款规定，如果对权利要求的表述内容产生不同理解，导致对权利要求保护范围产生争议，说明书及其附图可以用于解释权利要求。在本案中，仅从涉案专利权利要求1对"竹、木、植物纤维"三者关系的文字表述看，很难判断三者是"和"还是"或"的关系。涉案专利说明书实施例记载："镁质胶凝植物纤维层是由氯化镁、氧化镁和竹纤维或木糠或植物纤维制成的混合物。"由此可见，"竹、

木、植物纤维"的含义应当包括选择关系,即三者具备其中之一即可。

B,权利要求的术语在说明书中有明确的特定含义,应根据说明书的界定解释权利要求用语

在福建多棱钢公司与启东八菱钢丸公司专利侵权案(〔2010〕民申字第979号)中,对于当事人存在争议的专利权利要求的技术术语,最高人民法院认为,虽然该术语在相关行业领域并没有明确的定义,但涉案专利说明书中的记载指明了其具有的特定的含义,并且该界定明确了涉案专利权利要求1的保护范围,所以应当以说明书的界定理解权利要求用语的含义。

B,专利说明书及附图的例示性描述对权利要求解释的作用

在徐某某与华拓公司侵犯发明专利权纠纷案(〔2011〕民提字第64号)中,最高人民法院指出,运用说明书及附图解释权利要求时,由于实施例只是发明的例示,不应当以说明书及附图的例示性描述限制专利权的保护范围。

B,说明书对权利要求的用语无特别界定时应如何解释该用语的含义

在蓝鹰厂与罗某某侵犯实用新型专利权纠纷案(〔2011〕民提字第248号)中,最高人民法院认为,在专利说明书对权利要求的用语无特别界定时,一般应根据本领域普通技术人员理解的通常含义进行解释,不能简单地将该用语的含义限缩为说明书给出的某一具体实施方式体现的内容。

B,母案申请对解释分案申请授权专利权利要求的作用

在邱某某有与山东鲁班公司侵犯专利权纠纷案(〔2011〕民申字第1309号)中,最高人民法院认为,母案申请构成分案申请的特殊的专利审查档案,在确定分案申请授权专利的权利要求保护范围时,超出母案申请公开范围的内容不能作为解释分案申请授权专利的权利要求的依据。

B,权利要求技术特征的划分方法

在张某某与大易工贸公司等侵犯专利权纠纷案(〔2012〕民申字第137号)中,最高人民法院指出,划分权利要求的技术特征时,一般应把能够实现一种相对独立的技术功能的技术单元作为一个技术特征,不宜把实现不同技术功能的多个技术单元划定为一个技术特征。

B,可否利用说明书修改权利要求用语的明确含义

在西安秦邦公司"金属屏蔽复合带制作方法"专利侵权案(〔2012〕民提字第3号)中,最高人民法院指出,当本领域普通技术人员对权利要求相关表述的含义可以清楚确定,且说明书又未对权利要求的术语含义做特别界

定时，应当以本领域普通技术人员对权利要求自身内容的理解为准，而不应当以说明书记载的内容否定权利要求的记载；但权利要求特定用语的表述存在明显错误，本领域普通技术人员能够根据说明书和附图的相应记载明确、直接、毫无疑义地修正权利要求的该特定用语的含义的，应根据修正后的含义进行解释。

B，通过测量说明书附图得到的尺寸参数不能限定权利要求的保护范围

在盛凌公司与安费诺东亚公司侵犯实用新型专利权纠纷案（〔2011〕民申字第1318号）中，最高人民法院指出，未在权利要求书中记载而仅通过测量说明书附图得到的尺寸参数一般不能用来限定权利要求保护范围。

B，使用环境特征的解释

在株式会社岛野与日骋公司侵犯发明专利权纠纷案（〔2012〕民提字第1号）中，最高人民法院认为，已经写入权利要求的使用环境特征属于必要技术特征，对于权利要求的保护范围具有限定作用；使用环境特征对于权利要求保护范围的限定程度需要根据个案情况具体确定，一般情况下应该理解为要求被保护的主题对象可以用于该使用环境即可，而不是必须用于该使用环境，但是本领域普通技术人员在阅读专利权利要求书、说明书以及专利审查档案后可以明确而合理地得知被保护对象必须用于该使用环境的除外。

B，封闭式权利要求的解释

在胡某某"注射用三磷酸腺苷二钠氯化镁"专利侵权案（〔2012〕民提字第10号）中，最高人民法院指出，对于封闭式权利要求，一般应当解释为不含该权利要求所述以外的结构组成部分或者方法步骤；对于组合物封闭式权利要求，一般应当解释为组合物中仅包括所指出的组分而排除所有其他的组分，但是可以包含通常含量的杂质，辅料并不属于杂质。

B，解释权利要求时应使保护范围与说明书公开的范围相适应

在"无水银碱性纽形电池"实用新型专利权无效行政纠纷案（〔2012〕行提字第29号）中，最高人民法院指出，利用说明书和附图解释权利要求时，应当以说明书为依据，使其保护范围与说明书公开的范围相适应。

B，权利要求的技术特征被对比文件公开的认定标准

在"快进慢出型弹性阻尼体缓冲器"实用新型专利权无效行政纠纷案（〔2012〕知行字第3号）中，最高人民法院指出，权利要求的技术特征被对比文件公开，不仅要求该对比文件中包含有相应的技术特征，还要求该相

应的技术特征在对比文件中所起的作用与权利要求中的技术特征所起的作用实质相同。

B，判断权利要求书是否得到说明书支持时对权利要求书撰写错误的处理

在"精密旋转补偿器"实用新型专利权无效行政纠纷案（〔2011〕行提字第13号）中，最高人民法院指出，权利要求中的撰写错误并不必然导致其得不到说明书支持；如果权利要求存在明显错误，本领域普通技术人员根据说明书和附图的相应记载能够确定其唯一的正确理解的，应根据修正后的理解确定权利要求所保护的技术方案，在此基础上再对该权利要求是否得到说明书的支持进行判断。

B，开放式权利要求的区别技术特征的认定

在"灭火装置"发明专利无效案中，最高人民法院认为，认定开放式权利要求相对于对比文件的区别技术特征时，如果对比文件的某个技术特征在该开放式权利要求中未明确提及，一般不将缺少该技术特征作为开放式权利要求相对于对比文件的区别技术特征。

B，独立权利要求与从属权利要求区别解释的条件

在再审申请人自由位移公司与被申请人英才公司、健达公司侵害发明专利权纠纷案（〔2014〕民申字第497号）中，最高人民法院指出，通常情况下，应当推定独立权利要求与其从属权利要求具有不同的保护范围。但是，如果二者的保护范围相同或实质性相同，则不能机械地对二者的保护范围做出区别性解释。

B，权利要求中自行创设技术术语的解释规则

在再审申请人摩的露可厂与被申请人固坚公司侵害实用新型专利权纠纷案（〔2013〕民提字第113号）中，最高人民法院指出，在解释权利要求时，对于权利人自行创设的技术术语，一般可依据权利要求书、说明书中的定义或解释来确定其含义。如果缺乏该种解释或定义的，则应当结合权利要求书、说明书、附图中记载的有关背景技术、发明目的、技术效果等内容，查明该技术术语的工作方式、功能、效果，以确定其在整体技术方案中的含义。

专利有效原则

B，对《专利法》第四十七条第一款中"宣告无效的专利权"的理解

在万虹公司与平治公司等专利侵权案（〔2009〕民申字第1573号）中，

最高人民法院认为，《专利法》第四十七条第一款中"宣告无效的专利权"是指专利复审委员会做出的效力最终确定的无效宣告请求审查决定所宣告无效的专利权；在该无效决定效力最终确定之前，在民事侵权案件中不宜一律以之为依据直接裁判驳回权利人的诉讼请求。

无效宣告审查及追溯力

B，在雪强公司与许某某其他侵权案（〔2008〕民申字第762号）中，最高人民法院审查认为，《专利法》（2000年第二次修正）第四十七条第二款所称的"裁定"，是指涉及专利侵权的裁定，即人民法院经过审理做出认定专利侵权成立的生效裁判的，就该案做出并已执行的裁定，不包括裁判认定不构成专利侵权所涉及的有关裁定。

B，《专利法》第四十七条第二款意义上专利权被宣告无效的时间点的确定

在东明公司与秦丰公司侵害实用新型专利权纠纷案（〔2012〕民提字第110号）中，最高人民法院认为，在《专利法》第四十七条第二款意义上，应以无效宣告请求审查决定的决定日为准确定宣告专利权无效的时间点。

B，判决专利复审委员会重作决定应考量的情形

在"裁剪机磨刀机构中斜齿轮组的保油装置"实用新型专利权无效行政纠纷案（〔2012〕行提字第7号）中，最高人民法院认为，人民法院在判决撤销或者部分撤销被诉具体行政行为时，是否判决被诉行政机关重新做出具体行政行为要视案件的具体情况而定。

B，专利复审及无效阶段对"明显实质性缺陷"的审查范围

在再审申请人专利复审委员会与被申请人德固赛公司发明专利申请驳回复审行政纠纷案（〔2014〕知行字第2号）中，最高人民法院指出，虽然在初步审查、实质审查及复审无效这三个阶段对"明显实质性缺陷"的审查范围不完全一致，但"明显实质性缺陷"的性质应当相同。因此，初步审查阶段的"明显实质性缺陷"，当然也适用于实质审查和复审无效审查阶段。

BC，专利无效审查程序中依职权审查的范围

在再审申请人专利复审委员会与被申请人王某某及一审第三人、二审上诉人福田雷沃公司实用新型专利权无效行政纠纷案（〔2013〕知行字第92号）中，最高人民法院指出，《审查指南》对专利复审委员会可以依职权审

查的具体情形作了列举，限定了专利复审委员会依职权审查的范围。对于请求人放弃的无效理由和证据，在没有法律依据的情况下，专利复审委员会通常不应再作审查。

B，对《专利法》第四十七条第二款中"追溯力"的理解

在再审申请人上海优周电子科技有限公司与被申请人深圳市精华隆安防设备有限公司侵害实用新型专利权纠纷案（〔2016〕最高法民再384号）中，最高人民法院指出，在专利权被宣告无效前，人民法院做出侵权认定的判决已经执行完毕，宣告专利权无效的决定对上述判决内容不具有追溯力。但专利权被无效后，有关技术方案即进入公有领域，任何单位和个人均可自由实施，专利权人无权予以制止。

C，翁立克诉上海浦东伊维燃油喷射有限公司、上海柴油机股份有限公司职务发明设计人报酬纠纷案

根据《专利法》第十六条以及《专利法实施细则》第七十八条的规定，被授予专利权的国有企业事业单位许可他人实施其专利的，应当从许可实施该项专利收取的使用费纳税后提取不低于10%，作为报酬支付发明人或者设计人。根据《专利法》第四十七条第二款的规定，宣告专利权无效的决定，对在宣告专利权无效前人民法院做出并已执行的专利侵权的判决、裁定，已经履行或者强制执行的专利侵权纠纷处理决定，以及已经履行的专利实施许可合同和专利权转让合同，不具有追溯力。但是因专利权人的恶意给他人造成的损失，应当给予赔偿。根据上述规定，在发明人、设计人起诉要求许可他人实施专利的专利权人依法支付职务发明设计人报酬的案件中，即使专利因丧失新颖性被宣告无效，专利权人以该专利已经被宣告无效为由，拒绝支付在专利权被宣告无效之前已经发生的专利实施许可行为所应支付的职务发明设计人报酬的，人民法院仍不应予以支持。

权利要求得不到说明书的支持

B，对权利要求得到说明书支持的审查判断

在（美国）伊莱利利公司"立体选择性糖基化方法"发明专利权无效行政案（〔2009〕知行字第3号）中，最高人民法院认为，权利要求所要求保护的技术方案应当是所属技术领域的技术人员能够从说明书充分公开的内容中得到或概括得出的技术方案，并且不得超出说明书公开的范围；如果权利要求的概括使所属技术领域的技术人员有理由怀疑该上位概括或并列概括所

包含的一种或多种下位概念或选择方式不能解决发明所要解决的技术问题，并达到相同的技术效果，则应当认为该权利要求没有得到说明书的支持。

B，判断权利要求书是否得到说明书支持时对权利要求书撰写错误的处理

在"精密旋转补偿器"实用新型专利权无效行政纠纷案（〔2011〕行提字第13号）中，最高人民法院指出，权利要求中的撰写错误并不必然导致其得不到说明书支持；如果权利要求存在明显错误，本领域普通技术人员根据说明书和附图的相应记载能够确定其唯一的正确理解的，应根据修正后的理解确定权利要求所保护的技术方案，在此基础上再对该权利要求是否得到说明书的支持进行判断。

B，未记载在说明书中的技术贡献不能作为要求获得专利权保护的基础

在"乳腺疾病药物组合物及制备方法"发明专利无效案中，最高人民法院认为，未记载在说明书中的技术贡献不能作为要求获得专利权保护的基础。对于专利权人提交的申请日之后的技术文献，用于证明未在专利说明书中记载的技术内容，如该技术内容不属于申请日之前的公知常识，或不是用于证明本领域技术人员的知识水平与认知能力的，一般不应作为判断能否获得专利权的依据。

B，"独立权利要求缺少必要技术特征"与"权利要求书应当以说明书为依据"的关系

在再审申请人埃利康公司与被申请人专利复审委员会、一审第三人刘某某、怡峰公司发明专利权无效行政纠纷案（〔2014〕行提字第13-15号）中，最高人民法院指出，独立权利要求缺少必要技术特征，不符合专利法实施细则第二十一条第二款规定的，一般也不能得到说明书的支持，不符合专利法第二十六条第四款的规定。

B，从属权利要求是否得到说明书支持的判断

在再审申请人朱某某、翟某某、马某某与被申请人国家知识产权局专利复审委员会及一审第三人、二审上诉人河南全新液态起动设备有限公司发明专利权无效行政纠纷案（〔2014〕行提字第32号）中，最高人民法院指出，对于形式上具有从属关系，实质上替换了独立权利要求中特定技术特征的从属权利要求，应当按照其限定的技术方案的实质内容来确定其保护范围，并在此基础上判断是否得到说明书的支持。

B，使用同源性加上来源和功能限定方式的生物序列权利要求得到说明

书支持的判断

在再审申请人国家知识产权局专利复审委员会、诺维信公司与被申请人江苏博立生物制品有限公司发明专利权无效行政纠纷案（〔2016〕最高法行再85号）中，最高人民法院指出，对于保护主题为生物序列的权利要求是否得到说明书的支持，需要考虑其中的同源性、来源、功能等技术特征对该生物序列的限定作用。如果这些特征的限定导致包含于该权利要求中的生物序列极其有限，且根据专利说明书公开的内容能够预见到这些极其有限的序列均能实现发明目的，达到预期的技术效果，则权利要求能够得到说明书的支持。

外观设计相同或者相近似

B，判断外观设计相同或者相近似的基本方法及应关注的设计特征

在本田株式会社"汽车"外观设计专利权无效行政案（〔2010〕行提字第3号）中，最高人民法院分析了判断外观设计相同或者相近似的基本方法，并认为，在判断外观设计是否相同或者相近似时，因产品的共性设计特征对于一般消费者的视觉效果的影响比较有限，应更多地关注引起一般消费者注意的其他设计特征的变化。

B，外观设计相同或者相近似判断中对设计空间的考虑

在万丰公司"摩托车车轮"外观设计专利权无效行政案（〔2010〕行提字第5号）中，最高人民法院认为，设计空间对于确定相关设计产品的一般消费者的知识水平和认知能力具有重要意义；在外观设计相同或者相近似的判断中，应该考虑设计空间或者说设计者的创作自由度，以便准确确定该一般消费者的知识水平和认知能力；设计空间的大小是一个相对的概念，是可以变化的，在专利无效宣告程序中考量外观设计产品的设计空间，需要以专利申请日时的状态为准。

B，区别于现有设计的设计特征对外观设计整体视觉效果的影响

在君豪公司与佳艺家具厂侵犯外观设计专利权纠纷案（〔2011〕民申字第1406号）中，最高人民法院认为，外观设计专利区别于现有设计的设计特征对于外观设计的整体视觉效果更具有显著影响；在被诉侵权设计采用了涉案外观设计专利的设计特征的前提下，装饰图案的简单替换不会影响两者整体视觉效果的近似。

B，外观设计相近似判断中"整体观察、综合判断"的把握

在美的公司"风轮"外观设计专利权无效行政纠纷案（〔2011〕行提字

第1号)中,最高人民法院认为,所谓整体观察、综合判断,是指一般消费者从整体上而不是仅依据局部的设计变化,来判断外观设计专利与比对设计的视觉效果是否具有明显区别;在判断时,一般消费者对于外观设计专利与对比设计可视部分的相同点和区别点均会予以关注,并综合考虑各相同点、区别点对整体视觉效果的影响大小和程度。

B. 设计要素变化所伴随的技术效果的改变对外观设计整体视觉效果的影响

在前述美的公司"风轮"外观设计专利权无效行政纠纷案中,最高人民法院指出,仅仅具有功能性而不具有美感的产品设计,不应当通过外观设计专利权予以保护;一般消费者进行外观设计相近似判断时,主要关注外观设计的整体视觉效果的变化,不会基于设计要素变化所伴随的技术效果的改变而对该设计要素变化施以额外的视觉关注。

B. 外观设计专利保护中产品类别的确定

在弓箭国际与兰之韵厂侵犯外观设计专利权纠纷案(〔2012〕民申字第41号、第54号)中,最高人民法院指出,确定外观设计专利产品类别,应以具有独立存在形态、可以单独销售的产品的用途为依据;外观设计专利的保护范围限于相同或者相近种类产品的外观设计。

B. 功能性设计特征的认定及其意义

在"逻辑编程开关(SR14)"外观设计专利权无效行政纠纷案(〔2012〕行提字第14号)中,最高人民法院指出,功能性设计特征是指那些在该外观设计产品的一般消费者看来,由所要实现的特定功能唯一决定而并不考虑美学因素的设计特征;功能性设计特征的判断标准并不在于该设计特征是否因功能或技术条件的限制而不具有可选择性,而在于一般消费者看来该设计特征是否仅仅由特定功能所决定,从而不需要考虑该设计特征是否具有美感;功能性设计特征对于外观设计的整体视觉效果通常不具有显著影响。

B. 外观设计专利侵权判定中相同或相近种类产品的认定

在再审申请人维多利公司与被申请人越远公司等侵害外观设计专利权纠纷案(〔2013〕民申字第1658号)中,最高人民法院指出,在外观设计专利侵权判定中,确定产品种类是否相同或相近的依据是产品是否具有相同或相近似的用途,产品销售、实际使用的情况可以作为认定用途的参考因素。

B，保护范围对外观设计专利侵权判断的影响

在再审申请人长城公司与被申请人陈某某、原审被告民生公司侵害外观设计专利权纠纷案（〔2014〕民申字第438号）中，最高人民法院指出，本案专利虽然仅仅保护形状设计而不包括图案，但形状和图案在外观设计上属于相互独立的设计要素，在形状之上增加图案并不必然对形状设计本身产生视觉影响。在二者的形状设计构成近似的情况下，包含图案的被诉侵权产品仍然落入本案专利的保护范围。

B，并非由产品功能唯一决定的设计特征应当在外观设计相同或者相近似判断中予以考虑

在再审申请人晨诺公司与被申请人威科公司、张某某、一审被告、二审被上诉人智合公司侵害外观设计专利权纠纷案（〔2014〕民提字第193号）中，最高人民法院指出，不是由产品功能唯一决定的设计特征，应当在判断外观设计是否相同或相近似时予以考虑。

B，外观设计近似性判断的判断主体、比对方法和比对对象

在上诉人本田技研工业株式会社与被上诉人石家庄双环汽车股份有限公司、石家庄双环汽车有限公司、石家庄双环新能源汽车有限公司侵害外观设计专利权纠纷案（〔2014〕民三终字第8号）中，最高人民法院指出，外观设计近似性的判断，应当基于一般消费者的知识水平和认知能力，根据外观设计的全部设计特征，以整体视觉效果进行综合判断。当专利保护的是产品整体外观设计时，不应当将产品整体予以拆分、改变原使用状态后进行比对。如果实物照片真实反映了被诉侵权产品的客观情况，可以使用照片中的被诉侵权产品与本案专利进行比对。

BC，设计特征的认定及对外观设计近似性判断的影响

在再审申请人浙江健龙卫浴有限公司与被申请人高仪股份公司侵害外观设计专利权纠纷案（〔2015〕民提字第23号）中，最高人民法院指出，设计特征体现了授权外观设计不同于现有设计的创新内容，也体现了设计人对现有设计的创造性贡献。如果被诉侵权产品未包含授权外观设计区别于现有设计的全部设计特征，一般可以推定二者不构成近似外观设计。设计特征的存在应由专利权人进行举证，允许第三人提供反证予以推翻，并由人民法院依法予以确定。

B，现有设计抗辩的审查与判断

在再审申请人丹阳市盛美照明器材有限公司与被申请人童某某侵害外观

设计专利权纠纷案【(2015)民申字第633号】中,最高人民法院指出,在被诉侵权产品与本案专利相近似的情况下,如果被诉侵权产品采用了本案专利与现有设计相区别的设计特征,现有设计抗辩不能成立。

先用权抗辩

B,先用权抗辩的审查与认定

在银涛公司与汉王公司、保赛公司侵犯专利权纠纷案(〔2011〕民申字第1490号)中,最高人民法院认为,先用权抗辩是否成立的关键在于被诉侵权人在专利申请日前是否已经实施专利或者为实施专利做好了技术或者物质上的必要准备;药品生产批件是药品监管的行政审批事项,是否取得药品生产批件对先用权抗辩是否成立不产生影响。

B,先用权抗辩的审查与认定

在再审申请人北京英特莱技术公司与被申请人深圳蓝盾公司北京分公司、北京蓝盾创展门业有限公司侵害发明专利权纠纷案(〔2015〕民申字第1255号)中,最高人民法院指出,现有证据能够证明,制造商在申请日前已经实施或已经为实施本案专利做好了技术或物质上的必要准备,且仅在原有范围内继续制造的,先用权抗辩成立。在制造商并非本案被告,但销售商能够证明被诉侵权产品的合法来源以及制造商享有先用权的情况下,销售商可以提出先用权抗辩。

创造性

B,专利说明书中没有记载的技术内容对创造性判断的影响

在湘北威尔曼公司"抗β-内酰胺酶抗菌素复合物"专利无效行政案(〔2011〕行提字第8号)中,最高人民法院指出,专利申请人在申请专利时提交的专利说明书中公开的技术内容,是国务院专利行政部门审查专利的基础;专利申请人未能在专利说明书中公开的技术方案、技术效果等,一般不得作为评价专利权是否符合法定授权确权标准的依据。

B,实用新型专利创造性判断中对现有技术领域的确定与考虑

在"握力计"实用新型专利权无效行政纠纷案(〔2011〕知行字第19号)中,最高人民法院认为,评价实用新型专利创造性时,一般应当着重比对该实用新型专利所属技术领域的现有技术;但在现有技术已经给出明确技术启示的情况下,也可以考虑相近或者相关技术领域的现有技术;相近技术领域一般指与实用新型专利产品功能以及具体用途相近的领域,相关

技术领域一般指实用新型专利与最接近的现有技术的区别技术特征所应用的功能领域。

B，新晶型化合物的创造性判断

在"溴化替托品单水合物晶体"发明专利权无效行政纠纷案（〔2011〕知行字第86号）中，最高人民法院认为，《专利审查指南（2010）》所称"结构接近的化合物"，仅特指该化合物必须具有相同的核心部分或者基本的环，不涉及化合物微观晶体结构本身的比较；在新晶型化合物创造性判断中，并非所有的微观晶体结构变化均必然具有突出的实质性特点和显著的进步，必须结合其是否带来预料不到的技术效果进行考虑。

B，创造性判断中商业成功的考量时机与认定方法

在"女性计划生育手术B型超声监测仪"实用新型专利权无效行政纠纷案（〔2012〕行提字第8号）中，最高人民法院认为，一般情况下，只有利用"三步法"难以判断技术方案的创造性或者得出无创造性的评价时，才将商业上的成功作为创造性判断的辅助因素；对于商业上的成功的考量应当持相对严格的标准，只有技术方案相比现有技术做出改进的技术特征是商业上成功的直接原因的，才可认定其具有创造性。

B，创造性判断中采纳申请日后补交的实验数据的条件

在"用于治疗糖尿病的药物组合物"发明专利权行政纠纷案（〔2012〕知行字第41号）中，最高人民法院指出，创造性判断中，当专利申请人或专利权人在申请日后补充对比试验数据以证明专利技术方案产生了意料不到的技术效果时，接受该实验数据的前提是其用以证明的技术效果在原申请文件中有明确记载。

B，区别技术特征的认定应当以记载在权利要求中的技术特征为基础

在再审申请人亚东制药公司与被申请人专利复审委员会、一审第三人华洋公司发明专利权无效行政纠纷案（〔2013〕知行字第77号）（以下简称"乳腺疾病药物组合物及制备方法"发明专利无效案）中，最高人民法院指出，认定权利要求与最接近现有技术之间的区别技术特征，应当以权利要求记载的技术特征为准，并将其与最接近的现有技术公开的技术特征进行逐一比对。未记载在权利要求中的技术特征不能作为比对的基础，当然也不能构成区别技术特征。

B，确定区别技术特征是否已经被现有技术公开应当考虑它们在各自技术方案中所起的作用

在再审申请人展通公司与被申请人泰科公司及一审被告、二审被上诉人专利复审委员会发明专利权无效行政纠纷案（〔2014〕知行字第43号）中，最高人民法院认为，在确定本案专利的某一区别技术特征与现有技术中的技术特征是否具有对应关系，从而导致该区别技术特征已经被现有技术所公开时，要考虑它们在各自技术方案中所起的作用是否相同。

B，发明实际所要解决的技术问题的确定

在前述"乳腺疾病药物组合物及制备方法"发明专利无效案中，最高人民法院还认为，在创造性判断中，确定发明实际解决的技术问题，通常要在发明相对于最接近的现有技术存在的区别技术特征的基础上，由本领域技术人员在阅读本案专利说明书后，根据该区别技术特征在权利要求请求保护的技术方案中所产生的作用、功能或者技术效果等来确定。

B，背景技术不能用于确定发明实际所要解决的技术问题

在再审申请人理邦公司与被申请人专利复审委员会、第三人迈瑞公司发明专利权无效行政纠纷案（〔2014〕知行字第6号）中，最高人民法院认为，发明实际所要解决的技术问题的确定，是通过与最接近的现有技术比较得出的，而非以其背景技术的记载为依据。

B，对预料不到的技术效果的确定

在前述"乳腺疾病药物组合物及制备方法"发明专利无效案中，最高人民法院还认为，发明的技术效果是判断创造性的重要因素。如果发明相对于现有技术所产生的技术效果在质或量上发生明显变化，超出了本领域技术人员的合理预期，可以认定发明具有预料不到的技术效果。在认定是否存在预料不到的技术效果时，应当综合考虑发明所属技术领域的特点尤其是技术效果的可预见性、现有技术中存在的技术启示等因素。通常，现有技术中给出的技术启示越明确，技术效果的可预见性就越高。

B，未取得预料不到技术效果的数值范围选择不能给本专利带来创造性

在再审申请人斯倍利亚社与被申请人专利复审委员会、一审第三人史某某发明专利权无效行政纠纷案（〔2014〕知行字第84号）中，最高人民法院认为，在判断权利要求是否具备创造性时，应当考虑其选择的数值范围与现有技术相比是否取得了预料不到的技术效果。

B，同一技术方案中产品权利要求与方法权利要求创造性评判之间的关系

在再审申请人广东天普生化医药股份有限公司与被申请人国家知识产权

局专利复审委员会、第三人张某发明专利权无效行政纠纷案（〔2015〕知行字第261号）中，最高人民法院指出，对于同时包含产品权利要求与方法权利要求的发明专利而言，如果产品权利要求并非由方法权利要求所唯一限定，即存在通过其他方法获得该产品的可能性。在方法权利要求具备创造性的情况下，并不能必然得出产品权利要求也具备创造性的结论。

专利授权考虑因素

B，湘北威尔曼公司"抗β-内酰胺酶抗菌素复合物"专利无效行政案

在前述湘北威尔曼公司"抗β-内酰胺酶抗菌素复合物"专利无效行政案中，最高人民法院指出，对于涉及药品的发明创造而言，在其符合专利法中规定的授权条件的前提下，即可授予专利权，无须另行考虑该药品是否符合其他法律法规中有关药品研制、生产的相关规定。

C，田边三菱制药株式会社与国家知识产权局专利复审委员会发明专利申请驳回复审行政纠纷案

对于化学产品发明，应当完整地公开该产品的用途和/或使用效果，即使是结构首创的化合物，也应当至少记载一种用途。如果所属技术领域的技术人员无法根据现有技术预测该发明能够实现所述用途和/或使用效果，则说明书中还应当记载对于本领域技术人员来说，足以证明发明的技术方案可以实现所述用途和/或达到预期效果的定性或定量实验数据。

修改超范围

B，专利申请文件的修改是否超出原说明书和权利要求书记载的范围的判断标准

在精工爱普生株式会社"墨盒"专利无效行政案（〔2010〕知行字第53号）中，最高人民法院认为，原说明书和权利要求书记载的范围应该包括原说明书及其附图和权利要求书以文字或者图形等明确表达的内容，以及所属领域普通技术人员通过综合原说明书及其附图和权利要求书可以直接、明确推导出的内容；只要所推导出的内容对于所属领域普通技术人员是显而易见的，就可认定该内容属于原说明书和权利要求书记载的范围；与上述内容相比，如果修改后的专利申请文件未引入新的技术内容，则可认定对该专利申请文件的修改未超出原说明书和权利要求书记载的范围。

B，判断专利申请文件的修改是否超出原说明书和权利要求书记载的范围应当充分考虑专利申请所属技术领域的特点

在曾某某"一种既可外用又可内服的矿物类中药"发明专利申请驳回复审行政纠纷案（〔2011〕知行字第54号）中，最高人民法院认为，在审查专利申请人对专利申请文件的修改是否超出原说明书和权利要求书记载的范围时，应当充分考虑专利申请所属技术领域的特点，不能脱离本领域技术人员的知识水平。

B，专利无效宣告程序中权利要求书的修改方式是否严格限于《专利审查指南（2010）》限定的三种方式

在先声公司"氨氯地平、厄贝沙坦复方制剂"发明专利无效行政纠纷案（〔2011〕知行字第17号）中，最高人民法院认为，专利无效宣告程序中，权利要求书的修改在满足修改原则的前提下，其修改方式一般情况下限于权利要求的删除、合并和技术方案的删除三种方式，但并未绝对排除其他修改方式。

B，专利申请文件的修改限制与专利保护范围的关系

在前述精工爱普生株式会社"墨盒"专利无效行政案中，最高人民法院还明确了专利申请文件的修改限制与专利保护范围的关系。最高人民法院认为，专利申请文件的修改限制与专利保护范围之间既存在一定的联系，又具有明显差异；在无效宣告请求的审查过程中，发明或者实用新型专利的专利权人修改其权利要求书时要受原专利的保护范围的限制，不得扩大原专利的保护范围；发明专利申请人在提出实质审查请求时以及在收到国务院专利行政部门发出的发明专利申请进入实质审查阶段通知书之日起3个月内进行主动修改时，只要不超出原说明书和权利要求书记载的范围，在修改原权利要求书时既可以扩大也可以缩小其请求保护的范围。

B，专利申请文件的修改限制与禁止反悔原则的关系

在前述精工爱普生株式会社"墨盒"专利无效行政案中，最高人民法院还明确了专利申请文件的修改限制与禁止反悔原则的关系。最高人民法院认为，禁止反悔原则在专利授权确权程序中应予适用，但是其要受到自身适用条件的限制以及与之相关的其他原则和法律规定的限制；在专利授权程序中，相关法律已经赋予了申请人修改专利申请文件的权利，只要这种修改不超出原说明书和权利要求书记载的范围，禁止反悔原则在该修改范围内应无适用余地。

B，专利申请文件修改超范围的判断

在再审申请人株式会社岛野与被申请人专利复审委员会等发明专利权

无效行政纠纷案（〔2013〕行提字第21号）（以下简称"后换挡器"发明专利无效行政案）中，最高人民法院指出，《专利法》第三十三条中"原说明书和权利要求书记载的范围"应当理解为原说明书和权利要求书所呈现的发明创造的全部信息；审查专利申请文件的修改是否超出原说明书和权利要求书记载的范围，应当考虑所属技术领域的技术特点和惯常表达、所属领域普通技术人员的知识水平和认知能力、技术方案本身在技术上的内在要求等因素。

B，专利申请文件中"非发明点"的修改及其救济

在前述"后换挡器"发明专利无效行政案中，最高人民法院还指出，为避免确有创造性的发明创造因为"非发明点"的修改超出原说明书和权利要求书记载的范围而丧失其本应获得的与其对现有技术的贡献相适应的专利权，相关部门应当积极寻求相应的解决和救济渠道，在防止专利申请人获得不正当的先申请利益的同时，积极挽救具有技术创新价值的发明创造。

B，申请人可否基于审查员对专利申请文件修改的认可获得信赖利益保护

在前述"墨盒"专利无效行政案中，最高人民法院还指出，是否对专利申请文件进行修改原则上是申请人的一项权利；国务院专利行政部门依法行使对专利申请进行审查的职权，但并不负有保证专利授权正确无误的责任，申请人对其修改行为所造成的一切后果应自负其责。

B，判断专利申请文件修改是否合法时当事人意见陈述的作用

在前述"墨盒"专利无效行政案中，最高人民法院还认为，判断专利申请文件修改是否合法时，当事人的意见陈述通常只能作为理解说明书以及权利要求书含义的参考，而不是决定性依据；其参考价值的大小取决于该意见陈述的具体内容及其与说明书和权利要求书的关系。

现有技术抗辩

B，现有技术抗辩的比对方法与审查方式

在泽田公司与格瑞特公司侵犯实用新型专利权纠纷案（〔2012〕民申字第18号）中，最高人民法院指出，审查现有技术抗辩时，比对方法是将被诉侵权技术方案与现有技术进行比对，在两者并非相同的情况下，审查时可以专利权利要求为参照，确定被诉侵权技术方案中被指控落入专利权保护范围的技术特征，并判断现有技术是否公开了与之相同或者等同的技术特征。

C，苏州工业园区新海宜电信发展股份有限公司诉南京普天通信股份有限公司、苏州工业园区华发科技有限公司侵犯专利权纠纷案（最高人民法院公报2010年第10期）

现有技术抗辩是指在专利侵权纠纷中被控侵权人以其实施的技术属于现有技术为由，对抗专利侵权指控的不侵权抗辩事由。如被控侵权人有充证据证明其实施的技术方案属于一份对比文献中记载的一项现有技术方案与所属领域技术人员广为熟知的常识的简单组合，则应当认定被控侵权人主张的现有技术抗辩成立，被控侵权物不构成侵犯专利权。

许可

B，专利权人向他人提供专利图纸的行为是否构成默示许可

在再审申请人范某某与被申请人亿辰公司侵害实用新型专利权纠纷案（〔2013〕民提字第223号）中，最高人民法院指出，专利权人向他人提供专利图纸进行推广的行为，不当然地等同于许可他人实施其专利的意思表示。

C，海南康力元药业有限公司、海南通用康力制药有限公司与海口奇力制药股份有限公司技术转让合同纠纷案

在合同效力的认定中、应该以合同是否违反法律、行政法观的强制性规定为判断标准，而不宜以合同违反行政规章的规定为由认定合同无效。在技术合同纠纷中，如果技术合同涉及的生产产品或提供服务依法须经行政部门审批或者许可而未经审批或者许可的，不影响当事人订立的相关技术合同的效力（最高人民法院民事判决书（2011）民提字第307号）。

必要技术特征

B，在确定独立权利要求是否记载必要技术特征时，如何考虑权利要求中记载的功能性技术特征

在前述"机动车托架"发明专利无效案中，最高人民法院还认为，独立权利要求记载了解决技术问题的必要技术特征的，即使其为功能性技术特征，亦应当认定其符合《专利法实施细则》第二十一条第二款的规定，不宜再以独立权利要求中没有记载实现功能的具体结构或者方式为由，认定其缺少必要技术特征。

B，如何认定《专利法实施细则》第二十一条第二款中的"技术问题"

在前述"机动车托架"发明专利无效案中，最高人民法院还认为，《专

利法实施细则》第二十一条第二款所称的"技术问题"，是指说明书中记载的专利所要解决的技术问题，是申请人根据其对说明书中记载的背景技术的主观认识，在说明书中声称其要解决的技术问题。当说明书中明确记载本案专利能够解决多个技术问题时，独立权利要求中应当记载能够同时解决上述技术问题的全部必要技术特征。

优先权

B，专利权人主张本国优先权时的举证责任和说明义务

在再审申请人慈溪市博生塑料制品有限公司与被申请人陈某侵害实用新型专利权纠纷案（〔2015〕民申字第188号）（简称"清洁工具"实用新型专利侵权案）中，最高人民法院指出，专利权人主张本国优先权时，应当承担相应的举证责任和说明义务。未能提交与本国优先权主题相关的在先申请文件，亦未能证明本案专利与在先申请属于相同主题的发明创造，不能依据在先申请日享有本国优先权。

说明书公开充分

B，在说明书引证背景技术文件的情况下，对说明书公开内容的正确理解

在前述"清洁工具"实用新型专利侵权案中，最高人民法院指出，在可能的情况下，说明书的背景技术部分应当引证反映背景技术的文件。在文件内容构成本案专利的现有技术，且通过引证的方式，上述内容已经成为说明书所涉技术方案的组成部分，则文件内容应视为已被说明书所公开。

B，化学领域产品发明说明书充分公开的判断

在再审申请人国家知识产权局专利复审委员会、北京嘉林药业股份有限公司与被申请人沃尼尔·朗伯有限责任公司、一审第三人张某发明专利权无效行政纠纷案（〔2014〕行提字第8号）（简称"阿托伐他汀"发明专利权无效案）中，最高人民法院指出，化学领域产品发明的专利说明书中应当记载化学产品的确认、制备和用途。

B，确定发明所要解决的技术问题与判断说明书是否充分公开之间的关系

在前述"阿托伐他汀"发明专利权无效案中，最高人民法院还认为，技术方案的再现与是否解决了技术问题、产生了技术效果的评价之间，存在着先后顺序上的逻辑关系，应首先确认本领域技术人员根据说明书公开的内容是否能够实现该技术方案，然后再确认是否解决了技术问题、产生了技术效果。

B，申请日后补交的实验性证据是否可以用于证明说明书充分公开

在前述"阿托伐他汀"发明专利权无效案中，最高人民法院还认为，在申请日后提交的用于证明说明书充分公开的实验性证据，如果可以证明以本领域技术人员在申请日前的知识水平和认知能力，通过说明书公开的内容可以实现该发明，那么该实验性证据应当予以考虑，不能仅仅因为该证据在申请日后提交而不予接受。

B，化学产品专利申请充分公开的要求

在再审申请人田边三菱制药株式会社与被申请人国家知识产权局专利复审委员会发明专利申请驳回复审行政纠纷案（〔2015〕知行字第352号）中，最高人民法院指出，对于化学产品的专利申请，应当完整公开该产品的用途和/或使用效果。如果所属技术领域的技术人员无法根据现有技术预测发明能够实现所述用途和/或使用效果，则说明书中还应当记载对于本领域技术人员来说，足以证明发明的技术方案可以实现所述用途和/或达到预期效果的定性或定量实验数据。

B，化合物新颖性判断中现有技术公开内容的认定标准

在基因技术股份有限公司与国家知识产权局专利复审委员会发明专利驳回复审行政纠纷案中（〔2015〕知行字第356号）中，最高人民法院指出，在涉及化合物专利是否具有新颖性的判断过程中，对于现有技术文献是否已公开了该化合物，应以所属领域的普通技术人员根据该文献的启示，能否制造或分离出该化合物为标准。

侵权行为认定

BC，专利法意义上的销售行为的认定标准

在再审申请人刘某某与被申请人北京京联发数控科技有限公司、天威四川硅业有限责任公司侵害实用新型专利权纠纷案（〔2015〕民申字第1070号）中，最高人民法院指出，专利法意义上销售行为的认定，需要考虑《专利法》第十一条的立法目的，正确厘定销售行为与许诺销售行为之间的关系，充分保护专利权人利益。为此，销售行为的认定应当以销售合同成立为标准，而不应以合同生效、合同价款支付完成、标的物交付或者所有权转移为标准。

抵触申请

B，抵触申请抗辩成立的条件

在前述"清洁工具"实用新型专利侵权案中，最高人民法院指出，被诉

侵权人以其实施的技术方案属于抵触申请为由，主张不侵害专利权的，应当审查被诉侵权技术方案是否已被抵触申请完整公开。在该技术方案相对于抵触申请不具有新颖性时，抵触申请抗辩成立。

实用性

B，发明专利申请是否具备实用性的判断

在再审申请人顾庆良、彭安玲与被申请人国家知识产权局专利复审委员会发明专利申请驳回复审行政纠纷案（简称"磁悬浮磁能动力机"发明专利权驳回复审案）（〔2016〕最高法行申第789号）中，最高人民法院指出，发明专利申请具备实用性，是指该技术方案本身符合自然规律，可实际应用并能够工业化再现。

B，专利法关于"能够制造或者使用"与"能够实现"之间的关系

在前述"磁悬浮磁能动力机"发明专利权驳回复审案中，最高人民法院指出，《专利法》第二十二条第四款规定的"能够制造或者使用"是指发明或者实用新型的技术方案具有在产业中被制造或使用的可能性。《专利法》第二十六条第三款规定的"能够实现"是指本领域技术人员根据说明书的内容能否实现该发明或实用新型。两者判断标准不同，之间没有必然联系。

赔偿

C，中山市隆成日用制品有限公司与湖北童霸儿童用品有限公司侵害实用新型专利权纠纷案

在最高人民法院民事判决书（〔2013〕民提字第116号）中，最高人民法院指出：

一、权利人与侵权人就侵权损害赔偿数额做出的事先约定，不构成权利人与侵权人之间的交易合同，故侵权人应承担的民事责任仅为侵权责任，不属于《合同法》第一百二十二条规定的侵权责任与违约责任竞合的情形。

二、权利人与侵权人就侵权损害赔偿数额做出的事先约定，是双方就未来发生侵权时权利人因被侵权所受到的损失或者侵权人因侵权所获得的利益预先达成的一种计算方法。在无法律规定无效等情形下，人民法院可直接以权利人与侵权人的事先约定作为确定侵权损害赔偿数额的依据。

C，江水拜特进出口贸易有限公司、江苏省淮安市康拜特地毯有限公司诉许某某因申请临时措施损害赔偿纠纷案（最高人民法院公报2009年第4期）

《民事诉讼法》第九十六条规定："申请有错误的，申请人应当赔偿被申

请人因财产保全所遭受的损失。"《最高人民法院关于对诉前停止侵犯专利权行为适用法律问题的若干规定》第十三条规定:"申请人不起诉或者申请错误造成被申请人损失的,被申请人可以向有管辖权的人民法院起诉请求申请人赔偿,也可以在专利权人或者利害关系人提起的专利权侵权诉讼中提出损害赔偿的请求,人民法院可以一并处理。"据此,专利权人的专利权最终被宣告无效,专利权人提出财产保全和停止侵犯专利权申请给被申请人造成损失的,属于上述法律、司法解释规定的"申请有错误",被申请人据此请求申请人依法予以赔偿的,人民法院应予支持。

专利权权属纠纷

C,吴林祥、陈华南诉翟晓明专利权纠纷案(最高人民法院公报2008年第1期)

一、《中华人民共和国公司法》第一百四十八条规定:"董事、监事、高级管理人员应当遵守法律、行政法规和公司章程,对公司负有忠实义务和勤勉义务。董事、监事、高级管理人员不得利用职权收受贿赂或者其他非法收入,不得侵占公司的财产。"该法第一百五十三条规定:"董事、高级管理人员违反法律、行政法规或者公司章程的规定,损害股东利益的,股东可以向人民法院提起诉讼。"根据上述规定,公司董事、高级管理人员或控股股东等人员违反法律、行政法规或者公司章程的规定,侵害公司利益,而公司在上述人员控制之下不能或怠于以自己的名义主张权利,导致其他股东利益受到损害的,其他股东为维护自身合法权益以及公司的利益,有权向人民法院提起诉讼。

二、根据《专利法》第六条的规定,执行本单位的任务或主要是利用本单位的物质技术条件所完成的发明创造为职务发明,职务发明创造申请专利的权利属于该单位。

最高人民法院指导性案例、年报、公报案例审判观点(商标篇2008—2017)

使用说明

"最高人民法院指导性案例、年报、公报案例审判观点"汇总了最高人民法院通过"指导案例""年报"或"公报"形式公布的商标法及反不正当竞争法案件判决观点。通过对这些观点的分类、整理和原文呈现，我们可以看出中国最高司法机关对于商标各类型案件处理的立场、方法，及其发展演变。

为了方便大家阅读，我们将每个案件命名为"字母+案件简称+法律问题提要"形式，以便大家定位案件及参考点。

"字母"部分分为A、B、C三种，字母A代表最高人民法院发布的指导案例，字母B代表最高人民法院年度报告发布的案例，字母C代表最高人民法院公报发布的案例。如果案例被两个以上的渠道公布，则字母叠加使用；案件的排列一般以A、B、C为序，每类（A类、B类、C类）案件按时间倒序排列。

"案件简称"一般是争议商标或是其他与案件密切相关的关键词。

"法律问题提要"是该摘录部分所体现的主要法律问题，同一案件摘录的段落不同，其法律问题也有所不同。

比如，"BC，啄木鸟案（非诚信使用）"，代表该案同时被最高人民法院年报和公报收录，案件涉及的商标是"啄木鸟"，该段摘录涉及的是非诚信使用造成法律问题如何处理。

每个案件名称下会列明法院、文号、相关法官，以及摘录的判决原文段落，供大家参考。每段摘录开头会有【】引出编者归纳的简短信息。

需要说明的是，因为编辑时间的限制，其中有些文书可能与原版有出入，所以此处的标示仅供参考，如需引用，请谨慎核对原文。另有文书因缺乏可靠资料来源，未能找到原版，仅引用了最高人民法院公布该案件的描述，未能与判决原文对应；文中涉及的《反不正当竞争法》是指1993年法律；《商标法》是指2013年修改后的版本。敬请谅解！

商标案例目录

《商标法》及《反不正当竞争法》可保护的标的

（《商标法》第八条；《反不正当竞争法》第五条第二款）

B，晨光案（专利权终止后可依《反不正当竞争法》获得保护）

真实使用意图

（《商标法》第四条）

B，海棠湾案（申请注册商标应有真实使用意图）

诚实信用原则

（《民法通则》第四条；《商标法》第七条第一款、第四十四条第一款、第五十七条；《反不正当竞争法》第二条）

BC，福联升案（诚实信用、合理避让）

B，赛克思案（恶意注册损害他人在先权利并起诉对方侵权）

B，奇虎第Ⅱ案（软件使用不能违反良好竞争秩序）

AB，歌力思案（非善意取得商标权后对正当使用行为提起诉讼）

B，奇虎第Ⅰ案（互联网业务中的诚信原则）

B，日产案（商标实际使用应是诚信的使用）

C，唐老一正斋案（诚信区分）

C，啄木鸟案（非诚信使用）

BC，山孚案（诚信原则作为一般条款的适用）

B，诚联案（损害公共秩序或者公共利益属于撤销绝对事由）

C，帕弗洛案（在先取得的独占许可使用权可以对抗在后的商标使用许可合同关系）

B，乔丹案（以非诚信经营为前提的商业成功与市场秩序不是维持商标注册的正当理由）

中国国名等

（《商标法》第十条第一款第（一）项；《反不正当竞争法》第五条第二款；《不正当竞争民事案件解释》第五条）

BC，中国劲酒案（与中国国名不近似）

外国国名等

（《商标法》第十条第一款第（二）项；《反不正当竞争法》第五条第二款；《不正当竞争民事案件解释》第五条）

B，耐克乔丹案（相关公众不会将申请商标与约旦国联系在一起）

不良影响

（《商标法》第十条第一款第（八）项；《反不正当竞争法》第五条第二款；《不正当竞争民事案件解释》第五条）

B，李兴发案（用人名注册的不良影响）

BC，中国劲酒案（用国名注册的不良影响）

B，泰山石膏案（伤害宗教感情的标志可以认定为"具有其他不良影响"）

通用性

（《商标法》第十一条第一款第（一）项、第四十九条、第五十九条第一款；《反不正当竞争法》第五条第二款；《不正当竞争民事案件解释》第二条第一款第（一）项、第二条第三款）

A，鲁锦案（地域性商品广泛性判断以其特定产区及相关公众为标准）

B，避风塘第Ⅲ案（菜肴烹饪方法通用名称）

B，21金维他案（成为通用名称的商标未撤销前仍可认定驰名）

B，散利痛案（是否通用名称并非一成不变）

叙述性

（《商标法》第十一条第一款第（二）项、第四十九条、第五十九条第一款；《反不正当竞争法》第五条第二款；《不正当竞争民事案件解释》第二条第一款第（二）项、第二条第三款）

B，BESTBUY案（不能因含有描述性因素否认整体显著性）

B，汭山茶案（不能因含有描述性因素否认整体显著性）

B，布鲁特斯案（证明商标显著性的认定）

其他缺乏显著特征的

（《商标法》第十一条第一款第（三）项、第四十九条、第五十九条第一款；《反不正当竞争法》第五条第二款；《不正当竞争民事案件解释》第二条第一款第（四）项）

B，雀巢瓶案（独特设计不等于显著性）

B，爱马仕案（商品外观要起到标识商品来源的作用才有显著性）

使用取得显著性

（《商标法》第十一条第二款、第四十九条、第五十九条第一款；《反不正当竞争法》第五条第二款；《不正当竞争民事案件解释》第二条第二款、第三款）

B，雀巢瓶案（相关公众难以将所涉瓶型单独认知为商标）

B.万顺案（产品型号可具有显著性）

驰名商标

（《商标法》第十三条）

BC，福联升案（对老字号应有更高的注意义务和避让义务）

B，巨化案（认定驰名商标必要性及证据要求）

B，日产案（驰名商标证据不能机械要求）

C，尼康案（认定驰名商标必要性）

B，伟哥第Ⅱ案（主张未注册驰名商标首先应满足使用要求）

B，中铁案（认定驰名商标也应考虑注册前的使用）

C，KODAK案（驰名商标不以行政认定为前提）

C，尼康案（对方异议的在先行政驰名商标认定仍需举证）

B，苹果案（驰名商标认定的证据审查标准）

在先被代理人商标

（《商标法》第十五条第一款）

B，龟博士案（代理人抢注亦可适用于注册商标）

B，Lehmanbrown案（代理人、代表人抢注构成条件）

B，新东阳案（恶意串通合谋视为代理人抢注）

C，华蜀案（代理人的范围不限于商标代理人）

企业名称权

（《商标法》第三十二条；《反不正当竞争法》第五条第三款、《不正当竞争民事案件解释》第六条第一款）

A，天津中青旅案（企业简称视同企业名称）

B，派克汉尼汾案（有知名度的字号可以视为企业名称权的特殊情形）

B，采埃孚案（有知名度的字号可以作为在先权利予以保护）

B，山起案（企业特定简称可视为企业名称）

知名商品特有名称、包装、装潢

（《商标法》第三十二条；《反不正当竞争法》第五条第二款）

AC，费列罗案（知名范围、特有包装、装潢的理解）

B，赛诺维案（知名商品特有的包装、装潢权益可承继）

B，火星金星案（图书名称构成知名商品特有名称）

B，BK案（产品型号构成知名商品特有名称）

B，泥人张案（特定人群称谓）

C，拉菲案（知名商品特有名称）

C，拉菲案（已注册商标是否已经形成稳定的市场秩序的判断）

B，肠清茶案（特有名称、装潢应起到标识产品来源的作用）

C，唐老一正斋案（仅广告投入不足以证明知名度）

C，避风塘第Ⅰ案（合理使用不构成擅自使用知名服务特有名称）

在先使用并有一定影响商标及在先权利

（《商标法》第三十二条）

B，赖茅案（违法行为不能产生商标权益）

B，同德福第Ⅰ案（在先权利存在的时间要求）

B，氟美斯案（明知不一定是不正当手段）

B，可立停案（已经使用并有一定影响的药品名称属于在先权利）

B，散列通案（在先权利存在的时间要求）

B，诚联案（有一定影响的认定）

B，采蝶轩案（商标侵权案件中对是否构成在先使用的审查判断）

B，乔丹案（姓名权构成商标法保护的在先权利）

B，乔丹案（自然人可就其未主动使用的特定名称获得姓名权的保护）

B，乔丹案（自然人就特定名称主张姓名权保护时应当满足的条件）

B，格里高利案（商标申请或注册人信息不属于著作权法规定的表明作者身份的署名行为）

B，格里高利案（著作权登记证书对在先著作权的证明效力）

使用定义

（《商标法》第四十八条、第五十七条）

B，亚环案（OEM商品贴附标贴不是商标使用）

B，日产案（商标使用意图）

B，功夫熊猫案（商标意义的使用）

C，乐活案（商标性使用）

B，伟哥第Ⅰ案（不能起到标识来源功能的使用不是商标使用）

C，雅马哈第Ⅰ案（未经许可的使用）

B，小天鹅案（销售发票指向非侵权商品的商标使用行为不构成侵权）

C，维多利亚的秘密案（合法取得销售商品权利的经营者，在商品销售中对商标权人的商品若超出了指示商品来源所必需的范围，会构成侵害商标专用权。）

商品类似判断

（《商标法》第十三条、第十五条、第十六条、第三十条、第三十一条、第三十二条、第五十七条，《反不正当竞争法》第五条第二款）

B，龟博士案（不同商品、服务存在特定关系或容易造成混淆）

B，稻香村案（商品类似的动态考察）

BC，啄木鸟案（《类似商品与服务区分表》的作用）

B，富士宝案（商品的较大关联性）

商标近似判断

（《商标法》第十三条、第十五条、第十六条、第三十条、第三十一条、第三十二条、第五十七条，《反不正当竞争法》第五条第二款）

B，永恒印记案（中、英文商标构成近似的判断）

C，乐活案（近似的全面判断）

C，尼康案（近似认定）

BC，雉鸡案（近似的全面判断）

B，秋林案（近似的全面判断）

B，苹果案（驰名商标本类保护）

C，静冈刀具案（攀附故意）

B，拉菲案（判断中外文商标是否构成近似应当考虑二者是否已经形成了稳定的对应关系）

B，拉菲案（已注册商标是否已经形成稳定的市场秩序的判断）

容易混淆及误认

（《商标法》第十三条、第十五条、第十六条、第三十条、第三十一条、第三十二条、第五十七条，《反不正当竞争法》第五条第二款）

A，小拇指案（消费群体及服务区域重合产生字号混淆）

A，天津中青旅案（推广链接）

AC，费列罗案（包装装潢的混淆）

B，色博士案（客观上形成市场区分）

B，稻香村案（混淆的历史考察）

B，梦特娇案（商标知名度的连续性）

B，良子案（共存协议与诚实信用）

B，齐鲁案（特许行业的混淆）

BC，鳄鱼案（标志近似不必然混淆）

B，采乐案（不足以误导公众）

B，苹果男人案（被异议人自身先后商标的关系影响近似判断）

B，红河案（近似混淆的综合判断）

B，诸葛酿案（实际使用状况对近似判断的影响）

C，梅蒸案（区分定性）

C，股神案（假冒知名商品特有名称）

B，奥普卫厨案（商标权保护强度应当与其显著性和知名度相适应）

B，庆丰包子铺案（姓名的商业使用不能与他人合法的在先权利相冲突）

B，谷歌案（共存协议在2001年修正的《商标法》第二十八条适用过程中的作用）

误导公众损害驰名商标利益

（《商标法》第五十七条第七款，《商标民事纠纷案件解释》第一条第二款）

C，KODAK案（驰名商标跨类保护）

反向假冒

（《商标法》第五十七条第五款）

C，银雉案（回购他人商品除标销售）

协助侵权

（《商标法》第五十七条第六款）

C，衣念案（网络服务提供商责任）

C，龙华市场案（市场管理方责任）

企业名称突出使用商标侵权

（《商标法》第五十七条第七款，《商标民事纠纷案件解释》第一条第一款）

A，同德福第Ⅱ案（商号不突出使用不构成商标侵权）

B, 王将饺子案（注册商标和企业名称冲突）

C, 狗不理第Ⅰ案（突出使用）

C, 三河福成案（企业简化）

C, 雪中彩影案（突出使用是企业名称构成商标侵权的条件）

C, 恒盛案（商标与企业名称冲突）

企业名称不正当竞争

（《商标法》第五十八条；《反不正当竞争法》第五条第三款）

A, 同德福第Ⅱ案（诚信原则为基本判断标准）

A, 小拇指案（竞争关系及企业名称）

A, 天津中青旅案（企业简称）

C, 尼康案（企业名称）

B, 王将饺子案（注册商标与企业名称冲突）

BC, 正野第Ⅱ案（企业名称可承继）

B, 星群案（老字号认定的时间不等同于企业知名的时间）

B, 正野第Ⅰ案（企业名称可承继）

C, 雪中彩影案（混淆及故意）

域名

（《商标法》第五十七条第七款、《商标民事纠纷案件解释》第一条第三款）

A, 小拇指案（在先域名使用的正当性）

C, 拉菲案（域名侵犯商标权）

C, 飞利浦案（域名侵犯商标权）

C, 杜邦案（域名侵犯驰名商标）

权利用尽

（《商标法》第五十七条第七款）

B, 喜盈门案（回收并重复利用酒瓶）

B, 五粮液（标识商标来源的功能）

正当使用抗辩

（《商标法》第五十九条第一款）

A, 鲁锦案（地域性商品广泛性判断以其特定产区及相关公众为标准）

B，白沙案（村名的正当使用）

B，五粮液（不存在误认为是他人商品的问题）

C，大富翁案（通用名称不能禁止他人正当使用）

B，避风塘第Ⅱ案（和解协议）

B，片仔癀案（超出说明或客观描述商品而正当使用的界限）

B，挖坑案（通用名称不能禁止他人正当使用）

C，避风塘第Ⅰ案（在字号字样的原有含义上合理地使用字号字样）

虚假宣传

（《反不正当竞争法》第九条）

A，同德福第Ⅱ案（渊源虚假宣传）

B，五粮液案（用词不妥不一定构成虚假宣传）

B，黄金假日第Ⅰ案（非法经营不必然同时构成不正当竞争行为）

C，避风塘第Ⅰ案（在烹调方法及菜肴名称的含义上使用"避风塘"不构成虚假宣传）

商业秘密

（《反不正当竞争法》第十条）

C，新发药业（允许权利人对商业秘密的内容和范围进行明确和固定）

B，丹东克隆（拒绝举证承担不利后果，但是不影响受理）

B，王者安案（《反不正当竞争法》规定的市场竞争是经营主体之间的市场竞争）

B，一得阁案（国家秘密）

B，富日案（竞业限制协议与保密协议性质不同）

C，富士宝案（用在他人公司任职期间掌握的商业秘密推销自己的产品）

C，许继电器案（以不正当竞争的手段获取他人商业秘密）

C，青铜多孔元件烧结技术案（擅自将商业秘密使用于与他人共同投资举办其他企业生产相同产品）

B，南通合成材料厂案（商业秘密共有案件各当事人应分别对涉案商业秘密采取合理保密措施）

商业诋毁

（《反不正当竞争法》第十五条）

B，奇虎第Ⅰ案（虚伪事实包括片面陈述真实的事实而容易引人误解的情形）

B，蘭王案（商业诋毁的成立条件）

赔偿

（《商标法》第六十三条）

AC，费列罗案（损失及获利均难查清适用法定赔偿）

B，星河湾案（损失及获利均难查清适用法定赔偿）

B，奇虎第Ⅰ案（酌定赔偿考虑的因素）

C，静冈刀具案（损失及获利均难查清适用法定赔偿）

C，维多利亚的秘密商店品牌管理案（虚假宣传的赔偿计算标准）

B，波马案（未与制造者构成共同侵权的销售者的赔偿责任）

C，拉菲案（损失及获利均难查清适用法定赔偿）

B，红河案（不使用不赔偿）

C，雅马哈第Ⅱ案（妨碍证据的不利推定）

C，梅蒸案（损失及获利均难查清适用法定赔偿）

C，雅马哈第Ⅰ案（赔偿计算标准）

C，圣士丹案（损失及获利均难查清适用法定赔偿）

B，艾格福案（权利人对赔偿计算标准的选择权）

B，采蝶轩蛋糕案（损害赔偿数额的计算应当遵循比例原则）

消除影响

（《商标民事纠纷案件解释》第二十一条）

C，静冈刀具案（误导消费者可要求消除影响）

B，格力案（刊登道歉声明的方式消除相互诋毁行为所产生的不良影响）

刑事责任

（《商标法》第六十七条，《刑法》第二百一十三条）

B，余志宏案（侵犯商业秘密罪的罚金）

C，黄春海案（帮助犯罪分子逃避处罚罪、销售假冒注册商标的商品罪）

C，裴国良案（侵犯商业秘密罪的构成）

C，周德隆案（商业秘密的认定及侵犯商业秘密罪的构成）

三年不使用

（《商标法》第四十九条）

B，青华漆业案（使用应是核定商品上的使用）

B，湾仔码头案（象征性使用不算使用）

B，卡斯特案（使用商标有关的经营活动违法不影响商标使用定性）

B，康王案（不合法使用不算使用）

主体

（《商标法》第三十三条、第四十三条、第四十五条第一款）

B，采埃孚案（利害关系人不限于被许可使用人、合法继承人）

B，泰盛案（法律法规不禁止未注册商标的许可使用）

B，雅洁案（推定外包装上使用的注册商标的权利人是侵权产品的制造者）

BC，田霸农机案（共有人不得阻止其他共有人以普通许可的方式许可使用商标）

管辖，主管

A，小拇指案（违反行政规章经营也有权提起不正当竞争之诉）

B，格力案（反诉条件）

B，润达案（侵犯商业秘密的管辖权）

B，金通案（商标民事纠纷管辖）

B，阿迪王案（涉外知识产权案件管辖）

B，土家人案（商标申请权权属争议属于民事纠纷）

B，星群案（法院有权处理因使用企业名称侵害他人合法民事权益的案件）

BC，四维案（侵权产品销售地的相关法院对商业秘密案件不具管辖权）

时限

（《商标法》第四十五条第一款）

B，蜡笔小新案（五年时限应该自商标注册之日起算）

一事不再理

B，六味地黄案（不能因存在在先的驳回复审决定而剥夺引证商标权利

人异议的权利）

  B，采乐案（主要事由相同）

  B，黄金假日第Ⅱ案（生效裁判的既判力所及范围不能再次被起诉）

  C，雪中彩影案（两诉处理的是不同性质的法律关系）

  C，步云案（虽不是重复起诉但本质上内容重复）

  B，陈建新案（责任竞合时原告的选择权）

证据

  B，华润案（伪证）

  B，王者安案（并非未经质证、认证的不属于新的证据）

  B，日产案（关于当事人自己出具的证据的可采性）

  B，BESTBUY案（行政诉讼中的新证据不是一概不采纳）

  B，富士宝案（行政诉讼中的新证据不是一概不采纳）

  B，柏森公司案（在商标驳回复审程序中通常不考虑知名度有关的证据）

  B，沙特阿美及图商标案（法律适用存在瑕疵但裁判结果正确的直接予以纠正）

  C，普兰娜案（优先权）

情势变更

  B，ADVENT案（引证商标已被撤销的驳回复审案件）

商标案例裁判规则

《商标法》及《反不正当竞争法》可保护的标的

  （《商标法》第八条；《反不正当竞争法》第五条第二款）

  B，晨光案（专利权终止后可依《反不正当竞争法》获得保护）

  最高人民法院〔2010〕民提字第16号；2010年12与3日；邰中林、朱理、郎贵梅

  【获得外观设计专利的商品外观在专利权终止后可依反不正当竞争法获得保护】在多数情况下，如果一种外观设计专利因保护期届满或者其他原因导致专利权终止，该外观设计就进入了公有领域，任何人都可以自由利用。但是，在知识产权领域内，一种客体可能同时属于多种知识产权的保护对象，其中一种权利的终止并不当然导致其他权利同时也失去效力。同时，反

不正当竞争法也可以在知识产权法之外，在特定条件下对于某些民事权益提供有限的、附加的补充性保护。就获得外观设计专利权的商品外观而言，外观设计专利权终止之后，在使用该外观设计的商品成为知名商品的情况下，如果他人对该外观设计的使用足以导致相关公众对商品的来源产生混淆或者误认，这种在后使用行为就会不正当地利用该外观设计在先使用人的商誉，构成不正当竞争。因此，外观设计专利权终止后，该设计并不当然进入公有领域，在符合反不正当竞争法的保护条件时，它还可以受到该法的保护。具体而言，由于商品的外观设计可能同时构成商品的包装或者装潢，因而可以依据反不正当竞争法关于知名商品特有包装、装潢的规定而得到保护。此时，该外观设计应当满足以下条件：（1）使用该设计的商品必须构成知名商品；（2）该设计已经实际具有区别商品来源的作用，从而可以作为知名商品的特有包装或者装潢；（3）这种设计既不属于由商品自身的性质所决定的设计，也不属于为实现某种技术效果所必需的设计或者使商品具有实质性价值的设计；（4）他人对该设计的使用会导致相关公众的混淆或者误认。不过，外观设计专利权的终止，至少使社会公众收到了该设计可能已经进入公有领域的信号，因而主张该设计受到知名商品特有包装、装潢保护的权利人应提供更加充分的证据来证明有关设计仍应受法律保护。

【装潢的含义及种类】商品的装潢的字面含义是指商品的装饰，它起着美化商品的作用。一般而言，凡是具有美化商品作用、外部可视的装饰，都属于装潢。在外延上，商品的装潢一般可以分为如下两种类型：一类是文字图案类装潢，即外在于商品之上的文字、图案、色彩及其排列组合；另一类是形状构造类装潢，即内在于物品之中，属于物品本体但具有装饰作用的物品的整体或者局部外观构造，但仅由商品自身的性质所决定的形状、为实现某种技术效果所必需的形状以及使商品具有实质性价值的形状除外。现实生活中大多数装潢都可归为这两种类型。尽管该两种类型的装潢在表现形态上存在差异，但都因其装饰美化作用而构成商品的装潢。如果把装潢仅仅理解为附加、附着在商品本体上的文字、图案、色彩及其排列组合，就会把商品自身的外观构造排除在外，从而不恰当地限缩了装潢的范围。

【形状构造类装潢获得知名商品特有装潢保护的条件】所谓知名商品的特有装潢，是指知名商品上具有区别商品来源的显著特征的装潢。由于文字图案类装潢和形状构造类装潢的表现形态不同，决定了它们构成特有装潢的条件也存在一定差异。对于文字图案类装潢而言，由于消费者几乎总是习惯于利用它们来区分商品来源，除因为通用性、描述性或者其他原因而缺乏显著性的情况外，它们通常都可以在一定程度上起到区别商品来源的作用。一般而言，在使用文字图案类装潢的商品构成知名商品的情况下，该文字图案类装潢除缺乏显著性的情形外，通常都可起到区别商品来源的作用，从而构成知名商员的特有装潢。形状构造类装潢则并非如此。形状构造本身与商品本体不可分割，相关公众往往更容易将其视作商品本体的组成部分，而一般不会直接将其与商品的特定生产者、提供者联系起来。即使使用该形状构造的商品已经成为知名商品，在缺乏充足证据的情况下，不能直接得出相关公众已经将该种形状构造与特定的生产者、提供者联系起来的结论。因此，认定形状构造类装潢构成知名商品特有装潢，需要有更加充分的证据证明该种形状构造起到了区别商品来源的作用。可见，与外在于商品之上的文字图案类装潢相比，内在于商品之中的形状构造类装潢构成知名商品的特有装潢需要满足更严格的条件。这些条件一般至少包括：1.该形状构造应该具有区别于一般常见设计的显著特征。2.通过在市场上的使用，相关公众已经将该形状构造与特定生产者、提供者联系起来，即该形状构造通过使用获得了第二含义。也就是说，一种形状构造要成为知名商品的特有装潢，其仅仅具有新颖性和独特性并对消费者产生了吸引力是不够的，它还必须能够起到区别商品来源的作用。只要有充分证据证明该形状构造特征取得了区别商品来源的作用，就可以依据知名商品的特有装潢获得保护。

真实使用意图

（《商标法》第四条）

B，海棠湾案（申请注册商标应有真实使用意图）

最高人民法院〔2013〕知行字第41、第42号；2013年8月12日；夏君丽、殷少平、董晓敏

【真实使用意图】《商标法》第四条规定，自然人、法人或者其他组织对其生产、制造、加工、拣选或者经销的商品或者其提供的服务，需要取得商标专用权的，应当向商标局申请商标注册。从该条规定的精神来看，民事主体申请注册商标，应该有使用的真实意图，以满足自己的商标使用需求为目的，其申请注册商标的行为应具有合理性或正当性。

诚实信用原则

（《民法通则》第四条；《商标法》第七条第一款、第四十四条第一

款、第五十七条;《反不正当竞争法》第二条)

BC,福联升案(诚实信用、合理避让)

最高人民法院〔2015〕知行字第116号;2015年11月18日;王艳芳、杜微科、佟姝

【诚实信用】最后,《民法通则》第四条规定:"民事活动应当遵循……诚实信用的原则。"本案中再审申请人与被申请人均制造、销售布鞋产品,再审申请人作为同地域的同业竞争者,理应对被申请人及其引证商标的知名度和显著性有相当程度的认识。因此,再审申请人在鞋类商品上注册、使用有关商标时,理应遵守诚实信用原则,注意合理避让而不是恶意攀附被申请人及其引证商标的知名度和良好商誉,造成相关公众混淆误认。然而本案相关证据表明,再审申请人在注册、使用被异议商标时存在攀附被申请人与引证商标的明显恶意。其一,再审申请人提交的加盟合同书上均记载签约地点为"石家庄市广安大街美东国际C座2305",相关联系电话的区号亦为0311,表明其实际经营地为河北省石家庄市。但再审申请人却将企业注册在北京市密云区,并将企业名称注册为与被申请人企业名称仅有一字之差的"北京福联升鞋业有限公司"。由此可见,再审申请人从商标、注册地乃至企业名称上,都有意贴近被申请人及其引证商标。其二,如前所述,引证商标中的"联升"系由被申请人首次使用在布鞋类商品上,并且构成引证商标的主要呼叫部分和识别部分。再审申请人主张其使用"联升"的原因,在于取其"联发升腾"之义。但所谓"联发升腾"既非成语,亦非汉语中的既有词汇,故再审申请人有关其选用"联升"的理由明显有悖常理。其三,再审申请人不仅无正当理由注册具有"联升"字样的被异议商标,还围绕"联升"字样,在同类商品及其他类别商品上另行申请注册十余项包含有"联升"文字的其他商标,其主观恶意愈加明显。其四,虽然被异议商标经过一定时间和范围的使用,客观上形成了一定的市场规模,但是,有关被异议商标的使用行为大多是在被异议商标申请日之后,尚未核准注册的情况下发生的。再审申请人在其大规模使用时应认识到由于被异议商标与引证商标近似,并且引证商标具有较高的知名度和显著性,故存在被异议商标不被核准注册,乃至因使用而侵犯注册商标权的法律风险。再审申请人未能尽到合理的注意和避让义务,仍然申请注册并大规模使用被异议商标,由此带来的不利后果理应自行承担。相反,在再审申请人作为同业竞争者明知或者应知引证商标具有较高知名度和显著性,仍然恶意申请注册、使用与之近似的被异议商标的

情形下，如果仍然承认再审申请人此种行为所形成的所谓市场秩序或知名度，无异于鼓励同业竞争者违背诚实信用原则，罔顾他人合法在先权利，强行将其恶意申请的商标做大、做强。这样既不利于有效区分市场，亦不利于净化商标注册、使用环境，并终将严重损害在先商标权人的合法权益以及广大消费者的利益，违背诚实信用原则以及商标法"保护商标专用权""维护商标信誉""保障消费者和生产、经营者的利益"等立法宗旨。因此，再审申请人有关被异议商标经过使用，已经形成一定的市场知名度，不会导致相关公众混淆的主张，缺乏事实和法律依据，本院不予支持。

B，赛克思案（恶意注册损害他人在先权利并起诉对方侵权）

最高人民法院〔2014〕民提字第168号；2015年10月30日；于晓白、骆电、李嵘

【恶意注册损害他人在先权利并起诉对方侵权】利用职务上的便利或业务上的优势，恶意注册商标，损害他人在先权利，为自己谋取不正当利益，属于违反诚实信用的行为，不应受法律的保护。本案中，邵文军原系宁波市工商行政管理局江北分局的工作人员，于2003年辞去公职。因赛克思厂的企业字号"赛克思"、注册商标"SKS"及域名"saikesi.com"在2003年邵文军辞职之前均已注册使用，作为与赛克思厂、广天赛克思公司同处一地的工商部门工作人员，邵文军在辞职时应当知悉赛克思厂、广天赛克思公司商标的实际注册情况、字号（或字号主要部分）及企业名称简称的实际使用状况等相关信息资料，其于辞职后在与广天赛克思公司经营范围同类的商品上，注册与广天赛克思公司企业字号主要部分中文及拼音相同的商标，直至本案二审结束时仍未使用，却针对在先权利人提起侵权之诉，其行为有违诚实信用，不具有正当性，不应受法律保护。因此，邵文军以非善意取得的商标权对广天赛克思公司的正当使用行为提起侵权之诉，属于对其注册商标专用权的滥用，其诉讼请求不应得到支持。

B，奇虎第Ⅱ案（软件使用不能违反良好竞争秩序）

最高人民法院〔2014〕民申字第873号；2014年11月19日；夏君丽、钱小红、董晓敏

【安全软件优先权的谨慎运用】安全软件在计算机系统中拥有优先权限，其应当审慎运用这种"特权"，对用户以及其他服务提供者的干预行为应以"实现其功能所必需"为前提，即专家所称的【未经许可的情况下直接对他人所提供的服务进行干预】如奇虎公司在本案中所做的，在未经许可的

情况下直接对他人所提供的服务进行干预的行为,并不是维护公共利益的最好办法,反而有可能引起服务提供者之间的对立和冲突,不利于良好竞争秩序的形成。

B,歌力思案(非善意取得商标权后对正当使用行为提起诉讼)

最高人民法院〔2014〕民提字第24号;2014年8月14日;王艳芳、朱理、佟姝

【非善意取得商标权后对他人正当使用行为提起诉讼】有鉴于此,对于歌力思公司、杭州银泰公司的行为是否构成侵害第7925873号商标权的问题,本院认为:首先,歌力思公司拥有合法的在先权利基础。根据已经查明的事实可知,歌力思公司及其关联企业最早将"歌力思"作为企业字号使用的时间为1996年,歌力思公司最早在服装等商品上取得"歌力思"注册商标专用权的时间为1999年。此后,经歌力思公司及其关联企业的长期使用和广泛宣传,"歌力思"品牌于2008年即已入选中国500最具价值品牌,作为企业字号和注册商标的"歌力思"已经具有了较高的市场知名度,对前述商业标识享有合法的在先权利。其次,歌力思公司在本案中的使用行为系基于合法的权利基础,使用方式和行为性质均具有正当性。王某某认为,歌力思公司在被诉侵权商品的吊牌上使用"品牌中文名:歌力思"字样的行为构成对第7925873号商标权的侵害。本院认为,商标的基本功能是区分商品和服务的来源。本案中,从销售场所来看,歌力思公司对被诉侵权商品的展示和销售行为均完成于杭州银泰公司的歌力思专柜,专柜通过标注歌力思公司的"ellassay"商标等方式,明确表明了被诉侵权商品的提供者。在歌力思公司的字号、商标等商业标识已经具有较高的市场知名度,而王某某未能举证证明其申请注册的第7925873号商标同样具有知名度的情况下,歌力思公司在其专柜中销售被诉侵权商品的行为,不会使普通消费者误认该商品来自于王某某。

从歌力思公司的具体使用方式来看,歌力思公司在被诉侵权商品的外包装、商品内的显著部位均明确标注了歌力思公司在第18类女士手袋等商品上享有商标专用权的"ellassay"商标,而仅是在商品吊牌之上使用了"品牌中文名:歌力思"的字样。由于"歌力思"本身就是歌力思公司的企业字号,且与其"ellassay"商标具有互为指代关系,故歌力思公司在被诉侵权商品的吊牌上使用"歌力思"文字来指代商品生产者的做法并无明显不妥,不具有攀附第7925873号商标知名度的主观意图,亦不会为普通消费者正确识别被

诉侵权商品的来源制造障碍。在此基础上，杭州银泰公司销售被诉侵权商品的行为亦不为法律所禁止。最后，王某某取得和行使第7925873号商标权的行为难谓正当。第7925873号商标由中文文字"歌力思"构成，与歌力思公司在先使用的企业字号以及在先于服装商品上注册的"歌力思"商标的文字构成完全相同。"歌力思"本身为无固有含义的臆造词，具有较强的固有显著性，依常理判断，在完全没有接触或知悉的情况下，因巧合而出现雷同注册的可能性较低。歌力思公司地处广东省深圳市，王某某曾长期在广东省广州市经营皮具商行，作为地域接近、经营范围关联程度较高的商品经营者，王某某对"歌力思"字号及商标完全不了解的可能性较低。在上述情形之下，王某某仍于2009年在与服装商品关联性较强的手提包、钱包等商品上申请注册第7925873号商标，其行为难谓正当。据此，王某某以非善意取得的商标权对歌力思公司的正当使用行为提起的侵权之诉，构成权利滥用，其与此有关的诉讼请求不应得到法律的支持。综上所述，综合考虑歌力思公司的在先权利状况、使用行为的正当性以及王某某取得和行使权利的正当性等因素，对王某某所提歌力思公司、杭州银泰公司侵害其第7925873号商标权的诉讼主张，本院不予支持。

B，奇虎第Ⅰ案（互联网业务中的诚信原则）

最高人民法院〔2013〕民三终字第5号；2014年2月18日；奚晓明、孔祥俊、王闯、王艳芳、朱理

【互联网业务中的诚信原则】市场经济是由市场在资源配置中起决定性作用，自由竞争能够确保市场资源优化配置，但市场经济同时要求竞争公平、正当和有序。在市场竞争中，经营者通常可以根据市场需要和消费者需求自由选择商业模式，这是市场经济的必然要求。本案中，被上诉人为谋取市场利益，通过开发QQ软件，以该软件为核心搭建一个综合性互联网业务平台，并提供免费的即时通信服务，吸引相关消费者体验、使用其增值业务，同时亦以该平台为媒介吸引相关广告商投放广告，以此创造商业机会并取得相关广告收入。这种免费平台与广告或增值服务相结合的商业模式是本案争议发生时互联网行业惯常的经营方式，也符合我国互联网市场发展的阶段性特征。事实上，本案上诉人也采用这种商业模式。这种商业模式并不违反不正当竞争法的原则精神和禁止性规定，被上诉人以此请求其商业模式应受保护，他人不得以不正当干扰方式损害其正当权益。上诉人专门针对QQ软件开发、经营扣扣保镖，以帮助、诱导等方式破坏QQ软件及其服务的安

全性、完整性，减少了被上诉人的经济收益和增值服务交易机会，干扰了被上诉人的正当经营活动，损害了被上诉人的合法权益，违反了诚实信用原则和公认的商业道德，一审判决认定其构成不正当竞争行为并无不当。

B，日产案（商标实际使用应是诚信的使用）

最高人民法院〔2011〕知行字第45号；2011年11月30日；夏君丽、殷少平、周云川

【商标实际使用应是诚信的使用】华夏长城公司另主张争议商标已经使用多年，消费者不会混淆，不应轻易撤销。《最高人民法院关于审理商标授权确权行政案件若干问题的意见》指出："对于使用时间较长"，已建立较高市场声誉和形成相关公众群体的诉争商标，应当准确把握商标法有关保护在先商业标志权益与维护市场秩序相协调的立法精神，充分尊重相关公众已在客观上将相关商业标志区别开来的市场实际，注重维护已经形成和稳定的市场秩序。争议商标的使用情况确实是应当考虑的因素，但这种使用应该是在遵守诚实信用原则基础上的使用，且对其使用状况有较高的证据要求。本案中，华夏长城公司提交的证据尚不足以达到其已经形成自身的相关公众群体的程度，而且其实际使用状况明显看出其仍然在刻意造成与日产株式会社的联系，而不是通过使用消除这种联系，形成自身商标的区别力，故对其该项主张本院不予支持。

BC，啄木鸟案（非诚信使用）

最高人民法院〔2011〕知行字第37号；2011年7月12日

【无效理由】《商标法》第四十一条第一款所规定的"不正当手段"属于欺骗手段以外的扰乱商标注册秩序、损害公共利益、不正当占用公共资源或者以其他方式谋取不正当利益的手段。对于只是损害特定民事权益的情形，则要适用《商标法》第四十一条第二款、第三款及《商标法》的其他相应规定进行审查判断。本案中，即使如二审法院认定，争议商标抄袭、摹仿引证商标，损害的也是七好公司的民事权益，并不属于扰乱商标注册秩序、损害公共利益、不正当占用公共资源或者以其他方式谋取不正当利益的行为，不构成《商标法》第四十一条第一款所规定的"不正当手段"。综上，二审法院认定争议商标违反《商标法》第四十一条第一款错误，本院予以纠正。

【非诚信使用】商标的真正价值源于实际使用，保护通过实际使用建立的商标市场声誉是商标法的重要立法精神。因此，实际使用情况是商标授权确权案件中决定商标应否撤销的重要考虑因素之一。对于使用时间较长、已

建立较高市场声誉和形成相关公众群体的商标，应当准确把握商标法有关保护在先商业标志权益与维护市场秩序相协调的立法精神，充分尊重相关公众已在客观上将相关商业标志区别开来的市场实际，注重维护已经形成和稳定的市场秩序。但是，商标授权确权程序的总体原则仍是遏制搭车抢注，保护他人在先商标，尽可能消除商业标志混淆的可能性。……你公司从商标注册到实际使用均具有搭车摹仿的主观意图。虽然通过你公司的经营和对争议商标的实际使用，你公司的产品和商标也具有较高的知名度，但是由于你公司与七好公司在经营活动中均使用差别不大的"鸟图形"及相同的"TUCANO""啄木鸟"等商标，显然对于不了解内情的相关公众而言，会认为两者提供主体同一，或者存在特定联系，容易造成来源混淆，因此本案客观上并未形成已将相关商业标志区别开来的市场实际。

C，唐老一正斋（诚信区分）

江苏省高级人民法院〔2009〕苏民三终字第91号；2011年5月25日；吕娜、刘莉、施国伟

【诚信区分】需要同时指出的是，"一正膏"与"唐老一正斋"所承载及体现的深厚地域文化特征和鲜明中华文化传统，即使在现代市场经济的环境下，仍然应当得到鼓励和发扬光大。因此，本着"尊重历史、照顾现实"的原则，鉴于一正集团公司、一正科技公司生产的"一正痛消"膏药等产品已经销售至镇江地区，为了更好地保护"唐老一正斋"老字号的无形资产，传承其独特的产品与工艺，继承其所蕴含的优秀文化传统，同时也促进"一正"驰名商标的进一步发展，防止市场主体的混淆和冲突，双方当事人都应当各自诚实经营，各自规范使用其商品名称和商标，必要时可以附加标识加以区别，以保护消费者权益，维护市场正常的竞争秩序。

BC，山孚案（诚信原则作为一般条款的适用）

最高人民法院〔2009〕民申字第1065号；2010年10月18日；邰中林、秦元明、郎贵梅

【商业机会】在反不正当竞争法上，一种利益应受保护并不构成该利益的受损方获得民事救济的充分条件。商业机会虽然作为一种可以受到反不正当竞争法所保护的法益，但本身并非一种法定权利，而且交易的达成并非完全取决于单方意愿而需要交易双方的合意，因此他人可以自由参与竞争来争夺交易机会。竞争对手之间彼此进行商业机会的争夺是竞争的常态，也是市场竞争所鼓励和提倡的。对于同一交易机会而言，竞争对手间一方有所得另

一方即有所失。利益受损方要获得民事救济，还必须证明竞争对手的行为具有不正当性。只有竞争对手在争夺商业机会时不遵循诚实信用的原则，违反公认的商业道德，通过不正当的手段攫取他人可以合理预期获得的商业机会，才为反不正当竞争法所禁止。正如涉案事实所表明，大连观宇食品有限公司于2005年取代大连同盛实业总公司获得了对日出口海带配额，这并不当然意味着前者因此就构成对后者的不正当竞争。因此，本案的关键在于被申请人圣克达诚公司和马达庆是否采取了违背诚实信用原则和公认的商业道德的不正当竞争手段，从而使圣克达诚公司获得了本案曾由申请再审人山东食品进出口有限公司长期拥有的威海地区对日出口海带配额这一交易机会。原一、二审法院对此的认定正确，本院予以肯定。

【《反不正当竞争法》第二条作为一般条款的适用】第一，关于《反不正当竞争法》第二条能否作为一般条款予以适用。反不正当竞争法第二章列举规定了法律制定时市场上常见的和可以明确预见的一些不正当竞争行为类型。同时，《反不正当竞争法》第二条第一款确立了市场交易的基本原则，即经营者应当遵循自愿、平等、公平、诚实信用的原则，遵守公认的商业道德，并在第二款中对不正当竞争做出了定义性规定，即经营者违反反不正当竞争法的规定，损害其他经营者的合法权益，扰乱社会经济秩序的行为。由于市场竞争的开放性和激烈性，必然导致市场竞争行为方式的多样性和可变性，反不正当竞争法作为管制市场竞争秩序的法律不可能对各种行为方式都做出具体化和预见性的规定。因此，在具体案件中，人民法院可以根据《反不正当竞争法》第二条第一款和第二款的一般规定对那些不属于《反不正当竞争法》第二章列举规定的市场竞争行为予以调整，以保障市场公平竞争。本案被控不正当竞争行为不属于《反不正当竞争法》第二章列举的不正当竞争行为，原告也并未依据该列举式规定主张权利，而是依据该法第二条的原则性规定主张权利，被告亦据此进行答辩，一、二审法院也均据此对本案做出裁判。应当说，本案当事人和原审法院均将反不正当竞争法第二条作为本案法律适用的依据，并无不当。

【关于《反不正当竞争法》第二条作为一般条款予以适用的基本条件】适用《反不正当竞争法》第二条第一款和第二款认定构成不正当竞争应当同时具备以下条件：一是法律对该种竞争行为未做出特别规定；二是其他经营者的合法权益确因该竞争行为而受到了实际损害；三是该种竞争行为确因属违反诚实信用原则和公认的商业道德而具有不正当性或者说可责性，这也是问题的关键和判断的重点。

【关于适用反不正当竞争法一般条款时认定竞争行为正当性的具体考虑】对于竞争行为尤其是不属于《反不正当竞争法》第二章列举规定的行为的正当性,应该以该行为是否违反了诚实信用原则和公认的商业道德作为基本判断标准。诚实信用原则是民法的基本原则,是民事活动最为基本的行为准则,它要求人们在从事民事活动时,讲究信用,恪守诺言,诚实不欺,用善意的方式取得权利和履行义务,在不损害他人利益和社会公共利益的前提下追求自身的利益。在规范市场竞争秩序的反不正当竞争法意义上,诚实信用原则更多的是以公认的商业道德的形式体现出来的。商业道德要按照特定商业领域中市场交易参与者即经济人的伦理标准来加以评判,它既不同于个人品德,也不能等同于一般的社会公德,所体现的是一种商业伦理。经济人追名逐利符合商业道德的基本要求,但不一定合于个人品德的高尚标准;企业勤于慈善和公益合于社会公德,但怠于公益事业也并不违反商业道德。特别是,反不正当竞争法所要求的商业道德必须是公认的商业道德,是指特定商业领域普遍认知和接受的行为标准,具有公认性和一般性。即使在同一商业领域,由于是市场交易活动中的道德准则,公认的商业道德也应当是交易参与者共同和普遍认可的行为标准,不能仅从买方或者卖方、企业或者职工的单方立场来判断是否属于公认的商业道德。具体到个案中的公认的商业道德,应当结合案件具体情形来分定。

B,诚联案(损害公共秩序或者公共利益属于撤销绝对事由)

最高人民法院〔2006〕行监字第118-1号;2008年9月24日

【损害公共秩序或者公共利益属于撤销绝对事由】本院认为,在《商标法》第四十一条第一款中,"违反本法第十条、第十一条,第十二条规定"与"以欺骗手段或者其他不正当手段取得注册"的情形并列,涉及的是撤销商标注册的绝对事由,这些行为损害的是公共秩序或公共利益,或者妨碍商标注册管理秩序的行为,所以该款规定商标局可以直接依职权撤销商标注册,其他单位或者个人可以请求商标评审委员会裁定撤销该注册商标,而且没有规定时间限制。该条第二款的规定属于涉及商标注册损害特定权利人民事权利的相对撤销事由,为尊重权利人的意志和督促权利人及时维权,采取不告不理原则并规定了5年的时间限制(恶意抢注驰名商标的情形其撤销不受时间限制);而且有权提出撤销请求的主体仅限于商标所有人或者利害关系人。在涉及在先权利的注册商标争议中,应当适用《商标法》第四十一条第二款、第三款的规定。你公司关于《商标法》第四十一条第一款的规定不能作为撤销争议商标的理由成立；本案应该适用《商标法》第三十一条及第四十一条第二款的规定，商评委的裁定及一审、二审法院的判决适用法律有不当之处。

C，帕弗洛案（在先取得的独占许可使用权可以对抗在后的商标使用许可合同关系）

上海市高级人民法院〔2014〕沪高民三（知）终字第117号；王静、徐卓斌、陶冶

本院认为，首先，如上文所述，艺想公司、毕加索公司均知悉帕弗洛公司与毕加索公司就涉案商标存在的独占使用许可关系，艺想公司相对于帕弗洛公司与毕加索公司之间的商标独占使用许可合同关系而言，不属于善意第三人。其次，毕加索公司与帕弗洛公司之间就涉案商标存在独占使用许可合同关系，且该独占使用许可合同正常履行，虽然毕加索公司与帕弗洛公司之间的涉案商标使用许可合同备案于2012年1月1日终止，但在无证据表明帕弗洛公司与毕加索公司的商标独占使用许可合同已被解除的情况下，应认定该独占使用许可合同关系依然存续。由于艺想公司不属于善意第三人，因此帕弗洛公司依据其与毕加索公司间的商标使用许可合同取得的涉案商标独占许可使用权，可以对抗艺想公司与毕加索公司之间的商标使用许可合同关系。虽然毕加索公司与艺想公司之间的商标使用许可合同已成立并生效，但由于帕弗洛公司就涉案商标取得的独占许可使用权一直存续，毕加索公司已不能对涉案商标的使用权进行处分。鉴于毕加索公司实际上并未履行其与艺想公司签订的商标使用许可合同之义务，艺想公司也就不能据此系争合同获得涉案商标的使用权。换言之，艺想公司与毕加索公司签订的系争合同，并不能剥夺帕弗洛公司对涉案商标享有的独占许可使用权。由此，帕弗洛公司依据在先的独占使用许可合同已经形成的商标使用的状态，应认定未被在后的商标独占使用许可合同关系所打破，否则将有悖于公平诚信原则、扰乱商标使用秩序并最终有损相关消费者利益。原审判决虽认定系争合同并非无效，但并未认定艺想公司享有涉案商标的独占许可使用权，本院认为并无不当。

B，乔丹案（以非诚信经营为前提的商业成功与市场秩序不是维持商标注册的正当理由）

首先，从权利的性质以及损害在先姓名权的构成要件来看，姓名被用于指代、称呼、区分特定的自然人，姓名权是自然人对其姓名享有的人身权。

而商标的主要作用在于区分商品或者服务来源,属于财产权,与姓名权是性质不同的权利。如前所述,在认定争议商标的注册是否损害他人在先姓名权时,关键在于是否容易导致相关公众误认为标记争议商标的商品或者服务与姓名权人之间存在代言、许可等特定联系,其构成要件与侵害商标权的认定不同。因此,即使乔丹公司经过多年的经营、宣传和使用,使得乔丹公司及其"乔丹"商标在特定商品类别上具有较高知名度,相关公众能够认识到标记有"乔丹"商标的商品来源于乔丹公司,也不足以据此认定相关公众不容易误认为标记有"乔丹"商标的商品与再审申请人之间存在代言、许可等特定联系。事实上,乔丹公司将再审申请人球衣号码"23",再审申请人两个孩子的姓名等与之密切相关的信息申请注册其他商标,一定程度上体现了乔丹公司放任前述相关公众误认的损害后果。因此,对于商标评审委员会关于"不能认定'乔丹'与再审申请人之间的对应关系已明显强于与乔丹公司的联系",再审申请人对"乔丹"不享有姓名权,不会使相关公众误认等主张,本院不予支持。

其次,本案争议商标指定的商品为第28类"体育活动器械、游泳池(娱乐用)、旱冰鞋、圣诞树装饰品(灯饰和糖果除外)"。乔丹公司并未举证证明在上述商品上宣传、使用争议商标,使得争议商标具有较高的知名度或者显著性,上述商品与乔丹公司的主营业务"运动鞋、运动服装和运动配饰的设计、生产和销售"亦存在或多或少的差异。因此,本院难以认定在争议商标指定的商品类别上,争议商标已经具有较高的知名度或者显著性。

最后,《民法通则》第四条规定:"民事活动应当遵循……诚实信用的原则。"乔丹公司恶意申请注册争议商标,损害再审申请人的在先姓名权,明显有悖于诚实信用原则。商标评审委员会、乔丹公司主张的市场秩序或者商业成功并不完全是乔丹公司诚信经营的合法成果,而是一定程度上建立于相关公众误认的基础之上。维护此种市场秩序或者商业成功,不仅不利于保护姓名权人的合法权益,而且不利于保障消费者的利益,更不利于净化商标注册和使用环境。

综上,本院认为,乔丹公司的经营状况,以及乔丹公司对其企业名称、有关商标的宣传、使用、获奖、被保护等情况,均不足以使得争议商标的注册具有合法性。

中国国名等

(《商标法》第十条第一款第(一)项;《反不正当竞争法》第五条第

二款、《不正当竞争民事案件解释》第五条）

BC，中国劲酒案（与中国国名不近似）

最高人民法院〔2010〕行提字第4号；2010年12月24日；夏君丽、王艳芳、周云川

【与中国国名不近似】本院再审认为，商标是用以区别不同生产经营者所提供的商品或者服务的标志。《商标法》第十条第一款第（一）项规定，同中华人民共和国的国家名称相同或者近似的标志不得作为商标使用。此处所称同中华人民共和国的国家名称相同或者近似，是指该标志作为整体同我国国家名称相同或者近似。如果该标志含有与我国国家名称相同或者近似的文字，且其与其他要素相结合，作为一个整体已不再与我国国家名称构成相同或者近似的，则不宜认定为同中华人民共和国国家名称相同或者近似的标志。在本案中，申请商标可清晰识别为"中国""劲""酒"三部分，虽然其中含有我国国家名称"中国"，但其整体上并未与我国国家名称相同或者近似，因此申请商标并未构成同中华人民共和国国家名称相同或者近似的标志，商标评审委员会关于申请商标属于《商标法》第十条第一款第（一）项规定的同我国国家名称相近似的标志，据此驳回申请商标的注册申请不妥，本院予以纠正，其相关申诉理由本院亦不予支持。

外国国名等

（《商标法》第十条第一款第（二）项；《反不正当竞争法》第五条第二款、《不正当竞争民事案件解释》第五条）

B，耐克乔丹案（相关公众不会将申请商标与约旦国联系在一起）

最高人民法院〔2015〕知行字第80号；2015年12月2日

【相关公众的认知为标准】《商标法》第十条第一款规定，"下列标志不得作为商标使用：……（二）同外国的国家名称、国旗、国徽、军旗等相同或近似的，但该国政府同意的除外"。本院认为，上述规定的主要目的，在于尊重外国的国家主权。在认定申请商标是否违反上述法律规定时，应当以相关公众作为判断主体，将申请商标标识整体与外国国家名称进行比较。相关公众基于其知识水平和认知能力，认定申请商标整体上与外国国家名称不相同也不近似的，应当认定申请商标未违反《商标法》第十条第一款第（二）项的规定。

【相关公众不会将申请商标与约旦国联系在一起】本案中，申请商标为

组合商标，由上方的"久"图形和下方的"JORDAN"文字共同组成。其中文字部分"Jordan"除了构成约旦国（全称约旦哈希姆王国）英文国家名称"The Hashemite Kingdom of Jordan"的重要组成部分外，还具有人名、地名等其他含义。而且，申请商标的文字部分与图形部分"久"紧密结合，整体上与"JORDAN"形成了一定的差异。由于地理差距、语言差异等因素，我国境内的相关公众对"JORDAN"为约旦国家英文名称重要组成部分的了解程度相对有限，相关公众基于其知识水平和认知能力，一般不会将申请商标中的"JORDAN"与约旦国联系在一起，更不会认为申请商标整体上与约旦的国家名相同或者近似，申请商标未违反《商标法》第十条第一款第（二）项的规定。

不良影响

（《商标法》第十条第一款第（八）项；《反不正当竞争法》第五条第二款、《不正当竞争民事案件解释》第五条）

B.李兴发案（用人名注册的不良影响）

最高人民法院〔2012〕知行字第11号；2012年3月26日；于晓白、骆电、王艳芳

【其他不良影响】争议商标的注册是否违反了《商标法》第十条第一款第（八）项是本案的争议焦点。根据《最高人民法院关于审理商标授权确权行政案件若干问题的意见》第三条的规定，人民法院在审查判断有关标志是否构成具有其他不良影响的情形时，应当考虑该标志或者其构成要素是否可能对我国政治、经济、文化、宗教、民族等社会公共利益和公共秩序产生消极、负面影响。本案中，争议商标由"李兴发"文字及图组成，根据商标评审委员会及一审、二审法院查明的事实，李兴发生前系茅台酒厂的副厂长，李兴发在1964年带领科研小组摸索出茅台酒三种典型体，使茅台酒的传统工艺得到进一步的认识和完善，勾兑方法更科学，受到贵州省政府、轻工厅的奖励，并在1984年至1992年期间获得了多项荣誉，为茅台酒的酿造工艺做出一定贡献，在酒行业内具有一定的知名度和影响力，将其姓名作为商标注册在"酒精饮料（啤酒除外）"商品上，易使相关消费者将商品的品质特点与李兴发本人或茅台酒的生产工艺相联系，从而误导消费者，并造成不良影响。

BC. 中国劲酒案（用国名注册的不良影响）

最高人民法院〔2010〕行提字第4号，2010年12月24日；夏君丽、王艳

芳、周云川

【不良影响】但是，国家名称是国家的象征，如果允许随意将其作为商标的组成要素予以注册并作商业使用，将导致国家名称的滥用，损害国家尊严，也可能对社会公共利益和公共秩序产生其他消极、负面影响。因此，对于上述含有与我国国家名称相同或者近似的文字的标志，虽然对其注册申请不宜根据《商标法》第十条第一款第（一）项进行审查，但并不意味着属于可以注册使用的商标，而仍应当根据商标法其他相关规定予以审查。例如，此类标志若具有不良影响，仍可以按照商标法相关规定认定为不得使用和注册的商标。据此，就本案而言，北京市第一中级人民法院和北京市高级人民法院一审、二审判决理由不当，应予纠正，但其撤销第28028号决定的结论正确，应予以维持。本案中，商标评审委员会仍需就申请商标是否违反《商标法》其他相关规定进行审查。故需判决商标评审委员会重新做出复审决定。

B，泰山石膏案（伤害宗教感情的标志可以认定为"具有其他不良影响"）

最高人民法院〔2016〕最高法行再21号；2016年5月11日；王艳芳、钱小红、杜微科

【伤害宗教感情的标志可以认定为"具有其他不良影响"】《商标法》第十条第一款第（八）项规定，有害于社会主义道德风尚或者其他不良影响的标志不得作为商标使用。判断有关标志是否构成具有其他不良影响的情形时，应当考虑该标志或者其构成要素是否可能对我国政治、经济、文化、宗教、民族等社会公共利益和公共秩序产生消极、负面影响。本案中，万佳公司提交的《泰安市志》《泰安地区志》《中国神怪大辞典》等书籍及中国道家协会网站等网站中记载：东岳泰山大帝为道教众神之一，又有"东岳大帝""泰山神""东岳仁圣天齐王""泰山府君"等称谓，是道教的山神、阴间的统治者，其不但被历代帝王封禅，同时在民间百姓和道教信众中长期受到供奉和膜拜，具有极高的宗教地位。在有关"东岳大帝"或"泰山神"的介绍中，均未提及"泰山大帝"。泰山石膏公司提交的《泰山文化谱新篇》《道教常识问答》等较少书籍以及新闻报道和论文中，提及了"泰山大帝"是道教神灵的称谓。本院认为，判断"泰山大帝"是否系道教神灵的称谓，是否具有宗教含义，不仅需考量本案当事人所提交的相关证据，也需考量相关宗教机构人士的认知以及道教在中国民间信众广泛的历史渊源和社会现实。首

先，虽然当事人提交的大部分证据，也即二审法院认定的官方记载未记载"东岳大帝"或"泰山神"称为"泰山大帝"，但有部分书籍、新闻报道和论文中提及"东岳大帝"或"泰山神"称为"泰山大帝"。其次，泰安市民族与宗教事务局、泰安市道教协会也出具说明证明"泰山大帝"系道教神灵的称谓，他们的认知本身就是相关宗教机构人士的认知。最后，道教是我国具有悠久历史传统的一种宗教，在漫长的历史过程中，道教信众广泛，有关记载道教的书籍、杂志、报道众多，因此，关于道教神灵的称谓也难言仅限于国家官方记载。故，即便二审认定的官方记载未记载"泰山大帝"为"泰山神"或"东岳大帝"，"泰山大帝"不是"东岳大帝"或"泰山神"称谓的唯一对应，但相关证据和宗教界机构人士的认知表明，"泰山大帝"均指向"泰山神"或"东岳大帝"，而不是指向其他道教神灵，"泰山大帝"的称谓系客观存在，具有宗教含义。万佳公司以及争议商标原申请注册人将"泰山大帝"作为商标加以注册和使用，可能对宗教信仰、宗教感情或者民间信仰造成伤害，从而造成不良影响。因此，争议商标的注册属于《商标法》第十条第一款第（八）项规定的情形，应予以撤销。

通用性

（《商标法》第十一条、第一条第一款、第四十九条、第五十九条第一款；《反不正当竞争法》第五条第二款、《不正当竞争民事案件解释》第二条第一款第（一）项、第二条第三款）

A，鲁锦案（地域性商品广泛性判断以其特定产区及相关公众为标准）

山东省高级人民法院〔2009〕鲁民三终字第34号；2009年8月5日；吴锦标、于玉、刘晓梅

【通用名称定义】商标的作用主要体现为识别性，使消费者能够依不同的商标而对应到相应的商品及服务的提供者，对商标权的保护的目的就是防止对商品及服务的来源产生混淆。故对于那些虽然在商品或服务上使用了他人商标，但并不会使消费者产生商品或服务来源认知的情况，应不属于商标专用权的保护范围。为此《商标法实施条例》第四十九条规定："注册商标中含有的本商品的通用名称、图形、型号或者直接表示商品的质量、主要原料、功能、用途、重量、数量及其他特点，或者含有地名，注册商标专用权人无权禁止他人正当使用。"此条规定，对商标权人来讲，是一种权利限制，对使用者来讲，是商标的合理使用。

【地域性商品广泛性判断以其特定产区及相关公众为标准】综上，可以认定"鲁锦"是山东传统民间手工纺织品的通用名称。这种名称，是一种无形的公共资产，应为该地区生产、经营者共同享有，山东鲁锦公司认为"鲁锦"这一名称不具有广泛性，主张在全国其他地方也出产老粗布，但不叫"鲁锦"。本院认为，对于具有地域性特点的商品，其广泛性的判断应以其特定产区及相关公众为标准，而不应以全国为标准。虽然在我国其他省份的手工棉纺织品不叫"鲁锦"，但不影响"鲁锦"指代山东地区独有的民间手工棉纺织品这一事实，其指代是具体的明确的。

【名称本身是否科学不必然影响其成为通用名称】山东鲁锦公司认为"鲁锦"这一名称不具有科学性，主张棉织品应称为"棉"，而不应称为"锦"。本院认为，名称的确定与是否科学没有必然关系，对于相关公众已接受的、指代明确的、约定俗成的名称，是不必考虑其是否科学的。只要相关公众了解了这一名称，明确了这一名称所指代的具体对象，那么名称的区别作用、符号作用、指代作用即体现出来。

【是否有其他名称不必然影响其成为通用名称】山东鲁锦公司还认为，"鲁锦"这一名称，不具有普遍性，山东市场内有些经营者、有些老百姓称为"粗布""老土布"。本院认为山东棉纺织业历史悠久，对于民间织锦，人们一直称呼为"粗布""老土布"，但正如本院所查明的事实那样，"鲁锦"这一称谓是20世纪80年代中期，为解决山东省棉花积压、解放妇女劳动力，开发鲁西南民间织锦，使其与现代生活结合这一背景下新起的"名字"，经过多年的宣传与使用，相关公众所知悉的"鲁锦"就是指代山东传统民间手工棉纺织品，亦即人们所说的"粗布""老土布"。综上，山东鲁锦公司的反驳主张均不能成立，"鲁锦"在1999年被上诉人山东鲁锦公司将其注册为商标之前，已是山东民间手工棉纺织品的通用名称。

【棉纺织品的通用名称用在服装上显著性降低】"鲁锦"虽不是鲁锦服装的通用名称，但其却是山东民间手工棉纺织品的通用名称，"鲁锦"商标使用在用鲁锦面料制成的服装上，其商标所应具有的显著性区别特征降低。

B，避风塘第Ⅲ案（菜肴烹饪方法通用名称）

最高人民法院〔2013〕行提字第8号；2015年1月8日；王闯、王艳芳、何鹏

【通用名称】"避风塘"一词除具有渔民躲避台风的港湾这一含义外，还具有指称一种特别的风味料理或者菜肴烹饪方法的含义。

【显著性】由于争议商标由竹子图案与"竹家庄避风塘"文字组成，不仅仅是"避风塘"文字，故争议商标具有显著性。

B，21金维他案（成为通用名称的商标未撤销前仍可认定驰名）

最高人民法院〔2009〕知行字第12号；2009年10月27日

【成为通用名称的商标未撤销前仍可认定驰名】关于"21金维他"因列入国家药品标准而对引证商标驰名度影响的问题。本院认为，根据原审法院及本院查明的事实，1987年8月30日，民生公司经国家商标局核准注册了引证商标。虽然在1984年至2000年7月1日期间，"21金维他"因列入国家药品标准而成为法定的通用名称，但在该引证商标未经法定程序撤销之前，民生公司对引证商标依法享有注册商标专用权，有权在核定使用的商品上使用该引证商标。在此基础上，原审法院根据本案查明的事实并综合考虑引证商标宣传及使用的持续时间、地理范围以及受保护记录等因素，判定民生公司的引证商标在本案争议商标申请注册时已达到驰名程度。

B，散利痛案（是否通用名称并非一成不变）

最高人民法院〔2007〕行监字第111-1号；2009年1月13日

【是否通用名称并非一成不变】散利痛虽因列入四川、上海地方药品标准而成为该药品的通用名称，但2001年10月31日以后，因相关药品标准的修订不再是法定的通用名称，商标评审委员会根据2005年4月做出评审裁定时，同行业对该名称的实际使用情况等事实（无其他企业将散利痛片作为止痛退烧药的通用名称使用的事实），认定散利痛商标具有显著性并维持其注册的裁定并无不当，原审法院维持其裁定的判决结果正确。

叙述性

（《商标法》第十一条第一款第（二）项、第四十九条、第五十九条第一款；《反不正当竞争法》第五条第二款；《不正当竞争民事案件解释》第二条第一款第（二）项、第二条第三款）

B，BRSTBUY案（不能因含有描述性因素否认整体显著性）

最高人民法院〔2011〕行提字第9号；2011年10月28日；夏君丽、殷少平、周云川

【不能因含有描述性因素否认整体显著性】标志中带有的描述性要素不影响商标整体上具有显著特征，相关公众能够以其识别商品来源的，应当认定其具有显著特征。

B，汧山茶案（不能因含有描述性因素否认整体显著性）

最高人民法院〔2011〕行提字第7号；2011年6月29日；于晓白、骆电、王艳芳

【不能因含有描述性因素否认整体显著性】根据《商标法》第十一条第一款第（二）、（三）项之规定，"仅直接表示商品的质量、主要原料、功能、用途、重量、数量及其他特点的""缺乏显著特征的"的标志不得作为商标注册。判断争议商标是否应当依据上述法律规定予以撤销时，应当根据争议商标指定使用商品的相关公众的通常认识，从整体上对商标是否具有显著特征进行判断，不能因为争议商标含有描述性文字就认为其整体缺乏显著性。……本案争议商标使用时间较长，已经建立一定的市场声誉，相关公众能够以其识别商品来源，并不仅仅直接表示商品的质量、主要原料、功能、用途、重量、数量及其他特点。商标评审委员会、原审法院以争议商标含有汧山文字就认为其整体缺乏显著性，属于认定事实错误，应予纠正。

B，布鲁特斯案（证明商标显著性的认定）

最高人民法院〔2016〕最高法行申第2159号；2016年12月27日；夏君丽、曹刚、傅蕾

【证明商标显著性的认定】

虽然"蓝牙"最初是作为"Bluetooth"的中文翻译为中国消费者所认识，"Bluetooth"亦作为在先商标在中国核准注册，核定使用在"计算机编程、数据、声音、影像及照明的录制、传送及复制有关的计算机硬件及软件咨询"等服务上。但相关证据表明，由于布鲁特斯公司及电子通信领域的公司长期将"蓝牙"作为"一种近距离无线通信技术"使用在音箱、耳机、打印机、手机、鼠标等产品上，并开展相关标准化活动，蓝牙技术、蓝牙产品已迅速普及并被广大消费者所接受，相关公众普遍认为蓝牙是一种能在移动电话、PDA、无线耳机、笔记本电脑、相关外设等众多设备之间进行无线信息交换的短距离无线通信技术，蓝牙产品就是包含短距离无线通信技术的产品。布鲁特斯公司在再审阶段曾称"申请商标一直都是仅使用在符合特定技术标准和要求的商品和服务上，与特定技术标准联系更为紧密"。因此，蓝牙作为一种短距离无线通信技术，注册使用在"计算机编程、与数据、声音、影像及照明的录制、传送及复制有关的计算机硬件及软件咨询"等服务上，直接表示了指定服务的技术特点，缺乏商标应有的显著特征，属于《商标法》第十一条第一款第（二）项所指情形。布鲁特斯公司在再审阶段提交

的其关于申请商标使用和知名度的相关证据，不足以证明其"蓝牙"商标未直接表示指定服务的技术特点，已具备注册商标应有的显著性。一审、二审法院关于申请商标不符合《商标法》第十一条第一款第（二）项的相关认定并无不当，本院予以维持。

其他缺乏显著特征的

（《商标法》第十一条第一款第（三）项、第四十九条、第五十九条第一款；《反不正当竞争法》第五条第二款、《不正当竞争民事案件解释》第二条第一款第（四）项）

B，雀巢瓶案（独特设计不等于显著性）

最高人民法院〔2014〕知行字第21号；2014年10月24日；夏君丽、钱小红、董晓敏

【独特设计不等于显著性】作为商品包装的三维标志，由于其具有实用因素，其在设计上具有一定的独特性并不当然表明其具有作为商标所需的显著性，应当以相关公众的一般认识，判断其是否能区别产品的来源。本案中，争议商标指定使用的"调味品"是普通消费者熟悉的日常用品，在争议商标申请领域延伸保护之前，市场上已存在与争议商标瓶型近似的同类商品的包装，且由于2001年修改前的商标法并未有三维标志可申请注册商标的相关规定，故相关公众不会将其作为区分不同商品来源的标志，一审、二审法院认为争议商标不具有固有的显著性是正确的。

B，爱马仕案（商品外观要起到标识商品来源的作用才有显著性）

最高人民法院〔2012〕民申字第68号；2012年12月13日；夏君丽、周云川、董晓敏

【商品外观要起到标识商品来源的作用才有显著性】对于申请商标是否具有显著性，应当结合指定使用商品的相关公众的通常认识，从整体上进行判断。申请商标是以商品部分外观的三维形状申请注册的情形，在通常情况下，这种三维形状不能脱离商品本身而单独使用，故相关公众更易将其视为商品的组成部分。除非这种三维形状的商品外观作为商标，其自身具有区别于同类商品外观的显著特征，或者有充分的证据证明，通过使用，相关公众已经能够将这种商品外观与特定的商品提供者联系起来。

使用取得显著性

（《商标法》第十一条第二款、第四十九条、第五十九条第一款；《反

不正当竞争法》第五条第二款；《不正当竞争民事案件解释》第二条第二款第（三）项

B，雀巢瓶案（相关公众难以将所涉瓶型单独认知为商标）

最高人民法院〔2014〕知行字第21号；2014年10月24日；夏君丽、钱小红、董晓敏

【相关公众难以将所涉瓶型单独认知为商标】一审二审法院关于"大量同行业企业使用近似的瓶型作为调味品包装这一事实进一步强化了争议商标瓶型仅是商品包装这一认知"的认定正确。在此基础上，一、二审法院认为雀巢公司所提交的证据不足以克服相关公众的上述认知，从而不足以获得注册商标所需的显著性正确。本案为行政诉讼，雀巢公司在二审提交证据，二审法院不予采信并无不当。况且，在证据中能够体现争议商标瓶型的雀巢公司广告中，其所展示的均为附加了"Maggi美极鲜味汁"标志的产品，并未单独显示争议商标所涉瓶型或者以其他方式向消费者说明该瓶型本身亦为指示商品来源的标志，相关公众难以将所涉瓶型单独认知为商标。雀巢公司另主张涉案瓶型造价成本高、运输不便，并不特别适宜作为产品包装，但并未进行相关举证，不影响对争议商标是否通过使用获得显著性的判断，本院对该主张不予支持。

B，万顺案（产品型号可具有显著性）

最高人民法院〔2012〕民申字第398号；2012年6月27日；金克胜、罗霞、郎贵梅

【产品型号可具有显著性】在低压电器产品领域，产品型号"BK"表示该产品是河北宝凯公司研发生产的低压电器产品，型号"BK"因而同时具有了区别商品来源和指代商品名称的功能，并且，这种具有区别商品来源和指代商品名称功能的显著性特征，因河北宝凯公司对"BK"型号的多年商业使用及取得的良好行业信誉而不断得到强化。依据《不正当竞争民事案件解释》第二条第二款的规定，商品的通用名称、图形、型号经过使用取得显著特征的，可以认定为特有的名称、包装、装潢。

驰名商标

（《商标法》第十三条）

BC，福联升案（对老字号应有更高的注意义务和避让义务）

最高人民法院〔2015〕知行字第116号；2015年11月18日；王艳芳、杜

微科、佟姝

【对老字号有更高的注意义务和避让义务】其次，从引证商标的显著性和知名度看。根据一审、二审判决以及本院审查查明的事实，"内联升"系中国驰名商标先后被认定为中华老字号、国家非物质文化遗产，荣获"中国布鞋第一家"等荣誉称号，其销售的布鞋产品在相关公众中具有极高的美誉。在引证商标具有如此高的显著性和知名度的情况下，与其构成近似商标的范围较普通商标也应更宽，同业竞争者亦相应具有更高的注意和避让义务。

B，巨化案（驰名商标认定必要性及证据要求）

最高人民法院〔2014〕知行字第112号；2015年8月7日；王艳芳、佟姝、杜微科

【驰名商标认定必要性】如果被异议商标并没有构成对引证商标的复制、摹仿或者翻译，或者被异议商标获准注册的结果并不会导致误导公众并可能损害引证商标权利人利益的结果，即无须对引证商标是否构成驰名的问题做出审查和认定。具体到本案，引证商标核定使用于第1类的"烧碱、甲醇"等化工产品之上，被异议商标指定使用于第11类的"灯、煤气热水器"等家用电器商品上，二者无论是从功能、用途，还是商品的销售渠道、消费者群体等方面看，均具有较大的差异性。虽然引证商标在第1类化工产品上积累了一定的市场知名度，但并未能证明该种知名度已经于被异议商标申请日之前辐射到了被异议商标指定使用的商品或类似商品或具有关联性商品的范围之上，即不足以证明因引证商标的在先知名度，被异议商标的核准注册将产生误导公众并损害引证商标权利人利益的结果。巨化集团以被异议商标指定使用的商品在生产过程中需要使用引证商标核定使用的商品为由，所提二者具有较强的商品关联关系的主张过于牵强，本院不予支持。据此，一审、二审法院认定被异议商标的注册并未违反《商标法》第十三条第二款规定的结论正确，且如前所述，在被异议商标不符合给予其特殊保护条件的情况下，一审、二审法院对其是否构成驰名商标的问题不予评述的做法亦符合法律规定。

【跨类知名度证据要求】从证据内容上看，巨化公司提交的与其字号或商标知名度有关的证据内容，仅能证明其在化工领域具有的知名度和影响力，对该事实，本院及一审、二审法院并未予以否定。但本院需要强调的是，只有巨化集团能够证明其在被异议商标申请日之前，已经在被异议商标

指定使用的商品或类似商品或具有关联性的商品上,通过实际使用行为使引证商标产生了足以获得法律保护的知名度时,才能够使本院推翻一审、二审法院的相关认定。

B,日产案(驰名商标证据不能机械要求)

最高人民法院〔2011〕知行字第45号;2011年11月30日;夏君丽、殷少平、周云川

【驰名商标的保护证据的提交】我国法律规定的驰名商标是指在我国境内为相关公众广为知晓的商标。由于其知名度高,其所承载的商誉也更高,相关公众看到与其相同或者近似的标识,更容易与其商标所有人产生联系,所以法律对驰名商标提供较普通注册商标更宽的保护。当事人为了在具体案件中达到受保护的目的,提供关于其商标知名度的证据,需要证明的是通过其使用、宣传等行为,相关公众对其商标有了广泛的认知。而商标是否为相关公众广泛知晓是对所有的证据进行综合判断后得出的结论,不能孤立地看相关的证据,也不能机械地要求必须提供哪一类的证据。

C,尼康案(驰名商标认定的必要性)

西安市中级人民法院〔2009〕西民四初字第02号;2010年12月28日;姚建军、张熠、史琦

【驰名商标认定的必要性】司法认定驰名商标是在个案中为保护驰名商标权利的需要而进行的法律要件事实的认定,属于认定事实的范畴。《商标民事纠纷案件解释》第二十二条规定:"人民法院在审理商标纠纷案件中,根据当事人的请求和案件的具体情况,可以对涉及的注册商标是否驰名依法做出认定。认定驰名商标,应当依照商标法第十四条的规定进行。"由此规定说明,人民法院认定驰名商标,实行被动原则,不依职权直接确认驰名商标,只有在当事人提出请求,并且根据案情需要才依照法律规定做出认定。换言之,人民法院遵循一般的商标侵权规则无法认定侵权成立时,该商标是否驰名成为人民法院认定侵权与否的必要程序,只有通过认定驰名商标,商标法关于驰名商标的跨商品类别的保护才能实施。

B.伟哥第Ⅱ案(主张未注册驰名商标首先应满足使用要求)

最高人民法院〔2009〕民申字第313号;2009年6月24日;夏君丽、王艳芳、张晓都

【主张未注册驰名商标首先应满足使用要求】根据本案查明的事实,1998年9月29日《健康报》等七篇报道、珠海出版社出版的《伟哥报告——

蓝色精灵"Viagra"》以及《海口晚报》等26份媒体的报道中虽然多将"伟哥"与"Viagra"相对应，但因上述报道均系媒体所为，并非两申请再审人所为，并非两申请再审人对自己商标的宣传，且媒体的报道均是对"伟哥"的药效、销售情况、副作用的一些介绍、评论性文章。辉瑞制药公司也明确声明"万艾可"为其正式商品名，并承认其在中国内地未使用过"伟哥"商标。故媒体在宣传中将"Viagra"称为"伟哥"，亦不能确定为反映了两申请再审人当时将"伟哥"作为商标的真实意思。故申请再审人所提供的证据不足以证明"伟哥"为未注册商标。原审法院对"伟哥"是辉瑞公司的未注册驰名商标的事实主张不予支持，并据此认定东方公司和新概念公司生产、销售使用"伟哥"商标药品的行为，并未构成上述法律所规定的应当承担停止侵害的民事法律责任的情形，并无不当。

B，中铁案（认定驰名商标也应考虑注册前的使用）

北京市高级人民法院〔2008〕高行终字第105号；2008年6月19日

【认定驰名也应考虑注册前的使用】认定商标是否驰名，不仅应考虑商标注册后的使用情况，也应考虑商标注册前持续使用的情形。根据查明的事实，中铁股份公司为铁道部直属企业，其前身中铁快运有限公司及中铁快运有限公司的母公司中国铁路对外服务公司，根据铁道部〔1993〕第321号《关于试办铁路快运包裹的通知》及铁道部〔1997〕第355号《关于正式办理中国铁路包裹快运业务的通知》，专营中国铁路包裹快运业务。该业务自1993年开始北京、上海、天津、广州、深圳、沈阳和郑州七个城市试办，1997年正式在全国办理。在此期间，中铁快运有限公司及其母公司中国铁路对外服务公司及该公司各分公司对引证商标进行了广泛的使用、宣传，在你公司申请注册争议商标之前，印证商标已经为相关公众广为知晓，因此原审法院认定其为驰名商标并无不当。

C，KODAK案（驰名商标不以行政认定为前提）

苏州市中级人民法院〔2005〕苏民三初字第213号；2006年4月6日；凌永兴、管祖彦、庄敬重

【驰名商标不以行政认定为前提】伊士曼公司"KODAK"注册商标属于在市场上享有较高声誉并为相关公众所熟知的商标，在司法保护中，应认定为驰名商标并获得法律所确定的跨商品或服务领域的高水平保护。至于本案中科达电梯公司提出因伊士曼公司诉讼中未独立提出认定"KODAK"商标为驰名商标的诉讼请求，且"KODAK"商标未经商标行政管理部门认定为驰名

商标，本案中即不能以驰名商标予以法律保护抗辩。本院认为，侵犯商标权纠纷司法审判中对涉案商标是否具备驰名商标属性的认定属于对案件基本事实的认定，并基于该事实判定而对涉案商标予以相应法律保护适用，科达电梯公司的前述抗辩观点显然对此存在误解。

C，尼康案（对方异议的在先行政驰名商标认定仍需举证）

西安市中级人民法院〔2009〕西民四初字第302号；2010年12月28日；姚建军、张熠、史琦

【对方异议时，在先行政驰名商标认定不能免除举证责任】最高人民法院《关于审理涉及驰名商标保护的民事纠纷案件应用法律若干问题的解释》第七条规定："被诉侵犯商标权或者不正当竞争行为发生前，曾被人民法院或者国务院工商行政管理部门认定驰名的商标，被告对该商标驰名的事实不持异议的，人民法院应当予以认定。被告提出异议的，原告仍应当对该商标驰名的事实负举证责任。"

B，苹果案（驰名商标认定的证据审查标准）

最高人民法院〔2016〕最高法行申第3386号；2016年12月27日；骆电、马秀荣、李培民

【驰名商标认定的证据审查标准】为证明上述事实，苹果公司在商标异议复审、一审、二审及再审申请阶段，分别提交了相关证据。上述证据中，部分内容仅涉及引证商标在被异议商标申请日后的实际使用及知名度的事实，与本案的关键事实并无直接关联性。其余证据，如关于苹果公司于1993年开始在北京设立办事处、苹果公司于2007年1月公布iPhone手机概念、第一代iPhone手机于2007年6月29日在美国上市、"中关村在线"网站发布的《2007年7月智能手机市场关注度及价格报告》等媒体报道或网站信息，其证明的相关事实虽早于被异议商标申请日发生，但仍不足以证明引证商标在被异议商标申请日之前已达到驰名程度的关键事实，该部分证据缺乏证明力，主要体现在以下几方面：①苹果公司派驻代表机构在中国开展商务活动之初，尚不存在任何关于宣传和使用iPhone商业标志的事实，苹果公司的经营历史及知名度与引证商标的宣传、使用历史及知名度并不必然等同；②苹果公司正式向中国市场销售iPhone手机的时间为2009年10月，自iPhone手机概念公布至2009年10月的逾两年内，苹果公司并未在中国市场销售iPhone手机，相关公众在中国市场无法通过正规销售渠道购得iPhone手机，中国相关公众缺乏通过购买、使用iPhone手机熟悉并高度认同iPhone商标的有效渠

道；③"中关村在线"网站发布的,《2007年7月智能手机市场关注度及价格报告》等证据亦显示,在被异议商标申请日前通过非正规销售渠道流入中国市场的iPhone手机,在当时的中国智能手机市场中并未占有较高份额；④在被异议商标申请日之前,与iPhone手机有关的信息内容主要集中在对苹果公司下一代产品及经营策略的新闻报道、分析预测性文章,传播载体集中于《程序员》《软件世界》《环球》《经济论丛》等专业性较强的报刊,鲜有面向中国相关公众(尤其是广大消费者)的iPhone手机商业广告。相反的是,苹果公司的部分证据恰恰反映了以下特点：①iPhone手机概念公布至被异议商标申请日期间,iPhone手机是部分媒体关注的对象,但并非中国主要媒体商业广告的对象,也未成为中国市场广大消费者熟悉并认可的知名品牌；②iPhone手机概念公布至苹果公司正式向中国市场销售iPhone手机的逾两年内,苹果公司基于其经营策略,未实施向中国市场投放iPhone品牌广告、销售iPhone手机商品等经营行为,iPhone商标至少在被异议商标申请日之前缺乏在中国驰名的客观条件。因此,苹果公司的证据尚未有效证明在被异议商标申请日前,引证商标为中国相关公众所熟知并已达到驰名程度的事实。苹果公司主张引证商标随着iPhone手机概念的公布及在美国首次销售的信息在全球传播而瞬间成为驰名商标的理由,既不符合2007年互联网在中国的实际状况,也不符合引证商标当时在中国的使用状况。苹果公司主张引证商标在被异议商标申请日之前已在中国驰名的理由无事实根据,本院不予支持。

在先被代理人商标

(《商标法》第十五条第一款)

B. 龟博士案（代理人抢注亦可适用于注册商标）

最高人民法院〔2015〕行提字第3号；2015年11月18日；王艳芳、佟姝、杜微科

【代理人抢注亦可适用于注册商标】本院认为,代理人或者代表人不得申请注册的商标标志,不仅包括与被代理人或者被代表人商标相同的标志,也包括相近似的标志；不得申请注册的商品既包括与被代理人或者被代表人商标所使用的商品相同的商品,也包括类似的商品。长沙龟博士公司作为半隆中心的代理人,不得在相同或者类似商品上申请注册与其被代理人商标相同或者近似的商标。如前所述,本院已经认定"车辆加润滑油、车辆维修"服务与"汽车上光蜡、清洗液"商品属于类似商品或服

务，因此，长沙龟博士公司在与汽车用品密切关联的类似服务上申请注册与"龟博士"商标相同的被异议商标，违反了《商标法》第十五条的规定，商标评审委员会此项认定并无不妥，本院予以维持。一审、二审法院关于"只有在代理人或代表人申请商标注册前被代表人或被代理人的商标系尚未提出注册商标申请的情况下，代理人或代表人的申请注册行为才可能构成抢注行为，且如果被代理人或被代表人已将其商标申请注册，则其对于该商标所享有的合法权益在商标注册层面亦并未被代理人或代表人损害，故《商标法》第十五条应不适用于被代理人或被代表人已将其商标提出注册申请或该商标已被注册的情形"的认定，不当地限缩了《商标法》第十五条的适用范围，本院予以纠正。

B，Lehmanbrown案（代理人、代表人抢注构成条件）

最高人民法院〔2014〕行提字第3号；2014年9月16日；王艳芳、朱理、佟姝

【代理人、代表人抢注构成条件】《商标法》第十五条规定："未经授权，代理人或者代表人以自己的名义将被代理人或者被代表人的商标进行注册，被代理人或者被代表人提出异议的，不予注册并禁止使用。"根据上述规定，本院认为，适用该条需要具备如下条件：商标申请人与异议人之间构成代表或者代理关系；争议商标系被代理人或者被代表人的商标；争议商标核定使用的商品或者服务与被代理人或者被代表人提供的商品或者服务类似；代表人或者代理人违反诚信原则，未经授权擅自以自己名义将争议商标进行注册。

B，新东阳案（恶意串通合谋视为代理人抢注）

最高人民法院〔2013〕知行字第97号；2013年12月20日；王闯、王艳芳、佟姝

【恶意串通合谋可以视为代理人抢注】根据本院《关于审理商标授权确权行政案件若干问题的意见》第十二条"与上述代理人或者代表人有串通合谋抢注行为的商标注册申请人，可以视其为代理人或者代表人。对于串通合谋抢注行为，可以视情况根据商标注册申请人与上述代理人或者代表人之间的特定身份关系进行推定"的规定，新东阳企业公司可以视为《商标法》第十五条所称的代理人或者代表人。

C，华蜀案（代理人的范围不限于商标代理人）

最高人民法院〔2007〕行提字第2号；2007年12月15日；孔祥俊、于晓白、夏军丽

【代理人的范围不限于商标代理人】根据上述立法过程、立法意图、巴黎公约的规定以及参照上述司法解释精神，为制止因特殊经销关系而知悉或使用他人商标的销售代理人或代表人违背诚实信用原则、抢注他人注册商标的行为，《商标法》第十五条规定的代理人应当作广义的理解，不只限于接受商标注册申请人或者商标注册人委托、在委托权限范围内代理商标注包括总经销（独家经销）、总代理（独家代理）等特殊销售代理关系意义上的代理人、代表人。

企业名称权

（《商标法》第三十二条；《反不正当竞争法》第五条第三款、《不正当竞争民事案件解释》第六条第一款）

A，天津中青旅案（企业简称视同企业名称）

天津市高级人民法院〔2012〕津高民三终字第3号；2012年3月20日；李华、刘震岩、裴然

【关于简称视同企业名称保护的原则】被上诉人天津中国青年旅行社于1986年开始经营境内、外旅游业务，其企业名称及"天津青旅"的企业简称经过多年的经营、使用和宣传，已享有较高知名度。"天津青旅"作为企业简称，已与天津中国青年旅行社之间建立起稳定的关联关系，具有识别经营主体的商业标识意义。对于具有一定市场知名度、并为相关公众所熟知、已实际具有商号作用的企业名称的简称，可以根据《反不正当竞争法》第五条第（三）项的规定，依法予以保护。

B，派克汉尼汾案（有知名度的字号可以视为企业名称权的特殊情形）

最高人民法院〔2014〕行提字第9号；2014年8月13日；王艳芳、朱理、佟姝

【有知名度的字号可以视为企业名称权的特殊情形】《商标法》第三十一条规定，申请商标不得损害他人现有的在先权利。《不正当竞争民事案件解释》第六条规定："具有一定的市场知名度，为相关公众所知悉的企业名称中的字号，可以认定为《反不正当竞争法》第五条第（三）项规定的'企业名称'。"因此，在中国境内具有一定市场知名度、为相关公众所知悉的企业名称中的字号，可以作为企业名称权的一种特殊情况对待，作为《商标法》第三十一条所规定的"在先权利"受到保护。

【知名度的时间要求】《商标授权确权意见》第十七条第二款规定："人

民法院审查判断诉争商标是否损害他人现有的在先权利，一般以诉争商标申请日为准。"

B，采埃孚案（有知名度的字号可以作为在先权利予以保护）

最高人民法院〔2014〕行提字第2号；2014年7月17日；王艳芳、朱理、佟姝

【有知名度的企业名称】具有一定的市场知名度、为相关公众所知悉的企业名称中的字号，可以认定为《反不正当竞争法》第五条第（三）项规定的"企业名称"，作为《商标法》第三十一条所规定的"在先权利"予以保护。

B，山起案（企业特定简称可视为企业名称）

最高人民法院〔2008〕民申字第758号；2009年4月27日；王永昌、郃中林、李剑

【特定简称的形成】简称源于语言交流的方便。简称的形成与两个过程有关：一是企业使用简称代替其正式名称；二是社会公众对于简称与正式名称所指代对象之间的关系认同。这两个过程相互交织。由于简称省去了正式名称中某些具有限定作用的要素，可能不适当地扩大了正式名称所指代的对象范围。因此，一个企业的简称是否能够特指该企业，取决于该简称是否为相关公众认可，并在相关公众中建立起与该企业的稳定联系。本案中，山东起重机厂最初成立于1968年，自1991年开始使用该企业名称，而且获得了大量荣誉称号，其产品产量、质量均居同行业前列，是起重机行业中的知名企业。山起重工公司在再审申请书和本院听证过程中对此未提出异议。山东起重机厂在企业宣传片、厂房、职工服装、合同等对外宣传活动和经营活动中，多次主动地使用"山起"简称。经过山东起重机厂的使用，至少在青州这一特定地域内的相关公众中，"山起"这一称呼已经与山东起重机厂建立起了稳定联系。山东起重机厂提供的证据表明，起重设备的相关用户经常使用"山起"作为山东起重机厂的代称。因此，可以认定"山起"在一定地域范围内已为相关公众识别为山东起重机厂，两者之间建立了稳定联系。原审法院认定"山起"是"山东起重机厂"为公众认可的特定简称并无不当。

【视为企业名称】对于具有一定市场知名度、为相关公众所熟知并已实际具有商号作用的企业或者企业名称的简称，可以视为企业名称。如果经过使用和公众认同，企业的特定简称已经为特定地域内的相关公众所认可，具有相应的市场知名度，与该企业建立起了稳定联系，已产生识别经营主体的

商业标识意义,他人在后擅自使用该知名企业简称,足以使特定地域内的相关公众对在后使用者和在先企业之间发生市场主体上的混淆,进而将在后使用者提供的商品或服务误认为在先企业提供的商品或服务,造成市场混淆,在后使用者就会不恰当地利用在先企业的商誉,侵害在先企业的合法权益。此时,《反不正当竞争法》第五条第(三)项对企业名称保护的规定可以适用于保护该企业的特定简称。

知名商品特有名称、包装、装潢

(《商标法》第三十二条;《反不正当竞争法》第五条第(二)项)

AC,费列罗案(知名范围、特有包装、装潢的理解)

最高人民法院〔2006〕民三提字第3号;2008年3月24日;孔祥俊、王永昌、邰中林

【知名商品的知名范围】反不正当竞争法所指的知名商品,是在中国境内具有一定的市场知名度,为相关公众所知悉的商品。在国际已知名的商品,我国法律对其特有名称、包装、装潢的保护,仍应以在中国境内为相关公众所知悉为必要。所主张的商品或者服务具有知名度,通常系由在中国境内生产、销售或者从事其他经营活动而产生。认定知名商品,应当考虑该商品的销售时间、销售区域、销售额和销售对象,进行任何宣传的持续时间、程度和地域范围,作为知名商品受保护的情况等因素,进行综合判断;也不排除适当考虑国外已知名的因素。本案二审判决中关于"对商品知名状况的评价应根据其在国内外特定市场的知名度综合判定,不能理解为仅指在中国境内知名的商品"的表述欠妥,但根据FERRERO ROCHER巧克力进入中国市场的时间、销售情况以及费列罗公司进行的多种宣传活动,认定其属于在中国境内的相关市场中具有较高知名度的知名商品正确。再审申请人关于FERRERO ROCHER巧克力在中国境内市场知名的时间晚于金莎TRESOR-DORE巧克力的主张不能成立。

【特有包装、装潢】盛装或者保护商品的容器等包装,以及在商品或者其包装上附加的文字、图案、色彩及其排列组合所构成的装潢,在其能够区别商品来源时,即属于反不正当竞争法保护的特有包装、装潢。费列罗公司请求保护的FERRERO ROCHER巧克力使用的包装、装潢系由一系列要素构成。如果仅仅以锡箔纸包裹球状巧克力,采用透明塑料外包装,呈现巧克力内包装等方式进行简单的组合,所形成的包装、装潢因无区别商品来源的显

著特征而不具有特有性；而且，这种组合中的各个要素也属于食品包装行业中通用的包装、装潢元素，不能被独占使用。但是，锡纸、纸托、塑料盒等包装材质与形状、颜色的排列组合有很大的选择空间；将商标标签附加在包装上，该标签的尺寸、图案、构图方法等亦有很大的设计自由度。在可以自由设计的范围内，将包装、装潢各要素独特排列组合，使其具有区别商品来源的显著特征，可以构成商品特有的包装、装潢。FERRERO ROCHER 巧克力所使用的包装、装潢因其构成要素在文字、图形、色彩、形状、大小等方面的排列组合具有独特性，形成了显著的整体形象，且与商品的功能性无关，经过长时间使用和大量宣传，已足以使相关公众将上述包装、装潢的整体形象与费列罗公司的 FERRERO ROCHER 巧克力商品联系起来，具有识别其商品来源的作用，应当属于《反不正当竞争法》第五条第（二）项所保护的特有的包装、装潢。再审申请人关于判定涉案包装、装潢为特有会使巧克力行业的通用包装、装潢被费列罗公司排他性独占使用，垄断国内球形巧克力市场等理由不能成立。

【与标记作为商标保护的关系】本案诉请是以制止不正当竞争行为的方式保护 FERRERO ROCHER 巧克力使用的由文字、图形、色彩、形状、大小等诸要素构成的包装、装潢的整体设计，该受保护的整体形象设计不同于三维标志性的立体商标，不影响相关部门对于有关立体商标可注册性的独立判断。蒙特莎公司提交的国家工商行政管理总局商标评审委员会驳回费列罗公司立体商标领土延伸保护的复审决定等与本案并无直接关联，不影响本案的处理。知名商品的特有包装、装潢与外观设计专利的法律保护要求也不同，蒙特莎公司提交的国家知识产权局专利复审委员会对费列罗公司外观设计专利无效宣告请求审查决定与判断 FERRERO ROCHER 巧克力使用的包装、装潢是否具有特有性亦无直接关联。蒙特莎公司提交的我国台湾地区法院的裁定以及费列罗公司提交的国外法院的判决等亦与本案所涉相关市场不具有关联性，不能作为本案认定事实。

B，赛诺维案（知名商品特有的包装、装潢权益可承继）

最高人民法院〔2013〕民提字第163号；2013年12与7日；王永昌、秦元明

【知名商品特有的包装、装潢权益是否可以承继】知名商品特有的包装、装潢属于反不正当竞争法保护的财产权益，应当可以转让和承继。在桂林制药厂生产的乳酶生片为知名商品的情形下，其生产的0.15克袋装乳酶生

片的包装、装潢应当属于知名商品特有的包装、装潢。基于桂林南药公司和桂林制药厂本身具有较为特殊的承继关系且两者生产的乳酶生片为同一种商品，加之桂林南药公司和桂林制药厂在0.15克袋装乳酶生片上使用的包装、装潢并无实质性差别，桂林南药公司应当有权承继桂林制药厂所拥有的上述知名商品特有的包装、装潢权益，桂林南药公司生产销售的0.15克袋装乳酶生片的包装、装潢属于知名商品特有的包装、装潢。

B．火星金星案（图书名称构成知名商品特有名称）

最高人民法院〔2013〕民申字第371号；2013年11月26日；王闯、朱理、何鹏

【知名商品】人民法院认定知名商品时，应当考虑该商品的销售时间、销售区域、销售额和销售对象，进行任何宣传的持续时间、程度和地域范围，作为知名商品受保护的情况等因素，进行综合判断。原告应当对其商品的市场知名度负举证责任。根据上述规定，认定商品知名是一个综合判断的过程，需要考量各种因素，而每种因素在具体案件中的作用取决于个案情况。因此，上述规定所列举的需要考虑的因素仅仅是一种指引，并非在任何案件中均需考虑全部因素。如果其中一种因素足以证明该商品的知名度，则可以根据该种因素认定该商品构成知名商品，无须对所有因素均进行一一考量。本院认为，认定《反不正当竞争法》第五条第（二）项所称的知名商品是为保护具有区别商品来源意义的商品特有名称、包装和装潢服务的，只要其在相关公众中具有一定的知名度即可，并不要求为相关公众广为知晓。

【区别来源的作用】《反不正当竞争法》第五条第（二）项规定的知名商品的名称、包装和装潢的特有性是指该商品名称、包装和装潢能够起到区别商品来源的作用，而不是指该商品名称、包装和装潢具有新颖性或者独创性。对相关公众而言，只要该商品名称、包装和装潢由于商业使用已经客观上起到区别商品来源的作用，其便具有了特有性，其是否具有新颖性或者独创性并不重要。当然，商品名称、包装和装潢的新颖性或者独创性与特有性具有一定的联系。如果商品名称、包装和装潢具有新颖性或者独创性，将该种具有新颖性或者独创性商品名称、包装和装潢用于商业活动，则该名称、包装和装潢通常会起到区别商品来源的作用，因而具备特有性。但是，即使商品名称、包装和装潢不具有新颖性或者独创性，也不意味着其必然不具有特有性。在经营者将该不具有新颖性或者独创性商品名称、包装和装潢用于商业活动的情况下，如果经过使用，该商品及其名称、包装和装潢具有了一

定的知名度，该名称、包装和装潢成为相关公众区分商品来源的标识之一，则其同样具备特有性。对于本案，分析如下：首先，关于涉案图书的商品名称的特有性。虽然涉案图书名称《男人来自火星　女人来自金星》来自西方谚语，并非吉林文史出版社独创，但是吉林文史出版社在先将其作为图书商品名称并出版发行，且本案没有证据表明其他经营者也将同样的名称用于图书类商品并早于涉案图书而出版发行。在涉案图书已具有较高知名度的情况下，其名称已经具有了区别商品来源的作用，构成知名商品的特有名称。其次，关于涉案图书装潢的特有性。涉案图书的装潢包含封面与封底，封面的装饰图片选择、位置排列、颜色搭配以及封面和封底的中英文文字、宣传标语的选择、排列布置等均体现出一定的特色。本案没有证据证明有他人早于涉案图书在相同或者类似商品上使用了相同或者近似的装潢设计。在涉案图书已具有较高知名度的情况下，其装潢已经具有区别商品来源的作用，构成知名商品的特有装潢。

B，BK案（产品型号构成知名商品特有名称）

最高人民法院〔2012〕民申字第398号；2012年6月27日；金克胜、罗霞、郎贵梅

【产品型号"BK"是否构成知名商品的特有名称】河北宝凯公司的"BK"系列低压电器产品销售时间长、销售范围广、质量优良，在低压电器产品领域为相关公众所知悉，具有较高的市场知名度和良好的行业信誉。因此，可以认定河北宝凯公司生产的"BK"系列低压电器产品为《反不正当竞争法》第五条第（二）项规定的"知名商品"。

B，泥人张案（特定人群称谓）

最高人民法院〔2010〕民提字第113号；2012年2月28日；郃中林、郎贵梅、朱理

【特定人群的称谓】从对"泥人张"的使用历史和现状看，"泥人张"具有多种含义和用途，承载多种民事权益。就本案而言，首先，"泥人张"作为对张明山及其后代中泥塑艺人包括本案申请再审人张错、张宏岳这一特定人群的称谓，具有很高的知名度，是张明山及其后几代人通过自己的劳动创造形成的。同时，该称谓还承载着极大的商业价值，用"泥人张"标识泥塑作品，明确了作品的来源或者作品与张明山及其后几代人的特定联系，不仅便于消费者准确识别相关商品来源，而且显然会增强使用者的市场竞争力和获利能力。因此，"泥人张"作为张明山及其后代中泥塑艺人的特定称谓，

应当受到法律保护。其次,"泥人张"这一称谓在使用过程中,已经从对特定人群的称谓发展到对该特定人群所传承的特定泥塑技艺和创作、生产的作品的一种特定称谓,在将其用作商品名称时则属于反不正当竞争法意义上的知名商品(包括服务)的特有名称,同样也应当受到法律保护。因此,申请再审人张错、张宏岳作为张明山后代中从事彩塑创作的人员,申请再审人泥人张艺术开发公司作为由张宏岳成立并任法定代表人且经张铝等"泥人张"权利人授权使用"泥人张"的公司,有权就他人未经许可以各种形式对"泥人张"进行商业使用的行为主张权利。此外,从本案查明的事实来看,张明山及其后代最早生活在天津,张明山的后代张景枯最晚在1956年即到北京发展;张明山及其后代被全国范围内的报纸、史料使用"泥人张"的称谓进行报道和记载,其作品广为多国博物馆收藏。因此,"泥人张"的知名度非常高,其所承载的商业价值极大,申请再审人张错、张宏岳等对"泥人张"享有多项民事权益,应当依法给予保护。

C. 拉菲案(知名商品特有名称)

湖南省高级人民法院〔2011〕湘高法民三终字第55号;2011年8月17日;曾志红、唐小妹、陈小珍

【知名商品】我国《反不正当竞争法》所指的知名商品,是指在中国境内具有一定的市场知名度,为相关公众所知悉的商品。认定知名商品,应当考虑该商品的销售时间、销售区域、销售额和销售对象,进行任何宣传的持续时间、程度和地域范围,作为知名商品受保护的情况等因素进行综合判断,亦可适当考虑国外已知名等因素。根据查明的事实,被上诉人尚杜·拉菲特罗兹施德民用公司生产的LAFITE葡萄酒具有较长的品牌历史,在法国被认为是最好的葡萄酒之一。在LAFITE葡萄酒进入中国市场前,我国内地相关媒体和主流中文网站就对其进行了较为广泛的宣传报道。LAFITE葡萄酒自2006年开始进入中国市场后,被上诉人尚杜·拉菲特罗兹施德民用公司通过在其公司网站进行产品品牌介绍和举行高端品酒会等形式对其LAFITE葡萄酒产品进行宣传推广,国内相关媒体和网站也持续对LAFITE葡萄酒产品进行了宣传报道。由这些事实可以看出,被上诉人尚杜·拉菲特罗兹施德民用公司生产的LAFITE葡萄酒在我国葡萄酒市场已具有较高的知名度,应认定为我国《反不正当竞争法》所指的知名商品。

【特有名称】"拉菲"事实上系LAFITE葡萄酒知名商品唯一对应的中文名称,具有区别商品来源的显著性,应认定其为LAFITE葡萄酒知名商品的

特有名称。

B, 拉菲案（已注册商标是否已经形成稳定的市场秩序的判断）

最高人民法院〔2016〕最高法行再34号；2016年12月23日；王艳芳、钱小红、杜微科

对于已经注册使用一段时间的商标，该商标是否已经通过使用建立较高市场声誉和形成自身的相关公众群体，并非由使用时间长短来决定，而是在客观上有无通过其使用行为使得相关公众能够将其与相关商标区分开。金色希望公司辩称其争议商标的知名度和市场占有率远远超过拉菲庄园，金色希望公司对争议商标的大量使用所形成的稳定市场秩序足以使争议商标与引证商标相区分。但根据本院查明的事实，中国经济网2014年2月12日《质检总局公布六款进口"拉菲"葡萄酒质量不合格》报道记载："'拉菲'葡萄酒一直让中国消费者对其趋之若鹜，……然而近日，国家质检总局公布六款拉菲酒质量不合格，让'拉菲迷'们大跌眼镜。中国经济网了解到，六款不合格产品为：拉菲庄园2012干红葡萄酒……"上述新闻报道所涉不合格产品均系争议商标的相关产品。2016年8月1日搜狐财经刊登图文消息"'拉菲庄园'隆重登陆糖酒会消费者不知其为山寨"。从前述报道也可以看出，目前相关公众对争议商标与引证商标仍会混淆误认。因此，金色希望公司提交的证据未能证明其通过对争议商标的使用已经形成了自身的相关公众群体，相关公众不会将争议商标和引证商标混淆误认。二审法院认定："争议商标的注册和使用长达十年之久，其已经形成稳定的市场秩序，从维护已经形成和稳定的市场秩序考虑，本案争议商标的注册应予维持。"无事实和法律依据，本院予以纠正。

B, 肠清茶案（特有名称、装潢应起到标识产品来源的作用）

最高人民法院〔2011〕民提字第60号；2011年8月2日；夏君丽、马秀荣、周云川

【知名商品的特有名称、装潢】根据其提交的大量广告宣传的证据，可以认定御生堂肠清茶产品销售时间较长、区域较广，宣传的范围亦很广，能够为相关公众所知悉，可以认定为《反不正当竞争法》第五条第（二）项规定的"知名商品"，但能否认定"肠清茶"已经通过使用成为产品来源的标识，还需结合其广告方式、相关公众的认知等相关因素进行判断。本案中，御生堂公司提交大量平面媒体广告，基本形式为大幅宣传洗肠的必要性及益处、肠清茶热销等情况，配有小幅御生堂肠清茶产品图样及购买方式等信

息。这种广告方式侧重宣传的是肠清茶产品的功能，未能克服肠清茶本身所具有的描述商品功能的性质，不能达到使相关公众将"肠清茶"与某一特定来源主体联系起来的目的。"肠清茶"三字在御生堂肠清茶产品包装装潢中占有显著位置也并不必然表明其能够成为指代产品来源的标识。故本院认为御生堂公司主张"肠清茶"为其知名商品特有名称证据不足，不予支持。

【商品命名规定不当然决定商品名称为通用名称或特有名称】商品及其名称能否被认定为知名商品、特有名称主要取决于相关公众对于市场状况的认知情况，本案中，关于保健食品的命名规定并不能当然决定一商品名称为通用名称；反之，截至目前仅有御生堂肠清茶获得保健食品批号的事实亦不能当然证明其为御生堂公司的特有名称。而关于御生堂肠清茶产品曾被认定侵犯他人注册商标专用权的产品的事实，同样不影响其知名商品的认定。

【知名商品特有装潢】在御生堂肠清茶产品已构成在先知名商品且其装潢为其特有装潢的情况下，康士源公司作为同行业经营者，其采用上述相近似的装潢，借助他人知名商品声誉以获取不正当竞争优势的意图明显，构成不正当竞争行为。

C.唐老一正斋案（仅广告投入不足以证明知名度）

江苏省高级人民法院〔2009〕苏民三终字第91号；2011年5月25日；吕娜、刘莉、施国伟

【知名商品的认定】对于老字号商品来说，其是否可以获得反不正当竞争法及相关司法解释所规定的知名商品的保护，应当结合老字号的历史商誉等因素予以综合考量，而不能仅仅考虑广告宣传投入等因素。但就本案而言，唐老一正斋公司能否以此为由，主张禁止一正集团公司、一正科技公司注册使用其驰名商标"一正"，则需要根据本案查明的事实，结合反不正当竞争法的立法目的、法律条文及司法解释的规定予以综合考量。……本院认为，唐老一正斋公司目前提供的现有证据所认定的"一正膏"的知名度，尚不足以支持其运用反不正当竞争法来禁止一正集团公司、一正科技公司注册使用其驰名商标"一正"的主张。

C.避风塘第Ⅰ案（合理使用不构成擅自使用知名服务特有名称）

上海市高级人民法院〔2003〕沪高民三（知）终字第49号；2003年6月18日

【合理使用不构成擅自使用知名服务特有名称】知名服务的特有名称是指知名服务独有的与通用名称有显著区别的服务名称。即使上诉人所提供的

服务可以被认定为知名服务,但由于"避风塘"已具有了烹调方法及菜肴名称的含义,且上诉人所提供的餐饮服务包括避风塘特色风味菜肴,故"避风塘"难以成为上诉人知名服务的特有名称。即使通过上诉人的经营,"避风塘"作为上诉人服务的名称获得了足够的显著性而可以被认定为是知名服务的特有名称,被上诉人在烹调方法及菜肴名称的含义上使用"避风塘"仍属合理使用,不构成擅自使用知名服务特有名称的行为。因此,上诉人认为被上诉人的行为构成擅自使用知名服务特有名称的不正当竞争行为的上诉理由不能成立。

在先使用并有一定影响商标及在先权利

(《商标法》第三十二条)

B,赖茅案(违法行为不能产生商标权益)

最高人民法院〔2015〕知行字第115号;2015年9月8日;周翔、钱小红、郎贵梅

【在先使用并有一定影响应综合判断】由于"赖茅"商标特殊的历史背景和现状,人民法院判断被异议商标的申请注册是否属于以不正当手段抢先注册赖世家酒业公司在先使用并有一定影响的"赖茅"商标,需考查"赖茅"商标的历史、申请注册情况,并结合赖世家酒业公司在被异议商标申请注册日前是否为合法使用等因素综合判断。

【违法行为不能产生商标权益】从第627426号"赖茅"商标核准注册到该商标因三年不使用被撤销期间,茅台酒厂有限公司对第627426号"赖茅"商标享有注册商标专用权,任何人未经其许可,不得在相同或者类似酒商品上使用"赖茅"标识。因此,赖世家酒业公司在此期间的使用行为实为侵犯"赖茅"商标专用权的行为,并不能因违法行为而产生商标权益。

B,同德福第Ⅰ案(在先权利存在的时间要求)

最高人民法院〔2013〕知行字第80号;2013年12月10日;王闯、王艳芳、何鹏

【在先权利存在的时间要求及使用的持续性】首先,关于争议商标是否构成抢注他人在先使用并有一定影响商标的行为。《商标法》第三十一条所称的"他人在先使用并有一定影响的商标",是指已经使用了一定的时间、因一定的销售量、广告宣传等而在一定范围的相关公众中具有知名度,被视为区分商品来源的未注册商业标志。这里所称的"有一定影响",应当是一种基于持续使用行为而产生的法律效果,争议商标的申请日是判断在先商标

是否有一定影响的时间节点。本案中,余某某主张"同德福"是其在先使用并有一定影响的商标。对此本院认为,根据案件中查明的事实,"同德福"商号确曾在余某某先辈的经营下获得了较好的发展,于20世纪20年代至50年代期间,在四川地区于桃片商品上积累了一定的商誉,形成了较高的知名度。但自1956年起至争议商标的申请日,作为一个商业标识的"同德福"停止使用近半个世纪的时间,各方当事人对在此期间内没有任何人将"同德福"进行商业使用的事实均无异议。在这种情况下,即使余氏家族曾经在先将"同德福"作为商业标识使用,但至争议商标的申请日,在没有相反证据的情况下,因长期停止使用,"同德福"已经不具备《商标法》第三十一条所规定的未注册商标的知名度和影响力,不构成"在先使用并有一定影响的商标"。虽然余某某自2002年又开始使用"同德福"作为字号,成立了同德福桃片厂,但该行为的发生已经晚于争议商标的申请日。在成都同德福公司已经在先注册并实际使用争议商标,余某某对此又不享有任何在先权益的情况下,不能以其在后的使用行为对抗第三人已经合法形成的注册商标专用权。成都同德福公司注册争议商标的行为,不构成抢注他人在先使用并有一定影响的商标,亦未违反诚实信用原则。

【在先权利存在的时间要求】其次,关于争议商标是否构成损害他人在先权利的情形。本案中,余某某主张其作为余家后人,对"同德福"字号享有在先权利。对此本院认为,这里所称的"在先权利",应当是指截至争议商标的申请日时仍然存在的现有权利。如前所述,同德福作为商号的使用最早始于同德福京果铺,后经余家人接手经营而逐渐壮大,但至1956年公私合营之时停止使用。至争议商标的申请日,四十余年的时间中没有任何人将"同德福"作为商号使用。因此,在争议商标申请注册之时,"同德福"已不构成商标法所保护的、现有的在先权利,不能成为阻却争议商标注册的法定事由。

B、氟美斯案(明知不一定是不正当手段)

最高人民法院〔2013〕行提字第11号;2013年9月26日;夏君丽、钱小红、董晓敏

【明知不一定是不正当手段】虽然在一般情况下,商标申请人明知他人在先使用并有一定影响的商标而申请注册即可推定其具有利用他人商标商誉获利的意图。但是,本案事实显示,抚顺博格公司申请注册争议商标并不具有抢占营口玻纤公司在先使用并有一定影响的商标商誉的恶意。……我国商标法采用"先申请原则",与专利法或者著作权法不同,商标法并未有类似

"创作作品的人为作者""对发明的技术方案做出实质性贡献的人为发明人"的规定,故在缺乏其他法律或者合同依据的情况下,不能类比得出"共同使用商标者应为共有商标权人"的结论。所以本案中抚顺博格公司独自申请注册争议商标并不侵犯营口玻纤公司的合法权益,亦不违反诚实信用原则,不应依据《商标法》第三十一条的规定予以撤销。一审法院认为本案没有必要适用《商标法》第三十一条的理解是正确的。二审法院仅依据营口玻纤公司最早开始使用的事实,没有全面考虑《商标法》第三十一条的适用要件,适用法律有误,本院予以纠正。

B,可立停案（已经使用并有一定影响的药品名称属于在先权利）

最高人民法院〔2010〕知行字第52号;2010年12月24日

【已经使用并有一定影响的药品名称属于在先权利】关于《商标法》第三十一条规定的"在先权利",《商标授权确权意见》第十七条规定:"要正确理解和适用《商标法》第三十一条关于'申请商标注册不得损害他人现有的在先权利'的概括性规定。……商标法虽无特别规定,但根据民法通则和其他法律的规定属于应予保护的合法权益的,应该根据该概括性规定给予保护。"根据有关行政规章和行政规范性文件规定,国家对药品商品名称的使用实行相应的行政管理制度,但除依照其他法律取得民事权利外,经药品行政管理部门批准使用的药品商品名称是否产生民事权益,尚取决于其实际使用情况,经实际使用并具有一定影响的药品商品名称.可作为民事权益受法律保护。本案中,根据原审法院查明的事实,九龙公司早在1994年已经卫生部药政管理局批准使用"可立停"商品名称。虽然北京市高级人民法院〔2006〕高行终字第523号判决认为九龙公司生产可立停口服液在2000年之前未成为知名商品的特有名称,但根据九龙公司提供的销售台同、生产记录、销售发票等证据结合其两次获得药品行政部门批文的事实,可以认定九龙公司在争议商标注册之前进行了一定规模的使用。该药品商品名称经在先使用并具有一定影响,可以产生民事权益,即合法的在先权利。康宝公司与九龙公司均系药品生产企业,应知"可立停"是九龙公司经过批准使用的药品商品名称,却仍将其申请为注册商标并使用在止咳类药品上,二审法院以康宝公司违反《商标法》第三十一条的规定,侵犯了九龙公司的在先权利,并维持商标评审委员会第6757号裁定并无不当。

B,散列通案（在先权利存在的时间要求）

最高人民法院〔2009〕行提字第1号;2009年5月25日;夏君丽、殷少

平、王艳芳

【在先权利存在的时间要求】罗须公司申请撤销"散列通"商标的权利基础是"散利痛"商标,因此判定西南药业公司注册"散列通"商标是否违反了《商标法》第三十一条的规定,应首先分析"散列通"商标申请注册时,"散利痛"是否是罗须公司的在先未注册商标。

B，诚联案（有一定影响的商标认定）

最高人民法院〔2006〕行监字第118-1号；2008年9月24日

【有一定影响的商标认定】《商标法》第三十一条规定的"有一定影响"的商标,通常是指已经使用了一定时间,因一定的销售量、广告宣传等而在一定范围的相关公众中具有知名度,被视为区分商品或服务来源的未注册商业标志。根据本案的具体情况,应该认定创联公司在先使用的商标有一定影响,并适用《商标法》第三十一条和第四十一条第二款的规定撤销争议商标。鉴此,商评委撤销争议商标的裁定及终审判决虽然在适用法律上有不当之处,但是裁判结果正确,本院无须再启动审判监督程序予以纠正。

B，采蝶轩案（商标侵权案件中对是否构成在先使用的审查判断）

最高人民法院〔2015〕民提字第38号；2016年6月7日；周翔、朱理、宋淑华

【商标侵权案件中对是否构成在先使用的审查判断】关于被申请人和巴莉甜甜公司对"采蝶轩"字号和"采蝶轩"标识的使用是否构成在先使用问题。本案被诉侵权行为发生在现行《商标法》修正前,因此应适用2001年修正的《商标法》。2001年修正的商标法对于商标侵权诉讼中的在先使用抗辩问题并未做出明确规定。2013年修正的《商标法》在第五十九条第三款中,对于在先使用问题做出了具体规定,即"商标注册人申请商标注册前,他人已经在同一种商品或者类似商品上先于商标注册人使用与注册商标相同或者近似并有一定影响的商标的,注册商标专用权人无权禁止该使用人在原使用范围内继续使用该商标,但可以要求其附加适当区别标识"。从上述规定来看,构成在先使用的条件是先于商标注册人使用并具有一定影响,因此即使参照现行《商标法》的规定,被申请人和巴莉甜甜公司对被控侵权标识的使用,也不构成在先使用。因为,第1344787号和第1328994号注册商标的申请日分别是1998年7月3日和1998年7月6日,这两个注册商标的申请日均早于采蝶轩集团公司的前身合肥采蝶轩公司成立的2000年6月8日,也即被申请人对于被控侵权标识的使用,晚于前述两个注册商标的申请日；即使如

原审法院所认定的前述两个注册商标与被控侵权标识不构成类似商品和服务，也即不考虑前述两个注册商标对在先使用判断的影响，在第3422492号注册商标的申请日，即2002年12月31日前，采蝶轩集团公司当时只有5家门店，且2003年的销售额只有7.58万元，也难言具有一定影响。同理，采蝶轩集团公司对于其企业字号的商标性使用也没有在先使用的权利。故此，原审法院认定被申请人和巴莉甜甜公司具有在先使用的权利，没有事实根据，本院依法予以纠正。

B，乔丹案（姓名权构成商标法保护的在先权利）

最高人民法院〔2016〕最高法行再27号；2016年12月7日；陶凯元、王闯、夏君丽、王艳芳、杜微科

【姓名权构成商标法保护的在先权利】首先，《商标法》第三十一条规定："申请商标注册不得损害他人现有的在先权利。"因民事主体依法享有的民事权益多种多样，立法上难以穷尽地列举，故《商标法》第三十一条并未明确规定或者列举在先权利的任何具体类型，而是以"在先权利"做出概括性规定，以符合经济社会不断发展和保护民事主体合法权益的需要。本院认为，对于《商标法》已有特别规定的在先权利，应当根据《商标法》的特别规定予以保护。对于《商标法》虽无特别规定，但根据《民法通则》《侵权责任法》和其他法律的规定应予保护，并且在争议商标申请日之前已由民事主体依法享有的民事权利或者民事权益，应当根据该概括性规定给予保护。其次，关于再审申请人在本案中主张的姓名权，《民法通则》第九十九条第一款规定："公民享有姓名权，有权决定、使用和依照规定改变自己的姓名，禁止他人干涉、盗用、假冒。"《侵权责任法》第二条第二款规定："本法所称民事权益，包括生命权、健康权、姓名权……人身、财产权益。"据此，姓名权可以构成《商标法》第三十一条规定的"在先权利"。争议商标的注册损害他人在先姓名权的，应当认定该争议商标的注册违反《商标法》第三十一条的规定。因此，对于乔丹公司关于"《商标法》第三十一条并未明确规定'在先权利'包括姓名权，不能用兜底条款或者通过扩大解释'在先权利'，事后限制他人获得商标注册的机会"的主张，本院不予支持。

B，乔丹案（自然人可就其未主动使用的特定名称获得姓名权的保护）

最高人民法院〔2016〕最高法行再27号；2016年12月7日；陶凯元、王闯、夏君丽、王艳芳、杜微科

本院认为，首先，《民法通则》第九十九条第一款规定："公民享有姓名

权，有权决定、使用和依照规定改变自己的姓名，禁止他人干涉、盗用、假冒。"据此规定，"使用"是姓名权人享有的权利内容之一，并非其承担的义务，更不是姓名权人"禁止他人干涉、盗用、假冒"，主张保护其姓名权的法定前提条件。

其次，在适用《商标法》第三十一条的规定保护他人在先姓名权时，相关公众是否容易误认为标记有争议商标的商品或者服务与该自然人存在代言、许可等特定联系，是认定争议商标的注册是否损害该自然人姓名权的重要因素。因此，在符合本院阐明的有关姓名权保护的三项条件的情况下，自然人有权根据《商标法》第三十一条的规定，就其并未主动使用的特定名称获得姓名权的保护。这不仅有利于保护自然人的人格尊严及其姓名所蕴含的经济利益，也有利于防止相关公众误认，借以保护消费者的合法权益。最后，本案再审申请人为美利坚合众国公民。对于在我国具有一定知名度的外国人，其本人或者利害关系人可能并未在我国境内主动使用其姓名；或者由于便于称呼、语言习惯、文化差异等原因，我国相关公众、新闻媒体所熟悉和使用的"姓名"与其主动使用的姓名并不完全相同。例如，在本案中，我国相关公众、新闻媒体普遍以"乔丹"指代再审申请人，而再审申请人、耐克公司则主要使用"迈克尔·乔丹"。但不论是"迈克尔·乔丹"还是"乔丹"，在相关公众中均具有较高的知名度，均被相关公众普遍用于指代再审申请人，且再审申请人并未提出异议或者反对。故商标评审委员会关于再审申请人、耐克公司未主动使用"乔丹"，再审申请人"乔丹"不享有姓名权的主张，本院不予支持。

B，乔丹案（自然人就特定名称主张姓名权保护时应当满足的条件）

最高人民法院〔2016〕最高法行再27号；2016年12月7日；陶凯元、王闯、夏君丽、王艳芳、杜微科

本院认为，根据《民法通则》第九十九条第一款的规定，自然人享有姓名权，有权决定、改变自己的姓名，但姓名权人并不能禁止他人善意、合法地"决定"起同样的名字。由于重名的原因，姓名与自然人之间难以形成唯一对应关系。而且，除本名外，自然人还可以有艺名、笔名、译名等其他名称。从历史传统来看，古人还可以有字、号等。在特定情况下，相关公众更熟悉并习惯以自然人本名之外的其他名称（例如艺名、笔名等）指代该自然人，其他名称的知名度可能比其本名的知名度更高。如果以商标评审委员会主张的"唯一"对应作为主张姓名权的前提条件，将使得与他人重名的人，

或者除本名之外还有其他名称的人，不论其知名度或者相关公众认知情况如何，均无法获得姓名权的保护。因此，自然人所主张的特定名称与该自然人已经建立稳定的对应关系时，即使该对应关系达不到"唯一"的程度，也可以依法获得姓名权的保护。商标评审委员会主张的"唯一"对应标准过于严苛，本院不予支持。

综上，本院认为，在适用《商标法》第三十一条关于"不得损害他人现有的在先权利"的规定时，自然人就特定名称主张姓名权保护的，该特定名称应当符合以下三项条件：其一，该特定名称在我国具有一定的知名度、为相关公众所知悉；其二，相关公众使用该特定名称指代该自然人；其三，该特定名称已经与该自然人之间建立了稳定的对应关系。

B，格里高利案（商标申请或注册人信息不属于著作权法规定的表明作者身份的署名行为）

最高人民法院〔2016〕最高法行申第2154号；2016年9月21日；骆电、李嵘、马秀荣

关于商标注册证。格里高利公司提交了边奇公司于1992年11月16日向美国专利及商标局申请注册"GRECORY山形图案"商标、1994年5月17日获准注册的证据以证明其享有"GRECORY山形图案"的在先著作权。首先，著作权法规定"在作品上署名的公民、法人或者其他组织为作者"，商标申请人及商标注册人信息仅仅能证明注册商标权的归属，不属于著作权法规定的表明作品创作者身份的署名行为，因此，格里高利公司提交的边奇公司在美国申请并核准注册"GRECORY山形图案"商标的证据不足以证明该涉案作品的著作权最早归边奇公司享有。其次，被异议商标于2006年9月28日申请注册，原格里高利公司前身于2008年3月3日成立，格里高利公司字号最早的使用时间晚于被异议商标申请日，且"GRECORY山形图案"中英文文字"GRECORY"是整个图案的组成部分，"GRECORY"系常见男子名，故格里高利公司商标注册证上显示的"GRECORY"不能视为格里高利公司的署名行为。最后，商标具有地域性，持有美国的商标注册证，仅能证明商标注册人从著作权人处获得了在美国申请注册该图形商标的权利，不能据此证明其当然享有在中国行使著作权的权利。

B，格里高利案（著作权登记证书对在先著作权的证明效力）

最高人民法院〔2016〕最高法行申第2154号；2016年9月21日；骆电、李嵘、马秀荣

关于著作权登记证书。格里高利公司为证明其对"GREGORY山形图案"享有在先著作权，在商标评审期间向商标评审委员会提交了2009年10月27日颁发的著作权登记证书，载明原格里高利公司经边奇公司转让，取得一美术作品"GRECORY山形图案"在中国范围内的著作权，转让期间自1992年起至永久。首先，我国著作权登记采取自愿登记制，著作权登记机关仅进行形式审查，在注册商标申请日之前取得的著作权登记证书，在该作品具有独创性、没有相反证据足以推翻的情况下，可以证明登记证书上记载的权利人在先享有著作权。本案被异议商标于2006年9月28日申请注册，格里高利公司取得著作权登记证书晚于被异议商标注册申请日3年多，故在后取得的著作权登记证书，不足以证明其享有在先的著作权。其次，被异议商标于2009年5月21日予以初步审定公告，格里高利公司自公告之日起3个月内，向商标局提出异议申请，随后进行著作权登记，格里高利公司在商标异议申请后取得的著作权登记证书，不足以证明其享有在先的著作权。最后，三酒雅公司于2006年12月7日早于格里高利公司对与涉案"GREGORY山形图案"构成实质性近似的被异议商标图形亦进行了著作权登记，故格里高利公司在后取得的著作权登记证书，不足以证明其享有在先的著作权。

使用定义

（《商标法》第四十八条、第五十七条）

B，亚环案（OEM商品贴附标贴不是商标使用）

最高人民法院〔2014〕民提字第38号；2015年11月26日；王艳芳、佟姝、何鹏

【贴附标贴不算使用】商标作为区分商品或者服务来源的标识，其基本功能在于商标的识别性，亚环公司依据储伯公司的授权，上述使用相关"PRETUL"标志的行为，在中国境内仅属物理贴附行为，为储伯公司在其享有商标专用权的墨西哥国使用其商标提供了必要的技术性条件，在中国境内并不具有识别商品来源的功能。因此，亚环公司在委托加工产品上贴附的标志，既不具有区分所加工商品来源的意义，也不能实现识别该商品来源的功能，故其所贴附的标志不具有商标的属性，在产品上贴附标志的行为亦不能被认定为商标意义上的使用行为。

【没有使用的情况判断是否混淆没有实质意义】商标法保护商标的基本

功能，是保护其识别性。判断在相同商品上使用相同的商标。或者判断在相同商品上使用近似的商标，或者判断在类似商品上使用相同或者近似的商标是否容易导致混淆，要以商标发挥或者可能发挥识别功能为前提。也就是说是否破坏商标的识别功能，是判断是否构成侵害商标权的基础。在商标并不能发挥识别作用，并非商标法意义上的商标使用的情况下，判断是否在相同商品上使用相同的商标，或者判断在相同商品上使用近似的商标，或者判断在类似商品上使用相同或者近似的商标是否容易导致混淆，都不具实际意义。本案中，一审、二审法院以是否相同或者近似作为判断是否构成侵犯商标权的要件，忽略了本案诉争行为是否构成商标法意义上的商标使用之前提，适用法律错误，本院予以纠正。

B，日产案（商标使用意图）

最高人民法院〔2010〕知行字第45号；2011年1月30日；夏君丽、殷少平、周云川

【关于商标使用意图】根据《商标法实施条例》第三条的规定，商标的使用，包括将商标用于商品、商品包装或者容器以及商品交易文书上，或者将商标用于广告宣传、展览以及其他商业活动中。可见，商标使用的概念十分广泛，只要是在生产、经营活动中将商标用于与其指定使用商品相关联的场合，使相关公众能够认识到其是该商品的商标即可。

B，功夫熊猫案（商标意义的使用）

最高人民法院〔2014〕民申字第1033号；2014年11月27日；王艳芳、朱理、佟姝

【商标意义的使用】由于商标是一种使用在商业上的标识，其基本特性是区别商品或者服务来源，因此构成侵犯注册商标专用权的基本行为是在商业标识意义上使用相同或者近似商标的行为，也就是说被诉侵权标识的使用必须是商标意义上的使用。鉴此，在本案中确定被申请人使用"功夫熊猫"的行为是否构成侵犯注册商标专用权，应当视其是否属于商标意义上的使用行为而定，即应当看被申请人使用"功夫熊猫"标识是否具有区分商品来源之作用。

C，乐活案（商标性使用）

江苏省高级人民法院〔2011〕苏知行终字第4号；2012年7月31日；袁滔、李昕、刘莉

【商标性使用定义】商标是商品生产经营者或服务提供者为使自己的商品或服务区别于他人而使用的一种标识，其应当具有显著性和区别的功能。

在判断商品上的标识是否属于商标性使用时，必须根据该标识的具体使用方式，看其是否具有识别商品或服务来源之功能。

【涉案标识属于商标性使用】涉案标识的使用方式属于商标性使用，理由是：首先，鼎盛公司并未在其月饼包装上规范且以显著方式突出使用自己的"爱维尔"系列注册商标；其次，在标识中，"乐活LOHAS"与"IWill爱维尔"连用，融为一体，鼎盛公司并未突出其自有商标"Iwill爱维尔"，相反却突出了"乐活LOHAS"，标识性效果明显。因此，从涉案标识的实际使用情况来看，无法看出"乐活LOHAS"的使用方式属于其注册商标或"Iwill爱维尔"商标项卡的一种款式名称，"乐活LOHAS"与"Twill爱维尔"连用后作为一个整体标识，起到了区别商品来源的功能，属于商标性使用。

B．伟哥第Ⅰ案（不能起到标识来源功能的使用不是商标使用）

最高人民法院〔2009〕民申字第268号；2009年6月24日；夏君丽、王艳芳、张晓都

【不能起到标识来源功能的使用不是商标使用】联环公司生产的"甲磺酸酚妥拉明分散片"药片的包装有与药片形状相应的菱形突起、包装盒上"伟哥"两字有土黄色的菱形图案作为衬底，但消费者在购买该药品时并不能据此识别该药片的外部形态。由于该药片包装于不透明材料内，其颜色及形状并不能起到标识其来源和生产者的作用，不能认定为商标意义上的使用，因此，不属于使用相同或者近似商标的行为。二审法院关于即便该药片的外部形态与辉瑞产品公司的涉案立体商标相同或相近似，但消费者在购买该药品时不会与辉瑞产品公司的涉案立体商标相混淆，亦不会认为该药品与辉瑞产品公司、辉瑞制药公司存在某种联系进而产生误认的认定，并无不当。

C．雅马哈第Ⅰ案（未经许可的使用）

天津市高级人民法院〔2001〕高知初字第3号

【侵权认定】原告在中华人民共和国注册的"yamaha""vision"商标应依法受到保护。被告港田有限公司未经原告许可，在其生产的gt50t-a型摩托车的前身和后身部位上粘贴"engine licensed by yamaha"字样，其中特意放大显示"yamaha"字样，显然是企图利用中国消费者不熟悉英文或疏忽大意，暗示自己的产品与"yamaha"有某种联系。因此，被告港田有限公司的行为，属于未经许可在同一种商品上使用原告的注册商标，构成了对原告注册商标专用权的侵犯。

B，小天鹅案（销售发票指向非侵权商品的商标使用行为不构成侵权）

最高人民法院〔2016〕最高法民申第2216号；2016年9月18日；骆电、马秀荣、李嵘

【销售发票指向非侵权商品的商标使用行为不构成侵权】关于包百大楼在发票上标注小天鹅的行为是否构成侵害商标权的问题。商标是用以区分商品或服务来源的标识，独立的标识无法构成商标法意义上的商标。作为商品交易文书的一种，发票使用属于一种商标使用行为，但在实际使用中，发票对商标使用必然是特定商品或服务的结合性使用。因此，在判断该使用行为是否侵犯他人权利时，仍然需要结合其指向的商品或服务本身予以综合判断。

具体到本案中，按交易惯例，购买洗衣机一般均是在先察看商品、了解功能价格来源等情况下，再决定购买、付款，销售者在款项收讫的情况下出具发票，发票出具是商品交易过程中的一个环节。包百大楼在发票上的标注属于对商标的使用，但该行为所指向的对象仍是被诉侵权商品本身。在被诉侵权商品本身不侵权的情况下，仅凭发票标注"小天鹅"字样，尚不足以认定其行为构成侵害商标权的行为。

C，维多利亚的秘密案（合法取得销售商品权利的经营者，在商品销售中对商标权人的商品若超出了指示商品来源所必需的范围，会构成侵害商标专用权）

上海市高级人民法院〔2014〕沪高民三（知）终字第104号；2015年02月13日；陶冶、徐卓斌、王静

关于上诉人麦司公司是否侵害了被上诉人维多利亚公司的涉案服务商标专用权。本案中，麦司公司所销售的商品并非假冒"VICTORIA'S SECRET""维多利亚的秘密"商标的商品，维多利亚公司亦未主张麦司公司所售商品为侵权产品，双方争议在于如何评价麦司公司在销售过程中使用"VICTORIA'S SECRET""维多利亚的秘密"标识的行为。值得注意的是，维多利亚公司在第35类服务上享有"VICTORIA'S SECRET""维多利亚的秘密"的注册商标专用权，这表明在此类服务上，他人未经许可不得使用"VICTORIA'S SECRET""维多利亚的秘密"注册商标。同时，由于麦司公司所销售的并非假冒商品，因此其也应具有将"VICTORIA'S SECRET""维多利亚的秘密"商品商标在销售活动中指示商品来源，以便消费者识别商品来源的权利，对此商标权人应当予以容忍。但如果对销售过程中商品商标的指示性使

用不加限制，则可能危及相关服务商标的存在价值。因此，麦司公司在指示性使用涉案商品商标过程中，应当限于指示商品来源，如超出了指示商品来源所必需的范围，则会对相关的服务商标专用权构成侵害。根据本案查明的事实，麦司公司在店铺大门招牌、店内墙面、货柜以及收银台、员工胸牌、VIP卡、时装展览等处使用了"VICTORIA'S SECRET"标识，且对外宣称美罗城店为维多利亚的秘密上海直营店、其系维多利亚的秘密中国总部、北上广深渝津大区总经销、中国区品牌运营商等，这可能导致相关公众误认为销售服务系商标权人提供或者与商标权人存在商标许可等关联关系，因此已经超出指示所销售商品来源所必要的范围，具备了指示、识别服务来源的功能，构成对"VICTORIA'S SECRET"服务商标专用权的侵害。麦司公司在网络广告宣传过程中使用"VICTORIA'S SECRET""维多利亚的秘密"标识，目的是利用涉案商标开展产品销售相关的招商加盟业务，系在与涉案服务商标同类的服务上使用与涉案服务商标相同的商标，一审法院认定其构成侵权，并无不当。

商品类似判断

《商标法》第十三条、第十五条、第十六条、第三十条、第三十一条、第三十二条、第五十七条，《反不正当竞争法》第五条第二款）

B，龟博士案（不同商品、服务存在特定关系或容易造成混淆）

最高人民法院〔2015〕行提字第3号；2015年11月18日；王艳芳、佟姝、杜微科

【不同商品、服务存在特定关系或容易造成混淆】关于何种情况下相关公众会认为不同的商品或服务之间存在特定联系或容易造成混淆的问题，本院认为，通常情况下，如果同一商标分别使用在不同的商品或服务上，会使相关公众认为上述不同的商品或服务系由同一主体提供，或其提供者之间存在特定联系，则可以认定不同的商品或服务之间存在特定联系，或容易造成混淆。具体到本案，判断被异议商标的"车辆加润滑油、车辆维修"服务与引证商标的"汽车上光蜡、清洗液"商品是否类似，亦应看涉案"龟博士"商标如果同时使用在上述商品或服务上是否会使相关公众认为其系由同一主体提供或提供主体之间具有特定联系。本院认为，实践中"车辆加润滑油、车辆维修"服务和"汽车上光蜡、清洗液"商品均属车辆维修、保养范畴，因"车辆加润滑油、车辆维修"服务提供者在提供服务时亦可能会使用"汽

车上光蜡、清洗液"等商品，二者的服务场所或销售场所、消费对象存在同一性可能，故如在上述商品或服务上均使用"龟博士"商标，以相关公众的一般交易观念和通常认识而言，则可能使相关公众误认为二者系由同一主体提供或提供者之间具有特定联系，从而产生混淆误认。因此，"车辆加润滑油、车辆维修"服务及"汽车上光蜡、清洗液"商品属于类似商品或服务，被异议商标在"车辆维修"服务上的注册违反了《商标法》第二十八条的规定，不应予以注册。

B，稻香村案（商品类似的动态考察）

最高人民法院〔2014〕知行字第85号；2014年12月19日；夏君丽、殷少平、钱小红

【类似判断标准的动态考察】关于一审、二审法院是否错误认定市场变化而判定被异议商标指定使用商品与引证商标一核定使用商品构成类似商品的问题。一审法院认为对是否构成类似商品的具体判断标准并非一成不变，而是应当随着社会发展、相关消费市场的逐渐演变、生活水平的提高而不断变化、调整，故在此前的裁定和判决中确立的评判标准和结论并不能对在后的案件产生必然的影响的认定并无不妥，本院予以确认。

BC，啄木鸟案（《区分表》的作用）

最高人民法院〔2011〕知行字第37号；2011年7月12日

【《区分表》在认定近似时的作用】《区分表》是我国商标主管机关以世界知识产权组织提供的《商标注册用商品和服务国际分类》为基础，总结我国长期的商标审查实践并结合我国国情而形成的判断商品和服务类似与否的规范性文件。该表对类似商品的划分就是在综合考虑了商品的功能、用途、生产部门、销售渠道、销售对象等因素的基础上确定的。因此《区分表》可以作为判断类似商品或者服务的参考。尤其商标注册申请审查，强调标准的客观性、一致性和易于操作性，为了保证执法的统一性和效率，商标行政主管机关以《区分表》为准进行类似商品划分并以此为基础进行商标注册和管理，是符合商标注册审查的内在规律的。但是，商品和服务的项目更新和市场交易情况不断变化，类似商品和服务的类似关系不是一成不变的，而商标异议、争议是有别于商标注册申请审查的制度设置，承载不同的制度功能和价值取向，更多涉及特定民事权益的保护，强调个案性和实际情况，尤其是进入诉讼程序的案件，更强调司法对个案的救济性。在这些环节中，如果还立足于维护一致性和稳定性，而不考虑实际情况和个案因素，则背离

了制度设置的目的和功能。因此在商标异议、争议和后续诉讼以及侵权诉讼中进行商品类似关系判断时，不能机械、简单地以《区分表》为依据或标准，而应当考虑更多实际要素，结合个案的情况进行认定。《区分表》的修订有其自身的规则和程序，无法解决滞后性，也无法考虑个案情况。把个案中准确认定商品类似关系寄托在《区分表》的修订是不现实和不符合逻辑的，相反个案的认定和突破才能及时反映商品关系变化。在必要时也可促进《区分表》的修正。因此对《区分表》的修正应当通过一定的程序统一进行并予以公布，否则不能突破的观点不能成立。事实上商标评审委员会在一些评审案件中已经在考虑相关案情的基础上，在《区分表》类似商品判断划分外做出符合实际的裁决。因此你公司关于鞋和服装在《区分表》中被划分为非类似商品，不应突破的观点缺乏法律依据，本院不予支持。

【关联商品】关联商品往往是针对《区分表》中被划定为非类似但实际上具有较强的关联性，相关商标共存容易导致混淆误认的商品而言的。对于这些商品，仍需置于类似商品框架下进行审查判断，只要容易使相关公众认为商品或者服务是同一主体提供的，或者其提供者之间存在特定联系，在法律上即构成类似商品。本案中，二审判决认定服装和鞋为关联商品，并进而认定争议商标违反《商标法》第二十八条的规定，这种表述容易使人误解为在类似商品之外又创设另一种商品关系划分，为此，本院予以纠正。

B、富士宝案（商品的较大关联性）

最高人民法院〔2011〕知行字第9号；2011年4月12日

【商品的较大关联性】本案中，富士宝公司的引证商标一、引证商标二指定使用的商品为"煮水器、电热水器"、"电热开水器"与争议商标核定使用的"消毒碗柜"均为厨房用电器，其销售渠道、消费群体具有较大的关联性，且相关证据已证明南海富士宝公司的引证商标一、引证商标二于争议商标申请日前在珠江三角洲一带已有一定知名度。在此情况下，因争议商标与引证商标一、引证商标二核定使用的商品之间存在较大关联性——容易使相关公众造成混淆。鉴此二审法院关于商标评审委员会第06284号裁定"争议商标在消毒碗柜商品上的注册未构成与引证商标一、引证商标二使用在类似商品的近似商标的理由不够充分"的认定是正确的。

商标近似判断

（《商标法》第十三条、第十五条、第十六条、第三十条、第三十一

条、第三十二条、第五十七条,《反不正当竞争法》第五条第二款)

B，永恒印记案（中、英文商标构成近似的判断）

最高人民法院〔2014〕知行字第49号；2014年11月28日；王艳芳、朱理、佟姝

【中、英文商标构成近似的判断】确定争议的中文商标与引证的英文商标的近似性，需要考虑如下因素：相关公众对英文商标的认知水平和能力、中文商标与英文商标含义上的关联性或者对应性、引证商标自身的知名度和显著性、争议商标实际使用情况等。

【相关公众认知水平】第一，相关公众对英文商标的认知水平和能力。这里涉及两个因素，一是我国相关公众对英文文字的认知水平，二是引证的英文商标词汇自身的常用性程度。众所周知，我国实行九年制义务教育已经多年，英语是我国九年制义务教育的重要课程之一，也是迄今为止我国高考的重要考试科目之一。我国境内相关公众对于常用英文词汇具有一定的认知能力和水平。按照通常拼读习惯，相关公众容易将"forevermark"识别为"forevermark"。同时，"forever"和"mark"均为使用频度较高的常用英文单词，小学生英汉字典中即已收录这两个单词。在我国境内相关公众对于引证商标的中文含义具有相当的理解力的情况下，容易将引证商标相对应的中文含义与引证商标联系起来。

【中、英文商标含义的关联性及对应程度】引证的英文商标与争议的中文商标含义上的关联性或者对应性程度。这种对应性和关联性可以从英译中和中译英两个角度进行考量。"forever"具有"永远、永恒、永久、常常、始终"等含义，"mark"具有"标志、分数、痕迹、记号"等含义，且"mark"在注册的中英文组合商标中常被译为"印记"，而"forevermark"可译为"永恒印记"。同时，"永恒印记"翻译成英文，也可译为"forevermark"。由此可见，"永恒印记"与"forevermark"含义上确实存在呼应关系，相关公众容易将二者对应起来。当争议商标和引证商标共同使用在相同或类似商品上时，相关公众施以一般注意力，容易误认为其商品来自同一主体或者两者之间存在特定联系。

C，乐活案（近似的全面判断）

江苏省高级人民法院〔2011〕苏知行终字第4号；2012年7月31日；袁滔、李昕、刘莉

【近似判断】虽然我国商标法对商标近似的判断未作具体规定，但在司

法实践中，一般认为商标近似是指被控侵权的商标与注册商标相比较，其文字的字形、读音、含义或者图形的构图及颜色，或者其各要素组合后的整体结构相似，或者其立体形状、颜色组合近似，易使相关公众对商品的来源产生误认或者认为其来源与注册商标的商品有特定的联系。也即，侵犯注册商标专用权意义上商标近似应当是混淆性近似，是否造成市场混淆是判断商标近似的重要因素之一。其中，是否造成市场混淆，通常情况下，不仅包括现实的混淆，也包括混淆的可能性。在具体判断商标是否近似时，应当掌握的原则：一是以相关公众的一般注意力为标准；二是既要对商标进行整体比对，又要对商标的主要部分进行比对，且比对应当在比对对象隔离的状态下分别进行；三是应当考虑请求保护注册商标的显著性和知名度。

C，尼康案（近似认定）

西安市中级人民法院〔2009〕西民四初字第302号；2010年12月28日；姚建军、张熠、史琦

【近似判断】浙江尼康使用的"尼康"文字与株式会社尼康注册商标"尼康"相同，使用的"NICOM"英文字母与株式会社尼康注册商标"Nikon"英文字母的组合虽不完全相同，但其读音、含义及各构成要素的字母组合结构相近似，该使用行为足以使相关公众对其产品的来源产生误认。

BC，雉鸡案（近似的全面判断）

最高人民法院〔2010〕民提字第27号；2010年6月24日；夏君丽、王艳芳、周云川

【近似判断考虑因素】在商标侵权纠纷案件中，认定被控侵权标识与主张权利的注册商标是否近似，应当视所涉商标或其构成要素的显著程度、市场知名度等具体情况，在考虑和比对文字的字形、读音和含义，图形的构图和颜色，或者各构成要素的组合结构等基础上，对其整体或者主要部分是否具有市场混淆的可能性进行综合分析判断。

B，秋林案（近似的全面判断）

最高人民法院〔2009〕知行字第15号；2009年12月15日

【近似商标判断】商标法意义上的商标近似是指足以导致市场混淆误认的近似，它是综合考虑商标标识之间的相似程度以及市场混淆误认的可能性后得出的判断。二审判决首先对被异议商标与引证商标标识之间的相似程度进行判断，在认定二者构成相似的情况下，又考虑市场混淆误认的可能性后，判定被异议商标与引证商标构成近似商标，其适用法律正确。关于"相

似"与"近似"存在差别,二审判决适用法律错误的主张不能成立。

B,苹果案（驰名商标本类保护）

最高人民法院〔2009〕行提字第3号；2009年11月11日；夏君丽、殷少平、王艳芳

【驰名商标本类保护】在德士活公司同时拥有非类似商品上已注册的驰名商标和类似商品上的在先注册商标的情况下,不仅应该将争议商标与权利人在类似商品上在先注册的商标进行比对,还应该考虑驰名商标跨类保护的因素,而不应该出现权利人除了拥有驰商标之外,还拥有在相同或类似商品上在先注册商标的情况下,所得到的保护反而弱于仅有在非类似商品上的驰名商标而没有在类似商品上在先注册商标的情况。二审法院放弃对行政行为的独立审查判断职责,未对争议商标与引证商标是否近似进行独立审查,而以商标评审委员会以前做出的未经司法审查的裁定作为依据,认定引证商标二与争议商标不构成近似,其做法确有不当,应予纠正。

C,静冈刀具案（攀附故意）

太仓市人民法院〔2013〕太仓民初字第16号。

【攀附故意】原告注册商标经过特殊设计而成,并不是简单的字母组合,在视觉效果上具有显著性,且根据现有证据,原告涉案商标在本行业内和造纸行业内具有较高知名度。被告在其使用的标识中完整嵌入了与静冈公司注册商标相同的图形,且天华公司法定代表人的名片、宣传册、网站等亦使用了原告商标及嵌入原告商标的标识,易使相关公众认为天华公司的涉案产品来源与静冈公司使用涉案注册商标的商品具有特定的联系,明显具有攀附的故意,故应当认定天华公司使用争议标识与原告注册商标构成近似。

B,拉菲案（判断中外文商标是否构成近似应当考虑二者是否已经形成了稳定的对应关系）

最高人民法院〔2016〕最高法行再34号；2016年12月23日；王艳芳、钱小红、杜微科

从拉菲酒庄及其相关销售商对"拉菲"这一中文名称的使用情况来看。至少在2003年起其已经在相关销售宣传单上以"拉菲"指代"LAFITE"。2006年国家质量监督检验检疫总局进出口食品标签审核证书亦记载进口葡萄酒为"拉菲传奇"系列葡萄酒。此后在销售中沿用"拉菲"一词,并主动在宣传活动中将"拉菲"作为"LAFITE"对应的音译词使用,如2008年的V-Life、《天下美食》《环球纪事》等杂志的宣传,在相关公众中具有较高的知名

度。由此，拉菲酒庄通过多年的商业经营活动，客观上在"拉菲"与"LAFITE"之间建立了稳固的联系，商标评审委员会及一审法院对此认定正确，本院予以维持。

C，拉菲案（已注册商标是否已经形成稳定的市场秩序的判断）

在前述"拉菲庄园"商标争议案中，最高人民法院指出，对于已经注册使用的商标，是否已经通过使用建立较高市场声誉，并形成了相关公众群体，应当以相关公众能否在客观上实现市场区分并避免混淆误认的结果为判断标准。

容易混淆及误认

（《商标法》第十三条、第十五条、第十六条、第三十条、第三十一条、第三十二条、第五十七条，《反不正当竞争法》第五条第二款）

A，小拇指案（消费群体及服务区域重合产生字号混淆）

天津市高级人民法院〔2012〕津高民三终字第46号；2013年2月19日；刘震岩、赵博、向晓辉

【关于消费群体及服务区域重合产生字号混淆的认定】其服务对象与杭州小拇指公司运营的"小拇指"汽车维修体系的消费群体多有重合。天津小拇指公司及其下属分支机构主要集中在天津地区，而自2010年起，杭州小拇指公司在天津地区的加盟店也陆续成立，两者的服务区域也已出现重合。故天津小拇指公司以"小拇指"为字号登记使用，必然会使相关公众误认两者存在某种渊源或联系，加之天津小拇指公司存在单独或突出使用"小拇指"汽车维修、"天津小拇指"等字样进行宣传的行为，足以使相关公众对市场主体和服务来源产生混淆和误认，容易造成竞争秩序的混乱。

A，天津中青旅案（推广链接）

天津市高级人民法院〔2012〕津高民三终字第3号；2012年3月20日；李华、刘震岩、裴然

【关于设置推广链接可能造成的混淆】未经天津中国青年旅行社的许可，涉诉网站及其推广链接与赞助商链接中擅自使用"天津中国青年旅行社"及"天津青旅"，足以使相关公众在网络搜索、查询中产生混淆误认，损害了天津中国青年旅行社的合法权益。

AC，费列罗案（包装、装潢的混淆）

最高人民法院〔2006〕民三提字第3号；2008年3月24日；孔祥俊、王

永昌、邰中林

【设计自由与混淆、误认】对商品包装、装潢的设计，不同经营者之间可以相互学习、借鉴，并在此基础上进行创新设计，形成明显区别各自商品的包装、装潢。这种做法是市场经营和竞争的必然要求。就本案而言，蒙特莎公司可以充分利用巧克力包装、装潢设计中的通用要素，自由设计与他人在先使用的特有包装、装潢具有明显区别的包装、装潢。但是，对他人具有识别商品来源意义的特有包装、装潢，则不能作足以引起市场混淆、误认的全面模仿，否则就会构成不正当的市场竞争。我国反不正当竞争法中规定的混淆、误认，是指足以使相关公众对商品的来源产生误认，包括误认为与知名商品的经营者具有许可使用、关联企业关系等特定联系。本案中，由于FERRERO ROCHER巧克力使用的包装、装潢的整体形象具有区别商品来源的显著特征，蒙特莎公司在其巧克力商品上使用的包装、装潢与FERRERO ROCHER巧克力特有包装、装潢达到在视觉上非常近似的程度，即使双方商品存在价格、质量、口味、消费层次等方面的差异和厂商名称、商标不同等因素，仍不免使相关公众易于误认金莎TRESOR DORE巧克力与FERRERO ROCHER巧克力存在某种经济上的联系。据此，再审申请人关于本案相似包装、装潢不会构成消费者混淆、误认的理由不能成立。

B，龟博士案（客观上形成市场区分）

最高人民法院〔2015〕行提字第3号；2015年11月18日；王艳芳、佟姝、杜微科

【商标共存】此外，允许商标之间的适当共存需存在特殊历史原因、历史延续等特殊情形，且需考虑在先权利人意愿以及客观上是否形成了市场区分等因素。根据本案证据，本案不存在特殊历史原因等情况，被异议商标注册时间晚于引证商标注册时间，在先权利人并未同意共存且现有证据亦不足以证明龟博士公司在"车辆维修"服务上使用的"龟博士"商标已和引证商标分别建立了各自的消费群体，客观上形成了市场区分。二审法院关于被异议商标注册未违反《商标法》第二十八条的认定错误，本院予以纠正。

B，稻香村案（混淆的历史考察）

最高人民法院〔2014〕知行字第85号；2014年12月19日；夏君丽、殷少平、钱小红

【混淆的历史考察】通常情况下，依据《商标法》第二十八条的规定，被异议商标与引证商标一构成使用在相同或者类似商品上的近似商标，应不

予核准注册，但根据当事人的主张及原审查明的事实，本案有复杂的历史背景。对因历史原因形成不同市场主体各自拥有相同字号，以及在同一种或者类似商品上各自拥有相同或者近似商标的情形下，当其中一方主体主张其申请注册被异议商标系对其字号及在先注册商标的延续时，人民法院审查判断被异议商标是否应予核准注册，除应当依据商标法的规定，亦应尊重历史和现状，尊重业已形成的市场秩序，全面、审慎、客观地考量各种因素，以尽量划清商业标识之间的界限为指针，公平合理地做出裁判。

B，梦特娇案（商标知名度的连续性）

最高人民法院〔2012〕行提字第28号；2013年12月13日；于晓白、王艳芳、李嵘

【商标知名度的连续性】从上述事实看，博内特里公司于1985年申请注册的"MONTAGUT+花图形"组合商标中就包含与争议商标基本相同的"花图形"标志，该"花图形"标志的申请注册时间早于引证商标的申请注册日。博内特里公司又于1994年将与争议商标基本相同的"花图形"商标申请注册在服饰用皮带等商品上。本案争议商标于2002年才申请、2003年被核准注册，博内特里公司包括"花图形"在内的三个系列商标于2004年就被认定为驰名商标。显然，其中被认定为驰名商标的"花图形"商标的知名度不是由刚核准注册一年的争议商标带来的，而是由于博内特里公司在申请注册争议商标之前就在中国长期、大量地使用带有"花图形"标志的"MONTAGUT+花图形"商标及1994年申请注册"花图形"商标，使"花图形"标志在相关公众中广为知晓，在服饰领域拥有较高的知名度，相关公众已经将"花图形""MONTAGUT+花图形""梦特娇"商标与博内特里公司之间建立了特定的联系。博内特里公司1994年申请注册的第795657号"花图形"商标与本案争议商标基本无差别，且同样都注册在服饰用皮带上，由此可见，尽管本案争议商标与已被认定为驰名商标的"MONTAGUT+花图形""花图形"商标为不同的商标，本案争议商标又在引证商标之后申请注册，但争议商标的"花图形"标识早在其申请注册之前已经过长期、广泛使用，"花图形"标志多年来在博内特里公司"MONTAGUT+花图形""花图形"驰名商标上建立的商誉已经体现在争议商标"花图形"商标上，本案争议商标延续性地承载着在先"花图形"商标背后的巨大商誉。因此，虽然不同的注册商标专用权是相互独立的，但商标所承载的商誉是可以承继的，在后的争议商标会因为在先驰名商标商誉的存在而在较短的时间内具有了较高的知名度。

B,良子案（共存协议与诚实信用）

最高人民法院〔2011〕知行字第50号；2011年11月15日；余红梅、钱小红、周云川

【历史因素及诚实信用原则】本院认为，本案纠纷的发生有着特定的历史过程，在处理时必须予以充分考虑，以做出公平、合理的裁决。……在共存协议签订时，本案的争议商标已经过初审公告后获准注册，作为协议签订一方的新疆良子公司理应知晓山东良子公司注册争议商标这一事实，在此基础上仍签订共存协议，应视为新疆良子公司同意山东良子公司注册争议商标，因此争议商标受到共存协议第四条的拘束。按照共存协议的约定，济南市历下区良子健身总店放弃了对新疆良子公司注册的引证商标的异议申请，引证商标从而获准注册，然而新疆良子公司法定代表人朱国凡成立的北京良子公司却违反协议约定，向商标评审委员会提出撤销争议商标的申请，以致商标评审委员会撤销争议商标。北京良子公司的上述行为，违反了共存协议的约定和诚实信用原则，而撤销争议商标的结果，显然打破了共存协议约定的利益平衡和多年来形成的市场格局，对山东良子公司明显不公平。

B,齐鲁案（特许行业的混淆）

最高人民法院〔2011〕民申字第222号；2011年7月13日；于晓白、骆电、王艳芳

【混淆判断的综合考量】本案中，南京太平南路营业部在简化使用其企业字号时，突出使用了"齐鲁""齐鲁证券"文字，但是否构成侵犯齐鲁众合公司对涉案注册商标享有的被许可使用权，原则上要以是否存在造成公众混淆、误认的可能性为基础，而判断是否存在造成公众混淆、误认的可能性时，必须考虑涉案注册商标的显著性，特别是其知名度。由于"齐鲁"系山东省的别称，故将其作为注册商标使用，本身显著性较弱。本案涉案商标虽然核定服务类别为36类，但注册商标权人信达公司及其被许可使用人齐鲁众合公司经营范围与齐鲁证券有限公司及其南京太平南路营业部经营范围不同。鉴于国家对证券行业实行严格的市场准入制度，未取得中华人民共和国经营证券业务许可证的企业，不得从事特许证券经营业务。由于信达公司及齐鲁众合公司不具备从事特许证券业务的资格，且二者也没有实际从事特许证券业务，故在该行业不存在知名度的问题，进而也就不可能使公众对齐鲁众合公司与南京太平南路营业部经营主体及经营范围产生混淆、误认。为此，一审、二审法院认定南京太平南路营业部未侵犯齐鲁众合公司对涉案注

册商标享有的被许可使用权并无不当，应予维持。

BC，鳄鱼案（标志近似不必然混淆）

最高人民法院〔2009〕民三终字第3号；2010年12月29日；夏君丽、殷少平、王艳芳

【标志近似不必然混淆】参照该司法解释规定及根据审判实际，认定被诉标识与原告请求保护的注册商标是否构成修订前的《商标法》第三十八条第（一）项规定的近似商标，通常要根据诉争标识文字的字形、读音、含义或者图形的构图及颜色等构成要素的近似性进行判断，且将是否造成混淆作为重要判断因素。因此，侵犯注册商标专用权意义上的商标近似应当是指混淆性近似，即足以造成市场混淆的近似。由于不同案件诉争标识涉及情况的复杂性，认定商标近似除通常要考虑其构成要素的近似程度外，还可以根据案件的具体情况，综合考虑其他相关因素，在此基础上认定诉争商标是否构成混淆性近似。诉争商标虽然在构成要素上具有近似性，但综合考量其他相关因素，仍不能认定其足以造成市场混淆的，不认定其构成侵犯注册商标专用权意义上的近似商标。

B，采乐案（不足以误导公众）

最高人民法院〔2008〕行提字第2号；2009年10月22日；于晓白、夏君丽、殷少平

【混淆】由于强生公司自身并未在中国市场使用过引证商标，实际使用人西安杨森公司的采乐酮康唑洗剂作为药品只在医院、药店出售，与普通洗发水在产品性质、生产和销售渠道等方面有着明确的区别，圣芳公司的洗发水产品不可能进入医药流通领域，消费者可以辨别。因此，圣芳公司在洗发水等日化用品上注册使用争议商标，不足以误导公众，不足以损害强生公司在药品商标上的利益，两个商标在药品和日化品的各自相关市场中可以共存。强生公司虽然在药品类别上注册了引证商标，但是其在洗发水等日化品市场并没有合法的在先利益，法律也不会为强生公司在药品上的商标预留化妆品市场。因此，在商标评审委员会已有两次终局裁定维持圣芳公司的争议商标注册的情况下，商标评审委员会再裁定撤销争议商标没有充分的理由。

B，苹果男人案（被异议人自身先后商标的关系影响近似判断）

最高人民法院〔2009〕行提字第2号；2010年9月10日；夏君丽、殷少平、王艳芳

【被异议人自身先后商标的关系影响近似判断】本案中，要判断被异议

商标是否构成《商标法》第十三条第二款规定的不予核准注册并禁止使用的情形，首先应该确定被异议商标是否构成对驰名商标的摹仿、复制；在能够认定的情况下，才需要进一步判断其注册和使用是否会误导公众。本案被异议商标"苹果男人"整体上无特定含义，仍以"苹果"为主要表现对象和识别部分，对此，德士活公司也是认可的。由于被异议商标申请注册的商品类别为第18类，该商标申请注册之前，广东苹果公司在第18类商品上不仅拥有"APPLES"、苹果图形商标，而且还于1998年3月14日获准注册了"苹果"文字商标，被异议商标显然与广东苹果公司在同类别商品上已注册的商标比较近似，特别是与"苹果"文字商标更为接近。在此情况下，没有充分理由认定被异议商标构成对德士活公司驰名商标的复制、摹仿，因而德士活公司在服装商品上的驰名商标不能排斥广东苹果公司在皮具类商品上申请的被异议商标。商标评审委员会及原审法院审理本案时，均已查明广东苹果公司1998年3月14日被核准注册"苹果"文字商标的事实，只是没有充分阐述该事实对被异议商标是否应该准予注册的影响，本院对此予以纠正。

B，红河案（近似混淆的综合判断）

最高人民法院〔2008〕民提字第52号；2009年4月8日；于晓白、夏君丽、殷少平

【商标近似综合判断】就本案而言，被申请人的"红河"注册商标中的"红河"是县级以上行政区划名称和知名度较高的河流名称，不是臆造词语，作为商标其固有的显著性不强，且被申请人始终未能提交其持续使用"红河"商标生产销售商品的证据及能够证明该商标信誉的证据，没有证据证明该商标因实际使用取得了较强的显著性。"红河"商标经过云南红河公司较大规模的持续性使用，已经具有一定的市场知名度，已形成识别商品的显著含义，应当认为已与"红河"商标产生整体性区别。以一般消费者的注意力标准判断，容易辨别"红河红"啤酒的来源，应认为不足以产生混淆或误认，而且，由于被申请人的商标尚未实际发挥识别作用，消费者也不会将"红河红"啤酒与被申请人相联系。此外，由于云南红河公司的住所地在云南省红河州，在其使用的商标中含有"红河"文字有一定的合理性；从云南红河公司实际使用在其产品的瓶贴及外包装上的"红河红"商标的情况来看，云南红河公司主观上不具有造成与被申请人的"红河"注册商标相混淆的不正当意图。鉴于此，综合考虑本案中"红河红"商标与"红河"注册商标的字形、读音、含义以及二者的显著性程度和知名度、商标实际使用情况

等相关因素，本院认定二者不构成近似商标，云南红河公司使用"红河红"商标的行为未侵犯被申请人的"红河"注册商标专用权。申请再审人提出的该项再审理由成立，本院予以支持。

B，诸葛酿案（实际使用状况对近似判断的影响）

最高人民法院〔2007〕民三监字第37-1号；2009年1月16日；于晓白、殷少平、夏君丽

【引证商标显著性以及两者的实际使用情况】其次，认定"诸葛亮"与"诸葛酿"是否构成侵犯注册商标专用权意义上的近似，需要考虑"诸葛亮"注册商标的显著性及二者的实际使用情况。"诸葛亮"因其固有的独特含义，在酒类商品上作为注册商标使用时，除经使用而产生了较强显著性以外，一般情况下其显著性较弱。在千年酒业公司受让前，"诸葛亮"注册商标尚未实际使用和具有知名度。千年酒业公司等也未提供证据证明"诸葛亮"注册商标经使用后取得了较强的显著性。在此种情况下，"诸葛亮"注册商标对相近似标识的排斥力较弱，"诸葛酿"商品名称与其在读音和文字构成上的近似，并不足以认定构成侵犯注册商标专用权意义上的近似。而且，在"诸葛亮"商标申请注册前，江口醇集团已将"诸葛酿"作为商品名称在先使用，不具有攀附"诸葛亮"注册商标的恶意。在"诸葛亮"商标核准注册前，"诸葛酿"酒已初具规模。至2003年8月标有"诸葛亮"注册商标的产品进入市场后，"诸葛酿"白酒已多次获得中国名牌产品等荣誉称号，在广东省、四川省、湖南省等地享有较高的知名度，为相关公众所知晓，具有一定的知名度和显著性，通过使用获得区别商品来源的作用。结合上述"诸葛酿"商品名称字体特点和具体使用方式，以及"诸葛亮"注册商标的显著性较弱，原审法院认定相关公众施以一般的注意力，不会导致混淆和误认并无不当。

C，梅蒸案（区分定性）

上海市高级人民法院〔2004〕沪高民三（知）终字第24号；2004年7月6日；王海明、李澜、马剑锋

【区分定性】上诉人混淆了原审法院分别认定的商标侵权和不正当竞争行为。原审法院在判决书第10页第三节认定：根据商标法的相关规定，上诉人上海梅蒸、原审被告豪特霸将"梦特娇·梅蒸"或"梅蒸"拼音字母与花瓣图形标志使用于其生产、销售的服装上，构成对被上诉人"梦特娇"和"花图形"注册商标专用权的侵犯。第13页的第四节认定：根据反不正当竞

争法的相关规定，由于上诉人与被上诉人系同行业竞争者，具有竞争关系。上诉人以及原审被告在专卖店店门、广告牌、服装以及包装袋上等直接使用香港梅蒸的中英文企业名称，足以使普通消费者造成误认，构成对被上诉人的不正当竞争。据此，二者针对的行为不同，行为的性质不同，并由此造成所调整的法律规范的当然不同。故上诉人的该节上诉理由系对原审判决书的理解错误所致，与法相悖，本院不予支持。

C，股神案（假冒知名商品特有名称）

北京市海淀区法院〔2000〕海知初字第74号；2000年6月28日；李东涛、王宏丞、戴国

【假冒知名商品特有名称】被告在其《股市经典》软件商品包装上标明"股神2000暨《股市经典》千禧版""第2代主流炒股软件"，并以"股神2000"作为链接的标识在其网站上宣传、销售该软件，虽然其中"股神"二字在字体上与原告所用的"股神"有所区别，但在读音上并无差异，被告自2000年起将其《股市经典》软件名称变更为《股神2000》，在两个专业软件商品之间建立了联系和对比，误导了消费者，降低了原告《股神》软件的商品声誉和"股神"注册商标在进入市场时识别商品的能力，已构成了对原告的注册商标和知名商品特有名称"股神"的假冒。被告辩称否认侵权，无事实与法律依据，本院不予采信，故被告应立即停止侵权，依法承担侵权责任。

B，奥普卫厨案（商标权的保护强度应当与其显著性和知名度相适应）

最高人民法院〔2016〕最高法民再216号；2016年6月25日；周翔、秦元明、佟姝

首先，关于新能源公司在本案中主张权利的基础。基于知识产权保护激励创新的目的，知识产权的保护范围和强度要与特定知识产权的创新和贡献程度相适应。只有使保护范围、强度与创新贡献相适应、相匹配，才能真正激励创新、鼓励创造。对于商标权的保护强度，应当与其应有的显著性和知名度相适应。具体到本案而言，涉案商标由中文文字和拼音两部分组成，其中的中文文字"奥普"为臆造词，具有较强的固有显著性，且与杭州奥普电器有限公司、奥普卫厨公司的商号完全一致。根据原审法院查明的事实，"奥普"文字商标早在1995年即已由奥普卫厨公司的关联企业核准在第11类商品之上。2001年6月，"奥普"商标已经被评为杭州市著名商标。此后，"奥普"商号被认定为浙江省知名商号，"奥普"系列商标先后被评为浙江省

著名商标，并被司法裁判认定为驰名商标。因此，至涉案商标申请日之前，经杭州奥普电器有限公司、奥普卫厨公司及其关联企业的使用，"奥普"系列商标已经在与涉案商标核定使用的"金属建筑材料"商品关联程度很高的浴霸等电器商品上具有了较高的知名度。而与此相比，新能源公司在受让涉案商标后，主要通过许可凌普公司使用的方式对涉案商标进行使用。但本案证据显示，凌普公司在对涉案商标进行使用的过程中，多次因不规范使用或突出使用"奥普"文字等行为，受到工商行政管理部门的处罚或被司法机关认定为不正当竞争行为，而其商誉攀附的对象，正是在市场中已经具有较高知名度的奥普电器产品。作为对凌普公司的使用行为负有监督职责，且与凌普公司作为共同原告提起本案诉讼的新能源公司，对凌普公司的上述行为应当是清楚的。因此，新能源公司在本案中并未提交证据证明，其已经通过正当的使用行为，使涉案商标产生了足以受到法律保护的显著性和知名度。由此可见，涉案商标中的"奥普"文字的显著性和知名度，实际上来源于奥普卫厨公司及其关联企业的使用行为。涉案商标虽然在"金属建筑材料"上有注册商标专用权，但对该权利的保护范围和保护强度，应当与新能源公司对该商标的显著性和知名度所做出的贡献相符。

B. 庆丰包子铺案（姓名的商业使用不能与他人合法的在先权利相冲突）

最高人民法院〔2016〕最高法民再238号；2016年9月29日；骆电、马秀荣、李嵘

【姓名的商业使用不能与他人合法的在先权利相冲突】关于庆丰餐饮公司使用"庆丰"文字的合理性判断。庆丰餐饮公司主张其对"庆丰"文字的使用属于合理使用其企业字号，且系对其公司法定代表人徐庆丰名字的合理使用。对此，本院认为，庆丰餐饮公司的法定代表人为徐庆丰，其姓名中含有"庆丰"二字，徐庆丰享有合法的姓名权，当然可以合理使用自己的姓名。但是，徐庆丰将其姓名作为商标或企业字号进行商业使用时，不得违反诚实信用原则，不得侵害他人的在先权利。徐庆丰曾在北京餐饮行业工作，应当知道庆丰包子铺商标的知名度和影响力，却仍在其网站、经营场所突出使用与庆丰包子铺注册商标相同或相近似的商标，明显具有攀附庆丰包子铺注册商标知名度的恶意，容易使相关公众产生误认，属于前述司法解释规定的给他人注册商标专用权造成其他损害的行为，其行为不属于对该公司法定代表人姓名的合理使用。因此，庆丰餐饮公司的被诉侵权行为构成对庆丰包子铺涉案注册商标专用权的侵犯，一审、二审法院关于庆丰餐饮公司的被诉

行为属于合理使用、不构成侵权的认定错误，本院予以纠正。

B，谷歌案（共存协议在2001年修正的《商标法》第二十八条适用过程中的作用）

最高人民法院〔2016〕最高法行再103号；2016年12月23日；王艳芳、钱小红、杜微科

其二，根据《商标法》第一条的规定，保障消费者的利益和生产、经营者的利益均是商标法的立法目的，二者不可偏废。虽然是否容易造成相关公众的混淆、误认是适用《商标法》第二十八条的重要考虑因素，但也要考虑到相关公众对于近似商业标志具有一定的分辨能力，在现实生活中也难以完全、绝对地排除商业标志的混淆可能性。尤其是在存在特定历史因素等特殊情形下，还可能存在不同生产、经营者善意注册、使用的特定商业标志的共存。本案中，相较于尚不确实是否受到损害的一般消费者的利益，申请商标的注册和使用对于引证商标权利人株式会社岛野的利益的影响更为直接和现实。株式会社岛野出具同意书，明确同意谷歌公司在我国申请和使用包括申请商标在内的有关商标权，表明株式会社岛野对申请商标的注册是否容易导致相关公众的混淆、误认持否定或者容忍态度。尤其是考虑到谷歌公司、株式会社岛野分别为相关领域的知名企业，本案中没有证据证明谷歌公司申请或使用申请商标时存在攀附株式会社岛野及引证商标知名度的恶意，也没有证据证明申请商标的注册会损害国家利益或者社会公共利益。在没有客观证据证明的情况下，不宜简单以尚不确定的"损害消费者利益"为由，否定引证商标权利人为生产、经营者对其合法权益的判断和处分，对引证商标权利人出具同意书不予考虑。

误导公众损害驰名商标利益

（《商标法》第五十七条第七款，《商标民事纠纷案件解释》第一条第二款）

C，KODAK案（驰名商标跨类保护）

苏州市中级人民法院〔2005〕苏中民三初字第213号；2006年4月6日；凌永兴、管祖彦、庄敬重

【驰名商标保护】结合本案事实及上述法律规范，科达电梯公司使用"KODAK"标识，显然是摹仿及依傍于伊士曼公司"KODAK"驰名商标的良好声誉形象，以取得不正当商业利益。从保护驰名商标专有性角度出发，科达电梯公司使用"KODAK"标识必然会降低伊士曼公司"KODAK"驰名商

标显著性及或然性损害其商誉价值，对伊士曼公司"KODAK"驰名商标专有性及长期商业标识形象利益造成实质性损害。因此，科达电梯公司未经"KODAK"驰名商标权利人同意而使用"KODAK"商业标识的行为，应判定为侵权。

反向假冒

（《商标法》第五十七条第七款）

C，银雉案（回购他人商品除标销售）

南通市中级人民法院〔2003〕通中民三初字第15号

【回购他人商品后除标销售】商品商标与商品具有不可分离的属性，商标权人有权在商品的任何流通环节，要求保护商品商标的完整性，保障其经济利益。在商品流通过程中拆除原有商标的行为，显然割断了商标权人和商品使用者的联系，不仅使商品使用者无从知道商品的实际生产者，从而剥夺公众对商品生产者及商品商标认知的权利，还终结了该商品所具有的市场扩张属性，直接侵犯了商标权人所享有的商标专用权，并最终损害商标权人的经济利益。因此，被告铁德公司在商品交易中擅自将印刷机械厂的"银雉"牌商标与该商标标识的商品分离，是侵犯印刷机械厂商标专用权的行为。

【非单纯维修行为】铁德公司先购入他人使用过的"银雉"牌旧印刷机，去除该设备上印有"银雉"商标的铭牌、更换破损部件并重新喷漆后，再以自己的名义出售给用户。这种行为已不是单纯的修理行为，而是将修整后的"银雉"牌旧印刷机作为铁德公司的产品对外销售的货物交易行为。铁德公司不是印刷机械设备的合格生产厂家，其经核准的经营范围亦不包括收购和出售旧物资设备的内容，其将旧"银维"牌印刷机修整后，在无合格证、无质量标准和不带任何标识的情况下投入市场，不仅违反产品质量法和工商行政管理法规，更侵犯了印刷机械厂对"银雉"商标的专有使用权，故应当承担停止侵权并赔偿相应损失的责任。铁德公司的辩解缺乏事实根据和法律依据，不予采纳。

协助侵权

（《商标法》第五十七条第六款）

C，衣念案（网络服务提供者责任）

上海市第一中级人民法院〔2011〕沪一中民五（知）终字第40号；2011

年4月25日；刘军华、陆凤玉、桂佳

【网络服务提供者责任】网络服务提供者对于网络用户的侵权行为一般不具有预见和避免的能力，因此，并不因为网络用户的侵权行为而当然需承担侵权赔偿责任。但是如果网络服务提供者明知或者应当知道网络用户利用其所提供的网络服务实施侵权行为，而仍然为侵权行为人提供网络服务或者没有采取适当的避免侵权行为发生的措施的，则应当与网络用户承担共同侵权责任。

【网络服务提供者行为义务】综合上述因素，本院认为上诉人知道杜某某利用其网络服务实施商标侵权行为，但仅是被动地根据权利人通知采取没有任何成效的删除链接之措施，未采取必要的能够防止侵权行为发生的措施，从而放任、纵容侵权行为的发生，其主观上具有过错，客观上帮助了杜某某实施侵权行为，构成共同侵权，应当与杜某某承担连带责任。

【商标权利人向网络服务提供者发出的通知内容】上诉人提出被上诉人涉案的7次投诉，4次投诉与被上诉人在本案中主张的商标权利无关，其余3次未提供判断侵权的证明，7次投诉未针对同一商品不同时间发布，不是有效投诉。本院认为，商标权利人向网络服务提供者发出的通知内容应当能够向后者传达侵权事实可能存在以及被侵权人具有权利主张的信息。对于发布侵权商品信息的卖家，无论是一次发布行为还是多次发布行为，多次投诉针对的同一商品还是不同商品，是同一权利人的同一商标还是不同商标，均能够足以使网络服务提供者知道侵权事实可能存在，并足以使其对被投诉卖家是否侵权有理性的认识。因此，本案被上诉人的7次投诉足以向上诉人表明了杜某某存在侵权行为的信息，上诉人的前述上诉理由不能成立，本院不予采信。

C，龙华市场案（市场管理方责任）

上海市第一中级人民法院〔2009〕沪一中民五（知）初字第211号；2009年10月26日；胡震远、胡瑜、陆凤玉

【市场管理方责任】本案的争议焦点之二在于被告是否应当承担侵权责任。被告虽非被控侵权产品的直接销售者，但被控侵权产品交易的完成也与被告的行为不可分割。被告作为该市场的管理方，在原告一再发函告知在其管理的市场内存在出售侵犯原告注册商标专用权商品的情况时，理应对相关商铺加强监管。被告虽辩称其没有行政执法权，但根据被告与承租商铺的合同及其附件之约定，其对于承租商铺经营业主出售侵犯注册商标专用

权商品的行为具有限期整改、扣减保证金、解除合同直至清退出场的合同权利,现被告仅要求相关商铺业主出具书面保证书,主观上没有尽到善良管理人的注意义务,客观上为侵权行为提供了便利条件,导致侵权行为反复发生,故本院认定被告与直接销售被控侵权产品的相关商铺经营者构成共同侵权。原告起诉请求被告停止侵权、赔偿经济损失及原告为制止侵权所发生的合理费用,本院予以支持。因原告未能举证证实其由于被告侵权行为所遭受的实际损失以及被告侵权获利的实际数额,本院将综合被告的侵权性质、情节以及原告实际支出费用的合理性等因素,酌情确定被告所应承担的赔偿数额。

企业名称突出使用商标侵权

(《商标法》第五十七条第七款,《商标民事纠纷案件解释》第一条第一款)

A、同德福第Ⅱ案(商号不突出使用不构成商标侵权)

重庆市高级人民法院〔2013〕渝高法民终字第292号;2013年12月18日;李剑、周露、宋黎黎

【商号不突出使用不构成商标侵权】相对于这些标识来看,"同德福颂"及其具体内容仅属于普通描述性文字,明显不具有商业标识的形式,也不够突出醒目,客观上不容易使消费者对商品来源产生误认,亦不具备替代商标的功能。因此,重庆同德福公司标注"同德福颂"的行为不属于侵犯商标权意义上的"突出使用",不构成侵犯商标权。

B、王将饺子案(注册商标和企业名称冲突)

最高人民法院〔2010〕民提字第15号;2010年6月24日;夏君丽、王艳芳、周云川

【注册商标和企业名称冲突解决原则】注册商标和企业名称均是依照相应的法律程序获得的标志权利,分属不同的标志序列,依照相应法律受到相应的保护。对于注册商标与企业名称之间的纠纷,人民法院应当区分不同的情形,按照诚实信用、维护公平竞争和保护在先权利等原则,依法处理。……如果是不规范使用企业名称,在相同或者类似商品上突出使用与他人注册商标相同或相近的企业的字号,容易使相关公众产生误认的,属于给他人注册商标专用权造成其他损害的行为,依法按照侵犯商标专用权行为处理。

【企业名称突出使用不当】虽然大连王将公司注册使用企业名称本身并

无不当，但是，大连王将公司没有规范使用其企业名称，而在其招牌、招贴和餐具等突出使用其字号，其所使用的标志"王将"与李惠廷在先核准注册的商标标志虽存在一些差异，但这种差异是细微的，以相关公众的一般注意力难以区分，使用在相同服务上，容易使相关公众产生误认，根据《商标民事纠纷案件解释》第一条的规定，大连王将公司的上述行为侵犯了李惠廷的注册商标专用权，其应当停止相应侵权行为，并赔偿李惠廷的经济损失。

C，狗不理第Ⅰ案（突出使用）

山东省高级人民法院〔2007〕鲁民三终字第70号；2007年10月10日；于玉、岳淑华、刘晓梅

【突出使用】但天丰园饭店却将"狗不理"三字用于宣传牌匾、墙体广告和指示牌，并且突出使用"狗不理"三字或将"狗不理"三字与天丰园饭店割裂开来使用。考虑到"狗不理"是狗不理集团公司的驰名商标，这一商标显著性强，知名度高，已经与狗不理集团公司建立了唯一、特定的联系，普通消费者一看到"狗不理"三字就会与狗不理集团公司提供的餐饮服务联系到一起。天丰园饭店在宣传牌匾等使用"狗不理"三字，容易使消费者（不应仅局限于济南的老食客）产生天丰园饭店与狗不理集团公司存在"联营或狗不理集团公司开设分店"等某种特定联系的混淆。这种混淆不仅淡化了或有可能淡化"狗不理"这一驰名商标的显著性，而且还可能误导普通的消费者。但由于本案涉及历史因素，因此，应当在充分考虑和尊重相关历史因素的前提下，根据"保护在先权利、维护公平市场竞争、遵守商业道德、诚实守信"的原则，公平合理地解决本案争议。为规范市场秩序，体现对"狗不理"驰名商标的充分保护，天丰园饭店不得在企业的宣传牌匾、墙体广告中等使用"狗不理"三字，但仍可保留狗不理猪肉灌汤包这一菜品。

C，三河福成案（企业名称简化）

云南省高级人民法院；2007年4月5日

【企业名称简化使用】企业名称一般应当规范使用，使用时应当与登记注册的企业名称相同。特定行业允许在符合诚实信用原则的前提下依法适当简化使用企业名称，但仅限于在牌匾上使用。被上诉人昆明福成公司登记注册的企业名称为"哈尔滨福成饮食有限公司昆明分公司"，但并没有在经营场所规范、完整地使用其企业名称。相反，昆明福成公司在其经营场所的牌题、外墙、内外装饰、宣传资料、订餐卡、菜单上，大量使用"福成""福成集团""福成肥牛""福成火锅""福成肥牛火锅""福成肥牛火锅昆明旗舰

店"等与其企业名称不符的文字。法律只规定企业有依法"简化"企业名称的权利，而未规定企业可以随意变更企业名称。简化是在全称基础上的合理缩减，而非彻底抛弃原名称，随意使用与原名称完全不同的新名称，况且法律规定，企业名称的简化只允许在牌匾上使用，还须报登记主管机关备案，昆明福成公司的行为明显不符合法律的规定，故昆明福成公司并非正常使用其企业名称。

【不正当竞争意图】国家工商管理总局商标局制定的《关于保护服务商标若干问题的意见》第七条第二款规定："他人正常使用服务行业惯用标志，以及以正常方式使用商号（字号）、姓名、地名、服务场所名称，表示服务特点，对服务事项进行说明等，不构成侵犯服务商标专用权行为，但具有明显不正当竞争意图的除外。"由于昆明福成公司并非正常使用其字号，且具有明显不正当竞争故意，原判适用该规定认定昆明福成公司未侵犯三河福成公司注册商标专用权属于适用法律错误。

【知名商品特有的名称、包装、装潢】"福成肥牛火锅"系三河福成公司多年经营的知名火锅服务，本案具有适用《反不正当竞争法》（1993年版）第五条第（二）项之规定的前提。昆明福成公司在其经营场所明显标注"福成肥牛火锅"这一三河福成公司知名火锅服务的特有名称，该行为易使消费者产生误认，已构成不正当竞争。

C，雪中彩影案（突出使用是企业名称构成商标侵权的条件）

南京市中级人民法院〔2004〕宁民三初字第312号；2005年5月30日；刘红兵、程堂发、卢山

【突出使用是企业名称构成商标侵权的条件】本案被告上海雪中彩影公司、上海雪中彩影江宁分公司的企业名称中虽然包含与原告南京雪中彩影公司注册商标"雪中彩影"相同的文字，但上海雪中彩影江宁分公司在其企业牌匾、摄影订单、门市收银单和广告宣传单中均规范使用了其企业名称，"雪中彩影"字号在字体、大小上与企业名称中的其他文字相同，且与注册商标"雪中彩影"字体相区别，不构成突出使用。因此，两被告的行为不应认定为商标侵权行为。

C，恒盛案（商标与企业名称冲突）

福建省高级人民法院〔1999〕闽知终字第14号

【企业名称的合法使用】上诉人恒盛厂在其产品上使用以"恒盛"和图形组合的商标，是未注册商标，不享有受法律保护的商标专用权。恒盛厂使

用与注册商标近似的未注册商标来抗衡注册商标，必须依法承担侵权的民事责任。应当指出，"恒盛"确定是恒盛厂在先登记使用的企业名称中的字样。恒盛厂如果对上诉人芳芳陶瓷厂将"恒盛"二字作为商标内容之一进行注册持反对意见，完全可以依照《商标法》第二十七条和《商标法实施细则》第二十五条的规定，向国家工商管理总局商标评审委员会提出撤销芳芳陶瓷厂注册商标的申请。鉴于恒盛厂从未提出过此项申请，芳芳陶瓷厂的商标至今仍然是商标局核准的注册商标，法院依法必须予以保护。恒盛厂辩称，在未注册商标上使用"恒盛"字样，是为了符合国家工商管理总局的要求。经查，国家工商管理总局只是要求未注册商标的使用人标明企业名称或住址。恒盛厂已经在其产品的外包装箱上标明了企业名称，满足了国家工商行政管理局的要求，因此其再在未注册商标中使用"恒盛"字样，使该商标与芳芳陶瓷厂的注册商标近似，不是对企业名称的合法使用，其辩解理由不能成立。

【保护在先权利人利益原则适用的条件】"恒盛瓷砖"并非上诉人恒盛厂的企业全称，恒盛厂在其产品包装箱上标注"恒盛瓷砖"，不是对企业名称的合法使用。对商标专用权与企业名称权在行使中发生的冲突，适用维护公平竞争和保护在先合法权利人利益的原则去解决，是正确的。但应当指出，这一原则只能解决两种权利都在合法行使时发生的冲突，不包括不适当行使权利的情况。在本案中，享有企业名称权的上诉人恒盛厂是因不适当使用企业名称才侵犯了上诉人芳芳陶瓷厂的注册商标专用权，所以解决本案冲突，不适用保护在先权利人利益的原则。

企业名称不正当竞争

（《商标法》第五十八条；《反不正当竞争法》第五条第三款）

A，同德福第Ⅱ案（诚实信用原则为基本判断标准）

重庆市高级人民法院〔2013〕渝高法民终字第292号；2013年12月18日；李剑、周露、宋黎黎

【判断登记字号的行为是否构成不正当竞争的关键】其登记字号的行为是否构成不正当竞争关键在于该行为是否违反诚实信用原则。第一，成都同德福公司没有证据证明在余晓华注册个体工商户时其商标已具有相当的知名度，即便他人将"同德福"登记为企业字号，但只要规范使用字号，就不足以引起相关公众误认，不能说明余晓华登记字号的行为具有"搭便车"的恶

意。第二，根据《合川县志》等历史文献资料记载，在20世纪20年代至50年代期间，"同德福"商号享有较高商誉。同德福斋铺先后由余鸿春、余复光、余水榨三代人经营，尤其是在余复光经营期间，同德福斋铺生产的桃片获得了较多荣誉。余晓华基于同德福斋铺的商号曾经获得的知名度和同德福斋铺原经营者直系后代的身份，将其个体工商户及企业的字号登记为"同德福"符合常理，具有合理性。即使其此前未从事过桃片生产经营，也可能有多种原因，不影响其在具备条件时才将前辈直系亲属经营过的"同德福"商号登记为个体工商户字号的合理性，仅因与"同德福"商号同名的注册商标在先注册，不足以推定其登记字号行为具有攀附他人注册商标的主观故意。综合以上两点，余晓华登记个体工商户字号的行为是善意的，并未违反诚实信用原则，不构成不正当竞争。同时，根据法律、法规和司法解释的相关规定，除驰名商标外，将与他人注册商标相同或近似的文字登记为企业字号的行为本身并不为法律所禁止，只有将上述企业字号在相同或者类似商品上突出使用且容易使相关公众产生误认的，才属于《商标法》第五十二条第（五）项规定的给他人注册商标专用权造成其他损害的行为。

A，小拇指案（竞争关系及企业名称）

天津市高级人民法院〔2012〕津高民三终字第46号；2013年2月19日；刘震岩、赵博、向晓辉

【竞争关系】是否存在竞争关系是认定构成不正当竞争的首要条件。……反不正当竞争法所调整的竞争关系的主体应为市场经营者，而市场主体之间竞争关系的存在，并非仅以相同行业或服务类别为限。

【竞争关系】杭州小拇指公司本身不具备从事机动车维修的资质，也并未实际从事汽车维修业务，但从其所从事的汽车玻璃修补、汽车油漆快速修复等技术开发活动，以及经授权许可使用的注册商标核定服务项目所包含的车辆保养和维修等可以认定，杭州小拇指公司通过将其拥有的企业标识、注册商标、专利、专有技术等经营资源许可其直营店或加盟店使用，使其成为"小拇指"品牌的运营商，以商业特许经营的方式从事与汽车维修相关的经营活动。因此，杭州小拇指公司是汽车维修市场的相关经营者，其与天津小拇指公司及天津华商公司之间存在竞争关系。

【关于企业名称受保护的条件】企业名称，特别是其中的字号，是区别不同市场主体的商业标识，相关公众可以通过不同的字号来识别商品或服务的提供主体。根据《不正当竞争民事案件解释》第六条的规定，受反不正当

竞争法保护的企业名称应具有一定的市场知名度、为相关公众所知悉，同时，应保护消费者对标识所指示商品或服务的来源不产生混淆。

【关于企业名称的合法性】企业名称作为依照相应法律程序获得的一种标识性权利，依法应受到相应的保护，但并不意味经过工商行政机关审核登记的企业名称的取得、使用必然合法。

【关于字号在相关公众中的知名度】虽然"小拇指"本身为既有词汇，但通过其直营店和加盟店在汽车维修领域的持续使用及宣传，"小拇指"汽车维修已在相关市场起到识别经营主体及与其他服务相区别的作用。2008年10月天津小拇指公司成立时，杭州小拇指公司的"小拇指"字号及相关服务在相关公众中已具有一定的市场知名度。

【关于避让在先字号的义务】市场竞争中的经营者应当遵循诚实信用原则、遵守公认的商业道德、尊重他人的市场劳动成果，登记企业名称时，理应负有对同行业在先字号予以避让的义务。

【关于不正当注册企业名称的责任】天津小拇指公司登记使用该企业名称本身违反了诚实信用原则，具有不正当性，且无论是否突出使用，均难以避免产生市场混淆，构成不正当竞争，故应对此承担停止使用"小拇指"字号及赔偿相应经济损失的民事责任。

A，天津中青旅案（企业简称）

天津市高级人民法院〔2012〕津高民三终字第8号；2012年3月20日；李华、刘震岩、裴然

【关于使用他人企业名称及简称的不正当性】上诉人天津国青国际旅行社有限公司作为与被上诉人天津中国青年旅行社同业的竞争者，上诉人在明知被上诉人企业名称及简称享有较高知名度的情况下，仍擅自使用被上诉人企业名称及简称，其行为明显有借他人之名为自己谋取不当利益的意图，主观恶意明显，故其在承担停止侵权责任的同时，还承担消除影响的民事责任。

C，尼康案（企业名称）

西安市中级人民法院〔2009〕西民四初字第302号；2010年12月28日；姚建军、张熠、史琦

【企业名称】株式会社尼康不仅享有"尼康"注册商标权，同时享有企业名称权，株式会社尼康的"尼康"无论作为注册商标，还是企业字号，都先于浙江尼康；加之，2006年6月27日浙江尼康将其企业字号变更为"尼

康"时，株式会社尼康在消费者中已经具有一定的市场知名度、为相关公众所知悉；浙江尼康使用"尼康"作为企业字号具有明显的攀附株式会社尼康商业声誉的主观意图，其在经营中使用"尼康"作为企业字号，足以误导相关公众将浙江尼康及其产品与株式会社尼康发生混淆、误认或建立联系，因此，浙江尼康构成对株式会社尼康的不正当竞争。浙江尼康辩称，其拥有合法的商号，不存在搭便车的行为，不构成不正当竞争，事实和法律依据不足，本院依法不予支持。

【不正当地将他人具有较高知名度的在先注册商标和企业字号注册登记为企业名称中的字号】浙江尼康应否停止使用"尼康"企业字号。《最高人民法院关于审理注册商标、企业名称与在先权利冲突的民事纠纷案件若干问题的规定》（以下简称《在先权利冲突规定》）第四条规定："被诉企业名称侵犯注册商标专用权或者构成不正当竞争的，人民法院可以根据原告的诉讼请求和案件具体情况，确定被告承担停止使用、规范使用等民事责任。"本院注意到浙江尼康自2000年3月28日以"五星"作为企业字号注册成立后，其产品和企业多次获奖，在消费者中"五星"企业字号具有一定的影响度。在此情形下，浙江尼康于2006年6月不正当地将株式会社尼康具有较高知名度的在先注册商标和企业字号"尼康"注册登记为其企业名称中的字号，其注册使用"尼康"的行为本身就违法。根据本案的具体案情，浙江尼康将"尼康"作为企业字号使用，足以误导相关公众将浙江尼康及其产品与株式会社尼康发生混淆、误认或建立联系，株式会社尼康请求浙江尼康停止在企业名称中使用"尼康"文字的不正当竞争行为，事实依据充分，本院依法予以支持。

B．王将饺子案（注册商标与企业名称冲突）

最高人民法院〔2010〕民提字第15号；2010年6月24日；夏君丽、王艳芳、周云川

【注册商标和企业名称冲突解决原则】注册商标和企业名称均是依照相应的法律程序获得的标志权利，分属不同的标志序列，依照相应法律受到相应的保护。对于注册商标与企业名称之间的纠纷，人民法院应当区分不同的情形，按照诚实信用、维护公平竞争和保护在先权利等原则依法处理。如果注册使用企业名称本身具有不正当性，比如不正当地将他人具有较高知名度的在先注册商标作为字号注册登记为企业名称，即使规范使用仍足以产生市场混淆的，可以按照不正当竞争处理；……相应地，人民法院应当依据《在先权利冲突规定》第四条的规定，根据原告的诉讼请求和案件具体情况，确

定被告应当承担的民事责任。如果不正当地将他人具有较高知名度的在先注册商标作为字号注册登记为企业名称，注册使用企业名称本身就违法，不论是否突出使用均难以避免产生市场混淆的，可以根据当事人的请求判决停止使用或者变更该企业名称；如果企业名称的注册使用并不违法，只是因突出使用其中的字号而侵犯注册商标专用权的，判决被告规范使用企业名称、停止突出使用行为即足以制止被告的侵权行为，因此在这种情况下不宜判决停止使用或者变更企业名称。规范使用企业名称与停止使用或变更企业名称是两种不同的责任承担方式，不能因突出使用企业名称中的字号从而侵犯商标专用权就一律判决停止使用或变更企业名称。

BC，正野第Ⅱ案（企业名称可承继）

最高人民法院〔2008〕民提字第36号；2010年1月6日；于晓白、夏君丽、殷少平

【企业名称本质是财产权益，可以承继】受反不正当竞争法保护的企业名称，特别是字号，不同于一般意义上的人身权，是区别不同市场主体的商业标识，本质上属于一种财产权益。根据原审法院查明的事实，1994年5月，原顺德市正野电器实业公司开始使用正野字号，高明正野公司1996年5月成立。1998年4月30日，原顺德市正野电器实业公司并入高明正野公司。原顺德市正野电器实业公司注销后，其债权债务均由高明正野公司承继，字号所产生的相关权益也可由高明正野公司承继。

B，星群案（老字号认定的时间不等同于企业知名的时间）

最高人民法院〔2008〕民申字第982号；2009年9月24日；郃中林、王艳芳、李剑

【老字号认定的时间不等同于企业知名的时间】经过数十年的发展，在星群食品饮料公司成立之前，星群药业公司的夏桑菊颗粒产品和企业本身就已经获得了大量荣誉，在相关公众中享有较高的知名度。星群药业公司的"星群"字号被认定为中华老字号，是对其持续数十年经营成果的认可，并不意味着该公司在2006年11月7日才成为知名企业。星群食品饮料公司关于星群药业公司不能基于在后认定的老字号主张权利、在后认定为老字号不影响星群食品饮料公司使用相同字号的申请再审理由不能成立，本院不予支持。

B，正野第Ⅰ案（企业名称可承继）

最高人民法院〔2005〕民三监字第15-1号；2008年12月15日

【企业名称本质是财产权益，可以承继】受反不正当竞争法保护的企

名称，特别是字号，不同于一般意义上的人身权，是区别不同市场主体的商业标识。原顺德市正野电器实业公司注销后，其债权、债务均由高明正野公司承继，字号也可由高明正野公司承继。

【使用企业名称产生混淆】再审被申请人顺德正野公司与再审申请人伟雄集团公司、原顺德正野电器实业公司均在同一地区，知道再审申请人"正野"商标和"正野"字号的知名度，却登记使用与再审申请人伟雄集团公司"正野"注册商标相同的"正野"文字作为企业名称中的字号，使用与高明正野公司企业名称字号相同的"正野"字号，生产经营电风扇、插头插座、空调器等，倘若足以使相关公众对商品的来源产生混淆，即使再审申请人伟雄集团公司的"正野GENIUN"商标未被认定为驰名商标或者著名商标，或者未突出使用企业名称字号，仍可构成不正当竞争行为。

C，雪中彩影案（混淆及故意）

南京市中级人民法院〔2004〕宁民三初字第312号；2005年5月30日；刘红兵、程堂发、卢山

【使用企业名称构成不正当竞争的判断标准】本案南京雪中彩影公司的"雪中彩影"商标注册在先，上海雪中彩影公司、上海雪中彩影江宁分公司登记的含有"雪中彩影"字号的企业名称在后，判定两被告的行为是否构成不正当竞争，既要看其后果是否使普通消费者对市场主体及其服务的来源产生混淆或者混淆的可能，也要看两被告实施该行为主观上是否存在故意。

域名

（《商标法》第五十七条第七款、《商标民事纠纷案件解释》第一条第三款）

A，小拇指案（在先域名使用的正当性）

天津市高级人民法院〔2012〕津高民三终字第46号；2013年2月19日；刘震岩、赵博、向晓辉

【关于在先域名使用的正当性】因天津小拇指公司、天津华商公司所主办网站的注册时间均在兰建军、杭州小拇指公司取得涉案注册商标之前，故原审判决依据相关司法解释的规定，认定天津小拇指公司、天津华商公司以"tjxiaomuzhi"作为网站域名的行为不构成商标侵权，并无不当。

C，拉菲案（域名侵犯商标权）

湖南省高级人民法院〔2011〕湘高法民三终字第55号；2011年8月17

日；曾志红、唐小妹、陈小珍

【域名】上诉人使用的域名"1afitefamily.com"完整包含了被上诉人第1122916号注册商标"LAFITE"文字，上诉人并在该网站中结合Lafitefamily等标识对其葡萄酒商品进行宣传、推广，容易使相关公众误认为上诉人提供的商品来源于被上诉人，上诉人的这一行为属于给他人注册商标专用权造成其他损害的行为，侵犯了被上诉人尚杜·拉菲特罗兹施德民用公司第1122916号"LAFITE"注册商标专用权。

C，飞利浦案（域名侵犯商标权）

上海市第二中级人民法院〔2002〕沪二中民五（知）初字第214号；2003年12月25日；

【域名侵犯商标权的判断标准】根据上述法律和司法解释的规定，结合双方当事人争议情况，本案应解决以下问题：①被告飞利浦公司的商标是否受我国法律保护？②原告蒋海新注册并使用的域名是否与飞利浦公司的商标近似，并且足以造成相关公众误认？③蒋海新注册并使用该域名是否有正当理由，其对该域名或者该域名的主要部分是否享有权益？④蒋海新注册并使用该域名，是否怀有恶意？解决了这四个问题，双方当事人的争议焦点，即争议域名应归谁所有，就能一目了然。

C，杜邦案（域名侵犯驰名商标）

北京市高级人民法院〔2001〕高知终字第47号；2001年11月15日；程永顺、张雪松、刘辉

【驰名商标较高水平的保护】根据《巴黎公约》的有关规定，对于驰名商标应给予较高水平的保护。因为驰名商标能够给权利人带来较大的商业利益，未经许可，将驰名商标以任何形式作商业性使用，都将损害驰名商标注册人的权益，所以都是对驰名商标专用权的侵犯。

【域名侵犯驰名商标】域名是用户在计算机网络中的名称和地址，是用于区别其他用户的标志，具有识别功能。在计算机网络上以驰名商标作为域名，可以将驰名商标在计算机网络之外的功能和作用，以及能够给商标注册人的商业利益带到计算机网络中。在计算机网络中未经许可将他人的驰名商标作为域名注册或者使用，实际上是该域名的注册人或者使用人无合法依据地占有了应属于驰名商标的商标注册人的商业利益。这种使用如果未经许可，是对他人驰名商标的使用，就是对驰名商标的侵犯。

权利用尽

（《商标法》第五十七条第七款）

B，喜盈门案（回收并重复利用啤酒瓶）

最高人民法院〔2014〕民申字第1182号；2014年11月28日；于晓白、骆电、李嵘

【回收并重复利用啤酒瓶】首先，回收并重复利用符合安全标准的啤酒瓶是国家环保政策所提倡的，也是我国啤酒行业多年来的通行做法。在实践中，由于回收企业在回收的玻璃啤酒瓶中同时含有相关企业的专用瓶，而专用瓶上一般刻有相关企业的标识印记，从而导致其他啤酒企业因使用回收的"专用瓶"而引发的纠纷时有发生。本院认为，作为啤酒生产企业，应使用符合安全标准的啤酒瓶（包括回收并重复利用）是国家对公共利益保护的具体要求。啤酒生产企业在生产、销售产品的过程中，同时应遵守国家的相关法律规定，不损害他人权益，不侵害他人的知识产权，也是其应尽的法律义务。一般情况下，如果仅仅是将回收的其他企业的专用瓶作为自己的啤酒容器使用，且在啤酒瓶的瓶身粘贴自己的商标和企业名称的瓶贴（包括包装装潢），与其他企业的瓶贴存在明显区别，使消费者通过不同的瓶贴即可区分啤酒的商标和生产商，不会产生混淆误认的，那么，该使用方式应属于以区分商品来源为目的的正当使用，不构成侵权。但啤酒生产企业未采取正当方式使用回收啤酒瓶，侵害他人相关权利的，则应承担相应的法律责任。

B，五粮液（商标标识商品来源的功能）

最高人民法院〔2012〕民申字第887号；2012年11月30日；夏君丽、钱小红、董晓敏

【未破坏商标标识商品来源的主要功能】天源通海公司是五粮液公司生产的"锦绣前程"系列酒的山东运营商，其在上述经营活动中使用"（图略）"及"WULIANGYE"商标，虽未经五粮液公司的许可，但其使用"（图略）"及"WULIANGYE"商标的意图是指明"锦绣前程"系列酒系五粮液公司所生产，其为五粮液公司"锦绣前程"系列酒的山东运营商，且"五粮液"三字既是五粮液公司的商标，亦为五粮液公司的字号，"锦绣前程"系列酒本身标注着商标。同时，天源通海公司在经营活动中使用涉案商标是为了更好地宣传推广和销售"锦绣前程"系列酒，亦无主观恶意，这种使用行为并没有破坏商标标识商品来源的主要功能，故天源通海公司未侵犯

五粮液公司的涉案商标专用权。

正当使用抗辩

（《商标法》第五十九条第一款）

A，鲁锦案（地域性商品广泛性判断以其特定产区及相关公众为标准）

山东省高级人民法院〔2009〕鲁民三终字第34号；2009年8月5日；吴锦标、于玉、刘晓梅

【合理使用】在山东鲁西南地区，有不少以鲁锦为面料生产床上用品、工艺品、服饰的厂家，这些厂家为了突出"手工、绿色、环保、舒适"的特点，有权在其产品上叙述性标明其面料是鲁锦。本案鄄城鲁锦公司在其生产的涉嫌侵权产品的包装盒、包装袋上使用"鲁锦"两字，仅是为了表明其产品是鲁锦面料的，其生产技艺是符合鲁锦的生产特点的，不具有侵犯山东鲁锦公司"鲁锦"商标专用权的主观恶意。也并非作为商业标识使用，不会造成相关消费者对商品来源的误认和混淆，属于对"鲁锦"商标的合理使用，不构成对"鲁锦"商标专用权的侵犯。礼之邦家纺公司作为鲁锦制品的专卖店，其也有权使用"鲁锦"二字，同样不构成对山东鲁锦公司"鲁锦"商标专用权的侵犯。但由于"鲁锦"毕竟是一个有效的注册商标，其商标权应得到全社会的尊重。为了规范市场竞争秩序，保护公平竞争，遵循诚实信用、公平合理的市场竞争准则，鄄城鲁锦公司在今后的市场经营中有权在标明其产品是鲁锦面料的同时，应合理避让他人对"鲁锦"商标的专用权利。故鄄城鲁锦公司在其产品的包装中应突出使用自己的商标"精一坊"，以标明其鲁锦产品来源，方便消费者识别不同鲁锦产品的生产厂家。

B，白沙案（村名的正当使用）

最高人民法院〔2012〕民申字第14号；2012年5月23日；于晓白、骆电、李嵘

【村名属于公共资源】首先，南安白沙公司将"白沙"作为其企业名称中的字号登记注册具有特殊的地理因素。南安白沙公司与福建白沙公司同处福建省南安市美林镇白沙村，"白沙"系两公司住所地村名，属于公共资源。福建白沙公司虽先将"白沙"村名作为其企业名称中的字号登记注册，但对该村名并不享有专有权，不能排斥同处该村的其他企业使用"白沙"二字。

【村名的正当使用】关于南安白沙公司申请注册"白沙"商标是否侵犯福建白沙公司的企业名称权、构成不正当竞争的问题。如前所述，南安白沙

公司将"白沙"登记注册为企业名称中的字号属于对其住所地村名的正当使用，该公司将其村名和字号"白沙"注册为商标的行为本身即具有正当性，因此，一审法院认定南安白沙公司申请注册"白沙"商标不构成侵犯福建白沙公司的企业名称权及不正当竞争并无不当。

B，五粮液（不存在误认为是他人商品的问题）

最高人民法院〔2012〕民申字第887号；2012年11月30日；夏君丽、钱小红、董晓敏

【不会引人误认为是他人的商品】"锦绣前程"系列酒本身为五粮液公司所生产，天源通海公司在经营活动中使用五粮液公司的企业名称，主要是为了指明"锦绣前程"系列酒的生产商和来源以及宣传推广"锦绣前程"系列酒，使用五粮液公司的企业名称并不存在引人误认为是他人的商品的问题，故上述行为并不违反《反不正当竞争法》第五条第（三）项的规定，未构成不正当竞争。

C，大富翁案（通用名称不能禁止他人正当使用）

上海市第一中级人民法院〔2007〕沪一中民五（知）终字第23号；2010年12月24日；刘军华、沈强、刘静

【通用名称】"大富翁"文字虽然被大宇公司注册为"提供在线游戏"服务的商标，但是其仍然具有指代前述商业冒险类游戏的含义，大宇公司并不能禁止他人对这种含义的正当使用。纵观被上诉人盛大公司使用被控侵权标识的方式和目的，盛大公司并未将被控侵权标识使用于其网站的所有在线游戏服务上，而仅在其所提供的与"掷骰子前进，目的是通过买地盖房等商业活动在经济上击败对手并成为大富翁"这一款游戏相关的在线游戏服务中使用了被控侵权标识，这说明被上诉人使用被控侵权标识"感"或"难"意在以其中所含"大富翁"文字描述性地表明其在线提供的这款游戏的内容和对战目标。再从被控侵权使用行为是否会使相关公众对服务来源产生混淆和误认来分析，游戏玩家只有进入盛大公司的网站才能进行该款游戏的对战，在网站"游戏介绍"中又清楚地写明"《盛大富翁》是由盛大网络自主研发的一款休闲网络游戏"，加之"盛大"字号具有相当的知名度，相关公众一般不会将盛大公司的"大富翁"游戏误认为是大宇公司的"大富翁"游戏，也不会将两者的服务来源相混淆。由此可见，盛大公司的被控侵权行为属于叙述服务所对应游戏品种的正当使用，作为服务商标"大富翁"的商标专用权人大宇公司无权加以禁止。

B，避风塘第Ⅱ案（和解协议）

最高人民法院〔2007〕民三监字第21-1号；2009年12月31日；郐中林、秦元明、郎贵梅

【当事人达成和解协议的，在准予撤回再审申请裁定中一并对原判错误之处做出明确的审查认定】上述和解协议系双方当事人自愿达成，不具有侵害国家利益、社会公共利益或者侵害案外人利益的情形，不违背当事人真实意思，也并不违反法律、行政法规禁止性规定。其中，对于协议中当事人一致认可"避风塘"已成为上诉人知名服务的特有名称的问题，虽与原审法院的有关认定不同，但根据本案现有证据和原审法院以及本院查明的有关事实，本院予以认可。首先，本案可以认定申诉人提供的餐饮服务在上海地区属于知名服务，对此双方当事人在原审以及本院审查中也均无实质性争议。其次，本案中"避风塘"一词除了具有地理概念上的"船舶避风港湾"的本意之外，还被餐饮业经营者为表明特色风味菜肴的名称与菜肴原料组合起来作为特定菜品的通用名称使用，如"避风塘炒蟹""避风塘炒虾""避风塘茄子"等；同时，经过申诉人在其企业名称中的长期使用和在商业标识意义上的广泛宣传，在上海地区的餐饮服务业中，"避风塘"一词同时具有识别经营者身份的作用，能够表明特定餐饮服务的来源；此外，二审法院有关"避风塘"已成为一种独特烹调方法以及由该种烹调方法制成的特色风味菜肴的名称的认定，并无充分证据支持。因此，本案可以认定"避风塘"一词在上海地区也是申诉人提供的知名餐饮服务的特有名称。再次，被申诉人曾在店招牌匾和户外广告牌中使用"东涌码头避风塘料理"和"避风塘料理"字样以及在菜单中使用"走进渔家铜锣湾享受原味避风塘"的广告语，这些使用方式实际上都是在突出使用"避风塘"一词，既不是作为地理概念来使用，也并不是在作为特定菜肴名称的意义上使用，而是作为一种身份标识意义上的使用，容易造成消费者对其与申诉人的混淆、误认，已经超出了对"避风塘"一词的合理使用范畴。因此，被申诉人已经实际停止并在和解协议中承诺不再以上述方式使用"避风塘"一词，也确实体现了对申诉人有关民事权益的尊重。

B，片仔癀案（超出说明或客观描述商品而正当使用的界限）

最高人民法院〔2009〕民申字第1310号；2009年10月27日；夏君丽、王艳芳、周云川

【超出说明或客观描述商品而正当使用的界限】《商标法实施条例》第四

十九条规定，注册商标中含有的本商品的通用名称、图形、型号，或者直接表示商品的质量、主要原料、功能、用途、重量、数量及其他特点，或者含有地名，注册商标专用权人无权禁止他人正当使用。"片仔癀"是一种药品的名称，如果被控产品中含有片仔癀成分，生产者出于说明或客观描述商品特点的目的，以善意方式在必要的范围内予以标注，不会使相关公众将其视为商标而导致来源混淆的，可以认定为正当使用。判断是否属于善意，是否必要，可以参考商业惯例等因素。宏宁公司如果是为了说明其产品中含有片仔癀成分，应当按照商业惯例以适当的方式予以标注，但是本案中，宏宁公司却是在其生产、销售商品的包装装潢显著位置突出标明"片仔癀""PIENTZEHUANG"字样，该标识明显大于宏宁公司自己的商标及其他标注，并且所采用的字体与片仔癀公司的注册商标基本一致。该种使用方式已经超出说明或客观描述商品而正当使用的界限，其主观上难谓善意，在涉案商标已经具有很高知名度的情况下，客观上可能造成相关公众产生商品来源的混淆，因此宏宁公司关于其使用是正当使用的主张不能成立。

B．挖坑案（通用名称不能禁止他人正当使用）

最高人民法院〔2008〕民三他字第12号；2008年12月20日

【正当使用】对于在一定地域内的相关公众中约定俗成的扑克游戏名称，如果当事人不是将其作为区分商品或服务来源的商标使用，只是将其用作反映该游戏内容、特点的游戏名称，可以认定为正当使用。你院请示案中涉及的相关问题是否属于上述情形，请结合案件的具体情况，依据《商标法实施条例》第四十九条的规定，做出认定。

C．避风塘第Ⅰ案（在字号字样的原有含义上合理地使用字号字样）

上海市高级人民法院〔2003〕沪高民三（知）终字第49号；2003年6月18日；澹台仁毅、鞠晓红、张晓都

【在字号字样的原有含义上合理地使用字号字样】企业在其登记机关所在行政区域的同行业范围内对企业名称享有专用权。企业名称是作为市场主体的企业的标识，其中的字号是企业名称的核心组成部分。即使仅仅擅自使用企业名称中的字号，也可能造成消费者混淆或者可能混淆市场主体，从而侵害相应的企业名称权。但如果他人只是在字号字样的原有含义上合理地使用字号字样，企业名称权人就无权禁止。上诉人对其企业名称"上海避风塘美食有限公司"享有企业名称专用权，"避风塘"是上诉人企业名称中的字号。但"避风塘"具有避风小港湾和烹调方法及菜肴名称的原有含义，被上

诉人的行为只是在烹调方法及菜肴名称的含义上使用"避风塘"字样，且其使用方式并不违背餐饮行业标识服务特色的行业惯例，故上诉人无权禁止。上诉人认为被上诉人的行为侵犯了其企业名称权的上诉理由不能成立。

虚假宣传

（《反不正当竞争法》第九条）

A，同德福第Ⅱ案（渊源虚假宣传）

重庆市高级人民法院〔2013〕渝高法民终字292号；2013年12月18日；李剑、周露、宋黎黎

【关于虚假宣传的判断】成都同德福公司的上述行为均没有事实依据，容易使消费者对其品牌的起源、历史及其与同德福斋铺的渊源关系产生误解，进而取得竞争优势，故构成虚假宣传。

B，五粮液案（用词不妥不一定构成虚假宣传）

最高人民法院〔2012〕民申字第887号；2012年11月30日；夏君丽、钱小红、董晓敏

【用词不妥不必然构成虚假宣传】从整个经营活动来看，天源通海公司作为"锦绣前程"系列酒的山东运营商，采取上述宣传方式的目的是推广和销售五粮液公司生产的"锦绣前程"系列酒，而且在宣传中其也表明是五粮液新品的山东运营商，天源通海公司主观上不存在不正当竞争的故意，客观上也没有损害五粮液公司的整体利益。尽管在宣传中用语有不妥之处，但也难以构成引人误解的虚假宣传。

B，黄金假日第Ⅰ案（非法经营不必然同时构成不正当竞争行为）

最高人民法院〔2007〕民三终字第2号；2009年9月22日；孔祥俊、王永昌、邰中林

【非法经营不必然同时构成不正当竞争行为】退一步讲，假设有行为构成违反行政许可法律、法规的非法经营行为，也并不必然同时构成不正当竞争行为并需要承担民事责任。对于违反有关行政许可法律、法规的非法经营行为，一般属于应当承担行政责任乃至刑事责任的问题，应当依法由相应的行政主管部门或者刑事司法机关审查认定。只有在违反有关行政许可法律、法规的非法经营行为同时构成民事侵权行为的情况下，才涉及应否承担民事责任的问题。也就是说，非法经营并不当然等于民事侵权，民事诉讼原告不能仅以被告存在非法经营行为来代替对民事侵权行为的证明责任。

【非法经营与《反不正当竞争法》责任】不论经营者是否属于违反有关行政许可法律、法规而从事非法经营行为，只有因该经营者的行为同时违反反不正当竞争法的规定，并给其他经营者的合法权益造成损害时，其他经营者才有权提起民事诉讼，才涉及该经营者应否承担不正当竞争的民事责任问题。即使是对《反不正当竞争法》第九条第一款规定的引人误解的虚假宣传行为，也并非都是经营者可以主张民事权利的行为，也应当符合经营者之间具有竞争关系、有关宣传内容足以造成相关公众误解、对经营者造成了直接损害这三个基本条件。

C，避风塘第Ⅰ案（在烹调方法及菜肴名称的含义上使用"避风塘"不构成虚假宣传）

上海市高级人民法院〔2003〕沪高民三（知）终字第49号；2003年6月18日；澹台仁毅、鞠晓红、张晓都

【虚假宣传】由于"避风塘"是独特烹调方法以及由该种烹调方法制成的特色风味菜肴的名称，经营包括提供"避风塘"特色风味菜肴餐饮服务的被上诉人德荣唐公司，在其一楼和二楼的玻璃窗上分别印有"避风塘畅饮"和"避风塘料理"、在菜单上方标有"唐人街避风塘料理"、在设置的路标上印有"唐人街餐厅避风塘"字样的行为，均是告诉消费者其所提供的餐饮服务的特色。被上诉人是在烹调方法及菜肴名称的含义上使用"避风塘"一词的，其行为并不构成《反不正当竞争法》第九条所规定的虚假宣传。

商业秘密

（《反不正当竞争法》第十条）

C，新发药业案（允许权利人对商业秘密的内容和范围进行明确和固定）

最高人民法院〔2015〕民申字第2035号；2015年12月22日；周翔、钱小红、郎贵梅

【允许权利人对其商业秘密的内容和范围进行明确和固定】最后，新发公司申请再审还主张，亿帆鑫富公司没有明确商业秘密的具体内容，一审、二审判决将商业秘密信息和公知信息的整体组合作为商业秘密保护违反科学常识、没有可操作性。本院认为，新发公司之所以提出上述主张，是因为其认为亿帆鑫富公司请求保护的涉案技术信息，即"微生物酶法拆分生产D-泛酸钙工艺中的技术指标、生产操作的具体方法和要点、异常情况处理方法等技术信息、5000t泛酸钙的工艺流程图中记载技术信息的整体

组合"比较抽象，其主张实质上是要求新发公司在商业秘密的载体，即10份鉴定材料的基础上具体描述商业秘密的内容，以便于其按照二审判决的要求停止使用。一般来说，在商业秘密侵权纠纷中，权利人应当描述商业秘密的具体内容，但是，由于请求作为商业秘密保护的技术信息或者经营信息的类型、所涉领域不同以及侵权行为方式不同，不能将商业秘密的具体内容仅仅理解为一段文字的集中体现，不能对商业秘密具体内容的描述提出过于严苛的要求。

【酌定赔偿】本案不应适用法定赔偿方法确定赔偿数额，而应在法定赔偿限额100万元之上酌情确定赔偿数额。鉴于新发公司及姜某某、马某某的侵害行为主观恶意明显、持续时间较长，新发公司在侵权期间的经营利润高、侵权获利数额非常可观，再结合亿帆鑫富公司投入的技术研发费用数额高达3000余万元等实际情况，二审法院依法酌情确定损害赔偿额为900万元和合理维权费用10万元，不存在法律适用错误。

B.丹东克隆案（拒绝举证承担不利后果，但是不影响受理）

【拒绝举证承担不利后果，但是不影响受理】确认不侵权之诉，通过确定权利人与被指控侵权人之间侵权法律关系的存在与否，防止权利人滥发侵权警告函等滥用权利的行为给被指控侵权人合法权益造成损害，平衡权利人与被指控侵权人的程序利益。本案中，江西华电向丹东克隆及其客户发送侵权警告函，但在将近3年的时间里又未向人民法院提起侵权诉讼，丹东克隆为此提起本案诉讼，请求确认其生产的螺杆膨胀动力机未侵害江西华电的商业秘密。与专利权等传统知识产权相比，商业秘密不具有外显性，本案虽是由丹东克隆提起的，但根据双方的举证能力和获取证据的难易，江西华电应当明确其侵权警告函中所称的被丹东克隆侵害的商业秘密的具体内容。如果江西华电拒绝明示其商业秘密，则应由其承担不利的法律后果。二审法院以本案涉案商业秘密不明，诉讼权利义务指向对象难以确定为由认定本案不属于人民法院受理民事诉讼的范围，适用法律错误，应予纠正。

B，王者安案（《反不正当竞争法》规定的市场竞争是经营主体之间的市场竞争）

最高人民法院〔2013〕民申字第1238号：2013年12月18日；王闯、朱理、何鹏

【《反不正当竞争法》规定的市场竞争是经营主体之间的市场竞争】本院认为，反不正当竞争法所规范的"竞争"，并非任何形式、任何范围的竞

争，而是特指市场经营主体之间的"市场竞争"。因此，王者安上述主张中提到的"工作岗位竞争"，系单位内部职位竞争，并不属于反不正当竞争法规范的"市场竞争"。因此，三被申请人未侵害王者安的商业秘密。

B，一得阁案（国家秘密）

最高人民法院〔2011〕民监字第414号；2011年11月23日；金克胜、罗霞、郎贵梅

【国家秘密】国家秘密是关系国家的安全和利益，依照法定程序确定，在一定时间内只限一定范围的人员知悉的事项。对于纳入国家秘密技术项目的持有单位，包括国家秘密的产生单位、使用单位和经批准的知悉单位均有严格的保密管理规范。我国反不正当竞争法所指的不为公众所知悉，是有关信息不为其所属领域的相关人员普遍知悉和容易获得。国家秘密中的信息由于关系国家安全和利益，是处于尚未公开或者依照有关规定不应当公开的内容。被列为北京市国家秘密技术项目的"一得阁墨汁""中华墨汁"在技术出口保密审查、海关监管、失泄密案件查处中均有严格规定。既然涉及保密内容，北京市国家秘密技术项目通告中就不可能记载"一得阁墨汁""中华墨汁"的具体配方以及生产工艺。根据国家科委、国家保密局于1998年1月4日发布的《国家秘密技术项目持有单位管理暂行办法》第七条第二款规定："涉密人员离、退休或调离该单位时，应与单位签订科技保密责任书，继续履行保密义务，未经本单位同意或上级主管部门批准，不得在任何单位从事与该技术有关的工作，直到该项目解密为止。"因此，"一得阁墨汁""中华墨汁"产品配方和加工工艺在解密前，一审、二审判决认定该配方信息不为公众所知悉，并无不当。

B，富日案（竞业限制协议与保密协议性质不同）

最高人民法院〔2011〕民申字第122号；2011年7月27日；金克胜、郎贵梅、杜微科

【保密措施】根据富日公司第1点申请再审理由，其本意是，劳动合同第十一条第一款约定系要求黄某某不得使用富日公司的商业秘密从事纺织品外贸业务，而并非竞业禁止条款。由此提出一个问题，竞业限制约定虽然字面上没有保守商业秘密的要求，但其目的就是不得使用商业秘密从事竞争业务，该约定是否构成《反不正当竞争法》第十条规定的保密措施。根据反不正当竞争法第十条第三款规定。权利人采取保密措施是商业秘密的法定构成要件之一。参照《不正当竞争民事案件解释》第十一条规定："权利人为防

止信息泄露所采取的与其商业价值等具体情况有相适应的合理保护措施，应当认定为为反不正当竞争法第十条第三款规定的'保密措施'。人民法院应当根据所涉信息载体的特性、权利人保密的意愿、保密措施的可识别程度、他人通过正当方式获得的难易程度等因素，认定权利人是否采取了保密措施。"因此，符合《反不正当竞争法》第十条规定的保密措施应当表明权利人保密的主观愿望，并明确作为商业秘密保护的信息的范围，使义务人能够知悉权利人的保密愿望及保密客体，并在正常情况下足以防止涉密信息泄露。本案中，富日公司提供的劳动合同第十一条第一款没有明确富日公司作为商业秘密保护的信息的范围，也没有明确黄某某应当承担的保密义务，而仅限制黄某某在一定时间内与富日公司的原有客户进行业务联系，显然不构成《反不正当竞争法》第十条规定的保密措施。

【竞业限制协议与保密协议性质不同】我国立法允许约定竞业限制，目的在于保护用人单位的商业秘密和其他可受保护的利益。但是，竞业限制协议与保密协议在性质上是不同的。前者是限制特定的人从事竞争业务，后者则是要求保守商业秘密。用人单位依法可以与负有保密义务的劳动者约定竞业限制，竞业限制约定因此成为保护商业秘密的一种手段，即通过限制负有保密义务的劳动者从事竞争业务而在一定程度上防止劳动者泄露、使用其商业秘密。但是，相关信息作为商业秘密受到保护，必须具备反不正当竞争法规定的要件，包括采取了保密措施，而并不是单纯约定竞业限制就可以实现的。对于单纯的竞业限制约定，即便其主要目的就是保护商业秘密，但由于该约定没有明确用人单位保密的主观愿望和作为商业秘密保护的信息的范围，因而不能构成《反不正当竞争法》第十条规定的保密措施。

C，富士宝案（用在他人公司任职期间掌握的商业秘密推销自己的产品）

广东省高级人民法院；1998年12月30日

【用在他人公司任职期间掌握的商业秘密推销自己的产品】上诉人家乐仕公司利用其法定代表人潘某某在被上诉人富士宝公司任职期间掌握的商业秘密推销其产品，已构成不正当竞争，依法应承担侵权责任。权利人向哪一个侵权人追究侵权责任，是权利人的诉权，由权利人自己决定。家乐仕公司认为应当追加潘应明参加本案诉讼，此项主张缺乏法律依据。

C，许继电器案（以不正当竞争的手段获取他人商业秘密）

河南省高级人民法院，1998年3月27日

【以不正当竞争的手段获取他人商业秘密】河南省高级人民法院认为，

ESB-500型单边电力线载波机技术是被上诉人许继公司的技术秘密，应当受到法律的保护。任何单位和个人未经许继公司的许可，不得使用或转让该技术。上诉人郑某某在许继公司任职期间就参与了原审被告爱特公司的组建，继而又违背与许继公司的保密约定，将掌握的职务技术成果作价入股，以许继公司的单边电力线载波机生产技术为爱特公司生产SSB-2000型电力线载波机，其行为属于披露和使用许继公司商业秘密，侵害许继公司合法权益的侵权行为，应当承担停止侵权、赔偿损失的民事责任。爱特公司明知郑某某是许继公司的在职人员，郑某某掌握的技术不是他个人的非职务技术，却不经合法受让，以作价入股的手段利诱郑某某以此项技术为其生产产品，并进行销售，其行为是以不正当竞争的手段获取他人商业秘密、侵害他人合法权益的侵权行为，应当承担停止侵权、赔偿被侵害人损失的民事责任。

C，青铜多孔元件烧结技术案（擅自将商业秘密使用于与他人共同投资举办其他企业生产相同产品）

福建省高级人民法院；1994年9月19日

【擅自将商业秘密使用于与他人共同投资举办其他企业生产相同产品】上诉人粉末厂通过受让取得的青铜多孔元件烧结专有技术，经消化吸收后，已在全国同行业中占有优势的竞争地位。粉末厂为不使该项技术让公众知悉，仅限少数有关人员掌握，并采取了适当的保密措施。该项技术已成为粉末厂的商业秘密，依照《民法通则》第五条的规定，受法律保护。粉末厂作为商业秘密的合法持有者，就是该商业秘密的权利主体。陈某西与陈某宗作为粉末厂掌握和了解该商业秘密的工作人员，依照《民法通则》第六条的规定，负有为本企业保守商业秘密的法律义务，却擅自将该秘密使用于与他人共同投资举办的横竹厂，致使该厂能生产和销售与粉末厂相同的产品，给粉末厂造成经济损失。依照《反不正当竞争法》第十条第（二）项的规定，陈某西与陈某宗、横竹厂的行为属于使用以不正当手段获取权利人的商业秘密，依照《反不正当竞争法》第二十条第一款的规定，陈某西、陈某宗、横竹厂应当共同承担侵权损害赔偿责任。

B，南通合成材料厂案（商业秘密共有案件各当事人应分别对涉案商业秘密采取合理保密措施）

最高人民法院〔2014〕民三终字第3号；2016年9月26日；王艳芳、佟姝、杜微科最高人民法院二审认为：合成材料厂、星辰公司、中蓝公司是否对其主张商业秘密保护的涉案信息采取了合理的保密措施是本案的争议焦点。合成材料厂、星晨公司、中蓝公司主张，涉案信息为合成材料厂、星辰公司、中蓝公司共同共有，只要当事人之一采取了合理的保密措施，就应视为合成材料厂、星辰公司、中蓝公司均采取了合理的保密措施。首先，保密措施通常是由商业秘密的权利人所采取的，体现出权利人对其主张商业秘密保护的信息具有保密的主观意愿。本案中，合成材料厂、星辰公司、中蓝公司主张的技术秘密为改性PBT的155项配方以及相关工艺，经营秘密为55项客户名单，涉案信息实际上是在较长时间内，在合成材料厂、星辰公司和中蓝公司三个民事主体处分别形成的。涉案信息中的一部分以出资的方式，在合成材料厂与星辰公司之间，以及星辰公司与中蓝公司之间，先后经历了两次权利人的变更。合成材料厂、星辰公司、中蓝公司为各自独立的民事主体，组织机构各不相同，本案并无充分证据证明三者存在"三个单位、一套人马、三位一体"的情形。在合成材料厂、星辰公司和中蓝公司主张共有之前，中蓝公司作为涉案信息唯一的权利人，应当就涉案信息采取合理的保密措施。在合成材料厂、星辰公司和中蓝公司主张共有之后，中蓝公司作为共有人之一，亦应当就涉案信息采取合理的保密措施。但是在本案中，合成材料厂、星辰公司和中蓝公司提供的证据不能证明中蓝公司采取了合理的保密措施。

同理，合成材料厂采取的保密措施仅适用于在该厂形成的有关涉案信息，不能作为在星辰公司、中蓝公司处取得或形成的有关涉案信息的保密措施。相应地，星辰公司采取的保密措施也不能作为在中蓝公司处取得或形成的有关涉案信息的保密措施。其次，关于合成材料厂、星辰公司、中蓝公司主张共有涉案信息对本案的影响。在没有相反证据证明的情况下，因共有而发生的涉案信息权利人的变更并不能对形成共有之前的保密措施的认定带来实质性影响。且不论共有方式如何，合成材料厂、星辰公司、中蓝公司均应就涉案信息采取合理的保密措施。因此，一审法院认定"在共同共有的状态下，合理的保密措施还意味着各共有人对该非公知信息均应采取合理的保密措施"并无不当。合成材料厂、星辰公司、中蓝公司有关"只要某一当事人采取了合理的保密措施，就应视为合成材料厂、星辰公司、中蓝公司均采取了合理的保密措施"的主张缺乏事实和法律依据。

商业诋毁

（《反不正当竞争法》第十五条）

B，奇虎第Ⅰ案（虚伪事实包括片面陈述真实的事实而容易引人误解的情形）

最高人民法院〔2013〕民三终字第5号；2014年2月18日

【虚伪事实包括片面陈述真实的事实而容易引人误解的情形】上诉人认为，一审法院将"虚伪事实"认定为包括"片面陈述真实的事实而容易引人误解的事实"属于对法律的错误理解。本院认为，认定是否构成商业诋毁，其根本要件是相关经营者之行为是否以误导方式对竞争对手的商业信誉或者商品声誉造成了损害。就片面陈述真实的事实而贬损他人商誉的情形而言，如本案中上诉人宣称"在QQ的运行过程中，会扫描您电脑里的文件（腾讯称为安全扫描），为避免您的隐私泄露，您可以禁止QQ扫描您的文件"，该宣称由于其片面性和不准确性，同虚假宣传一样容易引人误解，足以导致相关消费者对相关商品产生错误认识，进而影响消费者的决定，并对竞争对手的商品声誉或者商业信誉产生负面影响，损害竞争者的利益。换言之，即使某一事实是真实的，但由于对其进行了片面的引人误解的宣传，仍会对竞争者的商业信誉或者商品声誉造成损害，因此亦属于《反不正当竞争法》第十四条予以规范的应有之义，一审法院对此进行认定并无不当。

B，蘭王案（商业诋毁的成立条件）

最高人民法院〔2009〕民申字第508号；2009年8月4日；郃中林、郎贵梅、秦元明

【商业诋毁行为并不要求行为人必须直接指明诋毁的具体对象的名称】反不正当竞争法调整的商业诋毁行为并不要求行为人必须直接指明诋毁的具体对象的名称，即并不要求诋毁行为人指名道姓，但商业诋毁指向的对象应当是可辨别的。本案中，申请再审人发表的声明虽然没有指明针对的对象是被申请人，但当时上海仅仅有其与被申请人两家公司销售"蘭王"品牌鸡蛋，申请再审人对此是明知的，而消费者完全可以根据该声明得出这样的判断，其他"蘭王"牌鸡蛋的经营者侵犯了申请再审人的商标权，被申请人作为"蘭王"牌鸡蛋的生产者，其商业信誉和商品声誉自然会因此受到损害。因此，百兰王公司发表的声明构成对被申请人的商诋毁。

【诋毁不要求有问题严重程度的明确表述】申请再审人在没有任何证据

证明的情况下发表上述否定性的表述，尽管该表述没有明确问题严重程度，但普通消费者在接受上述表述后，会对被申请人的生产经营产生不良印象，从而损害了被申请人的商业信誉和商品声誉。

【无事实依据或者国家权力机关生效裁决做出权威认定的情况下，擅自散布对同业竞争者不利的否定性评价，足以损害其商品声誉】申请再审人的上述表述系对同业竞争者行为性质的否定性评价。申请再审人在没有事实依据或者国家权力机关生效裁决做出权威认定的情况下，擅自散布上述对被申请人不利的否定性评价，足以损害其商品声誉，构成商业诋毁行为。

【诋毁语言不要求有感情色彩】反不正当竞争法并没有对商业诋毁的语言做出限制，诋毁语言并不一律要求有感情色彩，无论是包含诸如憎恨、羞辱、藐视的语言或者说是骂人的话，还是不带任何感情色彩的陈述，只要其中涉及的事实是虚伪的，是无中生有的，且因此而损害了他人的商业信誉和商品声誉，就构成商业诋毁。此外，言行的合法与否与其是否普通常见没有必然的联系，不能因为某些言行比较常见，就认定其不违法。任何民事主体在行使言论自由时，应当遵守法律规定，不得损害他人的合法权利和利益。因此，申请再审人的上述主张不能成立。

赔偿

（《商标法》第六十三条）

AC，费列罗案（损失及获利均难查清适用法定赔偿）

最高人民法院〔2006〕民三提字第3号；2008年3月24日；孔祥俊、王永昌、邰中林

【法定赔偿】知名商品的特有包装、装潢属于商业标识的范畴，确定《反不正当竞争法》第五条第（二）项规定的不正当竞争行为的损害赔偿额，可以参照确定侵犯注册商标专用权的损害赔偿额的方法。由于费列罗公司未能提供证据证明其因本案不正当竞争行为所遭受的经济损失或者蒙特莎公司因本案不正当竞争行为所获得的利润，人民法院在确定赔偿数额时可以参照商标法有关法定赔偿的规定，根据侵权行为的情节，给予人民币50万元以下的赔偿。据此，二审法院判令蒙特莎公司赔偿费列罗公司人民币70万元于法无据，应予纠正。本院综合考虑FERRERO ROCHER巧克力的知名度、蒙特莎公司实施不正当竞争行为的时间、规模等因素，酌情确定蒙特莎公司赔偿费列罗公司人民币50万元的经济损失。

B, 星河湾案（损失及获利均难查清适用法定赔偿）

最高人民法院〔2013〕民提字第102号；2015年2月26日；王闯、王艳芳、朱理

【法定赔偿】关于如何确定炜赋公司应当承担的赔偿经济损失数额的问题。在本案中，星河湾公司、宏富公司并未提供其遭受损失的证据，亦未证明炜赋公司因侵权行为所获得的利益。本案中，由于星河湾公司、宏富公司并未进入该地域进行相关房地产项目的开发，且以"星"字开头命名楼盘名称，是炜赋公司自2000年以来形成的习惯和传统，在开发"星河湾花园"之前，炜赋公司已开发多个以"星"字开头的楼盘，每个楼盘的具体名称根据各楼盘特定的地理位置确定。炜赋公司因两条河流穿过小区而取名"星河湾花园"，因此其主观上并无利用"星河湾"商标声誉之故意。此外，该项目主要系低价位普通住宅商品房项目，销售对象主要为开发区市政建设项目征地的拆迁户，且该项目系亏损项目，并已有相关政府财政进行了相关补助，综合考虑以上因素并结合本案证据，本院酌情确定赔偿数额为5万元。

B, 奇虎第Ⅰ案（酌定赔偿考虑的因素）

最高人民法院〔2013〕民三终字第5号；2014年2月18日

【酌定赔偿】证据至少足以表明，上诉人发布扣扣保镖的行为给被上诉人造成的损失已经明显超过了法定赔偿的最高限额，本案依法不适用法定赔偿额的计算方法，而应当综合案件的具体证据情况在法定赔偿最高限额以上合理确定赔偿额。本案中，一审法院在确定赔偿数额时，全面考虑了以下因素：①上诉人实施的侵权行为给被上诉人造成的损失包括业务收入、广告收入、社区增值业务收入和游戏收入，QQ.com网站的流量减少，QQ新产品推广渠道受阻，被上诉人品牌和企业声誉因商业诋毁而受损；②互联网环境下侵权行为迅速扩大及蔓延；③被上诉人商标和公司声誉的市场价值；④上诉人具有明显的侵权主观恶意；⑤被上诉人为维权支出的合理费用等。本院认为，一审法院在综合考虑上述因素并根据本案证据确定被上诉人遭受的经济损失数额已经远远超过法定赔偿限额的情形下，将本案赔偿数额确定为500万元并无不当。

C, 静冈刀具案（损失及获利均难查清适用法定赔偿）

太仓市人民法院〔2013〕太知民初字第16号；2013年7月5日；李勇、王勇、范培亚

【法定赔偿】关于被告天华公司应承担的赔偿数额，因原告静冈公司未

能举证证明其因侵权行为所遭受的具体损失,亦未能提供被告侵权获利的直接证据,故综合考虑涉案注册商标的知名度、侵权行为的性质和规模、侵权物品的价值、静冈公司为制止侵权行为所支出的合理费用等因素酌情确定。

C,维多利亚的秘密商店品牌管理案(虚假宣传的赔偿计算标准)

上海市第二中级人民法院〔2012〕沪二中民五(知)初字第86号;2013年4月23日;何渊、胡宓、余震源

【虚假宣传的赔偿数额计算】本院认为,被告在本案中实施的是虚假宣传的不正当竞争行为,故本院对原告的赔偿数额计算方式不予采信。鉴于本案中没有证据证明原告因被告侵权所受到的实际损失以及被告的侵权获利,本院将依据《反不正当竞争法》及其司法解释的有关规定,根据原、被告提交的证据材料,综合考虑本案中被告的侵权行为方式、侵权持续时间、侵权损害后果、侵权获利状况等因素,酌情确定赔偿数额。另外,本院也将根据原告提交的代理费、查档打印费、公证费、差旅费发票等支付凭证,以及案件的复杂程度等因素酌情确定合理费用的数额。

B,波马案(未与制造者构成共同侵权的销售者的赔偿责任)

最高人民法院〔2009〕民申字第1882号;2010年12月15日;夏君丽、王艳芳、周云川

【未与制造者构成共同侵权的销售者的赔偿责任】广客宇公司是销售商,而非制造者,在未与制造者构成共同侵权、需要承担连带责任时,广客宇公司仅就其销售行为承担相应的责任,而不一并承担制造者应当承担的责任,更不能由某一销售商赔偿权利人因侵权而受到的所有损失。销售侵犯商标专用权商品,并需要承担赔偿责任的某一销售商的赔偿数额,同样需要根据《商标法》第五十六条第一款、第二款的规定确定,即为该销售商销售期间因销售所获得的利益,或者被侵权人在被侵权期间因该销售商的销售行为所受到的损失,包括被侵权人为制止侵权行为所支付的合理开支。如果销售商因销售侵权产品所得利益,或者被侵权人的损失难以确定的,由人民法院根据销售行为的情节确定赔偿数额。在确定销售商的赔偿数额时,要综合考虑注册商标的知名度,侵权行为人的主观恶意,销售侵权商品的数量、价格以及销售持续时间等因素。本案中,波马公司虽主张广客宇公司销售规模较大,但没有提供相应的证据,相反,广客宇公司提交了进货单等证明及销售情况说明,证明其销售行为规模小、数量少。同时,被控商品使用了与注册商标相近似的标志,广客宇公司的此种销售行为与销售假冒注册商标商品不

同，其主观过错较小。而且本案中，被控侵权产品上已经标注了产品的制造者，广客宇公司也提交了制造者的营业执照等相关证据，在该种情况下，波马公司完全可以另行向制造者主张权利，获得相应的救济。因此，原审判决广客宇公司赔偿波马公司经济损失1000元和诉讼合理支出700元并无不妥。

C，拉菲案（损失及获利均难查清适用法定赔偿）

湖南省高级人民法院〔2011〕湘高法民三终字第55号；2011年8月17日；曾志红、唐小妹、陈小珍

【法定赔偿】关于争议焦点三，即原审法院确定的赔偿数额是否恰当的问题。由于在本案诉讼中，双方当事人均未能证明侵权人因侵权所获得的利益及被侵权人所受到的损失，因此，原审法院按照法定赔偿的方式确定本案的赔偿金额是正确的，在具体的赔偿数额方面，原审法院综合涉案侵权行为损失混同、商标和知名商品特有的名称之知名度、侵权的情节、主观故意及维权所支出的必要费用等情况酌定上诉人金鸿德公司赔偿被上诉人30万元并无不妥。上诉人虽然主张赔偿数额过高，但未提交证据予以证明，因此其关于原审判决确定的赔偿金额过高的上诉理由亦不能成立，本院不予支持。

B，红河案（不使用不赔偿）

最高人民法院〔2008〕民提字第52号；2009年4月8日；于晓白、夏君丽、殷少平

【不使用不赔偿】对于云南红河公司在销售部的广告挂旗上使用"红河啤酒"字样的侵权行为，申请再审人应当承担停止该侵权行为的民事责任。对于不能证明已实际使用的注册商标而言，确定侵权赔偿责任要考虑该商标未使用的实际情况。被申请人没有提交证据证明其"红河"注册商标有实际使用行为，也没有举证证明其因侵权行为受到的实际损失，且被申请人在一审时已经明确放弃了其诉讼请求中的律师代理费的主张，对于其诉讼请求中的调查取证费未能提供相关支出的单据，但是被申请人为制止侵权行为客观上会有一定的损失，本院综合考虑本案的情况，酌定申请再审人赔偿两被申请人损失共计2万元。本案云南红河公司在销售部的广告挂旗上使用"红河啤酒"字样的侵权行为，不符合适用赔礼道歉民事责任的条件，对于两被申请人要求申请再审人公开赔礼道歉的诉讼请求，本院不予支持。

C，雅马哈第Ⅱ案（妨碍证据的不利推定）

最高人民法院〔2006〕民三终字第1号；2007年4月25日；孔祥俊、夏君丽、王艳芳

【根据权利人选择的计算方法计算赔偿额】《商标民事纠纷案件解释》第十三条规定，人民法院依据《商标法》第五十六第一款的规定确定侵权人的赔偿责任时，可以根据权利人选择的计算方法计算赔偿额。

【侵权获利的计算】《商标法》第五十六条第一款规定的侵权所获得的利益，可以根据侵权商品销售量与该商品单位利润的乘积计算；该商品单位利润无法查明的，按照注册商标商品的单位利润计算。鉴于雅马哈发动机株式会社选择以三被告的侵权获利额为计算赔偿额的标准，其计算方法将生产商、销售商的侵权环节作为整体，扣减了依据现有证据能够计算的经营成本，具有合理性，本院予以采纳。

【妨碍证据的不利推定】鉴于上诉人侵权故意较为明显，且在原审法院和本院审理期间，均未提供完整的财务资料，原审法院据此推定雅马哈发动机株式会社主张的赔偿数额成立并无不妥。

【妨碍证据的不利推定】本案雅马哈发动机株式会社主张以侵权获利来确定赔偿额。计算的是营业利润，并非销售利润和净利润，已扣除相关的产品销售税金及附加、销售费用、管理费用和财务费用。无须扣除企业的所得税。因台州华田销售公司、台州嘉吉公司拒绝向原审法院提交营业利润和成本的相关证据，也未向本院提出上诉请求，故浙江华田公司关于雅马哈发动机株式会社主张的计算方法未扣除经营成本、所得税等费用的上诉理由，本院不予支持。

C，梅蒸案（损失及获利均难查清适用法定赔偿）

上海市高级人民法院〔2004〕沪高民三（知）终字第24号；2004年7月6日；王海明、李澜、马剑锋

【法定赔偿】关于本案的赔偿数额问题，根据有关司法解释的规定，在审理商标侵权案件以及不正当竞争案件中，当被侵权的权利人或被侵害的经营者的损失难以计算，侵权行为人或给其他经营者造成损害的经营者的利润无法查明时，人民法院可以根据权利人或被侵害的经营者遭受侵害的实际情形酌情确定赔偿额。故原审法院根据上诉人以及原审被告侵权行为的性质、时间长短、影响以及被上诉人为制止侵权行为支出的合理开支等具体情况，酌情确定50万元的赔偿数额并无不当。此外，根据一审查证的事实，上诉人以及原审被告香港梅蒸、常熟豪特霸是有计划、有目的实施针对被上诉人的商标侵权和不正当竞争行为，主观上有共同过错，构成共同侵权，应当对被上诉人的损失承担连带赔偿责任。现上诉人称"其与原审被告相互之间不存

在共同故意，不应承担连带责任"，却未提供相应的事实依据，故本院对此上诉理由同样不予支持。

C，雅马哈第Ⅰ案（赔偿计算标准）

天津市高级人民法院〔2001〕高知初字第3号

【赔偿证据考察】原告请求赔偿数额的主要证据是，株洲南方雅马哈摩托车有限公司销售数量减少的统计资料和原告为此案调查和制止二被告侵权而支付的相关费用统计，包括律师费、广告费等，但原告没有提供原始凭证，缺乏证明力，故不予采信。应当认为，被告的侵权行为可能是原告的合资企业产品销售量减少的一个因素，会间接损害原告作为合资企业的股东利益。但销售数量的增减受市场的多种因素影响，被告的侵权行为并不是唯一因素，因此被告侵权行为对原告合资企业销售量和影响，难以作为赔偿的直接证据。原告因本案而支付的律师费用，根据原告提供的资料，难以确定合理的数额；已支出的广告费用，其中也包含与本案无关的内容。为此，原告请求赔偿的数额，证据不足。但原告有关赔偿范围的合理主张，可作为确定本案被告赔偿数额的因素予以考虑。鉴于本案被告侵权造成的损失数额难以确定，故依照《民法通则》关于侵权赔偿原则和公平诚信原则的规定，酌情考虑有关赔偿合理因素及相关情节确定赔偿数额。

C，圣士丹案（损失及获利均难查清适用法定赔偿）

黑龙江省高级人民法院

【法定赔偿】法院认为根据实际情况判断，原告哈尔滨公司生产的哈尔滨啤酒，可以被认定为知名商品。圣士丹公司的行为，触犯反不正当竞争法的规定，侵犯了原告哈尔滨公司的知名商品特有名称专用权，损害了哈尔滨公司的商业信誉和商品声誉，应当承担得损害的赔偿责任。圣士丹公司侵权行为给哈尔滨公司造成的损失，或者其实施侵权行为获得的利润，均难以查清，故赔偿数额应视本案具体情况酌定，哈尔滨公司请求赔偿的律师费、调查费，所举证据不充分，难以支持。

B，艾格福案（权利人对赔偿计算标准的选择权）

南京市中级人民法院

【赔偿】最高人民法院法（经）复〔1985〕53号《关于侵犯商标专用权如何计算损失赔偿额和侵权期间问题的批复》第一条规定："在侵犯商标权案件中，被侵权人可以按其所受的实际损失额请求赔偿，也可以请求将侵权人在侵权期间因侵权所获的利润（指除成本和税金外的所有利润）作为赔偿额。对于以上两种计算方法，被侵权人有选择权。"对被告南京一农厂的侵权行为给原告艾格福公司造成的经济损失，艾格福公司以天津协通会计事务所的审计报告为证，请求判令南京一农厂赔偿其经济损失人民币300万元。查艾格福公司是在法国注册的法人，而艾格福天津有限公司是艾格福公司的一个子公司，与艾格福公司是两个独立的法人。天津协通会计事务所的报告，是对艾格福天津有限公司的销售情况进行审计得出的结论，这不能代表被侵权人艾格福公司因侵权所遭受的损失。艾格福公司以审计报告为证要求赔偿，除此以外再不能提交其他证据证明自己因被侵权而遭受的经济损失，属证据不足。故本案不能以被侵权人提出的损失额解决赔偿问题。

B，采蝶轩蛋糕案（损害赔偿数额的计算应当遵循比例原则）

最高人民法院〔2015〕民提字第38号；2016年6月7日；周翔、朱理、宋淑华

【损害赔偿数额的计算应当遵循比例原则】

关于被申请人和巴莉甜甜公司的侵权获利，梁或、卢宜坚主张按照其销售收入与中山市采蝶轩食品有限公司的销售利润率的乘积计算。本院认为，被申请人和巴莉甜甜公司的销售收入与其生产经营规模、广告宣传、商品质量等是密切相关的，不仅仅来源于对涉案商标的使用以及涉案商标的知名度，故对梁或、卢宜坚的前述主张本院不予支持。对于本案的损害赔偿数额，本院根据被申请人和巴莉甜甜公司实施侵权行为的性质、期间、后果以及涉案商标的声誉等情况，酌情确定被申请人和巴莉甜甜公司赔偿梁或、卢宜坚50万元。梁或、卢宜坚为制止侵权行为，支出公证费、差旅费、律师费等合计44511元，该合理开支由被申请人和巴莉甜甜公司承担。

消除影响

（《商标法》）

C，静冈刀具案（误导消费者可要求消除影响）

太仓市人民法院〔2013〕太知民初字第16号

【误导消费者可要求消除影响】关于原告静冈公司诉请被告天华公司在《中国造纸》和《财富纸业》上刊登声明以消除影响，由于天华公司在法定代表人名片、宣传册、网站等使用静冈公司商标及嵌入静冈公司商标会误导相关消费者，故静冈公司要求其就涉案侵权行为消除影响的诉请予以支持，具体方式将结合侵权行为的性质、规模及影响等因素酌情确定。

B，格力案（刊登道歉声明的方式消除相互诋毁行为所产生的不良影响）

最高人民法院〔2013〕民申字第2270号；2013年12月18日；王闯、王艳芳、佟姝

【刊登道歉声明的方式消除相互诋毁行为所产生的不良影响】从本案处理的法律效果和社会效果来看，一审、二审法院基于两侵权行为具有的明显的对抗性和针对性，在同一案件中对江西格力公司和江西美的公司的行为性质同时做出评判，在双方当事人的行为均构成侵权的情况下，判决其同一时间、在同一媒体之上以刊登道歉声明的方式消除相互诋毁行为所产生的不良影响，实现了对双方当事人同等程度的惩戒和救济，有利于对公平竞争的市场秩序的维护，也获得了较好的法律效果和社会效果。因此，江西格力公司所提反诉的受理损害了其合法权益的再审理由不能成立，本院不予支持。

刑事责任

（《商标法》第六十七条；《刑法》第二百一十三条）

B，余志宏案（侵犯商业秘密罪的罚金）

珠海市中级人民法院〔2013〕珠中法刑终字第87号刑事判决书

【罚金】余志宏、罗石和、肖文娟、李影红等人将各自因工作关系掌握的珠海赛纳公司的客户采购产品情况、销售价格体系、产品成本等信息私自带入江西亿铂公司、中山沃德公司，以此制定了该二公司部分产品的美国价格体系、欧洲价格体系，并以低于珠海赛纳公司的价格向原属于珠海赛纳公司的部分客户销售相同型号的产品。经对江西亿铂公司、中山沃德公司的财务资料和出口报关单审计，二公司共向原珠海赛纳公司的11个客户销售与珠海赛纳公司相同型号的产品金额共计7659235.72美元；按照珠海赛纳公司相同型号产品的平均销售毛利润率计算，给珠海赛纳公司造成的经济损失共计人民币2705737.03元（2011年5月至12月的经济损失人民币1319749.58元；2012年1月至4月的经济损失人民币11385987.45元）。广东省珠海市中级人民法院二审认为，江西亿铂公司、中山沃德公司、余志宏、罗石和、肖文烟、李影红的行为构成侵犯商业秘密犯罪，判处江西亿铂公司罚金人民币2140万元；判处中山沃德公司罚金人民币1420万元；判处余志宏有期徒刑6年，并处罚金人民币100万元；判处罗石和有期徒刑3年，并处罚金人民币20万元；判处李影红有期徒刑2年，缓刑3年，并处罚金人民币10万元；判处肖文娟有期徒刑2年，缓刑3年，并处罚金人民币10万元。

C，黄春海案（帮助犯罪分子逃避处罚罪、销售假冒注册商标的商品罪）

上海市第二中级人民法院〔2008〕沪二中刑终字第474号；2008年9月17日；吴欣、逄淑琴、赵雁

【刑事责任】本院认为，被告人黄春海作为烟草专卖行政主管部门的稽查工作人员，负有实行烟草专卖管理、查禁相关违法及犯罪活动的职责，但却向犯罪分子通风报信，帮助犯罪分子逃避处罚；又与他人共同销售假冒注册商标的商品，数额较大，其行为已分别构成帮助犯罪分子逃避处罚罪、销售假冒注册商标的商品罪，依法应予两罪并罚。

C，裴国良案（侵犯商业秘密罪的构成）

陕西省高级人民法院；2006年10月11日

【侵犯商业秘密罪的构成】陕西省高级人民法院认为，凌钢连铸机主设备设计具有实用性，不为公众所知悉，能为权利人带来经济利益，权利人为其采取了保密措施，因此该技术是权利人西安重研所依法受保护的商业秘密。上诉人裴国良身为西安重研所的高级工程师，明知凌钢连铸机主设备图纸是西安重研所的商业秘密，自己与西安重研所签订过含有保密条款的劳动合同，对西安重研所的商业秘密负有保密义务，仍利用工作上的便利，将凌钢连铸机主设备图纸的电子版私自复制据为己有，后又将该电子版交由中冶公司使用，以至给西安重研所造成特别严重的后果。裴国良的行为构成侵犯商业秘密罪，应依法惩处。

C.周德隆案（商业秘密的认定及侵犯商业秘密罪的构成）

上海市高级人民法院；2004年3月8日

【商业秘密的认定】"不为公众所知悉"是指该信息无法从公开渠道直接获取。而公开渠道包括出版物公开和公开销售、使用、反向工程以及口头泄密等其他方式公开。但除了出版物公开外，其他方式公开仅具有公开的可能性，并不必然导致被不特定的人所知悉，而且"知悉"不能仅仅是一知半解。本案中，龚政申请的"在网面的基材上直接打孔的装置"虽于2002年6月12日被授予实用新型专利，但亚恒公司生产"刺孔型干爽网面"的工艺技术信息只有小部分被专利文献公开，而大部分具体而且关键的信息并未被专利文献公开，不能说明亚恒公司的这部分技术信息已进入公知领域。亚恒公司副总经理陈伟在动员周德隆入股亚恒公司时，虽然将有关模片样品交给周德隆，但周德隆事后已同意担任亚恒公司的生产厂长，且与亚恒公司有保密约定，故周德隆的辩护人认为模片的技术信息已进入公知领域的辩护意

见，缺乏事实和法律依据。"采取保密措施"是指商业秘密权利人采取保密措施应包括订立保密协议，建立保密制度及采取其他合理的保密措施。只要权利人提出保密要求，权利人的职工或业务关系人知道或应当知道存在商业秘密的，即应认定权利人采取了合理的保密措施。本案中，亚恒公司不仅建立了相关的保密制度，明确划定了公司商业秘密的范围，且劳动合同中亦说明了公司职工离职后的保密义务作为，被告人周德隆、陶国强签订劳动合同时，均在"已学习过亚恒公司的《员工手册》及《保密制度》并严格遵守"一栏中签过字，故周德隆关于2000年10月期间根本不知道什么叫商业秘密和陶国强关于亚恒公司没有采取任何保密措施的辩解，以及陶国强的辩护人关于陶国强不明知亚恒公司有商业秘密的辩护意见，与事实不符。

【侵犯商业秘密的构成要件】根据法律规定，认定本案是否侵犯商业秘密权的构成要件，对有保密义务的被告人而言，主观上应存在故意，客观上有披露、使用行为；对没有保密义务的被告人而言，除主观上应明知或应知外，客观上还必须有获取并使用的行为。如果被告人之间主观上有共同的故意，客观上有共同的行为，则构成共同侵权。

【认定侵犯商业秘密的行为应追究刑事责任的数额标准】认定侵犯商业秘密的行为应追究刑事责任的数额标准，以侵权人给商业秘密权利人造成50万元直接经济损失为起点。而公诉机关提交的审计报告对亚恒公司造成的直接经济损失采取了两种计算方法：一是以侵权人侵权产品的销售吨数乘以权利人因被侵权而被迫降价前的平均销售利润；二是以权利人被侵权后销售量的减少吨数乘以权利人因被侵权而被迫降价前的平均销售利润。从本案的实际情况看，生产卫生巾、尿不湿网面材料的企业不止亚恒公司和伟隆公司，但亚恒公司专有技术所生产的"刺孔型干爽网面"与其他网面材料相比，具有竞争优势。故从市场竞争的不确定因素考虑，亚恒公司被侵权后销售量的减少并不一定完全是伟隆公司侵权造成的结果；而侵权人侵权产品的销售数量不仅反映了侵权的客观事实，而且能反映权利人被侵权后造成的直接损失。因此，以第一种计算方法，即"侵权人侵权产品的销售吨数乘以权利人因被侵权而被迫降价前的平均销售利润"计算出亚恒公司的直接经济损失，更为公平、合理。

三年不使用

（《商标法》第四十九条）

B，青华漆业案（使用应是核定商品上的使用）

最高人民法院〔2015〕知行字第255号；2015年11月23日；李剑、秦元明、徐红妮

【商标使用】2001年10月27日修正的《商标法》第四十四条第（四）项的规定旨在督促商标权人积极使用核定的商标，避免商标资源闲置，该条所称"连续3年不使用"中的"使用"，应当理解为在核定类别商品上的使用，不应将在类似商品上的使用视为该条所称的"使用"。虽然青华公司提交的批墙膏经销协议、增值税发票、广告合同、制作单及门店招牌等证据可以证明青华公司将复审商标使用于批墙膏商品上，但批墙膏并不属于复审商标核定的第2类商品，且在功能、用途等方面存在一定差异。因此，复审商标在批墙膏商品上的使用，不应视为在核定商品上的使用，复审商标应当予以撤销，二审判决并无不当。

B.湾仔码头案（象征性使用不算使用）

最高人民法院〔2015〕知行字第181号；2015年12月2日；李剑、朱理、宋淑华

【象征性使用不算使用】商标标识的价值在于能够识别商品或者服务的来源，2001年修正的《商标法》第四十四条规定撤销不使用商标的目的在于促使商标的实际使用，发挥商标的实际效用，防止浪费商标资源。2002年修订的《商标法实施条例》第三条规定，商标的使用，包括将商标用于商品、商品包装或者容器以及商品交易文书上，或者将商标用于广告宣传、展览以及其他商业活动中。商标的使用，不仅包括商标权人自用，也包括许可他人使用以及其他不违背商标权人意志的使用。没有实际使用注册商标，仅有转让、许可行为，或者仅有商标注册信息的公布或者对其注册商标享有专有权的声明等，不能认定为商标使用。判断商标是否实际使用，需要判断商标注册人是否有真实的使用意图和实际的使用行为，仅为维持注册商标的存在而进行的象征性使用，不构成商标的实际使用。

B，卡斯特案（使用商标有关的经营活动违法不影响商标使用定性）

最高人民法院〔2010〕知行字第55号；2011年12月17日；夏君丽、殷少平、周云川

【使用商标有关的经营活动违法不影响商标使用定性】注册商标长期搁置不用，该商标不仅不会发挥商标功能和作用，而且还会妨碍他人注册、使用，从而影响商标制度的良好运转。因此，《商标法》第四十四条第（四）项规定，注册商标连续3年停止使用的，由商标局责令限期改正或者撤销其

注册商标。应当注意的是，该条款的立法目的在于激活商标资源，清理闲置商标，撤销只是手段，而不是目的。因此只要在商业活动中公开、真实地使用了注册商标，且注册商标的使用行为本身没有违反商标法律规定，则注册商标权利人已经尽到法律规定的使用义务，不宜认定注册商标违反该项规定。本案中，李道之在评审程序中提交了李道之许可班提公司使用争议商标的合同和班提公司销售卡斯特干红葡萄酒的增值税发票，在申请再审审查期间又补充提交了30余张销售发票和进口卡斯特干红葡萄酒的相关材料。综合上述证据，可以证明班提公司在商业活动中对争议商标进行公开、真实的使用，争议商标不属于《商标法》第四十四条第（四）项规定连续3年停止使用、应由商标局责令限期改正或者撤销的情形。至于班提公司使用争议商标有关的其他经营活动中是否违反进口、销售等方面的法律规定，并非《商标法》第四十四条第（四）项所要规范和调整的问题。卡斯特公司关于班提公司违反了《中华人民共和国进出口商品检验法》等法律规定，由此争议商标违反《商标法》第四十四条第（四）项规定，应予以撤销的主张没有法律依据。

B，康王案（不合法使用不算使用）

最高人民法院〔2007〕行监字第184-1号；2008年12月25日

【商标使用不合法不算使用】《商标法》第四十四条第（四）项规定的"使用"，应该是在商业活动中对商标进行公开、真实、合法的使用。从《商标法》第四十五条的规定来看，判断商标使用行为合法与否的法律依据，并不限于商标法及其配套法规。对于违反法律法规强制性、禁止性规定的生产经营活动中的商标使用行为，如果认定其法律效力，则可能鼓励、纵容违法行为，与商标法有关商标使用行为规定的本意不符。

主体

（《商标法》第三十三条、第四十二条、第四十三条、第四十五条第一款）

B，采埃孚案（利害关系人不限于被许可使用人、合法继承人）

最高人民法院〔2014〕行提字第2号；2014年7月17日；王艳芳、朱理、佟姝

【利害关系人不限于被许可使用人、合法继承人】现行法律法规并未对《商标法》第四十一条第二款规定的"利害关系人"的范围做出明确界定，

参照商标局和商标评审委员会颁布的《商标审查及审理标准》的规定,《商标法》第三十一条所称的"利害关系人",是指在先权利的被许可人以及其他有证据证明与案件有利害关系的主体。司法实践中,虽然利害关系人多以被许可使用人、合法继承人的形式表现,但利害关系人的范围不应仅限于此,其他有证据证明与案件具有利害关系的主体,亦可依据《商标法》第三十一条的规定对争议商标提出撤销申请。

B,泰盛案(法律法规不禁止未注册商标的许可使用)

最高人民法院〔2012〕民申字第1501号;2013年3月26日;于晓白、骆电、李嵘

【法律法规不禁止未注册商标的许可使用】未注册商标能否许可他人使用,法律法规对此没有禁止性规定,且在业宏达公司与泰盛公司签订的合同中,亦未限定许可泰盛公司使用的三个商标必须均为注册商标;特别在《再许可授权协议》第十一条第(一)项,明确写明了业宏达公司"不保证商标有效性"的条款,根据该条款的内容,泰盛公司作为涉案商标的被许可方,理应知晓签订合同时被许可使用的三个商标的权利状态,即"狐狸图形""无赛"两个商标系业宏达公司已获得注册的商标,第3730891号"wolsey"商标为业宏达公司正在申请注册中的商标。

B,雅洁案(推定外包装上使用的注册商标的权利人是侵权产品的制造者)

最高人民法院〔2013〕民提字第187号;2014年6月30日;周翔、罗霞、周云川

【推定外包装上使用的注册商标的权利人是侵权产品的制造者】本案中,侵权产品上标注有"吉固+JIGU+图"这一商标,杨某某是该注册商标的专用权人;雅洁公司提供了初步证据证明杨某某注册了"温州市鹿城区临江县昌隆五金加工厂",证明杨某某有制造侵权产品的能力。在已经确认侵权产品外包装上所标注商标的专用权人杨某某有能力制造侵权产品,且没有其他证据表明存在他人冒用该商标或者杨某某曾将该商标许可给他人使用等证明侵权产品的实际制造者并非杨建忠本人的情况下,可以合理推定杨某某是侵权产品的制造者。此外,卢某某提供的合法来源的初步证据也显示是从"温州市昌隆五金厂"购买的侵权产品,且卢某某将购买侵权产品的货款付给了杨某某。而且,在本案一审、二审及再审诉讼过程中,杨某某经法院多次合法传唤,拒绝签收传票和相关法律文书,拒不到庭,对其是否是"吉

固+JIGU+图"这一注册商标的专用权人、是否注册有"温州市鹿城区临江县昌隆五金加工厂"、是否实际生产了侵权产品并销售给卢某某,没有提出任何异议,其应该承担相应的法律后果。综上,本院根据现有证据认定杨某某系本案侵权产品的制造者。

B,田霸农机案(共有人不得阻止其他共有人以普通许可方式许可他人使用商标)

最高人民法院〔2015〕民申字第3640号;2016年3月31日;周翔、郎贵梅、罗霞

【共有人不得阻止其他共有人以普通许可方式许可他人使用商标】对于商标权共有,2001年修正的《商标法》第五条规定,两个以上的自然人、法人或者其他组织可以共同向商标局申请注册同一商标,共同享有和行使该商标专用权。除此之外,商标法对于商标权共有人权利行使的一般规则没有做出具体规定。本院认为,商标权作为一种私权,在商标权共有的情况下,其权利行使的规则应遵循意思自治原则,由共有人协商一致行使;不能协商一致,又无正当理由的,任何一方共有人不得阻止其他共有人以普通许可的方式许可他人使用该商标。

管辖,主管

A,小拇指案(违反行政规章经营也有权提起不正当竞争之诉)

天津市高级人民法院〔2012〕津高民三终字第46号;2013年2月19日;刘震岩、赵博、向晓辉

【关于违反行政规章的经营活动的诉权】即使杭州小拇指公司因其经营范围中有关项目的记载构成违反行政法规和规章,也并不影响其主张合法的民事权益,杭州小拇指公司有权提起本案不正当竞争之诉。

B,格力案(反诉条件)

最高人民法院〔2013〕民申字第2270号;2013年12月18日;王闯、王艳芳、佟姝

【反诉】本诉与反诉所针对的具体事实和法律关系虽然不具有同一性,但两项侵权行为的实施者互为本诉与反诉部分的原告、被告,借助的媒体完全相同、实施时间极为接近,且侵权行为的具体形式亦高度近似,由此可以看出,两侵权行为在产生原因上具有明显的针对性、对抗性和关联性,其目的均是通过发布比较广告的方式获取相关地域内空调销售方面的竞争优势。

由于本案反诉与本诉之间存在事实与法律关系上的关联性，一审、二审法院以反诉与本诉具有牵连关系、人民法院合并审理符合设立反诉制度的目的为由对江西美的公司的反诉予以受理和审理的做法并无不当，本院予以支持。江西格力公司所提反诉与本诉之间必须基于同一法律关系和原因事实的再审理由缺乏法律依据，本院不予支持。第二，关于江西格力公司所提一审、二审法院对反诉的受理导致本诉原告的合法权益受损的再审理由。首先，从当事人诉权的行使和保障来看，根据再审程序中查明的事实，江西格力公司对于原审程序中反诉部分涉及的一审、二审法院的审理程序及事实和法律问题的认定均未提出异议，亦未就其所提合法权益因反诉的受理而遭受损害的主张提供任何证据予以证明，故江西格力公司关于反诉的受理使本诉未能得到完整处理的主张缺乏事实依据，本院不予支持。其次，从本案处理的法律效果和社会效果来看，一审、二审法院基于两侵权行为具有的明显的对抗性和针对性，在同一案件中对江西格力公司和江西美的公司的行为性质同时做出评判，在双方当事人的行为均构成侵权的情况下，判决其同一时间、在同一媒体之上以刊登道歉声明的方式消除相互诋毁行为所产生的不良影响，实现了对双方当事人同等程度的惩戒和救济，有利于对公平竞争的市场秩序的维护，也获得了较好的法律效果和社会效果。因此，江西格力公司所提反诉的受理损害了其合法权益的再审理由不能成立，本院不予支持。

B.润达案（侵犯商业秘密的管辖权）

最高人民法院〔2013〕民提字第16号；2013年4月23日；王永昌、李剑、吴蓉

【侵犯商业秘密案件的管辖权】对于吴祥林和陈庭荣使用或者允许他人使用其所掌握的商业秘密这一被诉侵权行为而言，其侵权行为实施地应是涉案商业秘密的使用行为地。本案中，被诉使用该商业秘密实施清洗行为的行为地是深能和合电力（河源）有限公司、湖北黄石电厂、襄阳电厂、宁夏大唐国际大坝电厂所在地，均不位于荆州市。对于陈庭荣作为法定代表人的郑州润达公司明知陈庭荣和吴祥林的违法行为却使用他人商业秘密这一被诉侵权行为而言，其行为实施地与前述吴祥林和陈庭荣的被诉侵权行为实施地重合，亦不位于荆州市。因此，湖北洁达公司关于荆州市是侵害商业秘密的预备实施地的主张不能成立。侵权结果地应当理解为侵权行为直接产生的结果发生地，不能以权利人认为受到损害就认为原告所在地就是侵权结果发生地，本案中，侵权结果地与上述侵权行为实施地重合，不

位于荆州市。因此，湖北洁达公司关于荆州市是侵权结果地的主张亦不能成立。

B，金通案（商标民事纠纷管辖）

最高人民法院，〔2012〕民提字第109号；2012年11月23日；于晓白、骆电、李麟

【管辖】关于商标民事纠纷案件管辖的司法解释规定，是根据民事诉讼法的规定制定，同时考虑了商标民事纠纷案件的特点，确定了相应的管辖规则。法院对此类案件行使管辖权时，应严格适用《商标民事纠纷案件解释》第六条确定的由"侵权行为实施地、侵权商品的储藏地或查封扣押地、被告住所地法院"管辖的规则。

【被控侵权产品扣押地】能否将消费者使用的被控侵权商品的扣押地认定为《商标民事纠纷案件解释》第六条所指的侵权商品的查封扣押地，是争议的焦点。本院认为，从立法本意看，该规定以增强案件管辖的确定性，既方便当事人行使诉权，又方便法院审理为目的。如果将消费者使用被控侵权商品的扣押地理解为《商标民事纠纷案件解释》第六条规定的侵权商品的查封扣押地，将会增加当事人选择管辖法院的随意性，减损此类案件管辖的确定性，违背有关管辖规定的本意。本案一审、二审法院以消费者使用的被控侵权商品由康平县工商局予以扣押，沈阳市系该被控侵权商品的查封扣押地为由，确定沈阳市中级人民法院享有本案管辖权，属于适用法律错误，本院予以纠正。鉴于本案被告的住所地均在日照市，故日照市中级人民法院对本案依法享有管辖权。

B，阿迪王案（涉外知识产权案件管辖）

最高人民法院〔2010〕民申字第1114号；2010年11月8日

【《最高人民法院关于涉外民商事案件诉讼管辖若干问题的规定》不适用于涉外知识产权案件】本院经审查认为，申请再审人的申请符合《民事诉讼法》第一百七十九条规定的应当再审的情形。

B，土家人案（商标申请权权属争议属于民事纠纷）

最高人民法院〔2010〕民监字第407号；2010年10月11日；于晓白、骆电、马秀荣

【商标申请权权属争议属于民事纠纷】当事人在商标注册申请过程中因申请权权属发生的争议，属于民事纠纷，只要符合《民事诉讼法》第一百零八条规定的条件，人民法院即应予以受理。

B，星群案（法院有权处理因使用企业名称侵害他人合法民事权益的案件）

最高人民法院〔2008〕民申字第982号；2009年9月24日；郃中林，王艳芳、李剑

【法院有权处理因使用企业名称侵害他人合法民事权益的案件】尽管企业名称管理属于工商行政管理机关的职权范围，但是对于使用企业名称侵害他人合法民事权益，构成侵权或不正当竞争的行为，则属人民法院司法权的职权范围，人民法院有权运用民事责任方式对相应的民事侵权或不正当竞争行为做出处理。星群食品饮料公司关于原审判决滥用司法权的申请再审理由不能成立。

BC，四维案（侵权产品销售地的相关法院对商业秘密案件不具管辖权）

最高人民法院〔2007〕民三终字第10号；2009年1月15日；王永昌、郃中林、李剑

【管辖】本院认为，四维公司、四维深圳公司虽然在起诉状中指控里水印刷厂、汾江经营部销售侵犯原告商业秘密所制造的侵权产品，但根据《反不正当竞争法》第十条的规定，销售侵犯商业秘密所制造的侵权产品并不属于该法所列明的侵犯商业秘密的行为，故里水印刷厂、汾江经营部被控销售侵犯商业秘密所制造的侵权产品的行为不是反不正当竞争法规定的侵犯商业秘密的行为。因此，广东省佛山市中级人民法院不能因里水印刷厂、汾江经营部被控销售侵犯商业秘密所制造的侵权产品而具有本案的管辖权。一般而言，使用商业秘密的行为实施地和结果发生地是重合的。亦即，使用商业秘密的过程，通常是制造侵权产品的过程，当侵权产品制造完成时，使用商业秘密的侵权结果即同时发生，不宜将该侵权产品的销售地视为使用商业秘密的侵权结果发生地。因此，虽然四维公司、四维深圳公司指控上诉人艾利丹尼森公司等将被控侵权产品销往佛山市，但佛山市并不是上诉人艾利丹尼森公司等使用商业秘密行为的侵权结果发生地，广东省佛山市中级人民法院亦不能据此具有本案的管辖权。关于四维公司、四维深圳公司指控的里水印刷厂、汾江经营部使用侵犯原告商业秘密所制造的侵权产品，因该行为不属于反不正当竞争法规定的侵犯商业秘密的行为，故此不能成为佛山市中级人民法院管辖本案的依据。至于四维公司、四维深圳公司在二审答辩中提及的里水印刷厂、汾江经营部使用侵权设备和工艺进行分条、切张等，因起诉状没

有相关记载且其未提交初步证据予以证明，故此亦不能成为佛山市中级人民法院管辖本案的依据。

时限

（《商标法》第四十五条第一款）

B，蜡笔小新案（5年时限应该自商标注册之日起算）

最高人民法院〔2007〕民三监字第25-1号；2008年12月9日

第二款规定："已经注册的商标违反本法第十三条、第十五条、第十六条、第三十一条规定的，自商标注册之日起5年内，商标权人或者利害关系人可以请求商标评审委员会裁定撤销该注册商标。对恶意注册的，不受5年的时间限制。"据此，你社依据《商标法》第三十一条等规定，以争议商标的注册侵犯你社在先著作权等为由提起申请撤销该注册商标，应当自该注册商标注册之日起5年内提出。因你社于2005年1月26日提出撤销申请，距该注册商标的注册之日已逾7年，商标评审委员会和一审法院认定你社提出撤销申请的时间已超过商标法规定的法定期限，据此驳回你社的申请，符合法律的规定。原二审判决关于商标法规定的5年期限应自2001年12月1日《商标法》生效之日起计算的认定没有法律依据，但裁判结果正确，故本院无须再启动审判监督程序予以纠正。

一事不再理

B，六味地黄案（不能因存在在先的驳回复审决定而剥夺引证商标权利人异议的权利）

最高人民法院〔2011〕知行字第53号；2011年9月29日；夏君丽、殷少平、周云川

【一事不再理】商标评审委员会确曾在涉及被异议商标的驳回复审程序中做出第4556号决定，认定被异议商标与引证商标不构成类似商品上的近似商标。但是，驳回复审程序是依被异议商标申请人的请求而启动的。在该程序中，由于引证商标权利人不是评审当事人，无从知晓被异议商标申请人的主张，没有机会对被异议商标与引证商标是否近似这一问题陈述意见和提供反驳证据，也无法就对其不利的驳回复审决定向人民法院提起诉讼。被异议商标初审公告后，引证商标权利人认为被异议商标与其在先注册的引证商标构成冲突，损害其在先权利的，只能通过后续的异议或者争议程序予以解

决，因此如果引证商标权利人按照法律规定对被异议商标提出异议和后续的异议复审申请，商标局和商标评审委员会应当受理并依法进行审理：不能因为存在在先的驳回复审决定而剥夺引证商标权利人异议的权利，否则将严重损害引证商标权利人的权益。《商标法实施条例》第三十五条关于"商标评审委员会对商标评审申请已经做出裁定或者决定的，任何人不得以相同的事实和理由再次提出评审申请"的规定不适用于本案的情形。

B，采乐案（主要事由相同）

最高人民法院〔2008〕行提字第2号；2009年10月22日；于晓白、夏君丽、殷少平

【一事不再理】强生公司在前两次评审申请中，已经穷尽了当时可以主张的相关法律事由和法律依据；商评委在前两次评审中已经就强生公司提出的全部事实和理由进行了实质审理，并分别于1999年12月、2001年9月做出驳回其申请、维持争议商标注册的裁定。按照当时商标法的规定，商评委的裁定是终局裁定，一经做出即发生法律效力，对商评委自身及商标争议当事人均有拘束力，并形成相应的商标法律秩序。在已有两次终局裁定之后，强生公司援引2001年修改后的商标法，仍以商标驰名为主要理由，申请撤销争议商标的注册，商评委再行受理并做出撤销争议商标裁定，违反了"一事不再理"原则。

B，黄金假日第Ⅱ案（生效裁判的既判力所及范围不能再次被起诉）

最高人民法院〔2007〕民三终字第4号；2009年10月22日；孔祥俊、王永昌、郃中林

【生效裁判的既判力所及范围不能再次被起诉】虽然两案被诉行为的发生时间和地点有所不同，但对于已为在先生效裁判确认其合法性的行为，在生效裁判之后的继续实施，仍属于生效裁判的既判力所及范围，应当受到法律的保护而不能够被再次起诉。

C，雪中彩影案（两诉处理的是不同性质的法律关系）

南京市中级人民法院〔2004〕宁民三初字第312号；2005年5月30日；刘红兵、程堂发、卢山

【一事不再理】本案原告南京雪中彩影公司最初是以商标侵权提起诉讼的，审理中基于相同的事实又增加了不正当竞争的诉讼理由和请求，该请求虽然与商标侵权请求的事实基础相同，但属于不同性质的法律关系，南京雪

中彩影公司有权同时请求法院分别进行认定，与"一事不再理"的原则并不冲突。商标侵权行为和不正当竞争行为的认定在本案中具有关联性，合并进行审理也不损害被告的诉讼权利，而且有利于诉讼经济。所以，两被告认为应当拒绝原告增加诉讼请求申请的理由不当，本院不予采纳。

C，步云案（虽不是重复起诉但本质上内容重复）

最高人民法院〔2003〕民二终字第169号；2005年4月29日；郑学林、姜启波、李伟

【一事不再理】上诉人奉化步云工贸有限公司与被上诉人上海华源企业发展股份有限公司有关服饰类"步云"系列商标的归属问题虽争议多年，并经多家法院的不同诉讼程序审理，但终由〔2003〕浙民再字第22号民事判决确定，双方对无偿转让商标的协议有效，奉化步云工贸有限公司应履行与上海华源企业发展股份有限公司签订的将原奉化市步云集团有限公司注册的用于服饰类的"步云"系列商标（注册号为第721602号、第590714号、第1106546号）专用权无偿转让给奉化华源步云西裤有限公司所有的协议，并于判决规定期限内共同向国家商标管理局提出申请，办理注册商标所有权转移的核准手续。至此，双方有关商标权的归属问题已有定论。在所述再审案件一审阶段本案上诉人虽非起诉的原告，本案中其作为原告起诉虽不属于重复起诉，但其诉讼请求实质上仍属于商标权归属问题，显然与〔2003〕浙民再字第22号民事判决内容重复。按照"一事不再理"原则，人民法院不宜再作审理，上诉人的上诉理由不能成立。

【案件管辖及案由】《合同法》第一百二十二条规定："因当事人一方的违约行为，侵害对方人身、财产权益的，受损害方有权选择依照本法要求其承担违约责任或者依照其他法律要求其承担侵权责任。"据此规定，因合同而引起的纠纷，在涉及违约责任与侵权责任的竞合时，原告有权选择提起合同诉讼还是侵权诉讼，人民法院也应当根据原告起诉的案由依法确定能否受理案件以及确定案件的管辖。劳动争议是劳动者与用人单位因劳动合同法律关系发生的争议，我国法律并未特别要求劳动合同当事人只能依据劳动合同提起劳动争议，违反劳动合同的行为同时构成侵权行为的，法律并不排除当事人针对侵权行为要求行为人承担侵权责任。因此，对于因劳动者与用人单位之间的竞业限制约定引发的纠纷，如果当事人以违约为由主张权利，则属于劳动争议，依法应当通过劳动争议处理程序解决；如果当事人以侵犯商业秘密为由主张权利，则属于不正当竞争纠纷，人民法院可以依法直接予以

受理。

【仲裁条款的适用】本案原告合成厂与各自然人被告之间存在劳动合同关系，并签订了《保守秘密、限制竞业协议书》，其中也约定了仲裁条款。但本案的案由是侵犯技术秘密和经营秘密纠纷，原告的诉讼请求是要求各自然人被告以及被告东方公司承担停止侵害其商业秘密并赔偿其损失的侵权民事责任，本案的诉讼标的是原告与各被告之间的侵权法律关系，并非原告与各自然人之间的劳动合同法律关系。本案不属于劳动争议案件，作为侵权案件，人民法院可以直接受理。

B，陈建新案（责任竞合时原告的的选择权）

最高人民法院〔2008〕民三终字第9号；2009年8月27日；郃中林、殷少平、李剑

在陈建新与化工部南通合成材料厂等商业秘密纠纷管辖权异议案（〔2008〕民三终字第9号）中，最高人民法院认为，在涉及违约责任与侵权责任的竞合时，原告有权选择提起合同诉讼还是侵权诉讼，人民法院也应当根据原告起诉的案由依法确定能否受理案件以及确定案件的管辖；对于因劳动者与用人单位之间的竞业限制约定引发的纠纷，如果当事人以违约为由主张权利，则属于劳动争议，依法应当通过劳动争议处理程序解决；如果当事人以侵犯商业秘密为由主张权利，则属于不正当竞争纠纷，人民法院可以依法直接予以受理。

证据

B，华润案（伪证）

最高人民法院〔2014〕民提字第196号；2015年11月4日；夏君丽、钱小红、殷少平

【伪证】从本案审理过程中，本院还查明大象公司利用涉案的包装罐及相应的公证书，对华润公司多次提起商标争议、行政诉讼、民事诉讼，严重违反诚信原则，提交伪证、做虚假陈述，严重妨碍人民法院审理案件，扰乱司法秩序，影响司法公正。大象公司的法定代表人杨少武不仅对上述证据造假及恶意诉讼活动知情，而且显然参与了相关活动。大象公司的证人陶国庆提供虚假证言，帮助大象公司做伪证，也是明知故犯。因此，本院对大象公司及其法定代表人杨少武的造假行为及不诚信诉讼行为，对证人陶国庆做伪证的行为，予以严厉谴责，并将另行依照法定程序予以处罚。

B，王者安案（并非未经质证、认证的不属于新的证据）

最高人民法院〔2013〕民申字第1238号；2013年12月18日；王闯、朱理、何鹏

【新证据】根据《最高人民法院关于适用〈中华人民共和国民事诉讼法〉审判监督程序若干问题的解释》第十条第二款的规定："当事人在原审中提供的主要证据，原审未予质证、认证，但足以推翻原判决、裁定的，应当视为新的证据。"本案一审程序中，王者安提交的证据5《卫生部国际交流中心分配制度改革办法》虽被二审法院在判决书中误认为《卫生部国际交流与合作中心分配制度改革办法》，但该证据并非未经质证、认证，故不属于新的证据。二审程序中，王者安提交的证据1、证据23、公证证据以及一审证据1，在一审、二审程序中均已经过质证、认证，故不属于新的证据。王者安该项申请再审理由不能成立，本院不予支持。

B，日产案（关于当事人自己出具的证据的可采性）

最高人民法院〔2011〕知行字第45号；2011年11月30日；夏君丽、殷少平、周云川

【关于当事人自己出具的证据的可采性】公司对自己的发展历程出具说明具有合理性，亦有大量第三方报道佐证，且没有相反证据，华夏长城公司主张仅由于是当事人自己出具的证据即一概不应采信没有依据。关于日产株式会社向中国出口产品数量的证据，一审法院的论述并无不当，即如果其是单独的证据，证明力较关联第三方出具的证据弱，但与本案其他证据一起可以作为证明引证商标是否驰名的证据。

B，BESTBUY案（行政诉讼中的新证据不是一概不采纳）

最高人民法院〔2011〕行提字第9号；2011年10月28日；夏君丽、殷少平、周云川

【正当程序】本院再审认为：在做出不利裁决之前，给予当事人陈述意见和提交证据的机会，是正当程序的基本要求，也是商标评审程序应当遵循的原则。

【行政诉讼中提交的新证据】商标驳回复审案件中，申请商标的注册程序尚未完成，评审时包括诉讼过程中的事实状态都是决定是否驳回商标注册需要考虑的。本案中，佳选公司在一审诉讼过程中提交了申请商标实际使用的大量证据，这些证据所反映的事实影响申请商标显著性的判断，如果不予考虑，佳选公司将失去救济机会。因此在判断申请商标是否具有显著特征时，应当考虑这些证据。一审法院以这些证据为诉讼中提交的新证据，且无

正当理由，对上述据不予采纳的做法不妥。

B，富士宝案（行政诉讼中的新证据不是一概不采纳）

最高人民法院〔2011〕知行字第9号；2011年4月12日

【新证据是否采纳】据此，人民法院对提交的新证据不予采纳的限定条件是原告依法应当提供而拒不提供，不提供的后果是人民法院一般不予采纳，并非一概不予采纳。本案中，二审法院考虑本案的具体情形并同时考虑行政诉讼救济价值，对于当事人未能在行政程序中提供有效证明自己主张的证据，判令商标评审委员会在综合原有证据以及当事人在诉讼过程中提交的证据的基础上，重新对本案争议商标做出裁定亦无不当。

B，柏森公司案（在商标驳回复审程序中通常不考虑知名度有关的证据）

最高人民法院〔2016〕最高法行申362号；2016年9月26日；李剑、李丽、吴蓉

最高人民法院审查认为：商标驳回复审案件为单方程序，引证商标持有人不可能作为诉讼主体参与到该程序中，有关引证商标知名度的证据因而在该程序中无法得以出示，在缺乏对申请商标，特别是引证商标进行充分举证和辩论的情况下，商标知名度实际上无法予以考虑。否则，将有违程序的正当性。本案中，只有柏森公司提交证据，试图证明申请商标知名度强、引证商标知名度弱，而引证商标持有人并无机会参与诉讼程序。由于柏森公司的证据均为单方证据，故二审法院认为仅凭柏森公司的证据不足以证明申请商标与引证商标一、引证商标二能够实现区分，该结论并无不当。

B，沙特阿美及图商标案（法律适用存在瑕疵但裁判结果正确的直接予以纠正）

最高人民法院〔2016〕最高法行申356号；2016年6月27日；夏君丽、郎贵梅、傅蕾

本院认为：根据2001年修正的《商标法》第十条第一款第（二）项规定，同外国的国家名称相同或者近似的标志不得作为商标使用，但经该组织同意或者不易误导公众的除外。此处所称同外国的国家名称相同或者近似的标志，是指该标志作为整体同外国国家名称相同或者近似。如果该标志含有与外国国家名称相同或者近似的文字，且其与其他要素相结合，作为一个整体已不再与外国国家名称构成相同或者近似的，则不宜认定为同外国国家名称相同或者近似的标志。本案中，被异议商标为"沙特阿美及图"，其中，

图形为狗头图案，文字为"沙特阿美"，图形在文字上方，图形所占面积超过文字所占面积的二倍。被异议商标虽然含有"沙特"二字，但该标志整体上并未与沙特阿拉伯王国的国家名称相同或者近似。《商标法》第十条第一款第（八）项规定，有害于社会主义道德风尚或者有其他不良影响的标志不得作为商标使用。在判断有关标志是否属于具有其他不良影响的情形时，一般应当考虑该标志或者其构成要素是否可能对我国政治、经济、文化、宗教、民族等社会公共利益和公共秩序产生消极、负面影响。本案中，被异议商标的构成要素中含有"沙特"和狗头图形，且被异议商标指定使用于"石油"等相关商品上，相关公众容易认为其指定使用的商品与沙特阿拉伯王国有所联系。在此情况下，如果允许被异议商标在我国予以注册并作商业使用，将产生不良影响。因此，被异议商标违反了《商标法》第十条第一款第（八）项的规定，不应当予以核准注册。基于个案情况不同，包含"沙特"文字的商标已在其他类别核准注册不能成为被异议商标也应当核准注册的当然依据。综上，被异议商标虽然并未构成《商标法》第十条第一款第（二）项规定的情形，但构成了《商标法》第十条第一款第（八）项规定的情形，同样不应当核准注册，二审判决认定被异议商标构成《商标法》第十条第一款第（二）项的情形在适用法律方面存在瑕疵，但裁判结果正确。对于此种情况如何处理，《行政诉讼法》未做出明确规定。《行政诉讼法》第一百零一条规定："人民法院审理行政案件，关于期间、送达、财产保全、开庭审理、调解、中止诉讼、终结诉讼、简易程序、执行等，以及人民检察院对行政案件受理、审理、裁判、执行的监督，本法没有规定的，适用《民事诉讼法》的相关规定。"《民事诉讼法》第一百七十条第一款第（一）项规定，第二审人民法院对上诉案件，经过审理，原判决、裁定认定事实清楚，适用法律、法规正确的，以判决或者裁定方式驳回上诉，维持原判决、裁定。《最高人民法院关于适用〈中华人民共和国民事诉讼法〉的解释》第三百三十四条规定："原判决、裁定认定事实或者适用法律虽有瑕疵，但裁判结果正确的，第二审人民法院可以在判决、裁定中纠正瑕疵后，依照民事诉讼法第一百七十条第一款第一项规定予以维持。"依照和参照上述规定，本院对二审判决适用法律存在的瑕疵予以纠正，对黄某某申请再审本案的请求不予支持。

【引证商标的知名度】第三，引证商标的知名度。根据当事人提供的证据，戴比尔斯公司在争议商标申请日以前，曾在国内的报纸上采取有奖销售等形式宣传使用引证商标，引证商标具有一定的知名度。

【争议商标的实际使用情况】第四，争议商标的实际使用情况。高文新提交的证据主要涉及对争议商标作为企业名称及用于首饰加工服务广告的使用情况，在争议商标核定使用的商品类别上使用规模较小，不足以证明争议商标经过实际使用已经具有较高的市场声誉，更不能证明相关公众已在客观上将争议商标与引证商标区别开来。对于高文新所称争议商标通过多年使用，已具有一定的市场知名度并形成了稳定的市场秩序的主张，本院不予支持。

C，普兰娜生活艺术有限公司与国家工商行政管理总局商标评审委员会商标申请驳回复审行政纠纷案（优先权）

申请人在申请商标注册时主张有优先权，行政部门对申请商标是否享有优先权存在漏洞，导致被诉决定错误的，人民法院应当在查清相关事实的基础上依法做出裁判。

情势变更

B，ADVENT案（引证商标已被撤销的驳回复审案件）

最高人民法院〔2011〕行提字第14号；2011年11月24日；夏君丽、钱小红、周云川

【关于情势变更】在商标评审委员会做出第12733号决定的事实依据已经发生了变化的情形下，如一味考虑在行政诉讼中，人民法院仅针对行政机关的具体行政行为进行合法性审查，而忽视已经发生变化了的客观事实，判决维持商标评审委员会的上述决定，显然对商标申请人不公平，也不符合商标权利是一种民事权利的属性，以及商标法保护商标权人利益的立法宗旨。且商标驳回复审案件本身又具有特殊性，在商标驳回复审后续的诉讼期间，商标的注册程序并未完成。因此，在商标驳回复审行政纠纷案件中，如果引证商标在诉讼程序中因三年连续不使用而被商标局予以撤销，鉴于申请商标尚未完成注册，人民法院应根据情势变更原则，依据变化了的事实依法做出裁决。